Tourism Marketing Theory

최신 관광마케팅론

디지털 전환 시대에 대응하여

황수영 · 김성혁 공저

(주)백산출판사

머리말

세상은 참으로 빠르게 변하고 있다. 관광객의 가치관과 라이프스타일의 변화, 그리고 사회구조적 환경의 변화로 인해 디지털 전환이라는 새로운 패러다임이 관광산업에도 적용되기 시작하였다. 특히 IT 기술의 발달과 대중화로 인하여 관광목적지를 방문하는 관광객들은 유무선 인터넷을 활용하기 시작하였고, 모바일을 활용한 위치기반시스템이 발달하면서 관광객의 편의를 꾀하기 위해 제공되었던 전통적인 관광안내책자나 지도 대신에, 모바일을 활용하여 관광목적지에 대한 지리적 정보는 물론 숙박, 음식, 관광지, 관공서 등 다양한 정보를 제공함으로써, 스마트 시티 시대의 토대를 마련하고 있다.

2010년부터 2019년 코로나19 팬데믹 이전까지 한국은 국제적 관광 개발에 대한 투자와 관심, 그리고 경쟁이 격화한 시기로, 글로벌 경쟁력이 있는 관광 기반 구축을 위해 노력하는 시기였다. 특히 국제 관광시장이 급속히 성장함에 따라, 세계 각국의 관광 경쟁력이 강화되고, 아시아 · 태평양 시장도 점차 성장하였다. 국제적으로 지구온난화 등 기후변화에 대응한 탄소저감형 관광정책이 강조되었고, 생태관광, 공정여행 등 자연친화적 관광문화도 확산되었다. 국내적으로는 출산율 감소, 1인 가구 증대와 같은 가족구조 변화, 고령화 사회 진입, 주5일 근무제, 휴가분산제, 집중 휴가제 등의 도입으로 국민의 휴가 일수 증대에 따른 관광개발에 대한 관심 증대와 성장이 이루어진 시기였다.

그러나 2019년 말부터 현재까지 진행되고 있는 코로나19 팬데믹으로 인해, 세계관광기구(UNWTO)는 2021년 전 세계 관광업계의 손실을 2조 달러 수준으로 추정하고, 국제관광객 수는 코로나19 팬데믹이 시작되기 이전보다 70~75%가 감소했을 것으로 추정하였듯이 관광산업은 상당한 어려움에 처했다. 이러한 현상을 극복하기 위해 관광산업계에서는 디지털 전환의 시대를 앞당기는 계기를 마련하게 되었다. 디지털 기술 및 최첨단 정보통신을 활용한 항공사의 '바이오 셀프 보딩시스템', 인천국제공항의 음성인식 및 화상 안내서비스 확대 등 엔데믹과 포스트 코로나 시대의 언택트 서비스 확대에 선제적으로 대응하기 위해 노력하고 있다. 또한 유튜브 등 동영상을 통한 관광 이미지 증진, VR로 떠나는 랜선 여행, 메타버스의 출현과 MZ세대의 적극적인 관광 관심사 증진은 관광산업이 점차 재개되고 활성화되는 원동력이 되고 있다. 특히 AI 로봇을 활용한 서비스 제공, 무인점포 및 키오스크 확산 등은 앞으로 관광산업계의 인력 구조를 크게 변화시킬 요인으로 등장하고 있다.

디지털 전환 시대에 대응해서 급속한 변화의 물결에 맞게 때마침 본서의 내용을 일신하게 되었다. 본서의 제1장에서는 관광마케팅의 역사와 이론 및 본서의 전체적인 개요를 소개하였다. 제2장은 관광행동을 이해하는 내용이고 제3장과 제4장에서는 주로 STP를 다루었다. 제5장에서 11장까지는 마케팅믹스 7P를 다루었다. 마지막 두 장에는 각각 관광마케팅 전략과 관광마케팅계획을 소개하였다.

본서의 가장 큰 특징은 제8장 서비스촉진관리와 제12장 디지털 전환과 관광마케팅에 있다. 제8장 서비스촉진관리에서는 우선 전통적 커뮤니케이션 믹스와 함께, 인터넷을 통한 메시지 전달방법과 뉴 미디어 커뮤니케이션 수단, 조직 외부에서 기인하는 메시지 등을 언급해 기존의 일방적인 커뮤니케이션이 아니고 소비자들이 참여하여 피드백하는 쌍방향 커뮤니케이션을 강조하였다.

제12장 디지털 전환과 관광마케팅에서는 4차 산업혁명과 디지털 전환(DT 또는 DX), 그리고 디지털 마케팅의 등장에 대해 언급하였고, 또 디지털 전환이 관광업계의 마케팅에 적용되는 최근의 사례들을 소개하였다.

본서가 후학들에게 관광마케팅을 체득하기 좋은 지침서가 되기를 바라는 마음 가득하다. 특히 미래의 경영자가 되는 젊은 학도들이 비전을 가진 창의적인 변화의 주도자가 되기를 기원한다.

끝으로 한국 관광의 학문적 발전을 위해 노력하시며 본서의 출간을 흔쾌히 승낙해 주신 진욱상 사장님과 본서의 제작을 권유한 영업부 여러분 그리고 편집에 노고가 많으신 편집부 여러분께 감사의 말씀을 드린다. 마지막으로 함께 고생한 공저자께도 감사의 말씀을 드린다.

2022년 8월 공저자 씀

차례

CONTENTS

CONTENTS

CONTENTS

CONTENTS

CONTENTS

최신 관광마케팅론

01
CHAPTER

관광마케팅 개관

01 관광마케팅 개관

CHAPTER

제 1 절 관광마케팅의 이해

1. 마케팅의 중요성

사람들은 거의 매일 마케팅을 접하고 있다. 그리고 마케팅활동 중에서 아마도 광고나 촉진(프로모션)에 가장 익숙할 것이다. 예를 들어, 매일 TV에서 호텔 숙박 광고를 접하게 된다. 레저용품매장에 들어가면 다양한 레저스포츠 용품의 종류나 숫자에 놀라기도 한다. 그때 판매원은 편안한 여행용 신발을 선택하는 데 많은 도움을 줄 것이다. 어쩌면 우리는 패키지여행상품을 구매하는 가운데 여행보험증권을 구매하도록 설득당하기도 한다. 때때로 셀프서비스의 슈퍼마켓에서 물건을 고를 때 어떤 상표의 샴푸를 구매하면 좋을지 몰라 망설이기도 한다. 그때 우리는 TV 광고에서 보았던 상표를 선택하게 될 것이다. 아니면 상품을 구매할 때 우리에게 소구해 왔던 상품의 유용성을 그다지 고려하지 않고 아무 상품이나 선택해 버릴지도 모른다.

2. 마케팅과 판매

마케팅과 판매란 용어는 흔히 서로 혼동되어 사용되고 있다. 그러나 두 용어는 같은 것이라고 말할 수 없다.

마케팅이란 많은 제품과 서비스 가운데서 특정 제품 및 서비스를 구매하도록 구매자를 확신시키기 위해서 판매자 측이 행하는 모든 의사결정과 행동의 총체라고 정의할 수 있다. 마케팅은 고객이 무엇을 원하고 있는가를 알아내고, 그들의 욕구에 맞게 상품을 제공해 주고 상품을 팔기 위한 가장 적절한 장소를 선택해야 하며, 상품의 유용성을 잠재고객에 알려주고 마케팅 전체과정을 평가하는 것뿐만 아니라 판매를 창조하는 것을 포함한다.

판매는 상품을 구매하기 위해 고객이 돈을 지급하거나 상품을 인도하기로 약속하는 것을 말한다. 따라서 마케팅 과정의 한 국면에 불과하다고 할 수 있다.

3. 관광마케팅의 기본요소

1) 욕구

욕구(needs)는 마케팅에 내재된 가장 기본적인 개념으로, 인간의 욕구란 인간이 무엇인가 결핍을 느끼는 상태를 말한다. 인간은 매우 복잡하고 다양한 기본적인 욕구가 있는데, 이에는 의(衣) · 식(食) · 주(住), 안전함 · 편안함 등과 같은 생리적 욕구, 소속감 · 애정과 같은 사회적 욕구, 자존과 자기표현 등과 같은 개인적 욕구가 있다. 이러한 인간의 기본적 욕구는 외부의 자극으로 만들어지는 것이 아니라 인간 내부에서 자연히 발생하는 인간 형성의 기본적 부분이다.

욕구를 만족하지 못하면 인간은 불행을 느낀다. 중요하고 열망하는 욕구일수록 불행의 정도는 강하다. 불행을 느끼는 사람은 욕구를 충족할 수 있는 물건을 획득하기 위해 노력하거나, 또는 욕망을 소멸시키는 행위를 선택한다. 욕구의 해소는 다음 식과 같이 두 가지 방법으로 행해진다.

$$\text{욕구의 해소} = \frac{\text{갈망하는 제품이나 서비스의 획득}}{\text{욕망의 소멸}}$$

흔히 서양인들은 분자인 갈망하는 제품이나 서비스의 획득해서 욕구를 해소하려는 경향이 있다. 이는 만족을 충족시키는 물건을 찾아내는 것에 의해 욕구를 처리하는 것이다. 그러나 동양인은 전통적으로 분모인 욕망을 소멸시키는 것에 의해, 즉 가능한 욕구를 배제하거나 줄이는 행위로 욕구를 해소한다.

2) 욕망

욕망(wants)이란, 문화(culture)와 개성(personality)에 의해서 형성되는 욕구를 충족시키기 위한 형태를 말한다. 예를 들어, 발리섬 사람들은 배가 고플 때는 망고, 새끼돼지, 콩을 원하지만, 한국 사람이 배가 고플 때는 밥, 된장국, 김치찌개, 매운탕, 숭늉 등을 원하게 된다. 욕망은 욕구를 충족시킬 수 있는 대상과 관련된 개념으로서 사회가 진보함에 따라 그 구성원들의 욕망은 증가하게 된다. 사람들은 호기심과 욕망을 자극하는 수많은 대상에 노출되므로 마케터는 이러한 인간의 욕망을 충족시킬 수 있는 제품과 서비스를 제공하여야 한다.

3) 수요

인간의 욕망은 끝이 없지만, 그 욕망을 충족시키기 위해 소용되는 자원(소득, 저축, 시간, 에너지 등)은 한계가 있으므로 인간은 그들이 지급할 수 있는 금액에 대해 가장 큰 만족을 주는 제품을 선택하게 된다. 이러한 욕망이 구매력을 수반할 때 수요(demands)가 된다.

특정 사회에서 어느 시점에서의 수요를 집계할 수 있다. 예를 들면, 2030년 수도권의 관광객 숙박수요는 2,500만 명이고, 2035년에는 4,000만 명으로 예상된다고 말할 수 있다. 어떤 사회에서는 올해의 수요상태로부터 내년의 생산을 계획할 수 있다. 사회주의 국가와 같은 중앙계획경제에서는 기준이 되는 생산량을 계획한다. 그러나 수요는 신뢰성이 없다. 사람들은 현재 소비하고 있는 제품에 싫증을 쉽게 느끼기 때문이다. 따라서 여러 종류의 제품을 찾아내고 가격과 소득의 변화에 따라 새로운 선택을 하게 된다.

4) 상품

상품(products)은 인간의 욕구나 욕망을 충족시킬 수 있는 것으로서, 주의의 대상이 되거나 취득, 사용 및 소비를 위해 시장에서 제공되는 것을 말한다. 어떤 사람이 매력적으로 보이길 원한다고 하자. 이때 이러한 욕구를 충족시킬 수 있는 상품군(a bundle of products)을 상품선택 집합(product choice set)이라고 부른다면, 이 집합에는 화장품, 의복, 부산 해운대에서의 일광욕, 제주도 여행, 운동기구 및 기타 여러 가지 품목이나 서비스 등이 포함된다. 그러나 이러한 상품들이 모두 경합하고 있고, 모두 균등하게 필요하지는 않다. 욕구를 메워줄 화장품, 의복 등과 같이 구매가 쉽고 값이 싼 상품들을 먼저 사게 될 가능성이 크다.

상품은 간혹 제품(goods)으로도 불리고 있으나 엄밀히 말하자면 제품은 서비스와 결합되어 상품이 된다. 즉 제품은 상품의 하위개념이고, 판매되는 시점에서는 서비스와 제품이 결합되므로 상품이 거래의 대상이 되는 것이다.

상품의 개념이 유형적 물건에 한정되는 것은 아니다. 욕구를 충족시킬 수 있는 것이면 무엇이든 상품이라 부를 수 있다. 소비자는 어떤 연예인이 출연하는 텔레비전 프로를 볼 것인가, 어디로 휴가를 갈 것인가, 어떠한 교통기관을 이용할 것인가, 어떠한 여행상품을 구매할 것인가를 결정한다. 소비자 관점에서 보면 모든 것이 상품이다.

5) 교환

사람들이 교환을 통해서 욕구와 욕망을 충족시키고자 할 때 마케팅 활동이 발생한다. 교환(exchange)이란 어떤 사람에게 필요한 것을 주고 그 대가로 자신이 원하는 것을 얻는 행위이다. 사람들이 원하는 것을 얻는 방법에는 네 가지, 즉 자급자족, 강요, 구걸, 교환 등의 방법이 있다. 교환이란 사람들이 자기가 원하는 것을 얻는 방법 가운데 하나일 뿐이다. 예를 들어, 자급자족은 배가 고픈 경우에 자신이 음식을 만들어 먹는 행위이고, 강요는 음식을 빼앗아 먹는 행위이며, 구걸은 음식이나 물건을 거저 달라고 비는 행위이고, 교환은 화폐나 다른 물건 또는 서비스를 제공하여 필요한 음식을 얻는 행위이다. 여기서 교환이 가장 합리적인 방법이다.

교환은 마케팅 개념의 핵심이다. 교환이 발생하기 위해서는 몇 가지 조건이 충족되어야 한다.

첫째, 최소한 2인 이상의 당사자가 있어야 한다.

둘째, 각자는 상대방에게 가치 있는 것을 가지고 있어야 한다.

셋째, 각자는 상대방과 연락이나 수송이 가능해야 한다.

넷째, 각자는 상대방의 제의를 자유로이 거부 또는 승낙할 수 있어야 한다.

다섯째, 각자는 상대방과의 거래에서 타당하고 바람직하다고 생각하고 있어야 한다.

이러한 의미에서 볼 때, 생산이 가치를 창조하는 것과 같이 교환도 가치를 창조하므로 교환은 사람들에게 소비의 가능성을 확대해 준다.

6) 거래

교환이 마케팅의 핵심개념이라면 거래는 마케팅의 측정단위이다. 거래(transactions)란 두 당사자 간에 가치를 매매하는 것으로 형성된다. 즉 거래에서는 A가 B에게 X를 주고 Y를 받는다고 할 수 있어야 한다. 예를 들면, 어떤 사람이 백화점에서 200만 원을 주고 텔레비전을 샀을 때, 이를 금전적 화폐거래라고 한다. 그렇지만 모든 거래가 화폐로 이루어지는 것은 아니다. 예컨대, 물물교환 거래의 경우도 있는데 낡은 냉장고를 이웃의 중고 텔레비전과 맞바꾸는 경우이다. 또는 변호사가 의사에게 유언장을 작성해 주고 그 대가로 의료서비스를 받는 경우이다. 거래가 성립되려면 적어도 두 개의 가치 있는 제품이 있어야 하고, 교환조건, 교환시기 및 교환장소에 대한 당사자 간 합의가 있어야 한다.

거래는 다음과 같이 몇 가지 측정 가능한 것을 포함하고 있다.

첫째, 적어도 두 개의 가치가 있을 것
둘째, 동의하는 조건
셋째, 계약시간
넷째, 계약장소 등

거래는 이전(transfer)과는 구별되어야 한다. '이전'에는 교환 상대방 가운데 한쪽이 상대방에게 무엇인가를 제공했다고 해도 그 대가로 무엇을 받았는가를 확실하게 알 수 없다. 따라서 '이전'은 선물, 원조금, 이타적 행위들을 포함하고 있다.

마케터는 흔히 자신의 업무를 '이전'이 아니라 거래에 한정해야 한다고 생각할 가능성이 있다. 그러나 더 생각해 본다면 이전활동은 또한 교환 개념을 포함하고 있다는 것을 알 수 있다. 넓은 의미에서 이전활동은 감사, 호감, 죄악감의 경감, 또는 타인에게 채무를 지게 했다고 생각하게 하는 것 등 차후에 얻어지는 이익을 기대하여 선물(gift)을 보내는 행위 등을 말한다.

제 2 절 관광마케팅의 발달사

사람들은 여러 가지 이유에서 어떤 목적지에서 다른 목적지로 여행을 하였다. 여행하는 동안에 사람들은 운송, 숙박, 음식 서비스, 관광오락물 등을 공급자로부터 구매해 왔다. 세월이 흐르면서 사회적 변화 및 기술적 진보로 인하여 관광상품 구매의 종류와 양은 매우 뚜렷한 증가세를 보인다.

1. 고대

고대에도 일부 귀족 및 부유층들은 쾌락을 위하여 빈번히 여행하였다. 예를 들어, 로마의 부유층들은 카라칼라온천(Baths of Caracalla)과 같은 관광지를 찾아 여행을 즐겼다. 여행목적지는 각각 가격, 상품, 등급 등에서 차이가 있었고, 로마인을 접대하는 여행목적지에서는 그 차이점을 강조하였다. 특히 로마제국의 화폐 사용은 여행을 더욱 용이하게 만들었다. 여행객은 그들의 여행비용을 지급하는 데 로마제국 전역에서 동일 화폐를 사용할 수 있었다. 고대의 예술작품과 기록에서 나타난 바와 같이 부유한 페니키아인, 중국인, 이집트인들 또한 위락여행을 즐겼음을 알 수 있다.

[그림 1-1] 카라칼라온천 유적지

2. 중세

중세에도 상인과 무역업자들은 상품을 판매하고 구매할 수 있는 장소로 끊임없이 여행을 해왔다. 유명한 여행가인 마르코 폴로는 그의 일기에서 13세기에 중국 베이징(北京)으로 상업적인 여행을 했다고 기술하고 있다. 당시 중국에서 무역업자들은 베이징 교외 지역에 그들을 위해 건립된 호스텔에 체류하였다. 어떤 호스텔은 보안상의 이유로 각각의 국적(독일, 프랑스, 네덜란드 등)을 위해 특별히 건립되었고, 중국 황제는 고객의 이름과 출발 및 도착 시간을 기록하도록 호스텔에 명령하였다. 이러한 것들은 시장조사의 초기형태로 보인다.

역사적으로 보면 가난한 사람들은 집에 머물러 있는 것이 일반적인 현상이다. 종교순례자가 멀리 떨어져 있는 성지로 이동하는 것은 특별하게도 예외적인 일이었다. 예를 들어, 14세기 영국의 소작농들은 어떤 종교적 맹세를 이행하기 위해서 또는 성인에게 경의를 표한다거나 그들의 죄를 참회하기 위해 로마, 예루살렘 또는 다른 성지로 여행을 하였다. 소작농들은 영국을 떠나기 전에 왕으로부터 허락을 받아야만 여행을 할 수 있었다. 그 당시 그들이 영국해협을 횡단하기 위해서는 6펜스를 내야 했고, 말을 갖고 있다면 2실링을 더 지급해야 했다. 유럽대륙에 건너가서 순례자는 도로변에 있는 여관에서 휴식을 취했다. 여관주인과 잡상인들은 순례자에게 종교적인 유물이나 기념품을 판매하는 것이 하나의 시장임을 발견하였다.

3. 17세기와 18세기

그랜드 투어란, 어린 청년이 자기보다 나이가 많은 교사와 함께 2~3년 동안 프랑스와 이탈리아 등을 여행하는 것으로, 그 주인공은 대부분 영국인이었다. 이미 16세기 중반에 그 원형이 생겨났지만 18세기 들어서면서 폭발적으로 유행하게 되었는데, 그 배경에는 영국의 정치적 안정과 경제적 성장이 있었다. 그랜드 투어는 영국에서 엘리트가 꼭 밟아야 할 교육의 최종단계로 인식되었다. 그랜드 투어는 일종의 사회적 지위와 신분을 나타내는 사회현상으로 고대와 르네상스의 문화를 학습하고 항해술, 조선술 등의 선진지식을 습득하여 영국을 대제국으로 만드는 데 큰 초석이 되었으며, 사상 최초의 대규모 여행이라 할 수 있다. 여행의 목적은 젊은이들의 교육을 완성하고 그들을 신사(gentleman)로 육성하는 것이었다. 예술과 지식을 지향하고 개발하는 형태의 여행으로 영국 역사에서 매우 의미 있는 흐름 중 하나이다. 그랜드 투어는 오늘날 교육문화관광의 선구자인 셈이다. 조기유학의 원조라고도 볼 수 있다.

18세기 관광객들은 건강과 사교의 목적으로 안락하고 따뜻한 온천을 즐기기 위해 온천 관광지로의 방문이 급증하였으며, 18세기 중엽에는 해수욕 치료의 효능이 입증되어 해안리조트에 대한 관심이 대두되기 시작하였다. 18세기 말에는 여성들의 여행참여가 처음으로 이루어진 시기로, 저렴해진 여행비용에 힘입어 유명하고 아름다운 이국적인 경관을 감상하고 기록한 이들의 편지는 여성들이 남긴 최초의 여행기사가 되었다.

[그림 1-2] 17~18세기의 온천. 온천-바스(Bath)

4. 19세기

19세기에 접어들어 유럽은 농업중심의 귀족사회에서 도시중심의 산업사회로 전환되면서, 1789년 프랑스 혁명과 중산계층의 경제적 부의 증가로 관광에 대한 참여기회의 평등이 서서히 이루어지기 시작하였다. 유럽에서 19세기는 위락여행이 중산층에게 개방되기 시작한 시기였다. 사람들은 여행을 위한 경제력과 여유 시간을 갖게 되었고, 또한 여행하려는 욕망이 있었다.

산업혁명 당시 황폐한 도시에 거주하는 사람들은 휴일에 바닷가나 시골의 한적한 곳으로 도피하려 하였다. 산업혁명 시대에 여행이 크게 발달하게 된 결정적인 계기 중 하나가 교통수단의 발전이다. 1825년 영국에서 상용화에 성공을 거둔 철도가 1830년 리버풀에서 맨체스터 구간을 개시한 이후, 프랑스, 독일, 이탈리아 등에서도 철도가 차례로 개통되면서 관광객들과 물자의 이동시간이 단축되었고, 1838년 영국에서 인도와 극동으로 가는 정기여객선 출항과 1840년 커나드 증기선 회사(Cunard Steamship Company)가 미국으로 가는 여객선을 출항시킴으로써 근대관광의 서막을 알리는 사건이 되었다.

1841년 영국의 침례교 목사이던 토마스 쿡은 패키지 투어라는 새로운 종류의 여행상품에 대한 아이디어를 생각해 냈다. 그는 술의 소비에 반대하는 사람들을 조직화하여 그 반대 모임에 참석하였다. 많은 승객과 계약하고 토마스 쿡은 지역철도회사를 설득하여 레스터에서 11마일 북쪽에 있는 러프버러까지 철도를 운행하도록 하였다. 그는 570명의 고객을 설득하여 자신이 만든 여행패키지를 구매하도록 하였다.

여행객들은 1실링으로 기차탑승(22마일 왕복여행), 환대(찬송가를 연주하는 밴드), 여행, 점심 식사, 오후의 차, 안내원(tour escort)의 서비스(쿡 자신)를 제공받았다. 세계 최초의 여행대리인인 토마스 쿡은 결국 그의 여행상품을 유럽대륙, 성지, 심지어 미국까지 확산시켰다.

[그림 1-3] 최초의 대중기차 로코모션호

[그림 1-4] 침례교 목사이자 근대관광의 개척자인 토마스 쿡

5. 20세기

사회학자들은 제2차 세계대전 종전 후를 매스투어리즘(mass tourism)의 등장 시기로 보고 있다. 초기의 매스투어리즘은 패키지 투어로 단체여행의 성격을 띠며, 매스투어리즘의 공통적인 형태는 서부 유럽, 북미, 그리고 일본 · 호주 등과 같은 경제선진국의 관광객이 다른 세계나 개발도상국의 관광지를 방문하는 경향을 보이며 발전하였다.

매스투어리즘은 조직적이고 대규모의 관광산업 시대로 중산층 서민 대중을 포함한 전 계층이 여가선용과 자기 창조의 활동으로 폭넓은 동기에 의해서 탄생하게 되었으며, 관광기업의 상업적 이윤추구와 동시에 국가적으로 국민복지증진이라는 공공목적과의 조화를 이루게 된다.

그러나 2차 세계대전 이후 1940년대 중반부터 1990년대 초까지 미국을 중심으로 한 자유 진영과, 소련을 중심으로 한 공산 진영으로 양분화되었던 국제정세는 국가 간의 교류 및 국제관광에 악영향을 미치기도 하였다. 1990년 독일통일과 1991년 소련연방의 붕괴로 사실상의 냉전체제가 종식되어 세계정세가 안정화되고 세계 각국에 대한 인식과 관심이 높아지면서 국가 간의 교류와 왕래가 확대됨에 따라 자연스레 국제관광 활동이 증대되었다.

[그림 1-5] 서울올림픽대회를 위한 그리스 아테네에서의 성화 점화

특히 1896년 아테네에서 개최된 근대올림픽을 계기로 대중들은 메가이벤트(mega event)와 관련하여 단순 참가와 관람뿐만 아니라 관광 활동도 영위할 수 있는 계기가 되었다. 메가이벤트는 낮은 투자비용으로 개최국가 혹은 개최지역에 상대적으로 높은

경제적 효과를 가져옴으로써 많은 선진국과 개발도상국에서는 메가이벤트 개최를 통해 개최국가의 홍보 및 긍정적인 이미지를 부각하고자 하였다. 메가이벤트 유치와 동시에 다양한 곳에서 유입되는 관광객들의 수요를 충족시키기 위하여 엄청난 사회 간접자본이 투입되어 개최지역 발전에 큰 계기를 마련하게 되었다.

한편, 교통기술의 발달과 여가 시간 및 가처분 소득의 증가로 거대한 관광시장이 조성되었다. 새로운 항공회사, 호텔, 유람선회사, 여행사 그리고 관광위락단지가 세계 곳곳에 건설되었고, 그와 더불어 급속히 확대되는 관광시장을 포착하기 위하여 관광기업체의 마케팅 노력과 예산이 급격히 증대되었다.

6. 21세기

관광산업은 21세기에 첨단산업 및 환경산업과 더불어 3대 유망산업으로 꼽힌다. 관광산업은 예술적 · 복합적 특성을 가진 산업으로서 숙박, 음식, 오락 시설, 교통 및 상품판매 등 파급효과가 매우 커서 고용 창출의 기여도가 매우 높다. 관광객의 가치관과 라이프스타일의 변화 그리고 사회구조적 환경의 변화로 인해 컨버전스(convergence)라는 새로운 패러다임이 관광산업에도 적용되면서 유비쿼터스 기술을 접목한 u-Tourism, 환경보전을 목적으로 한 생태관광, 국가브랜드 및 경제적 효과 창출을 위한 융복합산업의 MICE산업 등이 대두되었다.

특히 관광산업은 정보집약적 산업으로 IT 기술의 발달과 대중화로 인하여 관광목적지를 방문하는 관광객들은 유 · 무선 인터넷을 활용하기 시작하였고, 모바일을 활용한 위치기반시스템(location base system)이 발달하면서 관광객의 편의를 꾀하기 위해 제공되었던 전통적인 관광안내책자나 지도 대신에, 모바일을 활용한 관광정보서비스가 관광목적지에 대한 다양한 정보를 제공하게 되어 관광객들의 가이드 역할을 대신하고 있다. 이처럼 모바일을 활용한 관광정보서비스는 모바일 지도형태의 관광목적지에 대한 지리적 정보는 물론 숙박, 음식, 관공서 등 다양한 정보를 제공함으로써, 유비쿼터스 관광서비스의 토대를 마련하는 계기가 되었다.

정보통신과 기술서비스의 발달은 관광산업 활성화에 많은 기여를 하였지만, 반면에 2001년 9·11테러와 2002년 SARS 및 2009년 신종플루 등은 세계 관광산업에 예기치 않은 악영향을 미치게 되었다. 한편, 대규모 자연재해 역시 관광산업에 악영향을 미치는 요소로 2010년 아일랜드 화산폭발, 2011년 칠레 푸예우에 화산폭발, 대지진으로 GDP의 7.5% 이상의 피해를 입은 뉴질랜드, 지진해일로 물바다가 된 일본, 폭설과 토네이도에 이어 미시시피강의 대홍수로 30억 달러의 피해를 본 미국에 이르기까지, 자연자원의 고갈과 지구온난화를 비롯한 위험한 수준의 기후변화 및 재해가 국제관광에 지대한 영향을 미치게 되었다.

2012년 이후부터 2019년 코로나19 팬데믹 이전까지 한국은 국제적 관광개발에 대한 투자와 관심 그리고 경쟁이 격화한 시기로, 글로벌 경쟁력이 있는 관광 기반 구축을 위해 노력하고 있었다. 특히 국제 관광시장이 급속히 성장함에 따라, 세계 각국의 관광 경쟁력이 강화되고, 아시아·태평양 시장도 점차 성장하였다. 국제적으로 지구온난화 등 기후변화에 대응한 탄소저감형 관광정책이 강조되었고, 생태관광, 공정여행(fair travel) 등 자연친화적 관광문화도 확산되었다. 국내적으로는 출산율 감소, 1인 가구 증대와 같은 가족구조 변화, 고령화 사회 진입, 주5일 근무제 확대 실시, 휴가분산제, 집중 휴가제 등의 도입으로 국민의 휴가일수 증대에 따른 관광개발에 대한 관심 증대와 성장이 이루어지는 시기였다.

2019년 말부터 현재까지도 진행되고 있는 코로나19 팬데믹으로 인해, 세계관광기구(UNWTO)는 2021년 전 세계 관광업계의 손실을 2조 달러(약 2,396조 원) 수준으로 추정하고, 국제관광객 수는 코로나19 팬데믹이 시작되기 이전인 2019년 15억 명보다 70∼75%가 감소했을 것으로 추정하듯이, 관광산업에 상당한 어려움을 초래하였다. 하지만 이러한 현상을 극복하기 위해 관광산업계는 디지털 전환의 시대를 앞당기는 계기가 되었다. 디지털 기술 및 최첨단 정보통신을 활용한 항공사의 '바이오 셀프 보딩시스템', 인천국제공항의 음성인식 및 화상 안내서비스 확대 등 엔데믹과 포스트 코로나 시대의 언택트 서비스 확대에 선제적으로 대응하려 노력하고 있다. 또한, 유튜브 등 영상을 통한 관광 이미지 증진, VR로 떠나는 랜선 여행, 메타버스의 출현과 MZ세대의 적극적인 관광 관심사 증진은 관광산업이 점차 재개 및 재활성화되는 원동력이 되고 있다.

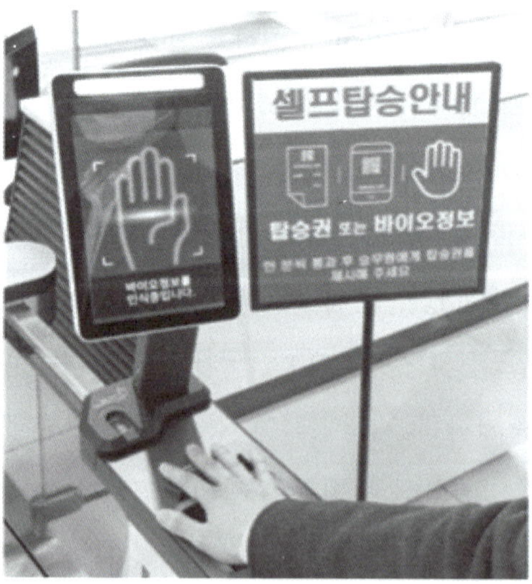

[그림 1-6] 항공사의 바이오 셀프 보딩시스템

제 3 절 관광마케팅 이론의 발달

20세기 이전에는 다른 산업과 마찬가지로 관광제품과 서비스는 간결하고 전통적인 방법으로 판매되었다. 그때는 특히 목적지, 관광 루트, 관광시설 등이 한정되어 있었기 때문에 진보의 흔적을 찾아볼 수 없었다. 20세기에 들어와서 비로소 마케팅이론이 싹트게 되었고 그 후 관광산업에 적용되기에 이르렀다. 21세기 들어서는 환경오염, 폭발적 인구증가, 세계적 인플레이션, 자원 부족, 자연재해, 전염병, 전쟁 등 무시되고 있는 사회적 측면을 고려하여 마케팅 개념이 발전하고 있다.

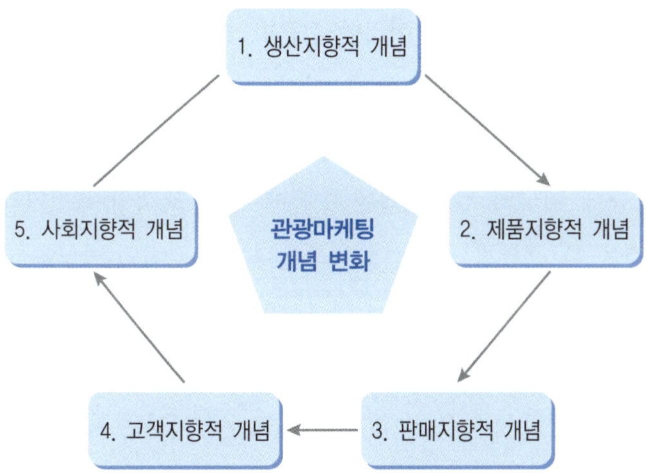

[그림 1-7] 관광마케팅 이론의 발달

1. 생산지향적 개념

생산지향적 개념(production oriented concept)은 판매자의 지침이 되는 가장 오래된 개념 가운데 하나이다. 생산지향적 개념은 소비자가 구매 가능하고 값이 적절한 제품을 선호할 것이라는 가정에서 출발하므로 경영자는 생산과 유통의 효율을 높이는 데 중점을 두지 않으면 안 된다.

숙박이 필요한 역이나 나루터에 여관이나 여인숙이 생겼고 침대와 식사를 제공하였다. 여행자는 그곳에 묵는 것 이외에 다른 방도가 없었다. 이 생산지향적 개념의 문제점은 경영자가 생산시스템에 중점을 두고 고객의 기호를 망각하기 쉽다는 데 있다.

2. 제품지향적 개념

교통, 통신, 산업기계의 발전으로 대량생산의 시대가 도래하였으나 일부 관광기업들은 고객지향적이라기보다는 이익지향적 활동에 관심을 두는 기업이 대부분이었다. 이러한 접근방법을 제품지향적 개념(product oriented concept)이라고 부르는데, 이것은 가장 좋은 제품을 생산한다면 고객이 반드시 그 제품을 구매한다는 원리가 그 기초를 이루고 있다.

1920년대에 미국의 철도산업은 수송에 대한 고객의 욕구가 변화하고 있다는 것을 무시한 채 '철도수송'이라는 제품지향적인 발상을 계속 고집하였다. 그리하여 다른 산업에서 항공산업에 투자하여 고객의 욕구에 합치하는 빠른 수송서비스를 제공하는 것과는 달리 철도산업의 관계자들은 그 당시 막대한 이익을 얻고 있는 철도수송이라는 제품에 너무 집착하여 설마 항공산업이 자신들의 산업을 뛰어넘으리라고 생각하지 못하였다. 그 결과 철도산업은 많은 고객을 점차로 항공산업에 빼앗기게 되었고, 이것을 계기로 철도산업은 사양길로 접어들게 되었다. 이와 같은 철도산업의 제품지향적인 사고는 제품지향적 마케팅의 대표적인 예라고 할 수 있을 것이다. 이것을 마케팅 근시안이라고 부르기도 한다.

3. 판매지향적 개념

1920년대 말 미국기업의 생산능력이 점차로 증가하여 제품이 초과 공급되기 시작하자, 기업경영자들은 그들이 만든 모든 제품을 사람들이 구매하도록 설득해야 한다는 것을 깨닫게 되었다. 그리하여 그들은 판매직원의 선발 및 훈련, 인센티브, 경영관리를 증진하기 위하여 마케팅 활동을 확대하였다. 이러한 혁신 활동을 밑받침으로 하는 이론을 판매지향적 개념(selling oriented concept)이라 한다. 이 방법은 상용여행객을 위해 건설된 도심지 호텔이 위락여행객이나 컨벤션 및 회의참가자들에게 호텔 서비스를 판매하기 시작함에 따라 마케팅 노력과 판매를 같은 것으로 생각하게 되었다. 그와 더불어 라디오와 텔레비전의 급속한 발전으로 당시 수백만 명의 사람들에게 한꺼번에 판매 문안(sales messages)이 전달됨에 따라 광고가 점차 막강한 영향을 미치게 되었다.

4. 고객지향적 개념

제2차 세계대전 이후 기업들은 고객의 욕구를 충족시키지 못한다면 고객은 제품을 구매 또는 재구매하지 않는다는 사실에 주목하였다. 제품이 넘쳐흐르기 시작하여 시장은 극도로 경쟁적 상황으로 변하였고, 그 결과 마케팅기술은 좀 더 세련되고 전문적으로 발전하게 되었다. 기업은 고객이 무엇을 요구하고 원하는가를 판단하기 위해 시장조사를 더욱 강조하게 되었다. 마케팅이론은 시장조사와 제품디자인을 포함하는 데까지 확대되기 시작하였다. 이같이 현대의 고객지향적 개념(customer oriented concept)은 고객의 관점에서 실시되고 있다.

고객지향적 마케팅의 본보기는 리조트이다. 리조트에서는 휴식, 휴양, 기름진 음식의 제공에서부터 고객의 기호 변화에 따라 점차로 운동, 피트니스, 저칼로리 음식 등을 제공하게 되었다.

5. 사회지향적 개념

사회지향적 개념(societal oriented concept)은 오늘날의 환경오염, 자원 부족, 폭발적 인구증가, 세계적인 인플레이션 등이 무시되는 사회적 측면을 고려하여 기업 행위가 이루어지고 있는가 하는 의문에서 생겨난 마케팅 개념이다.

관광이 우리의 생활 주변에서 일어나는 사회문화적 현상임을 누구도 부정할 수는 없다. 관광이란 현상은 일차적으로 관광객과 주민이 직접적 또는 간접적으로 만나는 상황에서 규정될 수 있고 사회와 문화가 상품으로 등장하는 특수한 생산양식을 보이며, 관광객은 관광지의 자연과 주민의 문화를 보기 위하여 주민의 사회에 이방인의 자격으로 등장하게 된다. 여기서 지역사회에서 관광 개발로 인해 일어나는 갈등과 문화적 영향에 관하여 관광기업이 장기적인 관점에서 관광객과 지역사회를 위해 최선을 다하고 있는가에 의문이 제기되고 있다. 이러한 관심과 갈등을 해결하기 위하여 관광기업은 관광지의 문제해결에 적극적으로 대응하여 관광객 및 지역주민과 양호한 관계를 유지하도록 노력하려는 취지에서 사회지향적 마케팅 개념이 생겨나게 되었다.

사회지향적 마케팅은 국가 및 지방자치단체 또는 관광기업의 마케팅 관리자들이 마케팅 정책을 수립하는 데 있어서 세 가지 요소, 즉 관광기업의 이익, 관광객의 욕구, 지역사회의 관심사 등을 균형적으로 고려할 것을 요구하고 있다.

제 4 절 관광마케팅 환경요인

관광기업이 매우 성실하게 마케팅 과정을 계획하고 통제하려고 하더라도 어쩔 수 없는 환경요인으로 인하여 업무의 진행에 영향을 받거나 방해를 받기도 한다. 이러한 일이 발생하면 관광기업은 그 상황에 대처해 나갈 만큼 충분히 유연성을 발휘해야 한다. 관광기업은 시장조사를 통해 이러한 상황을 예상하고 그것에 대처할 수 있도록 해야 한다.

마케팅 환경은 내적 환경요인과 외적 환경요인으로 구분되며, 후자는 업무환경과 외적 비업무 환경으로 세분된다.

1. 내적 환경요인

기업의 내적 환경요인이란, 마케팅 기능 이외의 관리기능 또는 부서로서 생산, 인사, 재무, 회계, 구매, 연구개발 등을 의미한다.

관광기업의 최고경영층은 사업부의 전반관리자, 집행위원회, 사장, 회장, 이사회 등으로 구성된다. 이러한 상위부문 경영층은 기업의 사명, 목표, 전사적 전략 및 방침 등을 수립한다. 마케팅부문 관리자는 반드시 최고경영층이 설정한 계획범위 내에서 의사결정을 해야 할 뿐만 아니라 그들의 마케팅계획을 실행하기 전에 최고경영자의 승인을 받아야 한다.

마케팅 관리자는 타 기능 부문과 긴밀하게 협조해야 한다. 관광기업의 재무부문 관리자는 마케팅계획 수립을 위한 자금의 조달 가능성 및 운영에 관심이 높을 것이며, 연구개발부문 관리자들은 안전하고 매력적인 리조트를 설계하는 문제에 관심을 집중한다. 구매부서에서는 예측한 고객 수만큼의 식사나 서비스를 제공하는 데 필요한 원료 및 소재를 충분히 확보하는 데 관심이 있으며, 고객서비스부서는 충분한 고객서비스 능력과 노동력을 확보하고 상품제공 목표를 달성하는 데 책임을 진다. 회계부서는 빈번히 이익 및 비용을 측정하여 기업의 목표가 잘 성취되고 있는가를 마케팅부서가 알 수 있도록 정보를 제공하는 데 책임이 있다. 이러한 부서들은 마케팅부서의 계획과 활동에 직·간접으로 영향을 미친다.

2. 외적 환경요인

고객, 여행업자, 광고대행사, 공급업자, 노동조합 그리고 주주 등은 외적 환경요인 중에서도 마케팅 활동을 직접 제약하거나 돕는 요인들이다. 시장중심적인 경영에서 특별히 중요한 요인은 두말할 필요도 없이 고객, 즉 관광객이다. 이러한 요인들에 대해서는 다음 여러 장에서 상세하게 언급하기로 한다.

3. 외적 비업무 환경요인

많은 외부요인들이 마케팅에 영향을 미친다. 외적 비업무 환경요인으로는 경쟁자, 정치·법률, 사회·문화, 생태, 경제, 기술, 경쟁 등이 있다.

외국의 정치적 불안은 그 나라로 여행하려는 사람들의 마음을 가로막을 것이다. 법률적 제약은 외국으로 여행하려는 내국인들의 의욕을 떨어뜨리기도 할 것이다. 인플레이션, 환율, 비용 등과 같은 경제적 조건은 관광객의 소비액에 커다란 영향을 미칠 것이다. 항공승객의 권리와 기타 개혁에 대한 요구를 명확히 주장하고 있는 소비자운동의 신장은 마케팅 전략에 커다란 영향을 미치고 있다. 사실상 기술적·사회적 변화는 여행 그 자체의 본질과 관광상품이 거래되고 판매되는 모든 방법에 대해 영향을 미치고 있다.

비업무 환경요인은 비단 가장 변두리에 위치하여 마케팅에 간접적으로 영향을 미치긴 하지만 이들은 업무환경으로써의 고객과 함께 경영에 위협과 기회를 직접 제공하는 장본인이라는 점에서 이들이 지니는 전략적 중요성을 간과해서는 안 될 것이다.

제 5 절 관광마케팅 사이클

마케팅 과정(marketing process)에 있는 각 단계가 모여 하나의 원(circle)을 형성한다. 각 단계는 [그림 1-8]과 같이 하나씩 꼬리를 물고 이어져 원을 그리는 것과 같다. 마케팅 과정은 신제품의 개발이나 기존제품의 개량단계, 시장조사의 실시단계, 마케팅 목적의 수립단계, 마케팅 전략의 수행단계, 평가 및 조정계획단계로 순환되며, 이것은 또한 처음의 단계로 피드백된다. 그러나 새로운 시장에 들어가려는 기업은 시장조사부터 마케팅 과정을 실시하게 된다.

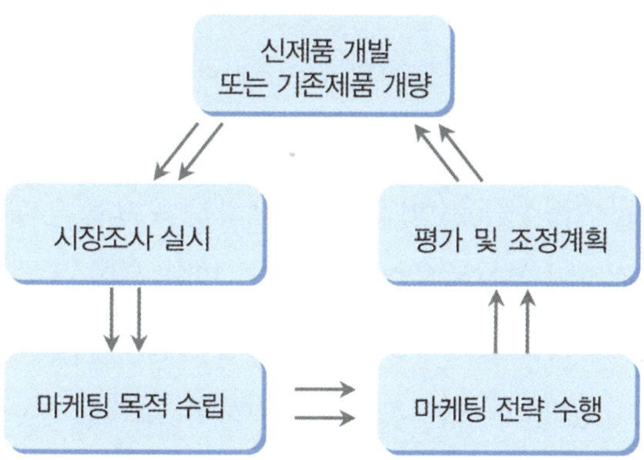

[그림 1-8] 관광마케팅 과정의 순환

1. 신제품 개발과 기존제품 개량

마케팅 사이클은 기업이 제품이나 서비스에 대한 아이디어를 창출할 때, 또는 기존제품을 개량하는 방법을 결정할 때 시작된다. 그 후 시장조사는 제품에 대한 수요가 존재하는가, 제품개량이 판매를 증가시킬 것인가를 알아내기 위해 실시된다. 이런 절차는 순서가 뒤바뀌어 실시될 수도 있다. 즉 먼저 시장조사를 하고 고객의 불만족한 욕구를 확인한 후, 신제품 및 서비스에 대한 아이디어나 기존제품의 개량을 위한 방법을 찾을 수 있다. 경쟁적인 체질 강화와 판매를 증대시키기 위해 기업은 끊임없이 연구하여 신제품을 개발하고 있다. 신제품은 기업의 성장에 있어 필수적인 요소이다. 예를 들면, 미국의 렌터카사업자들은 비즈니스여행객(상용여행자) 시장이 충분히 개발된 시점에서, 곧이어 후속 단계로서 위락용 렌터카 수요를 확대하기 위해 노력하였다. 한편, 단거리 위락여행객의 수요급증에 대응하기 위해 호텔은 다양한 주말 휴가패키지상품을 꾸준히 개발하고 있다.

2. 관광시장조사의 실시

1986년 미국의 이스트 코스트(East Coast)에 있는 한 여행사가 시장조사를 통해 새로운 여행상품으로 '그랜트 투어'를 만들어냈다. 그랜드여행이라 불리는 이 여행상품은 현대시장의 새로운 수요를 인식하여 만든 것이다. 오늘날 직장인 부모들은 자녀들을 긴 방학 동안 돌볼 시간이 없다. 한편, 많은 할아버지나 할머니들은 여행할 수 있는 시간, 에너지, 경제력, 욕구 등을 갖고 있다. 이러한 경향에 편승하여 '그랜트 투어'는 조부모와 손자 · 손녀가 함께 휴가를 즐길 수 있도록 특별히 기획하여 만든 것이다. 그랜트 투어는 폭발적으로 성공하였다.

시장조사를 통하여 기업은 잠재고객이 누구이며 그들이 무엇을 원하는가를 발견한다. 설문지, 개인 면담, 고객기록 등은 이러한 정보를 수집하기 위해 사용되는 도구이다. 인구통계청의 연구보고서나 경제 · 사회에 관한 최신 논문들은 잠재시장을 파악하는 데 도움이 된다.

일단 정보가 수집되면 그것은 조심스럽게 분석되고 해석된다. 기업은 항상 최근에 시장에서 무슨 일이 일어나고 있는가를 알기 위하여 효율적인 정보수집 체계가 필요하다. 기업은 모든 여행객의 욕구를 충족시키려는 것보다는 일반적으로 시장의 한 세그먼트, 즉 하나의 표적시장에 제품과 서비스를 직접 제공하려고 한다. 표적시장(target market)은 동일제품과 서비스를 구매하리라고 예상되는 일련의 사람들로서 어느 정도 규모가 있고 통제가 가능해야 한다. 표적시장은 여행목적(사업, 휴가, 친구나 친지의 방문), 나이 및 혼인 여부(독신, 노년층, 자녀가 있는 부부), 경제적 상태(부유층, 중간층, 서민층), 흥미(모험, 예술, 음악, 건강) 등과 같은 여러 가지 요인을 기초로 하여 나누어진다. 표적마케팅은 [그림 1-9]에 표시된 것처럼 특정 표적시장에 소구하기 위하여 제품개발 및 촉진전략 등을 실시한다.

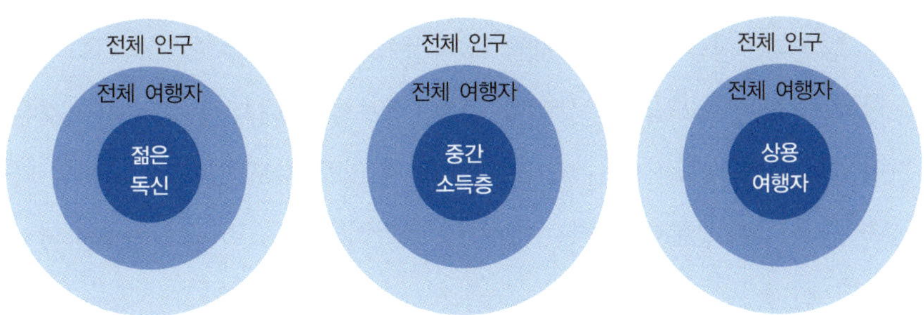

[그림 1-9] 관광시장에서의 표적시장 선정

3. 관광마케팅 목적 수립

모든 마케팅계획의 기초가 되는 것이 마케팅 목적이다. 마케팅 목적은 기업이 일정 기간 내에 달성하기를 원하는 목표이다. 마케팅의 목적을 수립해 두면 기업의 노력 및 성공을 측정하기가 쉽다. 그 목표 달성 기간은 장기(5년이나 10년) 또는 중기(1년이나 2년), 단기(3개월이나 6개월)가 될 것이다.

여행사의 장기간 목적은 예를 들면, 다음 연도에 연간 총판매량의 3%에서 10%까지 렌터카 판매량을 증가시키는 것 등이 될 것이며, 단기간 목적은 예를 들면, 9월 1일과 12월 31일 사이에 유람선을 단체운임으로 5,000석 판매하는 것이 될 것이다.

4. 관광마케팅 전략 수행

마케팅에 있어서 중요한 개념의 하나로 상품포지셔닝이 있다. 상품포지셔닝(product positioning)의 기초는 상품포지션(product position)이다. 상품포지션이란 고객이 일정한 속성을 기준으로 해서 여러 경쟁상품을 비교하는데, 각 상품이 어떠한 위치를 차지하고 있는가를 나타내는 것을 말한다. 상품포지션은 때때로 제품포지션이라 부르기도 한다.

상품포지션은 고객의 인상이나 경험, 정보를 통해서 형성되며 이것은 기업에서 보면 바람직할 수도 있고, 그렇지 않을 수도 있는데, 고객의 마음속에 자사의 상품을 원하는 위치로 부각하려는 노력을 상품포지셔닝이라고 한다.

관광시장에서 성공을 위한 기회를 증대시키기 위해서 기업은 고객의 마음속에 타 상품보다 유리한 위치를 차지하도록 자사상품을 확실히 전달하여야 한다. 예를 들면, 몇 개의 휴양지에서는 부유층을 위한 고급호텔로서, 또는 어떤 호텔은 가족휴가 휴양지로서 자사상품을 포지셔닝하려고 할 것이다.

시장포지션과 표적시장을 확립한 후에 관광기업은 현존시장에서 더욱 많은 점유율을 차지하기 위한 전략을 개발하거나 미개척시장을 침투하기 위한 전략을 개발해야 한다. 그러한 전략에는 제품디자인, 이미지, 유통, 가격 등에 대한 의사결정이 필요하다. 동시에 상품을 어떻게 촉진(promotion)할 것인가에 대해서도 의사결정이 내려져야 한다. 이러한 의사결정은 기업의 모든 자원을 고려해서 결정해야 한다.

5. 관광마케팅 평가와 조정계획

마케팅 과정은 일단 상품이 판매되었다고 해서 끝나는 것은 아니다. 판매에 성공한 기업들은 그들의 마케팅 목적이 어느 정도 효과적으로 작용하였는가를 평가한다. 그들은 이러한 점에서 시장조사를 행하여 제품이나 서비스에 대한 소비자의 인식을 조사한다. 예를 들면, 호텔은 빈번히 고객에게 설문지를 내보이고 호텔운영에 대한 고객들의 인상을 체크해 주기를 부탁한다. 또는 고객이 웹사이트에 올리는 숙박 후기를 검토하기도 한다.

고객과 기업의 평가와 시장의 변화에 기초해서 기업은 제품 및 서비스를 평가 · 조정하는 것으로 마케팅 사이클이 한 바퀴 순환하게 되는 것이다. 그러나 여기서 끝난 것은 아니다. 이제까지의 사이클에서 획득한 정보를 이용하여 신제품개발 및 기존제품의 개량작업이 추진되면서 마케팅 사이클은 재차 시작된다.

한편, 마케팅 사이클에서 다른 측면은 현존하는 고객과의 양호한 관계를 유지하는 것이다. 모든 기업의 공통적인 잘못은 새로운 고객을 창조하는 데 모든 노력을 바치고, 판매 후의 마케팅, 즉 이미 확보한 고객을 유지하는 데는 거의 주의를 쏟지 못하고 있다. 그 결과로 많은 기업이 고객을 놓치고 있다. 사업을 계속 유지하기 위해서 성공한 관광업체들은 현존고객에게 가격할인이나 특별 클럽의 회원권 등을 제공하고 있다. 기업들은 개인의 희망에 맞추어 판매하거나 적절한 제품과 서비스가 쓸 만한 가치가 있을 때 고객에게 알려주기 위해서 단골고객의 프로필을 만들어 보관하고 있다. 이러한 유형의 마케팅은 때때로 관계마케팅(relationship marketing)으로 불리고 있다.

제 6 절 관광마케팅믹스 개요

관광마케팅을 위한 또 하나의 중요한 요소는 마케팅믹스이다. 마케팅믹스(marketing mixes)는 마케팅 전략을 계획하고 실시하고 마케팅 목표를 이행하는 데 있어 기업이 통제 가능한 모든 변수를 말한다. 처방전에서의 재료와 같이 마케팅 변수는 성공하기 위해서 적정량을 사용해야 한다. 소비재 마케팅에서 전통적인 4개의 변수(4P's)는 상품, 유통, 가격, 촉진이다.

관광마케팅 전문가들은 여기에 3개의 마케팅믹스를 추가하였다. 즉 물리적 환경, 프로세스, 참가자 등이다. 그들은 이러한 부가적인 믹스 요소가 관광마케팅에 포함되는 과정을 표현하는 데 필요하다는 것을 느끼고 있다. 이러한 부가적인 변수들을 합쳐서 7P's라고 부른다(〈표 1-1〉 참조). 마케팅믹스는 액셀러레이터, 브레이크, 기어변속기, 핸들 등 자동차의 통제장치에 비유된다. 그것들은 도로의 조건(시장)과 다른 운전사(경쟁)의 행동을 고려해서 사용된다. 자동차의 통제장치와 같이 마케팅믹스는 목적지나 목표에 도달하기 위해 끊임없이 조정되어야 한다.

〈표 1-1〉 관광마케팅믹스(7P's)

마케팅믹스	믹스 요소의 정의	예
상품	기업이 고객에게 제공하는 것	크루즈, 항공권
유통	유통의 채널	여행사, 홈쇼핑…
가격	판매자가 어떤 요소를 기준으로 상품에 지급하는 돈의 양	199만 원 왕복여행
촉진	상품에 흥미를 자극하는 활동	광고, PR 등
물리적 환경	판매가 발생하는 환경 또는 상품이 생산되고 소비되는 환경	프런트, 객실, 레스토랑, 로비 등
프로세스	마케팅 & 정보탐색	상품 및 정보 선택
참가자	거래 또는 경험에 참가하는 사람들	직원과 고객

1. 상품

상품(product)은 고객의 욕구를 만족시키기 위해 기업이 판매하고 제공하는 모든 것을 말한다. 상품 특성에 대한 의사결정은 유형적 · 무형적 측면의 확인과 잠재고객에의 소구를 기초로 하여 결정된다. 여기에는 서비스가 제품에 동반될 것이다. 물론 관광산업이 판매하는 것은 상품이고 또한 서비스이다. 관광상품에 대해서는 제5장에서 자세히 후술하기로 한다.

2. 유통 또는 입지

유통채널(distribution) 또는 입지(location, place) 혹은 전달과정(process of delivery)은 고객에게로 서비스 또는 제품을 전달하는 과정에 수반되는 모든 활동을 말한다. 여기에는 유통장소와 유통채널 모두가 포함된다. 판매자는 제품이나 서비스를 판매할 방법과 장소를 결정해야 한다.

호텔을 건설할 때 어디에 하는가? 그것은 첫째도 입지, 둘째도 입지, 셋째도 입지이다. 그만큼 호텔의 입지는 고객이 접근하는 데 매우 중요하다. 다음으로 거대한 체인에 속해 있는 리조트는 몇 기지의 방법으로 고객에게 접근할 수 있다. 리조트의 마케팅부서가 설립한 유통채널을 통하여 여행객은 여러 방법으로 예약을 할 수 있다. 그 방법으로는 여행사나 투어 오퍼레이터를 이용하는 것, 리조트의 예약 데스크나 그룹 내의 다른 리조트에 전화 예약을 하는 것, 항공예약시스템을 이용하는 것 등이 있다.

판매자는 고객을 유인할 가능성이 가장 큰 곳에 유통지점을 설치하려고 한다. 예를 들면 휴가객을 전문적으로 담당하고 있는 도심사무소(예를 들면 리조트의 서울사무소)는 도심의 상용지역보다는 교외의 쇼핑센터에 지점을 위치시키면 좋다는 것을 깨달을 것이다. 물론 기업이 직접 운영 가능한 유통지점의 수는 제한될 수도 있다. 또는 고객과의 직접 유통을 택할 수도 있다.

3. 가격

가격(price)은 제품이나 서비스를 받기 위해 고객이 지급해야 하는 돈의 총액이다. 가격을 설정하는 데 기업은 많은 요인을 고려해야 한다. 제품이나 서비스의 생산과 유통을 위한 실제적 비용, 기업의 이익률, 제품에 대한 현재의 수요, 경쟁자가 제공하는 유사제품 및 서비스의 가격 등을 고려해야 한다. 그와 동시에 가격전략은 제품 또는 서비스가 의도하고 있는 각각의 세분시장에 소구해야 될 것이다. 이는 여행객이 지급할 금액에 상당하는 가치를 제공하는 제품이라고 인지해야만 하기 때문이다.

타 산업의 제품처럼 관광상품은 통상적으로 표준적인 가격 범위가 있다. 그러나 필요할 때 판매를 자극하기 위해서 할인가격이나 촉진가격(promotional price)을 제시하는 경우가 있다. 할인가격은 위락여행을 위하여 비수기 계절에 빈번히 제시된다.

4. 촉진

고객에게 촉진(promotion)은 아마도 마케팅믹스에서 가장 눈에 잘 보이는 요소일 것이다. 촉진 활동은 제품과 서비스에 대한 관심을 자극하고 사람들에게 정보를 제공하며 구매에 대한 인센티브를 제공하여 제품 및 서비스를 구매하도록 소비자를 설득하기도 한다.

기업이 제품 및 자사를 촉진하는 방법은 무수히 많다. 촉진에는 잡지, 신문, TV, 라디오, 광고판 등이 주로 사용된다. 신문에서의 평판, 고객인터뷰, 독자의 평, 신문발표를 통한 자유로운 홍보 등도 있다. 판매원이 고객을 다루는 데 사용하는 몇 가지의 테크닉은 판매 촉진의 한 유형이다. 즉 특별한 선물과 기념품, 모형비행기, 브로슈어, 할인 쿠폰, 인쇄문구(편지), 사업카드, 회보, 다이렉트 메일, 기타의 판매 촉진상품이 있다.

최근에는 인터넷광고, e메일, 휴대전화, 홈페이지, 홈쇼핑, e커머스 등을 이용해 다양한 촉진 활동을 전개하고 있다.

5. 물리적 환경

물리적 환경(physical environment)은 관광산업에 있어 매우 중요하다. 물리적 환경 믹스는 특히 두 가지 측면에서 중요하다. 첫째는 판매가 발생하는 환경으로서 중요하고, 둘째는 제품이 생산되고 소비되는 환경으로서 중요하다.

고객들은 즐겁고 안락한 환경에서 구매할 가능성이 더욱 크기 때문에 마케팅 전략은 제품과 서비스를 판매하는 물리적 환경을 고려하는 데 주안점을 두어야 한다. 객실에 놓인 TV나 안락의자와 같은 제품은 객실상품이 어떻게 보이고, 어떻게 느껴지고, 어떻게 작동하는가에 따라 사람들에게 큰 영향을 미친다. 그들의 주의력은 객실 공간 및 그 주위환경에 더 비중을 두게 된다. 즉 고객의 기대와 감정은 객실의 구조, 가구, 방음 상태, 기온 그리고 심지어는 냄새와 같은 요인에 의해서도 영향을 받는다.

관광산업에 있어 물리적 환경은 사업의 반복적 안전성을 위해서 특히 중요하다. 한 예로써 별로 매력 없고 안락하지 못한 디자인과 장식으로 꾸며진 객실에서 지낸 고객은 다시는 그곳에 숙박 예약을 하지 않을 것이다. 리조트의 너저분한 해안이나 풀장, 어질러진 스키 자국, 객실 발코니에서 본 형편없는 전망은 물리적 환경이 여행을 망치는 또 하나의 예이다. 결론적으로 관광기업은 모든 가능한 방법을 동원하여 그들 제품의 물리적 환경을 개선하는 데 심혈을 기울여야 한다.

6. 프로세스

프로세스(process)는 서비스가 제공되는 실행절차, 메커니즘, 그리고 활동의 흐름 등을 말하는데 이는 서비스 제공 및 운영시스템을 가리키기도 한다. 프로세스에는 관광상품 구매에 대한 사람들의 심리적 동기와 의사결정 방법이 고려되어야 한다.

사람들이 보트, 별장, 가구 대신에 왜 관광상품에 그들의 돈을 소비하려고 하는가? 또 수백 가지나 되는 관광상품 중에서 특정 상품을 왜 선택하는가? 그리고 사람들은 위신을 높이기 위해서, 모험하기 위해서, 다른 지역의 문화를 배우기 위해서 여행한다. 일부 사람들은 자신의 건강을 증진하기 위해서, 조상의 뿌리를 찾기 위해서, 단순히 가족과 친구와 즐기기 위해 여행을 한다. 고객들의 욕구와 욕망, 개인적 특성, 사회적 · 경제적 지위는 그들의 동기를 형성하는 데 도움을 준다. 그러므로 구매자의 동기를 파악할 수 있는 기업은 그 동기에 알맞은 관광상품과 판매 촉진을 조직화할 수 있다.

잠재고객에게 적절한 정보를 제공하는 것은 구매과정에 있어 결정적으로 중요하다. 고객은 구매하기 전에 관광상품에 대한 정보의 근원, 그 정보에 접근하는 방법, 구매를 실행하는 방법 등을 알려고 한다. 관광마케터는 구매과정을 촉진하는 방법으로써 이러한 정보를 고객에게 제공하도록 노력해야 한다.

관광마케터는 고객이 구매하는 각각의 관광상품에 대해서 일률적으로 생각하지 않는다는 것을 인식하였다. 렌터카나 모텔과 같은 환대상품은 편의점에서 물건을 구매하는 것처럼 그다지 깊이 생각하지 않고 쉽사리 선택되기도 한다. 그러나 7성급 호텔과 고급크루즈와 같은 상품을 선택하는 데는 많은 생각이 필요할 것이다. 이 프로세스는 제품을 어떻게 시장에 내놓는가에 영향을 미친다.

7. 참가자

참가자(participants)는 판매거래에 수반되는 사람들 모두를 말한다. 참가에는 판매자, 구매자, 기타 고객들이 관여한다. 판매자와 구매자의 밀접한 상호작용과 구매자의 참가가 여행경험의 형성에 도움을 주기 때문에 이 '참가'요소는 관광산업에 있어서 매우 중요하다. 숙박경험의 질(quality)은 여행하는 동안에 구매자의 행동과 행위에 따라 달라진다. 직원의 응대에 대한 구매자의 인식은 때때로 제품과 서비스를 다시 구매할 것인가의 여부를 결정한다. 특히 환대사업에서는 반복적 구매가 이루어지기 때문에 참가는 마케팅믹스에 지극히 중요한 부분이라 할 수 있다.

판매거래에 있어서 참가자의 태도와 행동은 고객의 경험을 높일 수도 있고 파괴할 수도 있다. 직원에게 무례한 대우를 받거나 냉담한 서비스를 받은 고객은 숙박이 즐겁지 않을 것이고, 아마도 그 호텔에 두 번 다시 예약하지 않을 것이다.

비록 참가는 통제하기 어려운 변수이지만, 기업은 종업원의 행동을 잘 관리하도록 노력해야 한다. 훈련프로그램을 완전히 수료하게 하는 것과 종업원에게 제복을 착용하도록 하는 것은 종업원을 관리하는 두 가지의 방법이다. 디즈니대학으로 알려진 월트 디즈니의 훈련프로그램 또는 맥도날드에서 운영하는 햄버거대학은 직원들을 공손하고 말쑥하고 행복하게 변화시킨 것으로 유명하다. 많은 기업에서는 그들의 업무를 잘 수행한 대가로 자유여행이나 상여금 등을 종업원에게 제공한다. 이러한 것은 내부마케팅(internal marketing)의 실제이다. 인센티브를 제공하는 목적은 종업원이 그 기업에 대하여 좋은 감정을 갖고 업무를 더욱 잘 수행하는 데 있다. 관광산업에서 마케팅 및 판매에 종사하는 사람은 특히 고객과 제품 사이의 이러한 상호작용을 인식하고 그것을 조화시킬 필요가 있다.

02
CHAPTER

관광행동

02 관광행동

CHAPTER

제 1 절 관광행동의 기초개념

1. 관광행동의 개념

인간이 왜 여행을 하는가 하는 문제는 개인의 행동으로써 고찰해야 하며, 또한 관광행동의 구조를 이해하는 것은 관광 전체를 이해하는 데 그 기초가 된다고 볼 수 있다. 관광을 인간행동의 하나의 형태로써 이해한다면, 관광은 곧 관광행동이 되지만, 일반적으로 관광사업을 이용하는 관광객의 이동, 체재, 레크리에이션 등의 행동을 총칭하여 관광행동이라고 한다. 그리고 관광행동은 개인행동, 집단행동, 일반행동, 특수행동 등으로 분류할 수 있다.

관광행동은 관광활동과는 다르다. 관광활동은 관광객이 목적지 또는 여행 중에 경험하고 관찰하는 여러 가지의 활동을 말한다. 한편, 문화인류학적 관점에서 보면 관광행동은 소비행동에 속한다고 보아 소비행동의 일부분으로 규정하기도 한다. 그 소비행동에서 관광객이 구매하는 것은 토산품 · 기념품, 신체적 위안, 보고듣은 지적 정보, 참가에 따른 쾌감, 경험 및 추억 등의 다각적인 측면에 걸쳐 있다.

2. 관광행동의 영향요인

관광행동을 설명하는 것은 쉬운 일이 아니다. 거기에는 개인의 행동에 영향을 미치는 많은 요소가 있기 때문이다. 관광객이 어떻게 의사결정을 하는가를 이해하기 위해서는 선택 결정에 영향을 미치는 심리적 요인을 관찰할 필요가 있다.

그림 [2-1]의 중앙에 놓여 있는 관광의사결정자는 개인적 · 사회적 영향을 받는데, 개인의 내적 · 심리적 요인으로는 지각(perception), 학습(learning), 성격(personality), 동기(motive), 태도(attitude) 등이 있다.

지각이란 관광객이 주변 세계에 대해 의미 있는 이미지를 만들기 위하여 정보를 선택하고 조직하고 해석하는 과정이다. 학습은 경험에 근거한 관광객의 행동 변화를 말한다. 성격은 관광객이 행하는 행동의 형태이며 또한 경험과 행동을 질서 있게 연결하는 지적 구조를 말한다. 동기란 어떤 목적을 달성하기 위하여 관광객의 행동을 유도하는 내적 충동이라고 할 수 있다. 태도는 어떤 대상, 사상, 또는 다른 관광객에 대한 긍정적이거나 부정적인 감정과 지식으로 구성되어 있다.

이러한 심리적 요인은 관광행동의 내적인 요소로 작용하지만, 그것은 외부의 영향이 없는 진공상태에서 일어나는 것은 아니다. 관광의사결정은 개인 외부의 힘과 타인에 의해서 많은 영향을 받는다. 타인에 의해서 발휘되는 영향은 사회적 영향이라고 하는데, 여기에는 크게 역할과 가족 영향, 준거집단, 사회계층, 문화와 하위문화 등의 네 가지가 있다.

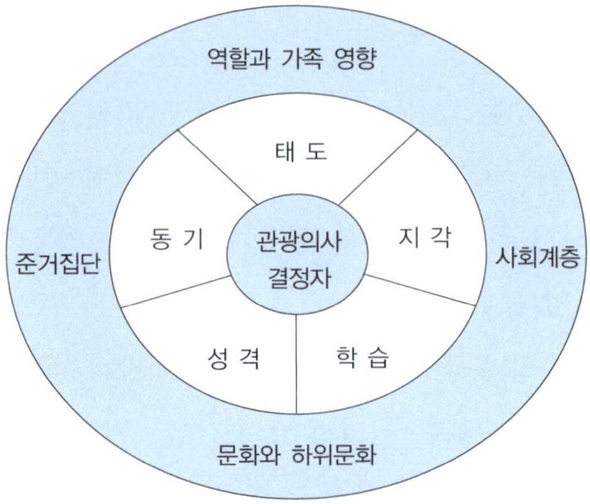

[그림 2-1] 관광행동의 주요 영향변수

제 2 절 관광구매의 결정요인

1. 관광구매행동의 이해

관광상품을 판매할 경우 외부시장 상황에 대해서 잘 알고 있어야 하지만 먼저 구매과정에서 개별고객들의 마음속에서 무엇이 일어나고 있는지를 이해할 필요가 있다. 마케터는 왜 사람들이 상품을 사고 거기에는 어떠한 동기가 있는지에 대해서 주의를 집중할 필요가 있다.

동기는 특정의 일을 하려는 욕구나 욕망으로 표현되는, 개인에게 작용하는 내부적 요인이다. 동기는 강력한 개인적인 요인이다. 두 사람이 동일하지 않기 때문에 똑같은 욕구나 구매동기를 가질 수 없으며, 동일인이라 할지라도 시간에 따라 달리 생각하고 느끼며 행동할 수 있다.

그러나 소비자 욕구를 충족시키는 과정에 있어서 많은 유사점을 발견할 수가 있다. 개인은 한 가지 욕망을 다른 욕망보다 뚜렷이 나타내고 있고 그러한 욕망을 충족시키기 위해서 기꺼이 돈을 내려고 한다. 소비자는 그들이 즐기고자 하는 어떤 편익과 이익을 결정하고 나서 선택된 이익을 약속하는 제품과 서비스를 구매한다.

관광마케터들이 개인의 내부적·심리적 과정이 특정한 휴가목적지와 그 목적지에서 특정한 형태의 상품에 대한 개인의 선택에 어떻게 영향을 끼치는가를 이해하는 것이 중요하다. 고객의 동기와 욕구를 이해함으로써 관광전문가들은 관광상품을 더 효과적으로 판매할 수 있으며 구매자 선택에 영향을 줄 수 있다. 그리고 고객을 더욱 만족하게 할 수 있는 것이다.

2. 관광구매결정의 요인

사람들은 어떤 이성적·감성적인 이유로 인하여 특정한 관광상품을 선택한다. 이성적 의사결정은 다음과 같은 요인에 기초한다.

① 비용 : 관광객은 같은 도시에 있는 두 호텔 가운데 저렴한 곳을 선택한다.
② 신뢰성 : 고객은 과거에 사용했던 신뢰할 만한 특정공급자를 찾아내고 그 공급자를 다시 선택한다.
③ 편리성 : 고객은 특정 항공사를 선택하는데, 그 이유는 그 항공사가 편리한 시간에 항공편을 제공하기 때문이다.
④ 서비스 : 고객은 서비스가 뛰어나다고 알려진 휴양지를 선택하는데, 그 이유는 서비스는 고객에게 중요하기 때문이다.

관광객이 특정 관광상품의 구매를 결정하는 이유는 이성적·감정적 이유가 복합적으로 상호작용한 결과라고 볼 수 있다. 다시 말하면 이성적 이유는 비용 및 신뢰성, 편리성, 시간, 서비스 등에 의해 구매를 결정하는 것이고, 감정적 이유는 즐거움, 휴식, 지위 등에 의해 구매를 결정하게 되는 것이다. 이러한 요인이 복합적으로 작용해서 특정 상품을 선택하게 되는 것이다.

제 3 절 관광구매과정의 단계

관광전문가는 구매 결정과 관련된 단계를 이해함으로써 고객의 구매 결정을 돕거나 판매를 종결하기가 더욱 쉬워진다. 구매동기가 복잡하고 특이하다 하더라도 관광상품의 구매과정은 일반적으로 문제 인식, 정보 탐색, 대체안 평가, 구매 결정, 구매 후 평가 등의 5가지 단계로 나눠질 수 있다.

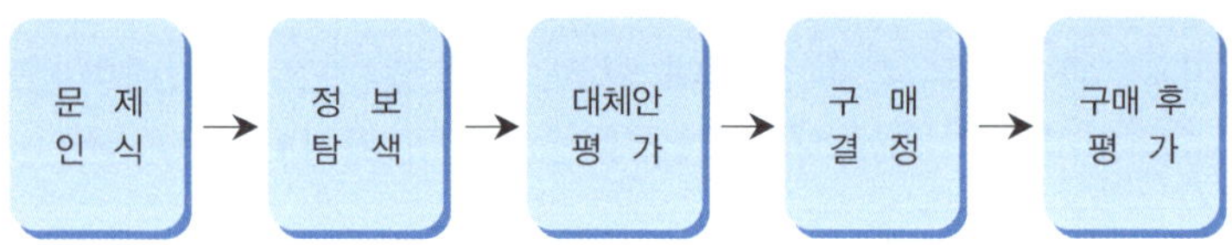

[그림 2-2] 관광구매과정의 단계

1. 문제 인식

구매과정은 고객의 욕구나 욕망을 인식함으로써 시작한다. 잠재고객은 자신이 관광을 떠나거나 여행하고 싶다는 것을 깨닫게 된다. 예를 들면 어느 기업의 간부는 앞으로 참석해야 할 회의를 위하여 항공권을 예약해야 하고, 어떤 가족은 그들이 해마다 떠나는 휴가에 대해서 생각하기 시작할 것이다.

구매과정을 연구하는 심리학자들에 의하면 사람들은 긴장을 생성하는 욕구와 욕망을 지니고 있는데 이 상태가 문제 인식 단계이며, 긴장은 욕구와 욕망이 충족될 때 풀어진다고 한다. 이러한 욕구와 욕망은 긴장을 풀기 위해서 행동하는 동기가 된다.

2. 정보탐색

관광상품에 대한 욕구나 욕망을 인식한 후에 사람들은 여러 가지 정보를 탐색하게 된다. 잠재관광객은 개인적 지식과 외부자료를 참고로 할 수 있다. 개인적 지식은 과거의 경험, 친구나 매체를 통하여 얻은 정보로 구성된다. 예를 들면 친구로부터 특정 휴양지에 대해서 듣고 또 그곳의 사진을 본 사람은 그 휴양지에 대한 개인적 지식을 갖는다. 특정 관광상품이 어느 정도 욕구를 충족시킬 수 있는지 그 여부를 결정하는 데 개인적 지식이 불충분한 경우에는 외부자료가 참고가 된다.

외부자료에는 여행사, 책, 신문, 잡지, 인터넷, 유튜브, 비디오 등 관광상품에 대해 정보가 되는 모든 것이 포함된다. 어떤 사람들은 여행업자와 접촉하기 전에 인쇄 자료로부터 정보를 모으려 한다. 또 어떤 사람들은 조언을 받으려고 친구나 여행사에 의존하기도 한다.

3. 대체안 평가

여러 가지 정보를 입수한 후에 잠재관광객은 여러 관광시설 및 여행상품을 비교하여 자신에게 맞는 대안을 찾으려고 한다. 각각의 대안을 평가하는 데 시간과 노력을 기울일 것이다. 이때 사람들의 태도와 신뢰성은 그들이 상품에 부과하는 가치에 대하여, 그리고 여행 및 숙박이 그들의 욕구를 얼마나 충족시켜 줄 것인가 하는 가치에 대하여 영향을 미친다. 사람들은 그들이 상품을 구매함으로써 얻게 되는 이익을 기준으로 하여 상품에 가치를 부여한다. 일부 사람들은 상품의 다른 특성에 더 큰 가치를 부여하기도 한다. 예를 들면 어떤 사람들은 익숙한 상품에 가치를 둔다. 그들은 그곳에서 제공하리라고 기대되는 내용에 대해서 잘 알기 때문에 홀리데이 인에 머물기를 원한다. 한편 새로운 경험에 가치를 두는 사람들은 개인소유의 시골 호텔을 선호하기도 한다.

4. 구매 결정

구매 결정 단계는 판매자에게 가장 큰 관심사이다. 어떤 구매는 습관에서 나온 것이기도 하며 어떤 구매는 의도적인 계획에 의한 것일 수도 있다. 그러나 어떤 구매에 대해서든 고객은 상품을 결정하는 과정을 반드시 거치게 된다. 마케팅전문가에게 중요한 점은 구매 결정이 동기와 직접 연계된다는 것이다. 다시 말하면 동기는 구매자의 심리적 상태와 연계된다. 동기는 마케팅 노력, 특히 상품기획과 판매 촉진을 통하여 자극된다.

이 단계에서 소비자는 이전 단계를 통해 얻은 지식을 통합하여 선택하게 된다. 최종 결정은 상품의 형태, 상표, 가격, 시간과 유통경로의 선택 등을 포함하여 고객의 인식된 욕구를 충족시킬 수 있도록 만들어진다. 그러나 구매과정은 이 단계에서 완결되지 않는다. 고객과 마케팅에 대한 중요한 단계는 다음 단계로 이행된다.

5. 구매 후 평가

구매가 이루어지고 여행이 끝난 후 구매과정의 마지막 단계는 구매를 평가하는 것이다. 호텔은 고객의 기대에 부응하여 행동하였는가? 항공사는 즐거운 탑승시간을 제공하였는가? 휴양지는 약속대로 즐거운 휴일을 제공하였는가? 이같이 평가단계는 기업이미지 향상과 다음 구매로 이어지므로 관광산업에 있어서 특히 중요하다. 고객은 그들에게 좋은 가치를 제공한 공급자를 다시 찾거나 그렇지 못한 공급자를 피함으로써 다음 구매에서 선택의 폭을 넓힐 수 있다. 그리고 관광산업은 고객에게서 받은 피드백 정보를 활용함으로써 이익을 얻을 수 있다.

03
CHAPTER

관광시장세분화

03 관광시장세분화

CHAPTER

제 1 절 관광시장세분화의 특징

1. 관광시장의 개념

관광시장은 전체 국민 가운데 관광 욕구를 가진 사람들이 이동하는 것을 전체시장으로 삼는다. 예를 들어, 사업가가 판매 회의에 참석하기 위해 서울에서 부산으로 항공여행을 하는 것, 신혼부부가 제주도 서귀포에서 허니문을 보내는 것, 할머니가 손자를 만나기 위해 두 시간 동안 버스 여행을 하는 것 등으로 이루어진다. 남성, 여성, 아이들, 10대, 대학생, 독신, 신혼부부, 그리고 장년, 노년 등이 모여서 거대하고 다양한 관광시장을 구성한다.

이렇게 관광시장은 효율적으로 접근하기에는 규모가 너무 크고 어떤 한 가지 방법으로 기업의 판매 의사를 전달하기에는 너무 다양하다. 그래서 마케팅전문가는 그것을 더 작고 관리하기 쉬운 부분시장으로 나누려 한다. 즉 그들은 이 거대한 시장을 어떤 공통적 특징으로 구분되는 더 작은 그룹으로 세분화하게 된다. 그리고 마케터는 공통적 요소를 지닌 특정 그룹의 사람들을 위해 관광상품을 개발하려 한다.

2. 시장세분화의 정의

전체시장을 공통적 특징을 지닌 잠재고객 그룹으로 나누는 과정을 시장세분화(market segmentation)라 하고, 전체시장의 한 부분을 세분시장 또는 부분시장이라 부른다.

마케터는 전체시장을 세분화함으로써 몇 개 유형의 구매자에게 그 노력을 집중할 수 있다. 마케터가 그러한 그룹의 하나 혹은 몇 개에 대해 촉진(promotion) 메시지를 전달하려고 할 때 그 과정을 표적마케팅(target marketing)이라고 한다. 그리고 그들이 초점을 두고 있는 세분시장을 표적시장(target market)이라고 부른다.

엄밀히 말하면 각 개인은 독특한 특성과 특별한 욕구를 지닌 개별적 표적시장으로 간주할 수 있다. 그러나 수많은 독특한 개인들 모두를, 각각 하나하나 다른 관광시장으로 생각하는 것은 실용적이거나 경제적이지 못하다. 다양한 시장세분화 방법은 [그림 3-1]과 같다.

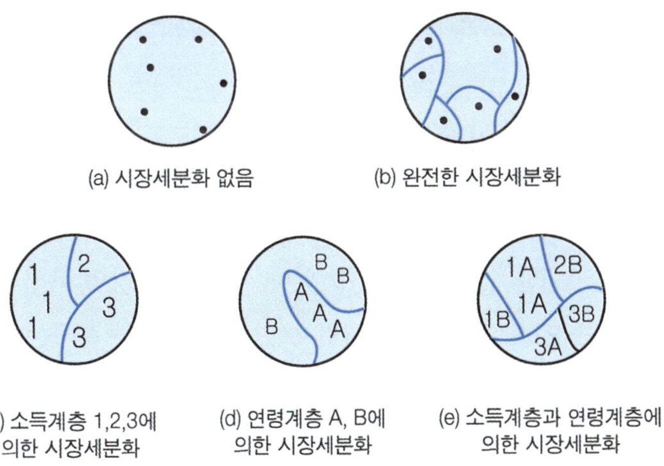

[그림 3-1] 다양한 시장세분화 방법

시장세분화는 공통된 특성을 공유하고 유사한 욕구와 욕망을 소유하는 사람들을 하나의 집단으로 분류한다. 일단 마케팅전문가가 특정의 부분시장을 표적으로 한다면 그 세분시장의 사람들에게 소구할 수 있는 방법으로 제품과 서비스를 개발하고 촉진한다. 표적마케팅의 3가지 주요 단계는 〈표 3-1〉에서 보는 바와 같다. 그 표에서 보면, 시장세분화(segmentation), 표적시장 설정(target market), 시장포지셔닝(positioning) 설정 순으로 표적마케팅이 이루어진다. 이를 두문자를 따서 STP로 부르기도 한다.

〈표 3-1〉 시장세분화, 표적시장 설정, 시장포지셔닝 설정의 단계

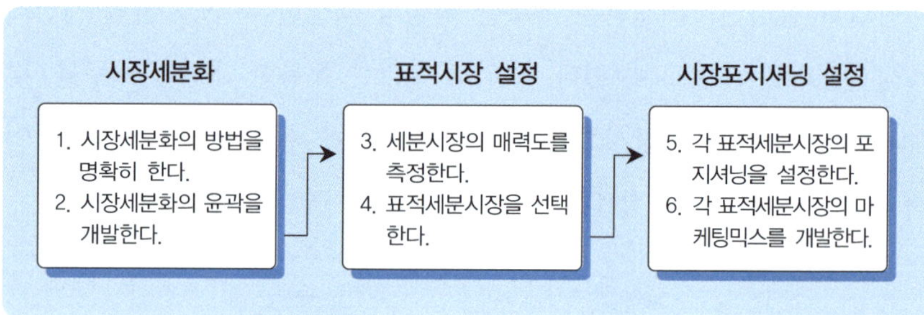

3. 시장세분화의 이점

시장세분화는 다음과 같은 이점을 제공한다.

첫째, 시장기회를 쉽게 발견할 수 있다. 각 세분시장의 욕구와 이들을 표적으로 하는 기존상품을 대응시켜 보면 세분시장의 욕구는 존재하지만 적절한 상품이 없는 경우를 발견할 수도 있다. 이것이 바로 시장기회(market opportunity)이다. 이때 그 세분시장의 욕구에 맞는 상품을 개발하면 비교적 손쉽게 시장을 장악할 수 있다.

둘째, 마케팅믹스를 보다 효과적으로 조합할 수 있다. 예를 들어, 세분시장의 욕구에 초점을 두고 제품과 광고의 내용을 일관성 있게 조화시킬

수 있다. 이로써 고객이 상품을 분명하게 인식하게 되며, 결국 경쟁사의 상품과 시장을 장악할 수 있다.

셋째, 시장수요의 변화에 신속하게 대처할 수 있다. 고객의 욕구가 다양하게 섞여 있는 전체시장 대신에 욕구가 비교적 동질적인 부분시장에 주목함으로써 수요의 변화를 쉽게 파악하고 신속하게 대처할 수 있다.

4. 시장세분화를 위한 요건

시장세분화의 목적은 마케팅믹스를 효과적으로 활용하는 데 있는 것인 만큼 이 목적을 달성하기 위해서는 가장 적절한 세분화 방법이 실시되어야 한다. 시장세분화는 다음의 요건을 갖추어 실시되어야 한다.

1) 측정가능성

측정가능성(measurability)은 세분시장의 규모와 구매력을 측정할 수 있는 정도를 말한다. 관광기업은 우선 세분시장의 인구와 구매력 등의 세분화 변수를 측정할 수 있어야 한다. 그리고 여러 구매자의 특성에 관하여 제2차 자료를 구해서라도 그 측정이 가능해야 한다.

2) 접근성

접근성(accessibility)은 세분시장에 접근할 수 있고 그 시장에서 활동할 수 있는 정도를 말한다. 관광기업은 세분시장에 접근할 수 있는 적절한 수단이 존재해야 한다. 만일 충분한 규모의 세분시장이 존재한다 해도 그 세분시장을 연결해 줄 매개체가 없으면 시장세분화는 성공할 수 없다. 예를 들어, 도시와 도시 사이에 위락시설 및 대규모 호텔이 들어서 있고 두 도시 간의 위락관광객을 끌어들이려 노력해도 교통시설의 편리성 및 접근의 용이성, 또는 여행사의 적극성 등이 부족하면 이 관광시장은 충분한 수요를 개발할 수 없게 된다.

3) 실질성

실질성(substantiality)은 세분시장의 규모가 충분히 크고 이익이 발생할 가능성이 큰 정도를 말한다. 하나의 부분시장은 이익을 낼 수 있을 만큼 규모가 있어야 한다. 어떤 세분시장을 표적시장으로 삼아서 이에 알맞은 마케팅믹스를 제공하는 데는 상당한 비용이 들게 된다. 따라서 표적시장은 개별적인 마케팅 노력에 따른 비용을 보상하고도 기업에 이윤을 제공할 수 있는 규모를 갖추어야 한다.

5. 관광시장세분화를 위한 검토사항

시장세분화의 요건을 관광시장에 적용하여 관광시장세분화의 특징을 알아보기로 하자. 만약 세분시장이 너무 작거나 전체시장이 세분화하기에 너무 크다면 의미 있는 시장세분화가 되었다고 생각할 수 있겠는가? 시장세분화가 유용한가의 여부를 알아내기 위해 관광마케터는 다음과 같은 4가지 질문을 던진다.

첫째, 세분시장이나 그룹은 마케팅 메시지에 유사하게 반응할 것인가? 또는 그 세분시장은 하나의 작은 시장으로서 적당히 좁게 정의되고 있는가?

어떤 오락공원이 50km 이내에 사는 30세 이하의 사람들을 그들의 세분시장으로 정의할 수 있다. 그러나 13세의 소년과 25세의 청년은 동일한 마케팅 메시지와 동일한 소구방법에 반응하지 않을 가능성이 크다. 그러므로 그 세분화는 의미가 있다고 보기에는 너무 광범위하다.

둘째, 그 세분시장은 다른 부분시장과 현저하게 다르다고 볼 수 있는가? 즉 한 그룹처럼 행동하는 모든 사람은 그 세분시장에 포함하여 정의되었는가?

만약 놀이공원이 메시지를 단지 모든 10세 아동에게만 겨냥하여 발신한다면 그 세분화는 너무 작을 것이다. 아마도 6세부터 11세까지의 아이들도 동일한 세분시장에 포함될 것이다. 왜냐하면 그들은 그 마케팅 메시지에 유사하게 응답할 것이기 때문이다.

셋째, 세분시장은 TV, 라디오, 신문, 잡지와 같은 통신매체로 전달할 수 있는가? 세분시장의 중요한 측면 중 하나는 마케팅 메시지를 특정한 성격을 지닌 그룹에게 전달하는 것이다. 궁술에서 표적을 맞추는 데 활과 화살이 없이는 불가능한 것과 마찬가지로 마케팅 커뮤니케이션을 통하여 그 표적시장에 효율적으로 도달할 수단이 없다면 그 시장은 무의미한 것이다.

넷째, 그 그룹의 시장잠재력은 그 세분시장에 도달하는 데 필요한 재정적 마케팅 자원을 투자할 가치가 충분히 있는가? 즉 그것은 재정적 환원이 충분한 상품이 될 것인가.

예를 들어, 텐트 야영객들은 식량을 가져오기 때문에 유용한 세분시장이 될 수 없다. 즉 그들은 상업적 야영장에 충분한 이익을 창출할 수 있는 돈을 소비하지 않는다. 시장세분화는 특별한 제품 및 서비스를 구매하는 데 현저한 잠재력을 지닌 그룹에게 마케터가 효율적으로 전달할 수 있도록 고안된다. 만약 예상판매에 관련하여 너무 많은 돈이 소요된다면 그 세분시장은 추구할 가치가 그다지 없을 것이다.

제 2 절 표적마케팅 전략

관광마케터는 전체 관광시장을 세분화함으로써 몇 개 유형의 관광객들에게 마케팅 노력을 집중할 수 있다. 관광마케터가 그러한 그룹의 하나 혹은 일부에 대해 기업의 촉진메시지를 전달하려는 과정을 표적마케팅이라고 한다.

시장세분화는 관광기업이 직면한 세분시장에서의 사업기회를 발견할 수 있게 한다. 이제 관광기업이 얼마나 많은 세분시장을 선택할 것이며 가장 바람직한 세분시장을 어떻게 찾아낼 것인가를 결정해야 한다.

표적마케팅 전략에는 비차별화 전략, 차별화 전략, 집중화 전략 등으로 알려진 세 가지 시장의 영업 범위 전략 중에서 하나를 채택할 수 있다([그림 3-2] 참조).

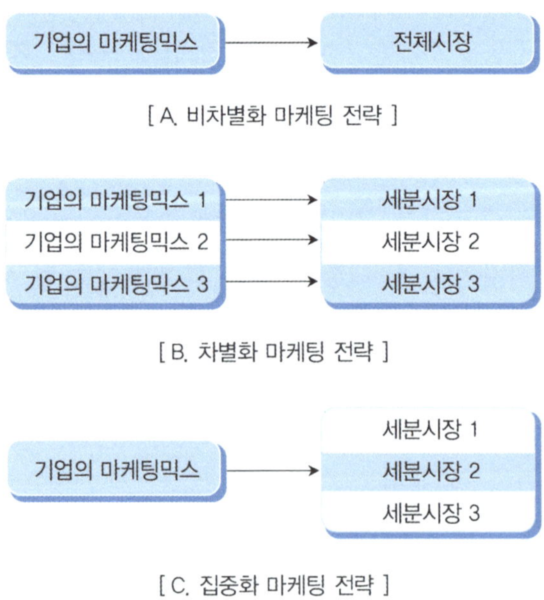

[그림 3-2] 표적마케팅 전략

1. 비차별화 전략

관광기업은 세분시장의 특성을 무시하고 한 가지 제품을 가지고 전체 시장에서 영업하기로 결정할 수 있는데, 이러한 접근방법을 비차별화 전략(non-differentiation strategy)이라고 한다. 이것은 관광객의 욕구에 어떠한 차이점이 있는가보다는 공통점이 무엇인가에 초점을 맞추려는 것이다. 따라서 수많은 구매자에게 호소할 수 있는 제품과 마케팅 프로그램을 설계해야 한다.

비차별화 전략의 가장 큰 장점은 비용 경제성이 가능하다는 점이다. 즉 마케팅을 표준화·대량화함으로써 규모의 경제성을 획득한다는 것이다. 그럼으로써 시장세분화가 불필요하므로 시장조사 및 계획수립에 따른 비용을 절감할 수 있다. 상품도 한 가지만 생산하기 때문에 연구개발 및 생산관리비가 절감되고 판촉프로그램도 표준화되어 있으므로 역시 비용이 적게 든다.

한편, 비차별화 전략의 중요한 단점은 이 방법을 적용할 수 있는 분야가 극히 제한되어 있다는 점이다. 고객의 욕구는 다양하며 또 갈수록 더욱 다양해지고 있으므로 모든 구매자를 만족시킬 수 있는 하나의 제품을 개발한다는 것은 매우 어려운 일이다. 따라서 이 전략을 사용할 수 있는 경우는 고객의 욕구가 동질적이어서 시장세분화가 필요 없는 분야에 국한된다.

전형적으로 이 마케팅 전략을 이용하는 기업들은 어떤 시장 내에서 가장 큰 세분시장을 목표로 하여 제품을 개발한다. 여러 기업들이 이 전략을 추구하면 가장 큰 세분시장은 격심한 경쟁 현상이 나타나며, 따라서 규모가 작은 기업은 불리하게 된다. 그 결과 하나의 큰 세분시장은 극심한 경쟁으로 인해 수익성이 낮아질 가능성이 큰데, 이와 같은 문제점이 있으므로 기업은 시장 내에서 더 작은 세분시장으로 관심을 돌리게 된다.

2. 차별화 전략

관광기업은 여러 세분시장을 표적시장으로 삼아 이들 각각에 독특한 상품을 제공하며 영업하기도 하는데, 이러한 접근방법을 차별화 전략(differentiation strategy)이라고 한다.

이 방법의 장점은 비차별화 전략과 비교해 총매출액을 늘릴 수 있다는 점이다. 즉 다양한 소비자의 욕구에 맞추어 여러 가지 상품을 다양한 가격으로 제공하고 복수의 유통경로를 사용하며 다양한 촉진을 실시하므로 차별적 마케팅은 더 많은 소비자들을 고객으로 확보하게 된다.

차별적 마케팅의 단점은 이것을 추진하는 데 비용이 많이 든다는 점이다. 우선 비차별화 전략과 비교해 시장세분화 작업에 따르는 비용이 추가된다. 그리고 다양한 상품을 개발하고 생산하므로 상품원가가 높아지며, 유통경로 관리와 촉진에 추가적인 노력이 필요하게 된다.

3. 집중화 전략

어떤 관광기업이 자사제품을 쉽게 의사전달할 수 있는 하나의 세분시장을 찾아낸 경우, 그리고 그 세분시장의 욕구가 제품과 일치하는 경우, 그 기업은 집중적 시장세분화 전략을 채택할 수 있다.

이러한 집중화 전략(focus strategy)은 큰 시장에서 낮은 점유율을 추구하는 대신에 하나 혹은 몇 개의 세분시장에 집중함으로써 높은 점유율을 확보하려고 하는 방법이다.

제 3 절 관광시장세분화의 기준

마케팅전문가들은 다양한 시장세분화 기준을 가지고 있다. 어떠한 단일적인 방법이 옳다거나 그른 것은 아니며 흔히 다양한 기술들이 혼합되어 사용되고 있다. 일반적으로 시장세분화에서는 지리적 변수, 인구통계적 변수, 심리분석적 변수, 행동분석적 변수 등 4가지로 나뉘어 사용된다. 시장세분화 기준을 요약한 것이 〈표 3-2〉이다. 우리나라 시장세분화와 변수의 분류 예는 〈표 3-3〉과 같다.

〈표 3-2〉 시장세분화 기준

분류	세분화 기준	변 수
1	지리적 변수	• 지역, 인구밀도, 도시의 규모, 기후
2	인구통계적 변수	• 나이, 성별, 가족규모, 가족수명주기, 소득, 직업, 교육수준, 종교
3	심리분석적 변수	• 가치, 태도, 관심, 활동, 사회적 계층, 라이프스타일, 개성
4	행동분석적 변수	• 추구하는 편익, 구매준비단계, 사용량, 상표충성도, 중시하는 마케팅변수

〈표 3-3〉 우리나라 시장세분화와 변수의 분류 예

변 수	세분화의 대표적인 기준
1. 지리적 변수	
① 행정구역별	– 서울특별시, 부산광역시, 대구광역시, 대전광역시, 광주광역시, 인천광역시, 울산광역시, 경기도, 강원도, 경상북도, 경상남도, 충청북도, 충청남도, 전라북도, 전라남도, 제주도, 울릉도
② 시·도·군·읍·면의 인구규모	– A, B, C, D로 구분 (A) 1~5만 명, (B) 5~10만 명, (C) 10~20만 명, (D) 20~50만 명, (E) 50~100만 명, (F) 100만 명 이상
③ 인구규모	– 도시지역, 농촌지역, 어촌지역, 산간지역, 섬지역
④ 기후	– 기후의 차이는 약간 있으나, 세분 항목 분류에는 해당 없음(한국의 지역 특성상)

변 수	세분화의 대표적인 기준
2. 인구통계적 변수	
① 연령구조	– 6세 미만, 6~11세, 12~17세, 18~34세, 35세~49세, 50세~64세, 65세 이상(대상이 몇 세인가 하는 것을 결정)
② 성별구분	– 남자인가, 여자인가(공동사용제품, 남자사용제품, 여자사용제품)
③ 가족구성 수	– 1~2인, 3~4인, 5~6인, 7인 이상
④ 가족의 생활형태	– ① 청년, 미혼 ② 청년부부 무자녀 ③ 청년부부 자녀 6세 미만 ④ 중년부부 막내자녀 6세 이상(35~49세 정도) ⑤ 노년부부 자녀동거(50~64세 정도) ⑥ 노년부부 18세 이하 자녀 없음(55~64세 정도) ⑦ 노년독신(75세 이상 정도)
⑤ 소득수준(月평균)	– ① 100만 원 이하 ② 101~200만 원 ③ 201만~300만 원 ④ 301~500만 원 ⑤ 501~1000만 원 ⑥ 1001만 원 이상
⑥ 직업분포	– ① 정치인 ② 기업가 ③ 경영자 ④ 간부직 ⑤ 전문직 ⑥ 공무원 ⑦ 회사원 ⑧ 기능공 ⑨ 농부 ⑩ 어부 ⑪ 학생 ⑫ 은퇴자 ⑬ 주부 ⑭ 실업자 ⑮ 개인사업자
⑦ 학력수준	– ① 대학원 졸업 ② 대학 졸업 ③ 고등학교 졸업 ④ 중학교 졸업 ⑤ 초등학교 졸업 ⑥ 중퇴 ⑦ 무학력
⑧ 종교 구분	– 가톨릭교, 개신교, 기독교, 불교, 기타
⑨ 인종과 국적	– 인구수가 적은 관계로 분류할 필요성이 없다.
3. 심리분석적 변수	
① 사회계층	– 하–하, 하–상, 중–하, 중–상, 상–하, 상–상
② 개인스타일	– 평범한 형, 활동적인 형, 스윙파, 지위추구자, 꼼꼼한 형, 기회주의자, 이기주의자
③ 성격	– 사교적, 강압적, 야심적, 권위주의적
4. 행동분석적 변수	
① 사용계기	– ① 규칙적 ② 특수적 ③ 불규칙적
② 추구하는 이점	– ① 품질 ② 가격 ③ 서비스 ④ 경품
③ 사용여부	– ① 최초사용자 ② 규칙적 사용자 ③ 불규칙사용자
④ 사용량	– ① 소량사용자 ② 보통사용자 ③ 대량사용자
⑤ 충성도	– ① 관심있음 ② 구매의욕 있음 ③ 의식하고 있음 ④ 무의식
⑥ 제품에 대한 태도	– ① 열성적 ② 적극적 ③ 관심적 ④ 부정적 ⑤ 절대적

1. 지리적 변수

지리학(geography)은 시장세분화를 위한 중요한 도구이다. 사람들이 어디에 사는가 하는 것은 그들의 구매형태, 특히 한 장소에서 다른 장소로 이동하는 여행에 커다란 영향을 미친다. 사람들이 산 또는 해변, 뉴욕 또는 옐로스톤 국립공원 등 그들 주거지의 위치가 어디인가 하는 것은 그들의 관광에 대한 의사결정에 있어서 중요한 역할을 한다. 따라서 마케팅전문가는 그 나라의 특정 지역, 기후, 환경의 유형(도시인가, 시골인가)에 따라 주거하는 사람들의 집단을 마케팅의 표적으로 삼는다.

관광마케터는 지리적 변수(geographic variables)를 다양한 방법으로 이용한다. 시골의 리조트는 근처 도시인구를 표적으로 지역적 세분화를 사용할 것이며, 따뜻한 기후의 관광지는 겨울에 몹시 추운 지역에서 따뜻한 지방으로 떠나는 잠재관광객을 표적으로 삼을 것이다. 항공사는 새로운 노선을 개발할 때 그 나라의 특정 지역에 초점을 둘 것이다. 애틀랜틱시티, 뉴저지, 그리고 라스베이거스, 네바다 등에 있는 유사한 카지노 호텔을 예로 들어보자. 그 호텔들은 관광객들에게 비록 도박, 유흥, 그리고 오락과 같은 쾌락 행위를 제공해 주지만, 그 호텔들의 위치가 다른 도시에 비하여 이질적이라는 특성으로 인하여 다른 지역의 관광객을 흡인하는 것이다.

애틀랜틱시티는 대서양 해안에 있고 온화한 기후이며 보스턴에서 워싱턴 사이의 도시 내에 사는 수백만의 사람이 쉽게 여행할 수 있는 거리에 있다.

한편, 라스베이거스는 덥고 태양이 비치는 내륙에 위치하고 네바다사막은 다른 주요 도시지역과 멀리 떨어져 있다. 라스베이거스의 카지노는 주로 도박을 위해 하루나 이틀 정도 체재하는 미국 서부 주요 도시의 잠재관광객에게 우선 초점을 두는 것에 지리적인 표적시장을 설정할 수 있다. 라스베이거스의 카지노는 서부지역을 방문하려는 휴가 일정에 라스베이거스를 포함하려는 관광객들과 같은 전국적인 시장에 초점을 둘 수 있다.

반면에, 애틀랜틱시티 카지노는 그러한 전국적 시장을 목표로 하는 대신에 반경 400km 이내에 있는 주요 도시에 마케팅 노력을 집중적으로 기울일 수 있다. 그러한 근접도시에는 자동차나 버스로 쉽게 애틀랜틱시티로 이동할 수 있는 거대한 잠재고객 시장이 있다. 그 지리적 표적시장 내에 광고를 발신할 때 카지노는 여름의 더위와 습기를 피하고자 하는 도시주민에게 해변과 해안 산책길의 매력을 강조하는 촉진 수단을 펼쳐야 한다.

이상의 두 가지 경우에서 지리는 카지노가 잠재여행객의 주거지역과 관련하여 목적지의 위치를 바탕으로 해서 표적시장을 결정하는 데 중요한 역할을 한다. 두 도시의 지리적 차이는 두 카지노가 지리적 시장세분화 기술을 이용해 시장을 명확하게 구분하는 데 사용하도록 하는 기본적 요인인 것이다.

2. 인구통계적 변수

인구통계학은 그 지역에 사는 사람들의 통계학적 연구이다. 인구통계적 세분화는 목표기준이나 측정 가능한 특성에 근거하여 사람들을 분류하는 방법이다. 일반적으로 가장 빈번히 쓰이는 인구통계적 변수(demography variables)로는 연령(나이), 소득, 직업, 가족 수, 생활주기 그리고 교육을 들 수 있다.

1) 연령

마케팅전문가들은 각기 다른 연령(age, 나이)의 사람들은 안락감, 경제력, 흥분, 안전 등에 대해 각기 다른 욕구를 가진다는 것을 알고 있다. 나이는 구매 행동에 강한 영향을 미친다. 마케팅전문가들은 비슷한 구매

행위를 하는 연령집단을 찾아내려고 한다.

연령에 따라 그들의 관광 선택에 대한 우선순위가 바뀌기 때문이다. 예를 들어, 젊은이들이 여름에 유럽을 목적지로 배낭여행을 하는 것은 편리함이나 사치보다는 여행경비 등 경제적인 측면에 중점을 두기 때문이다. 반면에 중년층의 유럽여행은 낮은 비용보다는 편안함과 편리함을 추구할 것이다.

연령 범위는 주로 다음과 같이 분류된다.

① 6세 이하(미취학 아동)

② 6~11세(초등학생)

③ 12~19세(10대)

④ 20~34세(청년)

⑤ 35~49세(중년)

⑥ 50~64세(장년)

⑦ 65~80세(노년)

⑧ 81세 이상(만년)

2) 소득

사람들이 여행에서 얼마나 많은 돈을 소비하는가 하는 것은 일반적으로 그들의 소득(income)과 깊은 관련이 있다. 집세나 음식과 같이 필수품에 대한 지출에도 빠듯한 젊은 부부들은 특별한 이유가 없는 한 지중해유람선 여행에 수백만 원을 소비하려 하지 않을 것이다. 일반적으로 가족 수입이 많을수록 여행에서 더 많은 돈을 소비하는 경향이 있다.

많은 돈을 버는 사람이 여행할 여유가 있으므로 상위소득의 세분시장은 수많은 관광마케터, 특히 값비싼 상품판매를 촉진하는 사람들의 표적시장이 된다. 그러나 저소득층의 부분시장 역시 관광마케터의 표적시장이 된다. 미국의 염가모텔들은 저소득층 관광시장에 특별히 호소하기 위해 고안된 관광상품의 좋은 예이다. 그들의 촉진적인 메시지는 대개 경제적인 저렴한 요금을 강조하는데, 그러한 장소에 숙박하기를 원하는 개인과 가족들에게 그 초점을 두고 있다.

연간소득을 예로 들면, 다음과 같은 범위로 분류된다.

① 1,000만 원 이하
② 1,000만 원~3,000만 원 이하
③ 3,000만 원~5,000만 원 이하
④ 5,000만 원~1억 원 이하
⑤ 1억 원~3억 원 이하
⑥ 3억 원~5억 원 이하
⑦ 5억 원~10억 원 이하
⑧ 10억 원 이상

3) 직업

비록 소득과 관련되기는 하지만 직업(occupation)은 하나의 별개의 세분화 변수이다. 전형적인 직업적 범주에는 전문가, 경영관리자, 기업소유주, 사원, 판매자, 학생, 주부, 은퇴자 등이 있다. 때때로 마케팅 목적을 위한 더 작은 직업적 세분화가 있다. 예를 들어, 의사, 변호사, 대학교수 등은 더 큰 전문가 부분시장의 수많은 작은 하위범주가 될 것이다.

직업적 세분화는 마케터에게 소득, 라이프스타일, 교육 등에 대한 통찰력을 준다. 그것은 역시 특정한 직업집단을 위한 전문화된 관광상품을 맞추는 데 사용된다. 예를 들어, 투어 오퍼레이터는 고등학교 영어교사들을 표적시장으로 하여 셰익스피어 문학여행이나 대영제국의 문학여행을 패키지 상품화할 수 있다.

4) 가족 수 · 생활주기

가족 수 · 생활주기(family size / life cycle)에 따른 시장세분화 방법은 나이 및 결혼 여부와 자녀의 수 및 자녀의 나이를 합쳐서 시장을 세분하는 방법이다. 예를 들어, 다음과 같은 세분화를 고려해 보자. 젊은 독신자, 젊고 자녀 없는 기혼자, 젊고 취학 전의 아동을 가진 기혼자, 중년이고 10대의 자녀를 둔 기혼자, 중년이고 10대의 자녀를 둔 이혼자 등으로 나눌 수 있다.

가족의 규모와 생활주기에 따라 특정한 관광 욕구를 지닌 수많은 부분시장이 있을 수 있다. 어린아이가 있는 가족이 여행할 때 호텔 객실에 어린이 침대나 간이침대(extra bed)가 필요할 것이다. 그들은 어린이들에게 적합한 메뉴가 있는 식당에서 저녁 먹기를 원할 것이다. 이러한 욕구는 자녀 없이 여행하는 사람이나 신혼여행을 온 부부의 욕구와는 매우 다르다.

〈표 3-4〉 가족의사결정 스타일

가족여행 결정사항	지배적인 가족의사결정 스타일
숙박시설의 형태	남편주도형
휴가목적지	남편주도형
어린이 동반여부	공동영향 – 개별결정
휴가체류기간	〃 〃
휴가시기	〃 〃
휴가교통수단	〃 〃
휴가활동	〃 〃
휴가의 계속 여부	공동영향 – 공동결정
휴가소비지출 총액	〃 〃

5) 교육

일반적으로 교육(education)을 더 많이 받은 사람은 여행을 더 많이 할 가능성이 있다. 그들은 많은 것을 학습하고 또한 스스로 알려고 하는 노력을 많이 하기 때문이다. 그러므로 교육은 또한 시장세분화 요인으로써 유용하다.

교육수준 역시 관광의 형태와 관계가 있다. 예를 들어, 중요한 문화적 매력을 지닌 관광지는 비교적 잘 교육된 시장세분화 목표로 선택될 수 있다.

교육의 범주는 가장 높은 최종교육 수준에 의해 구분된다.

① 초등학교 졸업
② 중학교 졸업
③ 고등학교 졸업
④ 전문대학 졸업
⑤ 대학교 졸업
⑥ 대학원 졸업 이상

6) 기타 인구통계적 변수

모든 시장과 마찬가지로 관광시장은 앞에서 언급한 방법 이외의 인구통계적인 방법으로 세분화할 수 있다. 마케터는 사람들의 집단을 분리하기 위해 인구통계적 요인 중에 성별(sex), 종교, 종족, 인종적 배경, 국적 그리고 사회적 등급 등을 사용한다. 그 각각은 잠재관광객의 그룹을 확인하고 그것을 유용하게 적용하기 위해 사용된다. 예를 들어, 여성상용여행객의 특별한 욕구는 때로는 관광마케터의 관심의 초점이 된다. 인종적 배경과 국적은 관광기업이 출생한 '고국'으로의 여행을 촉진하고 패키지투어를 만들어 판매할 수 있는 시장세분화의 변수이다.

한편, 시장조사자들은 어떻게 인구통계적 변수를 사용하는가? 관광마케터는 관광시장을 인구통계적 집단으로 분할하면 세분시장에의 접근이 한결 쉬워진다. 예를 들어, 대략 비슷한 연령층은 어떤 공통적인 측면을 지니고 있다. 유사한 직업이나 교육적 배경을 가진 사람들과 대략 엇비슷한 수입을 가진 사람들도 그러하다.

이러한 집단의 어느 하나에도 거기에는 물론 다양함이 있다. 예를 들어, 두 사람의 나이가 같다 하더라도 누구도 정확히 같지는 않다. 그러나 마케팅 관점에서 보아 중요한 것은 이러한 집단의 사람들이 전체인구의 사람들보다 더욱 공통점을 가졌다는 것이고 결과적으로 여행 선호도와 구매성향에 있어서 어떤 동질성이 있을 가능성이 있다.

관광마케터는 흔히 표적시장을 명확히 구별하고 더욱 선명하게 초점을 맞추기 위하여 하나 이상의 인구통계적 요인을 사용해 시장을 세분화한다. 예를 들어, 유람선회사는 오직 60세 이상의 세분시장 또는 중류층의 세분시장만을 그 목표로 하는 것이 아니며, 그 대신에 중류층에서도 60세 이상의 잠재고객에게 초점을 맞추는 것이 더욱 유리하다. 그리고 그 유람선회사는 계획적으로 이 특정 세분시장에 자사상품을 소구하도록 노력할 것이다. 그것은 두 개의 분리된 인구통계적 변수에 의해 한정되기 때문이다.

이론적으로 표적시장을 정의하는 것에 의해 여럿을 결합할 수 있는 시장세분화 변수의 수가 한정되어 있지는 않다. 그러나 실제로는 만약 한 시장세분화를 위해 너무 많은 요인이 사용된다면 그 세분화는 궁극적으로 너무 좁게 정의되어 의미가 없어진다. 세분화의 목적은 충분히 추구할 가치가 있을 만큼 그 규모가 큰 특정 표적시장을 명확히 한정하기 위해서 그에 알맞은 변수를 사용하는 것이다.

그러나 다른 세분화 변수를 동시에 쓰는 경우에도 그 사용변수가 인구통계적인 변수에만 한정되는 것은 아니다. 관광마케터는 또한 지리적 · 심리분석적 그리고 행동분석적 변수 등의 세 가지 다른 중요한 방법과 배합하여 인구통계적 변수를 사용하고 있다.

3. 심리분석적 변수

심리분석적 변수(psycho-analysis variables)에 근거한 시장세분화는 비교적 최근에 응용된 마케팅기술이다. 심리분석적 세분화는 개인의 가치, 태도, 라이프스타일(lifestyle), 성격, 관심, 활동 등 심리적 변수를 사용하여 사람들을 집단화한다. 시장세분화를 위한 계층의 하나는 심리적으로 잠재적인 고객을 그룹화하는 방법으로써 라이프스타일을 이용한다.

1) 가치측정으로서의 라이프스타일

라이프스타일의 두 가지 중요한 요소는 사람들이 어떻게 그들의 시간을 소비하는가와 그들이 어떠한 것에 가치(value)와 관심(interest)을 두는가 하는 것이다. 라이프스타일에 관한 논의에서는 '보수적인' '자유주의적' '모험적인' '가정적인', 그리고 '건강지향적인' 등의 용어가 때때로 사용되고 있다.

SRI 인터내셔널(Formerly Stanford Research Institute)의 조사자들은 다음과 같이 9가지 가치 및 라이프스타일의 범주를 결정하고 분류하였다.

① 생존자 : 늙은, 매우 가난한

② 유지자 : 가난한

③ 소속자 : 조금 나이든, 전통적인, 안정된

④ 경쟁자 : 젊은, 과시하는, 크게 만들려고 하는

⑤ 성취자 : 중년의, 부유한, 자신만만한, 물질적인

⑥ 자아 주장자(I-Am-Me) : 젊은, 추진력 있는, 개인적인, 독신인, 과도기인

⑦ 경험자 : 젊은, 예술적인, 내부지향적인

⑧ 사회의식자 : 성숙한, 성공한, 환경과 관계된

⑨ 통합자 : 심적으로 성숙한, 이해심 있는, 세상을 보는 안목이 있는

이러한 집단 가운데 생존자나 유지자들은 관광에 거의 관심이 없는데, 왜냐하면 그들은 돈이 없으며 관광할 이유가 없기 때문이다. 성취자와 사회의식자 집단은 수많은 마케터들에 의해 상용과 쾌락을 위한 다빈도 관광객 세분시장으로 인식되고 있다.

2) AIO 세분화

최근의 연구결과 라이프스타일(lifestyle)은 사람들이 시간을 어떻게 보내는가(활동, Activity), 그들은 자신의 환경 속에서 무엇을 중요한 사항이라 생각하고 있는가(관심, Interest), 그들은 자신과 그들을 둘러싸고 있는 환경에 대해서 어떻게 생각하고 있는가(의견, Opinion) 등의 세 가지 요소를 식별할 수 있는 생활양식(mode of living)으로 정의되고 있다. 이 세 가지 요소를 두문자를 따서 AIO라고 부른다.

특히 관광행동에서 중시되는 것은 라이프스타일의 분석을 통해 각 시장구획의 차이점을 밝힐 수 있음은 물론이고 그 사회 전체의 행동 패턴을 알 수 있기 때문이다. 그러나 라이프스타일은 고정된 것이 아니라 개인들의 가치, 태도, 신념 및 외부의 사회문화적 환경의 변화로 변경될 수 있으므로 마케터는 표적소비자들의 라이프스타일을 수시로 분석 · 평가해야 한다. 〈표 3-5〉는 많은 사람이 공유하는 활동, 관심사 그리고 의견을 나열한 것이다.

〈표 3-5〉 라이프스타일 AIO의 예

활동	관심	의견
일	가족	자신의 의견
취미	가정	사회적 문제
사회적 사건	직업	정치
휴가	지역사회	비즈니스
엔터테인먼트	레크리에이션	경제
회원제 클럽	패션	교육
친목 활동	음식	상품
쇼핑	매체	미래
스포츠	공적(업적)	문화

3) 사이코센트릭과 알로센트릭

관광객의 성격유형을 기준으로 분류하는 대표적인 것으로 Mayo와 Jarvis가 주장한 사이코센트릭과 알로센트릭이 있다.

사이코센트릭(psychocentric)은 가능한 문제를 피하고 자신에게 관심을 기울이는 보수적 · 비모험적이고 자기중심적인 부류이다. 알로센트릭(allocentric)은 모험적 · 자기확신적 · 진취적이고 호기심이 많으며 생활에 경험을 추구하는 다양성향의 부류이다. 즉 사이코센트릭형 인간과 내향적 성격소유자(introvert) 간에, 그리고 알로센트릭형 인간과 외향적 성격소유자(extrovert) 간에는 유사한 특성이 강하다.

왜 여행목적지의 인기가 등락하는가에 관한 한 연구조사에 의해서 사이코센트릭형 성격소유의 여행자와 알로센트릭형 성격소유의 여행자 간에 중요한 차이점이 발견되었다. 그 결과를 나타낸 것이 [그림 3-3]이다. 그림에서 보는 바와 같이 사이코센트릭형 성격소유자 그룹은 코니아일랜드, 마이애미비치, 몬테레이와 같이 비교적 미국인에게 잘 알려져 있고 수많은 사람이 방문하며 꾸준하고 안정적인 목적지에 끌리는 경향이 있다. 이 부류는 생활상의 안정을 추구하고 드라이브가 가능한 익숙한 지역을 선택하며 수동적인 성격에 걸맞게 휴식과 휴양에 강한 여행동기가 존재한다.

알로센트릭형 성격소유자군은 모험적이고 호기심이 왕성하며 정열적이고 진취적인 부류로서 쿠바, 남태평양, 아프리카 등과 같은 신비스러운 목적지에 매료된다.

그림의 한가운데 분포하고 있는 중간지향적(mid-centric) 성격소유자는 여행에 대한 어떤 특별한 모험심이나 공포심도 없는 일반 대중관광객을 말하며, 그들은 하와이, 카리브지역 및 유럽 등과 같은 보다 잘 알려진 곳을 선호한다. 많은 관광객이 이 부류에 속한다.

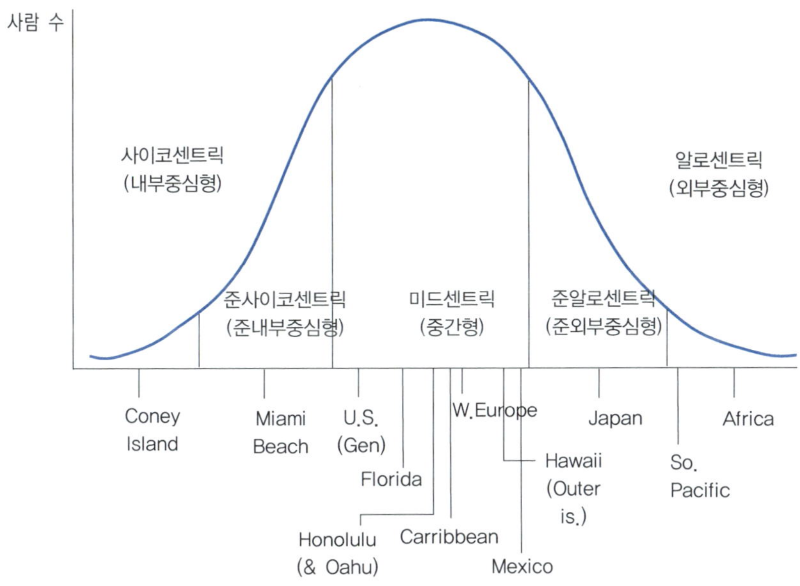

[그림 3-3] 사이코센트릭과 알로센트릭의 척도

4) 성격 특성과 휴가관광행동

관광행동에 관련된 한 조사에 의하면 성인 캐나다인의 대규모 표본에서 휴가관광행동과 다양한 성격 간에 중요한 관계가 있음이 나타났다. 이 조사에서 측정된 성격 특성과 휴가관광과의 관계를 표시한 것이 〈표 3-6〉이다.

이 조사에 의하면 휴가여행에 참가하는 캐나다인은 휴가여행의 비참가자나 휴가기간 중 자택에 머물러 있는 사람들과는 현저하게 다른 성격을 갖고 있는 것이 증명되었다. 휴가여행참가자는 사려가 깊고, 타인과 어울려서 자신의 행동을 끊임없이 시험해 보길 좋아한다. 이러한 특징은 비참가자의 그것과는 매우 다른 속성이다. 이 조사에 응답한 휴가여행자는 비참가자 응답자와 비교하면 더욱 활동적이고 자신감이 있으며 더욱 호기심이 강하고 사교적인 성향을 띠었다. 그 밖의 사항은 표를 참조하면 되겠다.

〈표 3-6〉 성격 특성과 캐나다인의 휴가여행

휴가유형	성격 특성
휴가여행자 휴가비여행자 비휴가자	• 사려 깊은, 활동적인, 사교적인, 개방적인, 호기심이 강한, 자신 있는 • 사려 깊은, 소극적인, 삼가는, 심각한 • 걱정 많은
자동차여행자 항공여행자 철도여행자 버스여행자	• 사려 깊은, 활동적인, 사교적인, 개방적인, 호기심이 강한, 자신 있는 • 보다 활동적인, 보다 자신 있는, 사려 깊은 • 사려 깊은, 소극적, 냉담한, 비사교적, 소심한, 의존적, 정서가 불안한 • 의존적인, 소심한, 민감한, 적의의, 호전적인, 자제하지 못하는
국내여행자 국외여행자	• 개방적, 활동적, 태평한 • 자신 있는, 신용하는, 사려 깊은, 충동적인, 용감한
남성여행자 여성여행자	• 사려 깊은, 용감한 • 충동적인, 신용하는, 용감한
친지방문자 스포츠여행자 관람여행자 야외활동자	• 소극적인 • 활동적, 사교적, 사려 깊은 • 사려 깊은, 민감한, 정서가 불안한, 자제하지 못하는, 소극적인 • 용감한, 활동적인, 사교적인, 소심한, 변덕스러운
동계여행자 춘계여행자 추계여행자	• 활동적인 • 사려 깊은 • 정서적으로 안정된, 소극적인

5) 효과적인 심리분석적 세분화

여러분들은 왜 마케터들이 시장세분화를 위해 심리분석적인 요소를 이용하려고 하는지 이해할 수 있을 것이다. 사람의 개성 및 신념은 구매동기와 행위에 커다란 영향을 미친다. 그러나 개성(성격)은 나이와 같은 요인보다 다루기가 더욱 어렵다. 그러한 특성을 보는 방법의 수에는 제한이 없다.

그러나 심리분석적 세분화는 효과적으로 사용될 수 있다. 그것은 관광마케터가 관광상품을 특정의 성격유형에 소구하는 방법을 이해하고 특정한 심리학적 형태에 합당하게 소구할 수 있도록 메시지를 바꾸도록 하면 된다. 전체 관광시장을 더 작은 심리학적 표적시장으로 나누는 것은 상품과 서비스를 잠재고객의 요구에 잘 맞추도록 하는 데 매우 유용하게 이용할 수 있다.

스키는 특정한 성격유형에 호소할 수 있는 관광 관련 활동의 좋은 예이다. 어떤 사람들은 스키는 비싸고 추운 데서 하는 스포츠로 위험하다고 생각한다. 반면에 어떤 사람들은 스키는 유쾌하고 모험적이고 보람있는 스포츠라고 생각한다.

가치 및 라이프스타일(VALS : value + lifestyle) 범주를 사용하여 내셔널데모그라픽사는 스키 타는 사람의 30%가 성취자의 범주에 속한다는 것을 알아내었다. 스키 휴양지는 특히 이러한 특정의 심리학적 집단에 소구하는 촉진 메시지를 만들어내는 데, 이러한 세분화 방법을 사용하고 있다.

4. 행동분석적 변수

마케팅전문가들은 특정 상품이나 그 유형에 관련하여 전략을 수립하는 데 현재고객과 잠재고객의 행동을 분석하여 시장세분화를 실시한다.

행동분석적(behaviour-analysis) 세분화는 시장을 특정한 구매습관, 선호도, 또는 목적이 있는 집단으로 나누는 것을 말한다. 주말 여행객, 재구매 고객 그리고 일등석 승객 등은 그들의 행동에 따라 정의된 표적집단의 한 예이다.

구매행위에 의한 세분화는 그들이 누구이며 어디에 살며 라이프스타일이 어떠한가 등에 관심을 두기보다는, 사람들이 어떻게 행동하는가에 초점을 두기 때문에 대단히 강렬한 세분화 방법이다. 한 달에 다섯 차례 이상 호텔에 숙박하는 상용여행객의 표적집단은 인구통계학적으로 정의된 모든 상용고객을 대상으로 하는 표적집단보다 더 가망성이 큰 시장이라는 것을 암시해 준다.

마케터가 특정 집단에 초점을 맞추는 데 행동분석적 변수를 이용하는 것은 대단히 의미가 있지만, 그러한 집단을 찾는 일은 인구통계학적이나 지리적 세분화로 정의된 표적시장을 찾는 일보다 훨씬 어렵다.

예를 들어, 매년 여름에 설악산으로 여행하는 사람들에 대한 자택 주소의 리스트를 구하는 것은 어려운 일이다. 그 반면에 남해안의 리조트업자가 고객을 최초로 끌어들이는 메시지를 만들고 고객의 재방문을 촉진하기 위한 메커니즘을 개발해서 매년 방문객에 촛점을 맞추는 데 주소지나 이메일, 핸드폰 번호를 활용하여 판매를 촉진할 수는 있을 것이다.

관광시장은 다음과 같이 관광습관과 선호도, 관광의 목적, 추구하는 편익 등 몇 가지 행동에 근거하여 세분화할 수 있다.

1) 관광습관과 선호도

모든 사람은 그들이 의식하든 의식하지 않든 어떠한 관광습관(habit/custom)과 선호도(preference)를 갖고 있다. 예를 들어, 어떤 가족은 매년 여름휴가에 1주일간을 같은 리조트에서 보낸다. 반면에 어떤 가족들은 한 해는 산으로, 다음 해는 해변으로 가는 등 매년 다른 장소로 여행을 떠난다.

관광마케터는 시장을 세분화하고 특정의 관광습관 및 선호도를 공유하는 집단을 표적시장으로 삼기 위하여 관광행동의 패턴을 사용하기도 한다. 하나의 집단은 특정의 호텔을 선호하는 사람들, 국가 공휴일에 습관적으로 여행을 떠나는 사람들, 항상 비행기의 일등석을 이용하는 사람들로 구성된다. 특정의 관광습관과 선호도는 전망이 있을 것 같은 곳에 초점을 맞추기 위하여 하나 이상의 도구를 관광마케터에게 제공한다.

관광습관과 선호도는 관광마케터에게는 친구이자 적이 된다. 만약 한 부부가 캘리포니아에서 겨울 휴가를 보낸다면 호텔, 식당, 렌터카, 기타 시설들은 그들 부부의 습관으로부터 이익을 얻을 것이다. 동시에 캘리포니아에서 휴가를 보내는 그들의 습관은 그들의 패턴을 변화시켜서 애리조나나 플로리다로 그들을 가도록 할 가능성은 거의 없다.

이와 유사하게 어떤 특정한 항공사에 선호도를 지닌 사람에 대하여는 다른 항공사는 그 고객을 끌어들이는 데 매우 어려움을 겪게 될 것이다.

관광마케터는 시장을 세분화하기 위하여 관광습관과 선호도의 수를 관찰한다. 그것에는 관광시즌(성수기, 비수기), 지급방법(현금, 선불, 후불), 여행등급(1등급, 2등급, 3등급) 그리고 단체여행 또는 개인여행의 여부 등이 있다. 관광산업에서 많은 회사들은 그들 상품의 다빈도 이용자를 주요 표적시장의 하나로 설정한다. 예를 들어, 다빈도 승객 프로그램(frequent flier programs)은 항공사가 정규적인 승객을 확인하고 그들 항공사를 선택하는 사람들에게 보답함으로써 상표충성도(brand royalty)를 구축하는 한 가지 방법이다. 그러나 다른 항공사들은 여행을 빈번히 하지 않는 사람들을 목표로 두기도 한다.

예를 들어, 1980년대 초에 피플 익스프레스 항공사(People Express)나 레이커 항공사(Laker Airways)는 미국여행 및 대서양횡단비행을 고려하지 않는 일반인들을 목표로 하여 높은 할인요금을 제공하였다. 그들의 목적은 현존시장에서 더욱 많은 시장점유율을 획득하기 위하여 타 항공사와 경쟁하기보다는 오히려 비(非)탑승객을 유치함으로써 그들의 시장을 확장하려는 것이다.

2) 관광의 목적

관광시장의 세분화 방법 중 행동분석적 변수로 가장 널리 사용되는 것은 친구나 친족을 방문하기 위한 여행(VFR : visiting friends & relatives), 크루즈여행, 상용 및 컨벤션, 기타 등이 있다. 가장 중요한 것은 관광마케터가 상용여행객과 위락여행객을 구별하는 일이다.

상용여행객은 위락여행객과는 다른 욕구가 있다. 예를 들어, 상용여행객은 비용보다 편리함에 더 많은 관심이 있다. 관광마케터는 관광의 목적에 따라 그들 시장을 세분화할 때 이러한 차이점을 이용한다. 예를 들어, 그들이 상용여행객을 목표로 할 때 그들은 편리함을 강조하여 상품과 서비스를 개발하고 광고를 한다.

항공사, 렌터카, 호텔 등은 상용여행객이 더욱 편리하도록 특별한 서비스를 제공한다. 공항에 있는 항공회사 회원전용 라운지는 회원들이 서류사무를 보거나 인터넷, 커피 또는 휴식을 위한 휴식 장소로 제공되고 있다. 상용여행객들은 시간을 중요시하기 때문에 렌터카회사들은 업무처리에 속도를 내기 위하여 특별고속의 체크인과 체크아웃제도를 개발하였다. 그리고 상용여행객을 표적시장으로 삼고 있는 일부 호텔들은 사전 주문 룸서비스, 팩스 서비스, 그리고 즉시 체크아웃시스템 등을 제공하고 있다.

상용여행에 비교해 위락 및 레저여행은 한 가지 이상의 목적을 가진다. 예를 들어, 휴양과 유람은 레저여행의 두 가지 하위목적으로 이것들은 특별한 목적을 위해 여행하는 사람들의 관광 욕구가 매우 다르다는 것을 말해 준다. 관광마케터는 휴양관광을 하려는 사람들과 크루즈관광을 하려는 사람들이 서로 다른 행동 패턴과 기대가 있다는 것을 알고 있다.

원거리에 위치한 리조트는 이를테면 휴식을 원하는 관광객을 그 표적시장으로 삼을 것이다. 이러한 사람들은 일상적인 생활의 복잡함으로부터 멀리 떠나 잠시 머리를 식히기 위해서 머물 장소를 원한다. 한편, 단체버스 관광업자는 그 국가의 역사적 지역을 통과하면서 때때로 주요 문화적 · 역사적인 곳에서 잠시 머무는 안내여행을 제공하는 시장에 목표를 두기도 한다.

그것이 새로운 사람을 만나게 하는 것이든 혹은 새로운 유적지를 둘러보는 것이든 간에 아무튼 모든 휴양관광의 목적은 관광마케터에게 관광시장세분화의 의미를 제공해 준다. 이러한 사람들의 행동을 기준으로 한 생산적 · 기초적인 시장세분화의 방법으로는 주로 관광목적이 이용되고 있다.

3) 추구하는 편익

제품이나 서비스를 구매하는 사람은 누구나 어떠한 측면에서 돈을 소비함으로부터 편익(benefits)을 추구하고 있다. 편익(便益) 또는 혜택(惠澤)이란 욕구를 만족하게 또는 사람을 더욱 행복하게 만드는 정신적인 것이다. 여행함으로써 사람들이 만족하는 욕구와 사람들이 추구하는 편익을 기준으로 하여 잠재관광객을 구분하면 마케터는 관광행동의 다른 형태를 발견할 수 있다. 하나의 예를 들면, 일등석은 인격적 서비스이다. 어떤 관광객들은 그 인격적 서비스에 신경을 많이 쓰고 기꺼이 요금을 지급하려고 한다. 다른 사람들은 그 비용의 가치를 모르고 그것에 대해 어떤 중요한 혜택을 인식하지 못하거나 심지어 불편함을 느낀다.

서비스를 중심으로 세분화하여 보면 관광마케터들은 비행기에 여분의 샴페인을 준비하는 것에서부터 호텔에 도어맨 서비스나 리무진 서비스를 제공하기도 한다. 비용(cost)은 이러한 시장에서는 그다지 중요한 요소가 아니다.

그러한 인격적 서비스로부터 혜택을 추구하지 않는 세분시장에서 관광마케터들은 경쟁적인 저가격으로 기본적인 상품과 서비스를 제공하려고 한다. 그들은 역시 경쟁상의 우위를 얻기 위하여 다른 표적집단에 개별적 편익을 제공하려 할 것이다.

관광마케터들은 관광이 제공하는 다양한 혜택과 욕구에 대하여 예리하게 관찰한다. 관광객들이 오락과 흥분을 추구하거나 또는 여흥과 휴식을 추구하는 것에 의해 그들이 만족시키려는 욕구는 그 행동에 따라 유용한 세분시장으로 나누어진다.

최신 관광마케팅론

04

CHAPTER

관광상품 포지셔닝

CHAPTER 04 관광상품 포지셔닝

제 1 절 상품 포지셔닝의 원칙

1. 상품 포지셔닝의 정의

세계는 글자 그대로 관광상품으로 가득차 있다. 관광객은 다양하고 거대한 목적지뿐만 아니라 많은 호텔, 여행사, 항공사, 리조트, 테마파크, 카지노, 크루즈, 레스토랑, 렌터카 그리고 선택할 다른 관광상품을 가지고 있다. 많은 관광상품이 관광객의 선택 대상이다. 사람들은 때때로 친구나 가족들의 추천을 받아 미지의 관광지를 방문한다. 어떤 사람들은 광고를 보고 목적지를 선택하기도 하고, 어떤 사람들은 그들의 선택에 대한 이유를 의식하지 못하기도 한다.

소비자 마케팅의 예를 빌리면, 여러분은 편의점에서 아이스크림 몇 개를 사본 경험이 있을 것이다. 여러분은 매력적인 포장지에 싸인 유럽식 이름의 상표를 선택하고 왜 그 상표를 선택했는지 그 이유를 알려고 하지는 않는다. 그러나 그것에 대해 호감을 느끼고 있다. 여러분이 그것을 인식하든 못하든 그 아이스크림에 대한 어떤 것, 혹은 오른편에 있는 다른 아이스크림보다 더 나은 포장이 그 상품을 구매하는 데 영향을 줄 수도 있다.

소비자의 인식은 마케팅 과정에서 중요한 변수이다. 그것은 구매 결정, 특히 유사한 상품 간에서 하나를 결정하는 데 인식은 커다란 영향을 미친다. 그러한 이유로 인하여 마케터들은 그들의 상품이 잠재고객에 의해 인식되는 방법을 관리하고 또는 나쁜 영향을 최소화하기 위해 많은 노력을 기울인다.

소비자 인식의 문제에 관한 과정은 상품 포지셔닝(product positioning) 또는 단순히 포지셔닝이라고 부른다. 상품 포지셔닝이란 상품의 포지션에 대한 잠재고객의 인식에 영향을 주기 위해서 경쟁상품과 관련된 단일 상품의 포지션을 명백히 하려는 시도로, 고객의 마음속에서 유리한 위치를 차지하기 위한 활동이다. 상품 포지셔닝은 때때로 제품 포지셔닝이라고 하기도 한다.

일찍이 영국에서 경마가 시작되었을 때 기수들이 출발 신호가 떨어지면 '위치를 교묘하게 움직여서' 가능한 빨리 자신이 좋아하는 유리한 주행위치로 움직이기 위해 노력했다고 한다. 자기 말의 특성에 맞는 좋은 위치를 먼저 차지해야만 결국 가장 먼저 골인할 수 있기 때문이다.

이와 마찬가지로 시장에서 성공을 위한 기회를 증대시키기 위해서 기업은 상품에 대한 유리한 위치를 차지하고 그것을 대중에게 확실히 전달하여야 한다. 그러기 위해서 일부 휴양지 리조트는 부유층을 위한 고급호텔로서 또는 어떤 호텔은 가족휴가 휴양지로서 자사상품을 포지셔닝하고, 또 어떤 호텔들은 기업을 위한 컨벤션센터로서 포지셔닝한다.

한편, 야구경기는 수비적인 포지셔닝의 예를 말해 주기도 한다([그림 4-2] 참조). 신참선수(루키)는 기존 투수들의 투구내용이나 수비지역에 대해 이미 연구를 많이 해서 1년차에 좋은 성적을 낸다. 그러나 2년차에 들어서는 고전을 하게 된다. 이는 투수나 수비수들이 신참이 등장한 1년 동안 그를 연구함으로써 수비적이고 방어적인 전략으로 포지셔닝하기 때문이다. 신발업체의 장점(이를테면 가격 및 고객서비스 등)을 꿰뚫고 후발 외식업체들이 선전하는 것에 대해 다시 재포지셔닝(repositioning)하는 예는 흔히 볼 수 있는 방어적 전략이다.

[그림 4-1] 공격적인 포지셔닝의 예

잘 선택된 표적시장으로 휴가객을 유도하는 것은 그리 쉬운 일이 아니다. 그러므로 상품에 대한 포지션은 시장과 표적시장의 잠재고객에 대한 인식 내에서 확립되어야 한다.

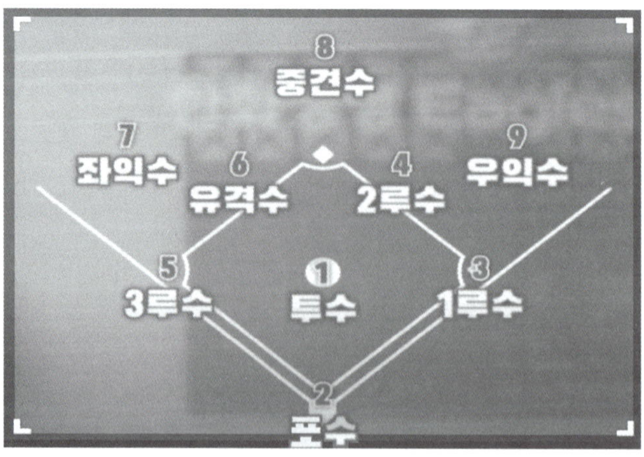

[그림 4-2] 수비적인 포지셔닝의 예

2. 상품 포지셔닝을 위한 상품이미지 창조

마케터가 상품에 대한 포지션의 확립을 위해 사용하는 주요 메커니즘은 상품에 대한 이미지의 창조에 있다. 이미지는 어떻게 상품이 인식되는가를 결정하고 영향을 미친다. 결론적으로 관광마케터들은 많은 시간 및 에너지를 자사상품의 효과적인 이미지 개발과 개선을 위해 헌신하게 된다. 상품 포지셔닝이 효과적으로 사용될 때 이미지는 관광상품의 모든 측면에 중심적이고 통합적인 영향을 주게 된다.

직원의 제복에서부터 회사의 로고에 이르기까지 모든 것은 이미지와 연관되어야 한다. 그것들은 모두 일관성이 있어야 하고 이상적으로는 어떻게 해서든지 고객의 마음속에 이미지를 전달하고 강화해야 한다.

예를 들어, 여러분이 페즌트 할로 인(Pheasant Hollow Inn)의 책임자라고 가정해 보자. 그곳은 작은 침대와 아침식사를 제공하는 설비가 있고 뉴욕으로부터 자동차로 2시간 이내의 거리로 펜실베이니아州 내의 한 폭의 그림과 같은 벅스 카운티(Bucks County)에 위치한다. 모두 퀸사이즈 침대가 놓인 8개의 화려한 객실을 가지고 있고 객실마다 골동품과 향토예술가들의 작품으로 장식되어 있다. 객실에서 아침식사가 제공되고 그것은 기본적으로 객실요금에 포함되어 있다.

시장조사와 심사숙고한 후에 여러분은 중산층으로 자녀가 없고 예술과 고전, 다이어트 음식에 관심이 있는 뉴욕에 사는 전문직업인 부부를 표적시장으로 선택한다.

여러분이 호텔에 대해서 확립하고자 하는 이미지는 규모가 크지 않고 친근감이 들고 도시의 압박과 북적거림을 떨쳐버릴 수 있는 주말 목적지이다. 이러한 이미지를 창출하기 위해 각 객실에 신선한 꽃다발을 꽂아두고, 훌륭한 중국 식기에 아침식사를 제공한다. 그리고 호텔의 예술품과 골동품에 대해 직원들이 친근감을 느끼도록 노력한다. 호텔의 이름에서부터 뉴욕신문에 게재하는 광고에 이르기까지 모든 것이 여러분이 전달하기를 원하는 그 이미지에 공헌하기 때문이다.

3. 표적시장의 욕구에 따른 상품 포지셔닝

제품이나 서비스는 표적시장의 욕구와 관련하여 포지션되어야 한다. 포지션을 확립하기 위해 마케팅전문가들은 어떻게 고객의 욕구를 충족시키는가를 전달함으로써 상품이 주는 혜택을 보여주려고 노력한다.

페즌트 할로 인의 예에서 표적시장의 욕구는 그들이 주일 내내 경험해 온 것과는 매우 다른 환경에 대한 것이다. 주말부부는 여가시간을 보내기 위해 자연스럽고 편안하고 아름답게 설치된 장소를 원한다. 어떻게 호텔이 그들의 욕구를 충족시키느냐를 남에게 알림으로써 선택된 표적시장과 관련하여 호텔의 포지션을 확립하는 데 도움이 되는 이미지를 창조하게 된다.

이와 매우 상이한 표적시장을 겨냥하고 있는 유사상품의 이미지를 생각해 보자. 드레이크(Drake)는 시카고에 있는 큰 호텔이며 미시간호에서 매우 가깝고 도심 사업지구 및 쇼핑센터의 중심부에 있다. 이 크고 우아하고 편리하게 위치한 드레이크호텔의 표적시장은 의심할 바 없이 여행을 자주 하는 기업체 간부이다. 기업 간부들의 욕구는 시골 펜실베이니아주의 작은 호텔에 숙박하는 주말부부와는 전혀 다르다.

사업가는 사업미팅을 하기 위하여 침실과 분리된 거실이 있는 스위트룸이 필요할 것이다. 룸서비스, 구내 드라이클리닝, 즉시 이용 가능한 사진 복사기와 컴퓨터 등이 그들이 필요로 하는 서비스이다. 드레이크 호텔은 이미지를 구축하기 위하여 기업 간부에게 제공하는 상용서비스를 강조한다.

4. 상품 종류에 따른 포지셔닝

신상품에 대한 포지션의 확립과 기존상품에 대한 포지션의 유지 그리고 기존상품의 현재 포지션의 변화 등의 차이를 아는 것은 매우 중요하다. 그것들은 제각기 다른 문제점을 지니고 있다.

1) 신상품에 대한 포지션의 확립

신상품을 도입하였을 때 사람들은 이미지 확립에 근거가 거의 없는 상태에서 시작하게 된다. 사람들은 신상품에 대한 이미지가 전혀 없다. 그것은 다른 사람에게 상품에 대해 말해서 화제로 삼거나 추천하는 데 이전의 고객에게 의지할 수 없음을 의미한다. 그러나 그것은 또 한편으로 방해가 되는 부정적인 이미지를 가지고 있지 않다는 것을 의미한다. 예를 들어, 서해안의 별로 알려지지 않은 새로운 호화리조트는 모종의 이미지를 처음부터 수립해 두어야 할 것이다. 그 리조트는 다른 많은 세분시장 가운데 활발한 독신자, 자녀를 둔 가족, 또는 시간과 돈이 많은 노인 등에게 소구하도록 한정한다. 그러한 선택에 따라 그 세분시장의 욕구에 맞추어 시설 및 설비를 건설할 수 있다. 만약 독신자나 노인들에게 초점을 맞춘다면 어린이 수영장은 확실히 필요치 않을 것이다.

2) 기존상품의 포지션 유지와 변화

이미 확립된 상품이 있는 회사는 꾸준히 자사의 이미지를 평가하고 그것을 유지할 것인가, 변경할 것인가를 결정해야 한다. 과거에 사람들이 지녔던 좋은 느낌이 앞으로도 계속되리라고는 누구도 예측할 수 없다. 회사는 자사의 이미지에 대하여 계속 의식하지 않을 수 없다. 상품과 서비스는 공백 속에서 존재하는 것이 아니고 유사한 욕구를 충족시키고 유사한 이미지를 기획하는 제품 및 서비스와의 경쟁 속에서 존재하는 것이다. 경쟁이 공격적이 되면, 회사는 어떤 방법을 써서라도 그것에 대항할 필요가 있다. 예를 들어, 만약 하나의 거대 호텔 체인이 상용여행객들에게 새로운 서비스를 제공함으로써 자사의 포지션 확립을 결정했다면, 그 시장을 표적으로 하고 있던 타 호텔들은 그들 자신의 포지션이 적합한가를 재평가할 필요가 있을 것이다. 그들은 현재의 포지션으로도 새로운 경쟁의 움직임에 대항하기에 충분하다는 것을 발견할지도 모른다. 그 경우에 그들은 현재의 포지션을 그대로 유지하게 된다. 그러나 그와 반대로 그들은 경쟁에서의 변화에 효과적으로 대응하기 위해서 그들의 상품에 대한 새로운 이미지와 포지션을 개발하여 능동적으로 대처할 필요가 있다고 판단할 수도 있다.

관광산업에 있어서 예기치 못한 사건들은 이미지를 급격히 변화시킬 수 있다. 예를 들어, 대형항공사인 경우라도 노동쟁의가 일어난다면 그 항공사는 대중적 신뢰를 재확립하는 데 어려움이 있을 것이다. 이와 유사하게 관광목적지인 어떤 섬에 폭풍우가 몰아쳤다면 이상적인 열대지역의 휴가장소로써의 이미지를 다시 획득하기는 매우 어려울 것이다.

상품이 주는 혜택을 소비자들이 어떻게 인식하는가 하는 것은 그들이 그 상품을 선택할 것인지 아닌지를 결정하는 것이다. 상품에 대한 명확하고 굳건한 이미지를 확립함으로써 기업은 표적시장에 맞는 적절한 포지션을 확립할 수 있다. 그것은 또한 소비자들이 자신에게 더욱 유익하다고 판단하도록 경쟁자들의 상품과는 다른 이미지를 창조해야 한다.

제 2 절 관광상품 포지션의 확립단계

관광산업에는 많은 직원이 상품이미지의 개발과 시장에서 자사의 포지션 확립에 종사하고 있다. 그들 모두는 잠재고객들에게 자사상품이 어떻게 인식되는가를 정확히 알 필요가 있다.

상품 포지션을 확립하기 위한 제도적 접근은 상품에 대한 효과적인 이미지를 개발하는 최선의 방법이다. 이미지 생성과정에서 귀중하고 새로운 마케팅 아이디어가 출현하며, 이 과정은 관광상품을 강렬하고 목적을 갖고 주시하는 기회를 제공한다. 상품의 독특성을 전달하는 이미지는 소비자의 마음속에 상품을 인식시키는 데 도움을 준다.

효과적인 포지션의 확립에는 상품의 주요 특성과 혜택에 대한 상품분석, 현재 포지션의 확인, 현재 포지션과 마케팅 목적의 비교 등 세 가지 단계가 있다.

이러한 단계가 효과적이 되기 위해서는 포지션은 간결하게 전달될 수 있어야 한다는 사실을 명심해야 한다. 간결하게 전달되어야 할 내용을 포지셔닝 진술이라 부른다.

1. 상품분석

포지셔닝 진술을 개발하는 데 중요한 것은 관광상품의 분석이다. 이것은 간혹 생략하기 쉬운 단계이지만 매우 중요한 과정이다.

상품을 분석하는 방법에는 두 가지가 있다. 하나는 유형인가 무형인가를 설명하는 상품의 특징이고, 다른 하나는 잠재고객의 욕구나 관심에 부응하는 방법, 즉 상품혜택이다. 상품특성과 상품혜택은 완전한 상품분석의 일부분이다.

1) 상품특성

평소에 잘 알고 있는 어떤 사물을 묘사하는 게 쉬운 일은 아니다. 여러분이 운전하고 있는 자동차에 대해 생각해 보자. 어떻게 그것을 묘사하겠는가? 사람들은 모델과 제조연도, 색깔을 쉽게 나열할 수 있다. 그러나 그것을 독특하게 만드는 차의 특징은 어떠한 것인가? 그러한 특징은 아마도 상기하기 어려울 것이다.

포지셔닝 진술의 개발에 있어서 마케터는 제품 및 서비스를 매우 잘 묘사할 수 있어야 한다. 그렇게 하는 한 가지 방법은 소위 특징에 대한 '세탁물 리스트'라고 부르는 것으로, 특징적인 사항을 묶어냄으로써 자기의 생각을 정리하는 방법이다. 여기에서는 그것을 중요하게 생각하든 안 하든 각 상품의 특징을 나열하여 상품에 대한 표현을 완전하게 개발하는 것이다. 때때로 어느 한 사람이 무의미하다고 생각하는 것이 다른 사람에게는 커다란 가치로 인식되기도 한다. 따라서 상기에서 언급했던 세탁물 리스트는 포괄적이어야 한다.

예를 들어, 남해안 리조트에 대해 마케팅한다고 가정해 보자. 당신은 그 리조트에 대하여 어떤 종류의 특징을 나열할 수 있겠는가?

여기에 몇 가지 가능성이 있다.

① 125객실, 바다를 볼 수 있는 70객실
② 모든 객실의 발코니
③ 고상한 분위기
④ 기업소유의 해변
⑤ 두 개의 수영장 : 민물, 바닷물
⑥ 두 개의 식당 : 고급식당, 경양식당
⑦ 두 개의 바 : 실내, 해변
⑧ 4개의 조명등이 있는 테니스 코트

⑨ 모든 객실의 냉장고

⑩ 대여 가능한 스노클링과 스쿠버다이빙 장비

⑪ 대여 가능한 모터사이클

⑫ 친절하고 유능한 직원

⑬ 손님과 직원의 적정한 비율

이 리조트의 많은 다른 유무형의 특징들은 위의 설명에 포함되어 있어야 할 것이다. 유형의 특징들은 나열하거나 기술하기가 더욱 쉽다. 반면에 무형의 특징들은 사람들의 인식과 느낌에 크게 관련이 된다. 그러나 리조트를 방문했을 때 그곳에서 마주친 우연한 이벤트와 같은 무형의 특징은 매우 중요한 요소가 된다.

2) 상품혜택

관광상품을 묘사하는 또 다른 방법은 어떻게 그것이 잠재고객의 욕구나 관심을 충족시키느냐 하는 것이다. 상품특징의 나열만으로 고객이 상품의 그러한 양상에 관하여 어떻게 느끼고 있는가를 설명할 수는 없다. 그러나 상품혜택은 그것을 설명할 수 있고 따라서 상품분석을 완전하게 수행하는 일부분이 된다.

상품혜택을 결정하기 위해 마케터는 이미 리스트된 특징들을 찾거나, "나에게 좋은 점이 무엇인가"라고 잠재고객이 질문할 것을 상상해 보기 시작할 것이다.

휴가 관광상품의 혜택을 추구할 때 휴가에서 사람들이 만족하는 욕구를 고려해 보자. 휴식, 오락, 재미, 태양, 그리고 좋은 음식 등이 언뜻 머리에 떠오른다. 남해안 리조트의 예로 돌아가 혜택으로써의 몇 가지 특징을 다시 인용해 보자.

예를 들면, 다음과 같다.

① 호화 : 바다를 바라보며 객실 발코니에서 모닝커피를 마시는 즐거움

② 오락 : 불 밝혀진 코트에서 한밤중까지의 테니스

③ 만찬 선택 : 기분에 맞는 식당과 메뉴의 선택, 간단한 식사 또는 정식, 햄버거 또는 왕새우요리 등

④ 문화 : 기묘한 마을 탐험과 모터사이클을 타고 가는 시골 풍경

한편, 상용지향적인 관광상품 및 서비스의 혜택은 아주 다를 것이다. 예를 들어, 도시중심지 호텔은 사업가들에게 이러한 혜택을 제공할 것이다.

① 편리성 : 공항을 오가는 무료 리무진버스 서비스

② 유연성 : 소그룹 및 250명 이상 수용가능한 회의실

③ 특별 서비스 : 중요한 시사회를 위한 무료 비디오 영사기

④ 식사 선택권 : 룸서비스 24시간 가능

⑤ 안락함 : 모든 객실에 비치된 킹사이즈 침대

2. 현재 포지션의 확인

효과적인 포지션을 확립하는 데 있어서 다음 단계는 자사상품이 지금 어디에 위치해 있는가를 알아내는 것이다. 현재의 포지션을 확인하는 데 적합한 질문은 다음과 같이 두 가지가 있다. 첫째는 우리 관광상품 및 서비스의 매력은 무엇일까? 둘째는 우리 상품의 어떤 특성이 현재 포지션의 일부분으로 판매되고 있는가?

1) 소구하는 강점과 약점

마케터는 수많은 목적지가 소비자의 여러 기호에 소구하도록 노력하고 있다는 것을 파악하기 위해 방대하고 다양한 세계의 지리를 고려해야 한다. 수많은 목적지가 소구하는 것에는 낯익은 것에서 이국풍으로, 역사적인 것에서 미래적인 것으로, 가까운 곳에서 먼 곳으로, 냉대에서 열대로 등 광범위하다.

어떤 개인이 발견한 소구점을 다른 사람이 발견하지 못하기도 한다. 소구는 무형적이고 개인적이다. 구매되고 있는 각 제품 및 서비스는 나름대로 사람들에게 무엇인가를 소구하고 있다. 일개 상품의 소구점은 소비자가 파생되리라 예상하는 혜택을 기초로 하여 형성된다.

때때로 상품의 소구는 예를 들어, 유럽행의 1등석 여행과 같이 사치스럽다. 그 반대의 것 또한 사실이 될 수 있는데, 그것은 소구점이 저가격인 경우이다.

상품을 포지션하기 위해서 마케터들은 현재고객 및 잠재고객에 대한 상품의 소구점을 이해하는 것부터 시작해야 한다. 상품이미지의 소구를 최대화하는 것은 상품이 인식된 방법, 즉 결론적으로 시장에서의 포지션을 크게 향상시키는 것이다.

2) 특징에 기초한 강점과 약점

상품의 포지션을 확인하는 데 있어서 마케터들은 현재 이미지의 일부분을 이루고 있는 상품의 특징을 살펴본다. 예를 들어, 노년 부부에게 인기가 있는 미네소타의 한 작은 호텔을 고려해 보자. 그것의 현재 포지션에 공헌한 한 가지 특징은 모터보트가 없는 조용한 호숫가에 위치한다는 점이다. 그리고 같은 객실요금을 받고서도 호텔은 하루 세 번의 신선하고 정성껏 준비한 향토음식을 제공한다. 당뇨나 고혈압 등 특별 식사요법을 해야 하는 고객들은 그들의 설명서대로 준비된 식사를 할 수 있으며, 매일 밤 호텔 라운지에서는 고전 영화가 상영되고 있다. 그 호텔에는 디스코텍이나 시끄러운 술집이 없다. 이러한 특징들은 그 호텔을 은퇴한 사람들로 가득차게 하지만, 젊은 독신자들을 그곳으로부터 멀어지게 한다.

제품 및 서비스의 특징들이 모두 다 현재의 포지션에 공헌하는 것은 아니다. 전술한 예와 같이 호텔의 많은 특징들은 노년층의 인기를 끄는 것이 거의 없다. 근처 산으로의 하이킹, 호수에서의 낚시, 그리고 훌륭한 와인 창고는 현재의 고객에게 그다지 중요하지 않은 특징이 될 것이다.

관광마케터는 현재 포지션에 공헌하는 관광상품의 특징뿐만 아니라 현재의 표적시장 이외의 다른 그룹의 욕구를 충족시킬 특징을 찾아낼 필요가 있다. 나중에 마케터는 다른 표적시장의 주의를 끌기 위하여 상품을 재포지션하는 방법으로 기존의 특징을 빼내고 다른 특징을 강조할 수 있다.

3. 현재 포지션과 관광마케팅 목적의 비교

마케팅 목적은 어떠한 조직이 달성하기를 기대하는 마케팅 프로그램에 대한 특별한 진술이다. 여기에는 그 조직의 제품과 서비스에 대한 미래의 목표도 포함된다. 마케팅 목적의 성취에는 모든 측면의 마케팅 프로그램이 조정되고 협조해야 그 달성이 훨씬 용이하다. 그리고 상품포지션은 마케팅 목적과 완전히 양립해야 한다는 점에서 매우 중요하다. 만약 그렇지 않다면 그것은 변경되어야 한다. 어떤 경우에 목적은 새로운 포지션을 반영하여 변화하게 되며, 또 어떤 경우에는 마케팅 목적을 수행하기 위해 새 포지션의 변화가 요구된다.

예를 들어, 커맨더 에어항공사(Commander Air)는 통근자에게 오로지 패링턴과 필라델피아 사이의 항공서비스만을 제공하였다. 마케팅의 목적으로 말한다면 커맨더 에어사는 그다지 유용성이 없는 항공노선을 운항하는 최고의 항공사이다. 그것은 그 노선을 운항하는 유일한 항공사이기 때문이다. 여기에서 마케팅 목적은 직접적인 경쟁을 거치지 않고 그냥 결정되므로 항공사의 현재 포지션과 일치하지는 않는다. 즉 포지션 개념은 여기서는 사용할 여지가 없는 것이다.

그러나 패링턴공항에서 필라델피아로의 비행을 허가받은 새로운 항공사가 나타났다고 가정해 보자. 선두경쟁적 측면에서 커맨더 에어사의 포지션은 현재의 평일 승객 탑승률을 75%에서 80%로 증가시키는 것과 같은 새로운 마케팅 목적을 성취하는 데 적합해야 한다. 이 회사는 새로운 경쟁자로부터 자신의 항공사를 차별화하기 위해 조종사의 경험과 회사의 신뢰성 및 섬세한 서비스에 대한 명성을 강조할 것이다.

제 3 절 관광상품 포지셔닝 전략

관광상품의 포지셔닝에는 많은 방법이 있으며 오직 유일한 방법은 존재하지 않는다. 때때로 어떤 회사는 몇 년 동안 한 가지 포지셔닝 진술을 시도할 것이다. 그것이 긍정적인 결과를 가져오기 때문이다.

여기서 포지셔닝 진술은 회사 내에서 사용하기 위해서 만들어진다. 포지셔닝 진술(positioning statement)은 모든 마케팅 커뮤니케이션을 통해서 만들어진 간결한 주제나 진술이다. 즉 기업 내부에서 사용하는 구호와 같은 것이다. 예를 들면, 기업이 성장하기 위해서는 '고객만족경영'이 포지셔닝 진술이 될 수 있다.

한편, 슬로건은 표적시장의 관심을 끌고 상품의 이미지를 강화하기 위해 고안된 포지셔닝 진술로부터 만들어진 하나의 문구이다. 에이비스 렌터카사의 "우리는 더욱 노력하겠습니다."가 하나의 예가 될 것이다.

포지셔닝 진술에서 '가장 큰' '가장 작은' '가장 빠른' '가장 저렴한'과 같은 말을 사용하는 것은 잠재고객이 다른 것들로부터 그것을 구별하는 데 유익하고 그래서 그 상품을 기억하도록 상품차별화를 의도하여 사용되는 것이다.

한편, 만약에 어떤 회사가 한 가지 포지셔닝 전략만으로 그들의 목적을 충족시키지 못한다면 그때는 다른 전술을 시도해야 할 것이다.

관광마케팅에 있어서 상품 포지셔닝의 성공은 궁극적으로 마케팅 목적이 어느 정도 달성되느냐에 의해 측정된다. 예를 들어, 가장 잘 작성되고 가장 매력적인 포지셔닝 진술이라도 만약에 그 회사를 위하여 판매와 이익을 발생시키지 않는다면 그것은 가치가 없는 것이다.

1. 표적시장에 관련된 포지셔닝

관광상품에서 유용한 표적시장은 많다. 잠재적 이익을 최대화하기 위해 기업은 표적시장 및 지역 인구를 확인한다. 그러기 위해 기업은 특정 집단의 사람들에게 메시지를 보낸다.

아마도 표적시장과 관련하여 포지션을 성공적으로 확립한 관광산업의 사례 가운데 가장 뛰어난 것은 클럽 메드(Club Med)[1)]일 것이다. 클럽 메드는 올 인클루시브 리조트(all-inclusive resorts)로 알려진 리조트산업에

1) 클럽 메드(Club Med)는 프랑스 파리(Paris)에 본사를 둔 프랑스의 글로벌 리조트 기업으로 1950년 제라드 블리츠(Gérard Blitz)가 설립했다. 제라드 블리츠는 휴가 모임을 의미하는 클럽(Club)에 지중해를 뜻하는 프랑스어 'Méditerranée'의 약자인 메드(Med)를 더해 브랜드명을 클럽 메드라고 지었다.

서 개척자이다. 이 휴양지는 고정가격으로 고객에게 휴양지에서의 숙박, 식사, 오락, 그리고 여러 활동 및 스포츠를 제공한다. 클럽 메드에는 또 하나의 특징으로 G.O시스템이 있다.

클럽 메드가 미국시장에의 진출을 결정했을 때 클럽 메드의 마케터들은 구성인구의 인구통계적 변수를 철저히 살펴보고 미국의 인구에서 전례가 없이 고성장을 보인 제2차 세계대전 후 베이비부머[2])를 표적시장으로 결정하였다. 그 연령층에는 사람 수가 매우 많아서 마케터들은 상품의 포지션 방법을 결정해서 그 집단의 욕구를 충족시킨다면 이익이 매우 클 것이라는 사실에 주목하였다.

베이비부머의 욕구는 편안함과 스포츠가 배합된 평일의 휴양지였다. 그때 그들의 이상적인 휴양지는 겨울의 춥고 눈 오는 곳으로부터, 따뜻하고 낙원과 같은 섬으로 피할 수 있는 장소로 인식되었다.

만약 낙원이라는 환경 속에 존재한다면 사람들은 그곳에서 만나는 사람마다 미소를 지을 것이고 즐거워할 것이다. 거기에는 많은 음식과 오락이 있을 것이다. 사람들은 거기서는 전화나 신문 또는 돈에 관하여 걱정할 필요가 없다. 만약에 원한다면 몇 시간 동안이나 해변에 앉아 있을 수 있고 정열적인 배구게임도 행할 수 있다. 그곳에서는 만찬을 위한 정장도 필요가 없다.

클럽 메드는 이러한 표적시장에 소구하려고 베이비붐시대에 태어난 대부분 독신자의 욕구를 강조하여 고안되었으며, 의도적으로 젊은 독신자에게 소구하기 위해 자사를 포지셔닝했다. 클럽 메드의 환경은 홀로 여행하는 사람들이 편안하게 휴식하고 단체활동 계획을 통해 클럽 메드

2) 각 나라의 사정에 따라 그 연령대가 다르다. 미국의 경우 제2차 세계대전 이후인 1946년부터 1965년 사이에 출생한 세대를 지칭한다. 제2자 세계대선 기간 동안 떨어져 있던 부부들이 진징이 끝나자 다시 만나고, 미뤄졌던 결혼이 한꺼번에 이루어지면서 생겨난 세대로 '베이비붐 세대(baby boom generation)'라고도 한다.

에서 많은 다른 독신자들을 쉽게 만날 수 있도록 만들어졌다. 이전까지 어떠한 다른 휴양지도 이러한 표적시장의 욕구를 충족시키기 위해 그처럼 명확하게 위치되지는 않았다.

클럽 메드는 특별 설계의 휴양지로 몰려드는 베이비부머의 이러한 모든 욕구를 발견하였다. 그들이 시작한 이래로 이와 같은 전문화된 올 인클루시브 리조트의 수가 급격히 증가하였다. 이제 수많은 회사가 클럽 메드와 유사한 개념에 기초하여 리조트 서비스를 제공하고 있다.

그런데 1970년대 후반 이후로 베이비부머에게 몇 가지의 변화가 발생하였다. 독신을 고집하던 그들 중 대부분이 결혼을 했고 아이들이 생겼으며, 그 결과 그들의 휴가패턴이 변화하기 시작하였다. 그러나 베이비부머들은 나이가 들어도 클럽 메드는 그들이 원하는 것 중 어느 한 가지에도 예전에 제공했던 것과 큰 차이를 두지 않았다. 클럽 메드 리조트는 어린이를 손님으로 환대하는 것이 무척이나 곤혹스러웠다. 어린이는 독신의 이미지와는 양립할 수 없기 때문이다. 그리고 그때까지 클럽 메드에는 어린이의 부모가 즐기는 동안 어린이들을 즐겁고 기쁘게 해줄 장비가 준비되어 있지 않았다.

1980년대에 들어서 베이비부머들은 리조트에 자녀들을 동반하기를 원하였다. 그들은 자녀들과 시간을 보내기를 원하고 반면에, 여전히 서로 다른 개인적 시간을 가지기를 원하였다.

클럽 메드는 '미니클럽(mini club)'을 개발함으로써 이 거대한 표적시장의 욕구를 충족시켰다. 미니클럽은 정규적인 클럽 메드의 일부분으로써 여러 장소에서 아이들을 위한 특별시설과 안전한 활동프로그램을 제공하였다. 아침부터 밤까지 부모들은 미니클럽의 카운슬러에게 아이를 맡길 수 있다. 만약 그들이 하루 동안 해안에서 아이들과 있기를 원한다면 그것 역시 좋다. 미니클럽은 아이들을 위한 여러 가지 활동을 계획하고 감독한다. 그 때문에 많은 부모가 그들의 집에서 흔히 얻을 수 없는 기회, 특히 조용하고 낭만적인 만찬을 갖는 기회를 즐길 수 있게 되었다.

표적시장의 선택이 끝난 후에 클럽 메드는 한 세대의 휴가 욕구에 소구하기 위하여 자사의 상품을 포지션하였다. 클럽 메드는 세대의 욕구가 변화하고 있다는 사실을 인식하고 미니클럽의 형태로 기존의 상품과 다른 상품을 개발하여 성공을 거두었다. 이러한 사항들은 마케터들이 표적시장의 변화 욕구에 주의를 기울이고 그들의 변화 욕구를 더 잘 충족시키기 위하여 상품을 적절하게 제공해야 한다는 것을 말해 주고 있다.

그 후 미니클럽 대상의 어린이들이 성장함에 따라 클럽 메드는 1990년대 초 이들 젊은 고객을 대상으로 주니어클럽(Junior Club)[3)]을 만들었고, 이어 노년이 된 원래 베이비부머들인 노인층을 대상으로 '클럽 르네상스'를 만들어서 연령층의 이동에 따른 표적시장의 변경에 대처하였다.

한편, 클럽 메드는 1993년부터는 호텔 건설에서 벗어나 30여 개국에서 호텔인수와 위탁계약경영으로 경영전략을 변경하였다. Club Med는 주말 및 미니여행 추세에 따라 지상교통은 Club Med가, 항공요금은 여행객이 부담하는 여행객 자신만의 패키지상품을 만들고, 크루즈 부문의 괄목할 만한 성장을 보고 크루즈 자체를 비즈니스로 이끌어왔다. Club Med2라는 크루즈선박은 캐리비안 지역에서 겨울을 보내고 지중해와 노르웨이에서 여름을 보낸다.

---

3) 클럽 메드는 만 4개월의 소아부터 만 17세까지를 아우르는 다양한 연령대별 키즈클럽 프로그램을 운영하고 있다. 베이비 클럽(Baby Club)은 만 4개월에서 23개월까지 영아를 위한 클럽, 쁘띠클럽(Petit Club)은 만 2세부터 3세 유아들을 대상으로 하며, 미니클럽(Mini Club)은 만 4세부터 10세 아이들을 대상으로 제공되며, 주니어클럽(Junior Club)/ 패스월드(Pass World)는 동일한 프로그램으로 리조트마다 명칭이 다른데, 만 11세부터 17세까지의 청소년을 대상으로 하는 특별한 프로그램이다.

Club Med는 매년 110개 이상의 빌리지에서 약 157만 명의 GM[4)]을 유치하고 있으며, 아시아 및 태평양, 유럽과 아프리카, 북아메리카와 남아메리카 5개 대륙에 걸쳐 80여 개의 리조트를 소유하고 있다.

[그림 4-3] 클럽 메드(푸껫)

2. 가격과 품질에 의한 포지셔닝

기업이 가격과 품질로 그들의 제품 및 서비스를 포지셔닝하는 것은 포지셔닝 전략 가운데 훨씬 명확한 방법 가운데 하나이다. 많은 관광상품은 가격과 품질의 스펙트럼에서 양극단 가운데 자리하고 있다.

다양한 가격과 품질의 수준을 제공하는 관광상품의 예로써 호텔을 생각해 보자. 최고급 호텔은 그들의 고객에게 매우 정성스러운 서비스를 제공한다. 멋진 제복을 입은 벨보이나 값비싼 양탄자가 깔린 호화스러운 로비에서부터 커다란 생화 진열 및 고급가구에 이르기까지 이러한 호텔은 상당히 호사스럽다. 호텔의 객실은 잘 장식되어 있고 넓고 청결하다.

4) Gentle Member는 Club Med에서 휴가를 즐기는 고객을 부르는 이름이다.

그러한 호텔들은 일반적으로 여러 유형의 레스토랑을 다수 소유하고 있다. 그리고 미용실, 마사지 서비스, 실내수영장, 그리고 운동 시설 등을 제공할 것이다. 메리어트, 하얏트, 인터컨티넨탈, 레디슨(Raddison), 힐튼, 쉐라톤과 같은 대형 호텔체인들은 화려한 서비스 및 특징적인 상품을 제공한다.

그와 반대 측면에서 보면 경제적으로 저렴한 호텔과 모텔이 있다. 이코노롯지(Econolodge) 또는 버짓모텔(Budget Motel : 염가모텔)과 같이 그 기업의 사명(社名) 속에 '버짓(염가의)' 또는 '이코노미(절약형의, 저렴한)' 등의 단어가 포함되어 있는 기업도 있다. 그 밖에 경제적인 대형 체인으로는 레드 루프 인(Red Roof Inn), 슈퍼 에잇(Super 8) 그리고 모텔 식스(Motel 6) 등이 있다.

이러한 호텔과 모텔들은 TV, 타월, 욕실, 침대, 객실용품 등 기본적인 숙박만을 제공하며, 계획단계에서부터 낮은 수준의 서비스를 제공하도록 만든다. 이곳에서는 대리주차라든가 고객의 가방을 운반해 줄 벨보이는 찾을 수가 없다. 이러한 호텔의 로비는 좁고 공간을 유용하게 사용하도록 만들어져 있으며, 또한 룸서비스는 거의 없다. 그러나 적은 경비로 여행하는 사람들에게 이러한 호텔 및 모텔은 그들의 현실적인 욕구에 충분히 대응하고 있는 것이다.

한편, 중간단계의 품질과 가격을 갖춘 관광상품도 많이 있다. 그러나 가격과 품질을 기준으로 생각한다면 대체로 그 범주의 양극단, 즉 고가의 호화스러운 상품과 저가의 경제적인 상품에서 가장 효과적인 포지셔닝이 수립되고 있다.

〈표 4-1〉 다국적 호텔기업

지 역	체인호텔명
미 국	힐튼, 인터컨티넨탈, 쉐라톤, 하얏트, 홀리데이 인, 초이스(저 · 중 · 고), 메리어트 등
유 럽	아코르, 클럽 메드, 메르디앙, 포르테 등
아시아	뉴오타니, 닛코, 만다린 오리엔탈(홍콩), 페닌슐라 등

3. 제품계층에 입각한 포지셔닝

한 회사가 상품포지션을 확립할 수 있는 세 번째 방법으로는 그 회사의 제품계층에 관련하여 포지션을 설정하는 것이다. 이 방법은 자사의 제품을 제품계층 내의 타 상품에 비유하거나 타 상품과 다르게 하여 제품을 포지셔닝하는 것이다.

1) 항공사의 포지셔닝

상기와 동일한 형태의 포지셔닝이 관광산업에서도 사용되고 있다. 신규항공사는 처음에는 자사를 기존의 항공사와 연관지어 포지셔닝할 것이다. 그렇게 함으로써 신규항공사는 경험 없는 '애송이'의 이미지에서 빨리 벗어날 수 있을 것이다. 그러나 일단 명성을 확립하고 나면 다른 항공사로부터 자사를 차별화하고 싶어할 것이다. 타 항공사와 어떻게 다른가를 보여줌으로써 특정 그룹의 사람들에게 호소할 이미지를 개발하고 타사와의 차별화를 꾀할 수 있다.

다른 항공사로부터 자사를 다르게 포지셔닝한 예로는 MGM Grand Air사이다. 웨스트코스트 지역을 운항하는 다른 항공사와 선두경쟁을 벌이는 대신에, MGM Grand Air는 부유한 상용여행객의 항공기로써 자사상품을 포지션하였다. 그 항공사의 요금은 동일 노선을 운행하는 타 항공사의 운임보다 비싸다. 그러나 MGM사는 고객에게 기본적인 항공수송 이상의 많은 부가적인 서비스를 제공하고 있다.

이 항공사는 부유한 자들의 욕구를 만족시키려 하였다. 훌륭한 중국 식기에 담은 미식의 요리와 무료 와인 및 샴페인을 제공한다. 좌석은 넓고 기내 비품은 호화스럽다. 동시에 자사의 비행이 공중의 화려한 파티에 참석하는 것과 같은 느낌을 만들어내었다. 충분한 돈을 소유하고 있는 사람들에게 MGM사는 타 항공사와는 달리 수송 이상의 부가적인 가치를 제공함으로써 그들에게 강력하게 소구하고 있다.

2) 호텔의 포지셔닝

많은 수의 호텔이 상품계층과 관련하여 자사의 포지션을 설정하려 할 때 자사가 타사와 어떻게 다른가를 강조하려고 한다. 뉴욕의 어느 대형 호텔은 다른 고급호텔보다 자사에서는 조그마한 세부사항에도 얼마나 많은 관심을 기울이고 있는가를 알리는 광고를 많이 내보내고 있다. 예를 들어, 여러 장의 두꺼운 타월, 무료 비누와 샴푸, 여분의 베개와 담요 등을 제공하고, 특히 정중한 직원을 자랑하고 있다.

3) 스키리조트의 포지셔닝

한 개의 상품계층에 수많은 제품과 서비스가 섞여 있을 때 관광기업은 종종 타 기업과 차별화하는 방법을 실시하여 그들의 상품판매를 촉진한다.

유타州의 파크시티(Park City)에 위치한 디어 밸리 스키지역(Deer Valley Ski Area)의 예를 보자. 모든 스키리조트처럼 그 지역은 스키를 위해 잘 손질된 산, 다양한 종류의 리프트, 렌탈 스키, 그리고 여러 기본적인 서비스를 제공한다. 그러나 디어 밸리는 그곳을 일반 스키지역과 다르게 보이기 위해 더욱 세련된 스키인들에게 소구할 몇 가지 특별한 서비스를 추가하였다.

첫째, 스키인들의 커다란 불만 가운데 하나는 리프트 라인이 너무 길어서 실제 스키를 타는 것보다 기다리는 데 많은 시간을 소비하게 된다는 것이었다. 이에 대한 대책으로 디어 밸리는 한정 티켓판매를 결정하였다. 그 스키리조트 총지배인은 새로운 리프트 라인을 만들지 않고 얼마나 많은 사람을 수용할 수 있는가를 생각하고 그 제한된 사람 숫자에 대해 티켓을 매일 한정해서 판매하였다. 이렇게 함으로써 스키인들이 기다리는 시간을 줄이고 실제로 스키 타는 데 더 많은 시간을 사용할 수 있도록 하였다. 결국 디어 밸리의 스키인들은 평균보다 다소 높은 요금을 지급하는 데 반대하지 않았고 불평도 감소하였다.

둘째, 일반적으로 스키 휴양지에서 취약한 것은 음식 서비스이다. 대부분의 스키리조트는 높은 가격으로 낮은 질의 카페테리아 음식을 제공한다. 디어 밸리는 양질의 맛있는 음식을 제공하는 스키장으로서 그 자체를 포지션하기로 결심하였다.

셋째, 디어 밸리가 예전부터 계속해서 제공하는 서비스로는 대리주차가 있다. 다루기 힘든 스키 장비를 어깨에 메고 얼음이 언 주차장을 투덜거리며 걸어본 사람이라면 누구나 현관에서 짐을 내려주고 대리주차 해주는 서비스에 감사할 것이다. 이것이 대단한 호평을 얻게 되었다.

이상과 같이 디어 밸리 스키장의 특징적인 부가적 서비스는 상품계층에서 타사와 차별화하고 그에 대한 금전을 지급하게끔 자사상품을 재정의(再定義)하였다. 궁극적으로 경쟁자와 비교하여 향상된 상품포지션을 구축하기 위해서는 경제적으로 투자할 가치가 있는 것이다.

4. 경쟁자 대응 포지셔닝

1) 직접적 경쟁자 대응 포지셔닝

거의 모든 관광상품은 소비자의 주목을 끌어 금전을 소비하도록 하는데 경쟁대상이 된다. 경쟁은 때때로 직접적이거나 간접적이다.

직접적 경쟁(direct competition)은 두 개 이상의 호텔, 항공사, 스키장, 테마파크 혹은 유사한 관광상품 사이에서 발생한다. 예를 들어, 서울에서 로스앤젤레스를 운항하는 두 개의 항공사는 직접적 경쟁자로 고려된다. 관광객들은 그 가운데 한 항공사를 선택할 것이다.

때때로 특정 산업의 리더기업은 자사를 그 분야에서 명실상부한 리더로 포지셔닝을 설정하여 시장점유율을 유지하려고 노력한다. 예를 들어, 서울에서 울릉도(울릉도공항이 생긴다면)를 논스톱으로 운항하는 항공사가 없는 경우 이 노선에 운항을 시작한 항공사는 그의 경쟁자들에게 대항하여 그 노선의 리더로서 자사를 포지셔닝한다. 국제적인 항공사라면 서울에서 파리 간 직항로 증설 등으로 운항횟수에 차별화된 주장을 할 가능성이 있다. 그 노선에서 리더보다 적은 운항횟수를 운영하는 경쟁관계의 항공사들은 가능한 모든 수단을 이용해서 리더기업에 대항하는 포지션을 선택할 것이다. 그들은 직접적 경쟁으로부터 그들 자신을 차별화하기 위해 자사 비행기의 안락함이나 정시운항기록[5)]을 강조할 것이다.

---

5) 정시운항기록(On-time Record) 또는 온 타임 퍼포먼스(On-time Performance)란 특정 기간 내에 특정 항공편 또는 일단의 항공편에 관해 항공사가 공시한 특정 도착시간 중 정시도착이나 15분 범위 안에 도착하는 항공편 수와의 비율을 말한다.

2) 간접적 경쟁자 대응 포지셔닝

간접적 경쟁(indirect competition)은 유사성은 그다지 없지만 다소 비슷한 욕구를 충족시키는 관광상품 사이에서 일어난다. 울릉도에 한 카페리회사가 운항서비스를 제공하고 있다면 그것은 운항서비스에 있어서 직접적 경쟁자가 없음을 나타내고 있다. 그러나 한 항공사가 카페리회사와 동일한 노선에서 사람들을 태워 나를 수도 있을 것이다. 이 경우 실제로 항공사와 카페리회사 간에는 동일 관광객의 호주머니에 대해 간접 경쟁자가 되는 것이다.

한때, 미국 암트랙(Amtrak)은 간접적 경쟁자인 항공사에 대항하기 위해 미국 북서부지역에 운송상품으로써 승객용 기차로 자사를 포지션하였다. 몇 개의 항공사는 뉴욕과 워싱턴 간의 노선을 바쁘게 운항한다. 두 도시를 여행하는 사람들은 여러 개의 운송수단 가운데서 하나를 선택할 수 있다. 물론 그 가운데 하나는 자신이 직접 약 500km를 운전하는 것이며, 다른 대안은 국내항공(셔틀)이라고 부르는 비행기 탑승이다. 국내항공은 시간마다 운항이 짜인 항공운송으로 승객들이 사전예약하거나 공항에 나와서 표를 직접 구매하면 탑승할 수 있다.

암트랙은 자사의 상품을 항공사로부터 차별화함으로써 고객을 획득하려는 포지셔닝 방법을 구축하였다. 암트랙의 광고는 국내항공여행을 괴롭고도 불편한 것으로 묘사하였다. 첫째, 고객들은 도시의 교외에 있는 공항까지 가는 데 택시를 타야 하고 공항에서 비행기를 타기까지 대략 한 시간 정도를 기다려야 한다. 둘째, 도착 후에 고객들은 공항에서부터 워싱턴이나 뉴욕 등 자신의 목적지로 떠나야 한다는 문제가 남아 있다.

이에 비해 암트랙은 기차탑승이 조용하고 평화롭다는 것을 고객에게 소구하였다. 암트랙의 광고는 뉴욕과 워싱턴의 기차역이 도심의 상용지역 내에 편리하게 위치한다는 사실을 고객들에게 상기시키고 여행목적지에 도착하는 데 택시탑승도 필요 없다는 것을 강조하였다. 기차에서 승객들은 크고 안락한 의자에 앉아서 실제로 어떠한 일이든 할 수 있다. 암트랙은 기차가 비행기보다 여행시간이 더 오래 걸린다는 것은 인정하지만 항공여행보다 더욱 문명화되고 덜 골치 아픈 여행 대안으로 자사 제품을 포지션하였던 것이다.

3) 고객에 대한 경쟁자 대응 포지셔닝

렌터카사업의 고객에 대한 경쟁 역시 치열하다. 여러 해 동안 허츠(Hertz)사는 렌터카산업에서 1위의 판매 지위를 유지해 왔다. 에이비스(Avis Rent A Car)사는 2위를 차지하고 있고, 다음으로 버짓(Budget Rent A Car)사와 내셔널(National Car Rental)사가 차지하고 있다.

그러나 에이비스사가 6위였던 것은 그리 오래전의 일이 아니다. 비슷한 회사들과 경쟁하면서도 에이비스사는 허츠와 직접 대항하기 위하여 자사상품의 포지션을 구축해 선두기업인 허츠와 격렬한 경쟁을 전개하였다. 그러나 선두기업과의 경쟁이 그다지 쉬운 일은 아니었다.

그때 마침 누군가가 고상한 아이디어를 떠올렸다. 바로 에이비스는 허츠에 대항해 자사의 포지션을 구축하려는 생각을 포기하고 렌터카산업 내에서 자사의 종속적인 위치를 인정하기로 하였다. 그 결과 "우리는 2등입니다. 그러므로 더 열심히 노력하겠습니다(We're No.2, and we work harder)"라는 광고캠페인이 생겨났다. 자사의 규모가 더 크다 작다고 말하는 대신에 에이비스는 의미심장한 방법으로 명확하게 자사는 작으므로 더욱 열심히 일하겠다고 고객들에게 소구하였다. 에이비스의 예약직원은 "우리는 더 열심히 노력하겠습니다"는 슬로건이 적힌 이름표를 달았고, 에이비스의 각종 광고는 자사는 1위가 아니므로, 고객들을 즐겁게 하는 데 더욱 열심히 노력해 왔다는 사실을 여러 방법을 동원하여 소구하였다. 에이비스 캠페인은 고객들에게 자사가 패배자라고 하는 소위 감정적 호소로써 명확한 이미지를 창출하였다. 자사는 틀림없이 고객들에게 더욱 잘 서비스하고 있다는 것을 암시함으로써 더 큰 렌터카 회사와의 차별화를 시도하였다. 오늘날 에이비스는 2위를 차지하는 기업이 되었고 이제는 허츠에 직접 도전하고 있다.

05

CHAPTER

관광상품

05 관광상품

CHAPTER

제 1 절 관광상품의 정의

상품(product)은 고객의 욕구를 만족시키기 위해 기업이 판매하고 제공하는 모든 것을 말한다. 상품은 기본적 욕구 또는 욕망을 충족시켜 줄 수 있는 것으로, 시장에 출하되어 주의나 획득, 사용 또는 소비의 대상이 될 수 있다. 상품에는 물리적 대상물, 서비스, 사람, 장소, 조직, 아이디어 등이 포함된다.

관광상품은 관광에 관련된 제품과 서비스가 결합된 상품이라고 정의할 수 있다. 우리가 관광상품을 구매할 때 거기에서 우리는 많은 서비스를 구매한다.

상품 특성에 대한 의사결정은 유형적 · 무형적 측면의 확인과 잠재고객에의 소구에 기초하여 결정된다. 여기에는 서비스가 제품에 동반될 것이다. 물론 관광산업이 주로 판매하는 것은 서비스이다. 예를 들면, 어떠한 목적지에서 다른 목적지까지 승객을 운송하는 것에 의해 운송회사는 서비스를 판매하고 있다. 제품 또는 서비스에 대한 이미지를 개발하고 상품명을 선택하는 것은 대중에게 상품을 제시하는 데 있어서 매우 중요한 일이다.

이 상품의 또 하나의 역할은 제품과 서비스의 정확한 수와 범위를 선택하고 개발하는 데 있다. 대부분 관광기업에서는 하나 이상의 제품을 제공한다. 여행사에서는 폭넓은 범위의 제품을 제공할 것인가, 또는 휴가여행과 같은 여행의 어떤 유형을 위한 전문화한 상품을 제공할 것인가를 결정해야 한다.

항공사에서는 이용 가능한 노선 및 서비스의 수준(일등석, 이등석 사용)을 결정해야 하며, 투어 오퍼레이터는 유용한 투어의 수와 각 투어의 일정표를 결정해야 한다.

제 2 절 관광상품의 특성

하나의 산업은 사업체 또는 법인 그리고 그들을 위해 일하는 사람들의 집단이다. 자동차산업, 보험산업, 그리고 컴퓨터산업은 이미 잘 알려진 산업의 본보기이다. 산업(industries)이란, 제품 및 서비스 또는 그것을 혼합한 상품을 생산하는 활동이다. 제품이란, 개발·제조되어 만들어진 물건이다. 그것은 구매자에 의해서 소비 또는 사용되며, 자동차, 트럭, 냉장고 등을 예로 들 수 있다. 반면에 서비스는 누군가에게 혜택을 주는 행위 또는 실행이다. 소득세를 계산하기 위해 회계사를 고용하거나 가슴이 답답하여 의사에게 진찰을 받는다면 서비스를 구매하는 셈이 된다. 모든 산업에서 제품과 서비스를 생산한다.

그러나 관광산업은 보기 드물게 제품과 서비스가 동시에 생산되는 산업이다. 관광상품은 관광에 관련된 제품과 서비스가 결합한 상품을 말한다.

관광상품은 대부분의 다른 산업제품과는 다른 몇 가지의 특성, 즉 무형성, 생산과 소비의 동시성, 소멸성, 계절성, 동질성, 독특성, 보완성 등을 지니고 있다. 이런 각각의 특성은 관광상품이 시장에서 어떻게 매매되는가에 영향을 미친다. 관광상품의 특징을 살펴보기로 하자.

1. 무형성

무형성(intangibility)은 비행기를 이용한 항공여행, 해안유람선 탑승, 호텔 숙박, 미술관 방문, 산악에서의 전망, 나이트클럽에서의 즐거운 시간 그리고 더 많은 것을 포함하고 있다. 즉 이들 상품은 경험이다. 경험이 생성되면 경험은 오직 기억으로 남게 된다.

비행기의 좌석, 호텔 객실의 침대, 레스토랑의 음식과 같은 유형적인 대상은 경험을 창조하나 이러한 것들은 고객이 돈을 내려는 대상이 아니다. 그 대신에 고객은 경험에 따르는 무형적인 혜택, 즉 즐거움, 휴식, 편리함, 흥미 등을 위해 돈을 지급하고 있다. 관광상품에서 유형적 부분은 무형적 부분에 덧붙여져 제공되고 있다.

그러나 관광상품은 무형적 특성 때문에 유형적인 상품보다 매매가 훨씬 어렵다. 예를 들면, 여행사는 잠재고객의 앞에 여행상품을 비치하거나 모든 상황에서 그 관광상품을 검토하도록 고객을 설득할 수는 없다. 고객은 여행경비를 지급하고 나서야 비로소 여행을 출발할 수 있는 것이다. 만약 고객이 여행에서 좋지 못한 경험을 겪었다 할지라도 그 돈을 되돌려받을 수는 없다. 그러므로 고객은 여행사의 약속을 신뢰해야 한다.

따라서 관광기업은 자체의 상품을 판매하기 위해 다른 방법에 의지해야 한다. 첫째, 고객과 공급자와 관계를 강화해 나가는 것이다. 관광공급자는 성과의 기록이나 개인적인 서비스를 통해서 고객의 신뢰를 얻으려고 노력해야 하며, 이때 비로소 고객은 상품에 대하여 기업이 말하는 것을 신뢰할 수 있는 것이다.

둘째는, 여행상품을 구매하는 것으로부터 획득 가능한 혜택을 강조하는 것이다. 어느 곳이든지 가능하다면, 여행상품을 예로 들면, 모양새 좋은 브로슈어나 잡지의 색채 있는 사진과 같이 시각적으로 돋보이게 하는 것에 의해 이러한 혜택을 가시화하려고 노력한다.

혜택이라는 면에 초점을 맞출 때 관광기업은 관광상품이 다른 사람들에게는 다른 의미가 있다는 것을 인지해야 한다. 예를 들면, 상용여행객은 그들 업무를 수행하는 것의 일부로써 항공기 탑승을 생각할 것이다. 상용여행객에 대한 마케팅의 초점은 효율성과 신속성에 있어야 한다. 반면 휴가나 위락여행객은 항공기 탑승을 자신의 일상생활을 탈출하는 것으로 간주할 것이다. 그러므로 위락여행에 대한 촉진은 매혹, 낭만, 휴식의 이미지를 더욱 뚜렷하게 하여야 한다.

2. 생산과 소비의 동시성

관광상품은 대부분 같은 장소에서 그리고 같은 시간에 생산되고 소비된다. 그러한 상호의존적인 의미를 이해하기 위해서는 우선 대부분의 유형상품이 어떻게 생산되고 소비되는가를 생각해 보아야 한다. 대부분의 유형상품은 생산되는 장소와 소비되는 장소가 다르다.

경남 창원공장에서 모델 넘버 KAMEL 900 세탁기를 제조한다고 가정하면 이 세탁기는 전국적으로 소매상에게 수송된다. 그리고 대전의 한 고객이 모델 KAMEL 900을 구매하여 집에 갖고 왔다. 인천의 고객 또한 동일 모델을 구매했다. 세탁기 제조를 위한 절차와 기계류는 공장에서 표준화되고 치밀하게 관리되므로 두 고객이 구매한 세탁기는 비록 기계가 다른 날짜에 조립되었을지라도 기능은 정확하게 똑같다.

반면에 관광상품은 먼저 판매되고 그 후에 생산과 소비가 동시에 발생한다. 항공사의 승객은 먼저 항공권을 구매하고 후에 항공기 탑승이 되었을 때 그것을 소비한다. 호텔의 손님은 야간 취침이 가능케 되어야 비로소 객실을 사용한다고 말할 수 있다. 이것이 곧 관광상품의 생산과 소비의 동시성(simultaneous production and consumption)이다.

관광상품이 동시에 생산되고 소비된다는 사실은 공급자와 고객 간에 어떠한 상호의존적 관계를 창조하게 한다. 관광상품의 생산과 소비는 공급자의 설비나 약속에 의해 발생되므로 고객과 공급자는 상호작용하여야 하고 그들의 상호작용은 여행경험을 만들어낸다.

크루즈여행의 경우, 공급자의 대표자인 크루즈 선원들의 행위와 태도, 그리고 크루즈 여행객의 행동과 기대감은 사람들이 어떠한 여행을 하는가를 결정하는 데 많은 도움을 준다. 그리고 크루즈 선원들의 친절함과 다른 탑승객들이 명랑하고 사려 깊은 사람들이면 매우 즐거운 여행이 된다. 여행사의 종사원과 여행객 간의 상호의존관계는 서비스가 관광산업에서 가장 중요하다는 사실을 말하는 이유 중의 하나인 것이다.

3. 소멸성

관광상품이 생산되는 즉시 소비된다는 사실과 소멸성(perishability)은 서로 관련이 있다. 항공기가 한 번 이륙할 때마다 팔 수 있는 항공기의 좌석은 일정하게 정해져 있고, 호텔은 주말 투숙객을 위해 판매할 수 있는 객실의 수가 정해져 있다. 비행기의 이륙시간까지 특정 항공 좌석을 구매하는 사람이 없고, 밤이 되기 전에 특정 호텔 객실을 예약하는 일이 없다면 그 상품을 팔기 위한 기회는 지나가고 상품도 없어지며 영원히 소멸되어 버린다. 그것을 그 관광기업의 재고자산으로 저장해 둘 수 없기 때문이다.

이와 반대로 유형상품은 판매 가능한 기간이 관광상품보다 장기적이다. 세탁기의 예를 다시 들어보자. 일관작업이 도입된 후 세탁기는 유통되기까지 창고에 저장할 수 있으며 소매상점으로 유통된 세탁기는 몇 달간 진열대 위에 진열할 수 있다. 세탁기가 즉시 판매되지 않는다면 다른 지역의 상점으로 이동도 가능하고, 또는 얼마 동안 창고로 되돌아가 있을지도 모른다. 한편으로는 신속판매를 권장하기 위해 가격을 인하할 수도 있다. 유형상품은 저장 수명 기간이 있는 과일 · 채소와 같은 소멸성 물건을 제외하고는 날짜에 구애받지 않고 판매할 수 있다.

그러나 무형적인 관광상품은 그렇지 못하다. 관광산업에서는 판매되지 않는 상품을 보호하기 위해 몇 가지의 마케팅 전략을 개발하였다. 그 하나가 초과예약인데, 항공사는 노쇼(no show)로 탑승하지 않는 사람들이 있어 확실한 승객의 수를 알아내기가 어렵다고 판단하여 실제로 이용 가능한 좌석보다 더 많이 판매하고 있다. 이와 같은 방법으로 항공사는 좌석이 남을 것이라고 예상해서 초과예약을 받아 만석을 만들 수 있다.

또 다른 마케팅 전략은 이원적인 유통체계이다. 세탁기는 소매상점을 통해서 구매된다. 즉 고객이 세탁기를 살 때 제조업자를 직접 찾아가는 일은 거의 없다. 한편, 관광상품은 공급자로부터 직접 구매하거나 대리점을 통한 구매가 가능하다. 즉 고객은 항공사 또는 여행사에서 항공권을 직접 구매할 수 있다. 관광상품을 공급하는 유통채널의 수가 증가한다면 그 상품을 판매할 기회는 그만큼 증가하게 될 것이다.

4. 계절성

관광상품은 대부분 계절의 지배를 받는다. 계절성(seasonality)은 매년 다른 시간대에서 관광수요의 변동을 말한다. 겨울에 북쪽 사람들은 추운 날씨를 피하여 남쪽의 플로리다, 애리조나, 맥시코 지역, 카리브해 등 온화한 지역으로 떼 지어 이동한다. 호텔이나 리조트의 객실과 같은 관광상품의 수요는 그러한 지역에서 증가한다. 그러나 북쪽 지방 사람들이 자기들의 따뜻한 기후를 즐기기 위해 집에 머무르게 되는 여름에는 수요가 감소한다.

계절성은 일반적으로 관광상품이 기상조건에 의해 영향을 받는 것을 말하지만, 그 주의 요일 또는 그날의 시간대로부터 발생하는 수요의 변동에까지 적용되기도 한다. 이러한 것은 항공사에서 명백하게 나타난다. 특히 상용여행객은 주말을 집에서 보내기를 원하기 때문에 월요일이나 금요일의 항공수요는 목요일이나 화요일에 항공기를 이용하는 것보다 높게 나타난다. 또 주간의 항공수요는 여행객들이 주간에 목적지에 도착하기 때문에 오히려 야간의 항공기 이용보다 높게 나타난다. 휴일은 또한 여행상품 수요에 영향을 끼친다. 예를 들어, 스키리조트 지역은 크리스마스 휴가 때가 되면 더 많은 사람들로 붐비는 경향이 있다.

계절성에 영향을 받는 상품에 대한 마케팅 대책은 비수기 동안에 수입을 올려야 한다는 것이다. 관광공급자는 그들 상품의 사용을 평준화하든가, 판매가 부진한 동안에 상품의 수요를 창조해야 한다.

이렇게 하는 데 가장 두드러진 방법은 비수기 동안에 가격을 인하하는 것이다. 예를 들면, 항공사에서는 주말이나 밤늦게 항공기를 이용하는 여행객들을 장려하기 위해 할인항공요금을 제시한다. 카리브해안 리조트에 머무는 것은 보통 겨울보다 여름에 가격이 저렴하다. 이러한 마케팅 테크닉은 세일상품을 찾거나 군중을 피하려 하는 여행객들에게 소구하고 있다.

계절성을 극복하는 또 하나의 방법은 비수기 때 이용할 수 있는 특별한 시설을 만드는 것이다. 추운 날씨를 비관하는 것보다 여러 북쪽 도시에서 개최하는 것처럼 겨울축제를 만들어 추운 날씨를 관광매력물로 바꿀 수 있어야 한다. 예를 들면, 일본 북해도(홋카이도)의 겨울축제나 미국의 성(聖) 폴 겨울축제는 얼음조각전, 횃불 퍼레이드, 개썰매 행진, 얼음 낚시대회, 기타 많은 겨울 레저활동을 개최하여 수천 명의 관광객들을 매혹에 빠지게 한다. 일부 관광기업은 비수기 동안 그들의 초점을 바꾸기도 한다. 스키장에서는 여름 시즌 동안 폐업하는 대신에 컨벤션이나 문화센터로써 스키장시설을 제공하고 있다.

관광공급자는 또한 이익의 주기적인 상승과 하락을 염두에 두면서 그에 따라 생산능력을 조절한다. 예를 들어, 비수기에 종업원의 감축이라든가 호텔 객실의 밀폐를 의미하는 것이다. 관광사업자는 비수기 동안 발생한 손실을 보전하기 위하여 성수기 동안에 가격 인상을 단행하거나 각 고객의 숙박일수 단축을 요구하기도 한다.

5. 동질성

일부의 관광상품 특히 운송회사의 상품은 그 비교가 가능하다. 즉 그들 상품은 동질성을 지니고 있다. 동질성(parity)의 의미는 경쟁기업이 동일한 기초상품을 제공한다는 것이다. 한 항공사의 비행기는 다른 항공사의 비행기와 거의 유사하다. 모든 항공사는 유사한 장비를 사용하며 사실상 항공사는 미국의 보잉사와 같은 동일 기업에서 제조한 비행기로 비행하고 있다. 정부는 조종사들을 일정한 훈련 규범에 합치하도록 규정하고 있다. 항공사에서 제공되는 음식조차도 동일 회사나 같은 공항의 주방에서 조리되고 있다. 만약 승객이 눈을 감고 있었다면 그들이 어떠한 비행기로 날아왔는지 잊어버릴 수도 있다.

그렇게 많은 상품이 동질적이라는 사실은 동일 업종 간에 경쟁상태를 더욱 심각하게 만들고 있다. 호텔이나 항공사는 동일 업종 간에서 타사와 어떻게 차별화하여 소비자들이 자사의 상품을 선택하도록 만들 것인가? 시장에서 성공하기 위해서는 기업이 동질성의 문제를 해결해야만 한다. 이렇게 하는 데 한 가지 방법은 비록 중요한 차이점은 없다 할지라도 경쟁자의 상품과 자사상품을 다르게 보이도록 만드는 것이다. 어떤 기업은 조그마한 차이점을 강주할 것이다. 실제로 상품에 영향을 미치시 않는 차이점, 또는 소비자의 마음속에서 차이점이 생길 것이다.

동질성의 문제를 해결하는 또 하나의 기술은 빈번한 여행 프로그램의 설정이다. 기업은 여러 가지 인센티브나 할인요금을 고객에게 제공함으로써 그 상품을 계속 사용하도록 유혹할 것이다. 다빈도 이용자 프로그램은 상표 충성도를 구축하기 위해 시도하는 가장 전형적인 예일 것이다. 탑승 때마다 이용한 거리를 총계하여 항공사가 정한 일정한 거리를 탑승하게 되면, 고객은 그 시점에서 동일요금으로 그 항공사의 좌석 등급을 업그레이드받거나 할인가격을 받거나 무료탑승 서비스를 받게 되는 등 다빈도 이용자에 대한 혜택을 받을 수 있다.

6. 독특성

물론 어느 정도 동질성이 있더라도 관광상품이 독특한 경우에는 문제가 되지 않는다. 예를 들어, 관광지나 관광오락물들은 서로 다르고 독특한 면이 있기 때문에 대부분 판에 박은 듯한 소구를 한다. 제주도, 하와이, 워싱턴, 옐로스톤 국립공원, 에펠탑, 버킹엄 궁전, 자유의 여신상과 같은 관광 매력물은 다른 관광자원과 다르다는 차별적인 프로모션 활동을 거의 하지 않지만, 서로 유사하지 않아서 전 세계 고객들을 끌어들인다.

사람들은 비표준화된 상품의 독특성(uniqueness)에 끌리는 경우가 있다. 시설이 균일한 체인호텔보다 별난 침실과 아침식사가 제공되는 인(inn)에서 머무르는 것을 더욱 좋아하는 사람들도 있다.

관광상품을 위하여 수행된 마케팅 노력에 따라 관광상품의 독특한 측면이 뚜렷하게 나타나기도 한다. 마케팅 노력은 잠재고객에게 그 상품의 특징을 명백하게 소구하고 유사상품으로부터 자사상품을 차별화하는 데 많은 도움을 준다.

7. 보완성

고객은 한 가지 관광상품만을 구매하지는 않고 이것저것 한꺼번에 구매한다. 이것을 서비스상품의 보완성(complementarity)이라고 부른다. 크루즈 패키지상품을 이용하는 사람은 유람선 패키지에 덧붙여서 육상에서의 레스토랑 식사비와 관광지의 입장료를 사전에 낸다. 신속하고 효율적으로 목적지로 이동하는 것에 주로 관심이 있는 상용여행객조차도 항공수송에 덧붙여 렌터카, 호텔 등을 구매할 것이다.

리조트상품의 구매는 관광상품구매의 연쇄반응(a chain reaction)을 구성한다. 그 결과로 하나의 상품이 다른 상품에 더욱 좋은 또는 더욱 나쁜 영향을 주게 된다. 만일 리조트로 스키어들을 실어나르는 항공사가 노선을 변경한다거나 망한다면 스키리조트사업은 고전할 것이다. 만일 스키리조트에 오는 스키어가 줄어든다면 근처의 레스토랑과 상점에는 손님이 줄어들 것이다. 이런 모든 사업은 비록 별도로 소유되어 있을지라도 서로 밀접하게 연관되어 있다. 이러한 관광상품들의 밀접한 관계를 보완성이라고 부를 수 있으며, 이것은 모든 관광상품의 하나의 특징이다.

이렇게 관광공급자는 그들 상품의 보완성을 더욱 인식하게 되어, 그 결과로 많은 기업들이 공동마케팅 사업에 참가하고 있다. 항공사와 크루즈회사가 관광패키지의 디자인에 협력하는 것과 같이, 유람선 · 항공 패키지는 공동마케팅의 한 예라고 할 수 있다.

공동마케팅 사업 및 기타 상호적 노력은 개인의 자유재량 소득을 획득하려는 관광업체의 경쟁으로 인하여 더욱 필요하게 되었다. 개인의 자유재량 소득은 이제까지 습관적으로 생활필수품인 의 · 식 · 주에 할당하고 남은 돈을 의미한다. 휴가나 위락여행에 소비하는 돈은 자유재량 소득을 사용하는 하나의 방법에 불과하다. 새집, 핸드폰, 개인용 컴퓨터 그리고 다른 많은 유형상품이 소비자를 유혹한다.

사람들은 관광공급자들이 서로 경쟁하고 있다고 생각하는데 오히려 비관광상품(nontravel product)으로부터의 경쟁이 관광공급자들에게 더욱 위협적이다. 이를테면 텔레비전, 오페라, 영화, 야구경기, 등산, 독서 등은 소비자를 놓고 관광산업과 경쟁하는 비관광상품이라고 할 수 있다. 관광산업의 여러 가지 구성요소들은 자유재량 소득에 대한 가장 바람직한 활동으로써 관광상품을 촉진하기 위하여 함께 협력해야 할 것이다.

제 3 절 관광상품의 차원

상품기획자는 상품개발 시 관광상품과 일반상품을 막론하고 핵심상품, 실제상품, 확장상품 등 세 가지 차원으로 나누어 생각할 필요가 있다. 이러한 차원을 나타낸 것이 [그림 5-1]이다.

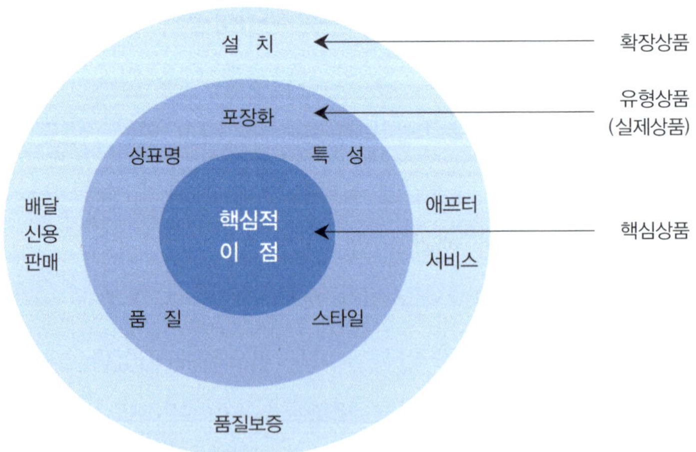

[그림 5-1] 상품의 세 가지 차원

1. 핵심상품

상품개발 시 가장 기본적인 근원적 차원은 핵심상품(core product)이다. 이는 구매자가 실제로 구매하는 것이 무엇인가에 관한 차원이다. 이 핵심상품은 소비자들이 상품을 구매할 때 그들이 획득하고자 하는 핵심적인 이점이나 문제를 해결해 주는 서비스로 구성된다.

2. 실제상품

상품개발에는 이와 같은 핵심상품을 실제상품(facilitating product)으로 형상화해야 한다. 실제상품은 품질 수준, 특성, 스타일, 상표명 및 포장 등 5가지 특징을 포함하고 있다. 관광기업은 핵심적인 이점을 소비자에게 전달할 수 있도록 이러한 속성들을 결합해야 한다.

3. 확장상품

상품개발 시에는 핵심상품과 실제상품을 추가적 서비스와 이점으로 결합하여 확장상품(supporting product)을 만들어야 한다. 휴대용 카메라업체는 관광객들이 사진을 찍을 때 발생하는 문제들을 완벽하게 해결하는 방법을 제시해야 하므로 단순히 물건으로써의 카메라 이상의 어떤 것을 제공해야 했다. 예컨대, 삼성의 핸드카메라를 구매하는 경우, 그들은 카메라 그 자체 이상을 획득하고자 한다. 즉 판매원들은 관광객에게 부품 작동법에 대해 보증을 해줄 뿐만 아니라 무료로 카메라 사용법을 알려주고, 필요할 때 신속하게 수선서비스를 제공하며 문제가 발생하였을 때 무료로 전화를 걸 수 있도록 전화번호를 알려주어야 한다. 이러한 확장제품들은 관광객에게 있어서 전체 상품의 중요한 부분이 되기 때문이다.

결과적으로 확장상품은 가시적 속성들의 단순한 조합을 넘어서는 것이다. 사실상 관광상품과 같이 거의 유형적 특성을 보이지 않는 상품은 상품이 주는 이점 및 혜택을 더욱더 가시화해야 할 것이다.

제 4 절 관광상품의 서비스

서비스는 타인의 편익을 위해서 수행되는 행위이다. 서비스는 인간 또는 기계에 의해 행해진다. 금융산업은 사람들의 금전에 대한 안전을 지켜주는 서비스를 제공한다. 고객이 계좌에서 현금인출을 원한다면 자동금전출납기 앞으로 가서 키를 눌러야 하고 거래계좌를 만들기 위해서는 출납 계원에게 문의해야 한다. 유사한 일이 항공예약에서도 일어난다. 예를 들면, 고객이 자동항공권 발매기(키오스크)에서 항공권을 구매하는 것처럼 기계로 직접 서비스 제공이 가능하기도 하고 인터넷으로 예약해서 스마트폰으로 탑승권을 받기도 한다.

그러나 관광산업에서 서비스는 인간에 의해 대부분 제공된다. 우리가 여행을 떠날 때 처음부터 끝까지 많은 사람이 서비스를 베풀고 있다. 웨이터, 하우스키퍼, 관광가이드 등 직원들이 즐거운 휴가를 즐기는 데 필요한 서비스를 제공한다. 예를 들어, 알래스카 크루즈여행이라고 한다면 서비스 수행자는 러시안 댄스축제에서 관광객을 즐겁게 해주고 점원들은 상점에서 관광객에게 판매서비스를 제공한다. 물론 주요한 서비스 제공자는 유람선을 안전하고 고장이 없고 또한 교육적인 기회가 되도록 노력하는 선장, 여객계원, 선상의 자연연구가 등이다.

1. 관광제품과 서비스의 관계

여러 산업 가운데에는 상품에 따라 서비스를 생산하는 것과 생산하지 않는 것이 있다. 단순한 유형적 상품을 생산해 내는 산업은 역시 서비스를 생산해 내지 않을 것이다. 고객은 이러한 상품을 구매하거나 사용하는 데 타인의 도움이 필요 없다. 예를 들어, 세제나 볼펜은 셀프서비스 점포에서 구매할 수 있으며 구두나 목욕수건은 카탈로그를 통해 주문할 수 있다. 이러한 제품은 오랫동안 사용할 수 있으므로 주요한 수선서비스가 요구되지 않는다.

유형상품을 생산하는 다른 산업은 그들 상품의 가치를 높이기 위해 보조서비스를 제공하고 있다. 보조서비스는 즉시 이용이 가능하게 수선작업을 하거나 제품을 장치하기도 한다. 컴퓨터와 같은 복잡한 제품의 경우에 기업은 고객에게 사용법을 가르쳐주어야 한다. 고객은 이러한 보조서비스를 근거로 하여 상품 구매를 결정하는 경향이 있는데, 예를 들어 훌륭한 서비스부문을 두고 있는 판매상으로부터 자동차를 구매한다거나 기능공을 고용한 상점으로부터 세탁기를 구매하는 것 등이다.

무형적 제품으로써의 서비스는 제품에 추가되는 존재가 아니다. 실제로 무형적 제품을 생산하는 관광산업에서는 고객에게 그것을 제공할 수 있는 고유의 서비스상품 자체를 가지고 있어야 한다. 그렇지 않으면 거기에는 제품이 존재하지 않을 것이다. 비행기의 탑승에서는 조종사, 기계 담당, 화물담당, 승무원, 기타 사람들의 노력 없이는 비행이 불가능한 것이다. 호텔의 숙박은 지배인, 데스크 클럭, 포터, 하우스키핑 등 직원들의 활동에 의존하고 있다. 관광산업은 제품을 생산해 내는 동시에 서비스를 제공하고 있는 것이다.

2. 판매에 따른 서비스 제공

고객에게 구매를 권유하고 미래의 판매를 유도하기 위해서 관광마케팅 전문가는 특별한 서비스를 제공해야 한다. 판매에 따른 질 높은 서비스를 제공하는 데는 관광상품 구매의 편리성, 고객상담, 고객의 특별한 욕구에 대한 예측, 부가적인 서비스 제공 등이 있다.

1) 편리성

여행사는 고객이 여행상품을 구매하거나 여행계획을 변경하기 쉽도록 도와주어야 한다. 여행사는 고객이 퇴근길이나 쇼핑 시에 들를 수 있도록 도심이나 교외의 쇼핑지구 등에 위치해야 한다. 이는 바쁜 고객의 시간과 노력을 절약해 준다. 항공사는 가끔 배달서비스를 이용하여 승객에게 직접 항공권을 전달하거나 e메일 또는 문자로 전송하기도 한다.

일부 서비스는 여행계획을 세우거나 여행을 편리하게 만든다. 어떤 여행사는 여행자 보험과 여권용 사진을 판매하며, 간혹 작은 여행용품점을 운영하기도 한다. 여기서는 여행용 가방, 여행안내 책자, 여행용 액세서리(자명종 시계, 변전용 플러그, 침수 전열 히터)와 여행용 잡화(우비, 열쇠고리, 작은 빨랫줄, 빨래집게) 등이 판매되고 있다.

2) 고객상담

고객은 그들이 기대하는 어떤 것을 갖고 있을 때 여행을 더욱 즐길 수 있다. 판매담당자가 고객의 여행 준비를 도울 수 있다면 재판매의 기회를 얻기가 쉬울 것이다. 예를 들면, 고객이 낯선 고장을 여행하는 경우 판매담당자는 여행지에 대해 사전 설명을 해야 한다. 라틴아메리카로 처음 떠나는 여행자는 전통적인 시에스타에 따라 이른 오후에 박물관이나 상점들이 문을 닫는 것을 발견하게 되었을 때 깜짝 놀라게 된다. 또 처음 크루즈 여행을 하는 고객의 경우 평소와 다른 선상의 생활양식과 식사예절 등에 대하여 사전 설명이나 상담이 있다면 매우 도움이 될 것이다.

판매담당자는 여행에 어떤 옷을 가져가며 어떤 날씨가 펼쳐지는지에 대해 고객들에게 조언해 줄 수 있어야 한다. 그들은 여권이나 비자의 필요 여부, 예방접종의 필요성 등에 관해서 고객에게 조언해야 하며 여행지에서 발생할지도 모르는 건강상의 위험 등에 관해서도 미리 알려주어야 한다.

3) 특별한 욕구에 대한 예측

여행객 가운데 특히 장애인, 노년층, 어린이를 동반한 가족들은 특별한 욕구를 지니고 있다. 관광전문가가 이러한 욕구를 예측하고 적절한 조치를 마련한다면 고객의 재구매를 유도하는 데 도움이 된다. 예를 들면, 판매담당자는 장애인 고객을 위해 휠체어를 이용할 수 있는 객실과 손으로 작동되는 렌터카 등을 고려해야 한다.

판매담당자들은 그들의 고정고객에 대해 특히 상용관광객에 대한 고객 파일을 작성한다. 이 파일에는 고객의 특별한 욕구 및 선호도, 즉 비행기 좌석의 위치, 원하는 숙박시설의 등급, 식사에 제한되는 음식 등에 관해 기록한다. 파일 속의 정보는 예약할 때마다 똑같은 질문을 반복하는 것을 방지해 준다.

4) 부가적인 서비스 제공

부가적인 서비스 제공, 이를테면 '같은 가격에 더 멀리 갈 수 있는 서비스(going the extra mile)'의 표현은 부가적인 서비스를 제공하기 위한 관광판매자의 특별한 노력을 적절하게 설명해 주고 있다. 그들은 고객의 만족을 증대시키기 위하여 그들의 직업이 요구하는 이상의 노력을 기울인다. 좋은 예로는 에스코트하는 여행객을 위하여 예비일정표를 준비하는 여행사직원을 들 수 있다. 부차적 일정표는 형식에 구애받지 않는 자유여행을 하는 고객에게 여러 관광 활동을 제안하기도 하고 한 장소에서 다른 장소로의 이동은 어떻게 할 것인지에 대해서 알려준다. 목적지에서 상영 중인 연극 및 영화와 식당 등에 관해서 제안하기도 한다.

목적지 기업의 판매담당자는 방문자 또는 컨벤션 사무국으로부터 컨벤션사업을 획득하기 위해서 부가적인 노력을 기울인다. 예를 들면, 그들은 컨벤션 참가자가 자신들의 고장을 후원하는 경우, 그들이 지역의 특별한 합창 또는 오케스트라의 리허설에 참석할 수 있도록 준비한다. 이러한 부가적인 노력은 그들이 컨벤션상품을 판매하는 데 도움이 될 뿐만 아니라 컨벤션 참가자들의 재방문을 유도할 수 있다.

3. 상품에 따른 서비스 제공

관광상품에 따라 예외적인 서비스를 제공하는 것은 고객이 그 상품을 재구매할 것인가 아닌가를 결정하는 데 중요하다. 모든 관광상품은 기본적인 서비스를 포함하고 있다. 예를 들면, 모든 호텔의 객실은 편안한 침대, 깨끗한 리넨, 옷걸이 등을 갖추고 있어야 한다. 그러나 관광기업은 고객의 즐거움을 증가시키고 특별한 느낌을 갖도록 서비스와 풍요로움을 부각해야 한다. 이러한 부가적인 노력의 종류나 가짓수는 시장에서 자사의 상품을 어떤 위치에 두기를 원하느냐에 따라 달라진다. 예를 들면, 고객은 버짓호텔과 특급호텔에서 유사한 서비스를 받을 것을 기대하지는 않는다. 그러므로 버짓체인호텔에 의해 제공되는 부가적인 서비스는 미약한 서비스가 제공된 다른 체인호텔에 비해 경쟁적인 우위를 차지하게 된다. 이는 사업을 계속 유지하고자 하는 모든 관광기업에 있어서 핵심원리가 된다.

1) 항공사

항공사는 일반석 승객에게 미리 지정된 좌석과 체크인 때 짐 보관서비스를 제공한다. 승객들은 일반적으로 식사, 스낵, 음료 등을 제공받는다. 그들은 원한다면 추가 지급 없이 예정시간보다 앞선 비행기를 탑승할 수도 있으며, 다이어트 식사나 소금기를 제거한 음식을 주문할 수도 있다. 항공사의 잡지를 포함하여 기타 여러 잡지는 시간을 보내기에 아주 유용하다. 영화를 보거나 음악을 듣는 것도 무료로 제공된다. 승무원은 승객의 짐 운반을 도와주거나 노인층, 장애인, 어린이를 동반한 가족에게 특별한 서비스를 제공한다.

이러한 서비스가 일반적인 것처럼 보일지는 모르나 지금은 도산한 피플 익스프레스항공(People Express Airlines)의 형편없는 서비스를 상기할 필요가 있다. 서비스가 없는 것은 아니었으나 피플 익스프레스항공을 이용하는 승객들은 점심 식사와 접는 의자를 가지고 타야 할 만큼 서비스를 지나치게 간소화하였다. 그러나 고객은 저렴한 항공요금의 이점보다는 지나친 서비스의 생략에 불편을 느끼게 되었고, 결국 타 항공사의 노선을 선택하게 되었다. 반면에 사우스웨스트항공사와 같이 간결한 서비스가 성공한 기업도 있다.

항공사는 비즈니스 클래스나 퍼스트 클래스를 이용하는 승객에게 더 많은 서비스를 제공한다. 이 구간은 이코노미 클래스보다 좌석이 넓다. 비즈니스 클래스와 퍼스트 클래스의 승객은 승무원에게 주문할 수 있는 선택권이 있다. 그들에게 칵테일과 헤드폰은 항상 무료이고 특별한 중국음식이 제공되기도 한다.

2) 렌터카회사

대형 렌터카회사는 공항터미널에 렌터카 사무소를 설치하여 고객이 자동차를 임대하는 데 편의를 제공한다. 렌터카회사는 대부분 공항에서 차가 있는 곳까지 고객을 운송하기 위하여 미니버스를 제공한다. 많은 렌터카회사가 제공하는 특별한 서비스에는 목적지까지 운전 방향을 표시하는 내비게이션, 24시간 비상서비스, 회사소유의 어느 지점이든 고객이 차를 돌려주면 되는 특전 등이 있다.

어떤 회사에서는 핸드폰과 회사부담 보험 등과 같은 서비스를 제공하기도 한다. 대다수의 렌터카회사들이 고정고객으로 구성된 클럽을 운영하면서 클럽멤버에게는 익스프레스 픽업(express pick-up)과 드롭 오프(drop-off)와 같은 특별한 서비스를 제공한다.

3) 호텔 · 모텔 · 리조트

유명한 호텔과 리조트의 전통적인 서비스에는 룸서비스, 세탁, 공항에서 호텔까지의 리무진 제공, 쇼핑 · 편의시설, 그리고 식당 등이 포함된다. 건강 관련 사업에 대한 관심이 증가함에 따라 많은 호텔과 리조트에서는 레크리에이션 지도자와 함께 피트니스시설을 제공하고 있다.

특급호텔은 고객의 특별한 욕구를 만족시키기 위하여 컨시어지(concierge)를 고용한다. 컨시어지는 극장표를 예매해 주거나 베이비시터의 준비, 훌륭한 치과의사 소개 등 관광객에게 다양하고 수많은 개인적 욕구를 만족시키기 위한 직무를 담당한다.

특별히 비즈니스 관계로 여행하는 고객을 위해서는 비즈니스센터를 운영하여 이곳에서 PC, 프린터 및 기타 필요한 필기구를 제공한다. 비서서비스, 접수계원, 통역 · 번역서비스, 공증인 서비스 등도 이용할 수 있다. 테크놀로지 서비스맨을 고용하여 비즈니스고객들의 노트북 및 소프트웨어의 고장을 즉시 수리해 주는 서비스까지 제공하는 호텔도 있다.

호텔 · 모텔 · 리조트는 그들이 제공하는 추가적 서비스의 종류와 수를 확장하고 있다. 몇 년 전만 해도 추가서비스가 비누와 컬러TV이던 것이 지금은 화장실의 전화, 헤어 드라이기, 화장용품, 목욕용 가운 등과 VTR, 리모컨 조정용 TV 등이 제공되고 있다. 더욱이 여성비즈니스고객을 위해서는 스커트를 걸 수 있는 옷걸이, 전신거울, 여성 잡지 등을 제공하고 있다. 모든 고객의 안전을 위해서 호텔들은 주차장에서 객실까지, 객실에서 주차장까지 동행해 주는 에스코트 업무를 제공하기도 한다.

고정고객에 대해서는 미래의 재구매를 유도하기 위하여 부가적인 서비스를 제공한다. 여기에는 예약 우선순위 부여, 간단한 체크인, 늦은 체크아웃, 신문 · 칵테일 무료제공, 아침식사 제공 등의 특혜가 주어진다.

제 5 절 브랜드 설정

1. 브랜드의 의미

브랜드는 이름, 용어, 안내판, 심벌, 디자인 또는 이러한 요소를 결합하고 있다. 이에 따라 판매자 측의 제품 및 서비스를 식별하게 하고 경쟁상대로부터 차별화하는 것을 의도하고 있다. 브랜드명(brand name)은 브랜드 가운데서 발음할 수 있는 부분이다. 예를 들면 디즈니랜드, 힐튼, 클럽 메드, 시즐러 등이 있다. 브랜드 마크(brand mark)는 심벌과 디자인 또는 특유의 채색과 문구와 같이 인식할 수는 있지만, 언어로써는 표현할 수 없는 브랜드 부분이다. 예를 들면 맥도날드의 골든 아치와 힐튼의 'H' 상표는 법률상의 보호를 받고 있는 브랜드의 일부이다. 그러므로 판매자 측에 의한 브랜드명 또는 브랜드 마크의 독점적 사용권이 보장된다.

2. 브랜드 설정의 조건

1) 식별의 용이성

제품은 브랜드나 트레이드마크에 의해 식별이 용이해야 한다. 적색과 백색으로 된 차광막과 특유의 색채를 사용한 T.G.I. 프라이데이스, 홀리데이 인의 녹색 안내판을 고객은 잘 알고 있다. 고속도로 연변의 많은 간판은 브랜드를 잘 알고 있다는 것을 전제로 내건 방향지시적 안내판이다. 그것은 단지 브랜드명과 브랜드 마크 또는 이 양쪽을 사용하여 점포까지 가는 길 안내를 보여주고 있다. 1990년 퀄리티 인터내셔널(Quality International)은 이름을 초이스 호텔 인터내셔널(Choice Hotels International)로 변경하였다. 초이스라는 이름은 짧고 기억하기 쉬우며 이점을 전달해 준다. 그것은 또한 회사의 시장세분화전략을 지원하고 있다.

Choice Hotels은 슬립(sleep), 컴포트(comfort), 퀄리티(quality) 및 클라리온(clarion)의 4가지 주요 브랜드를 제공하고 있다([그림 5-2] 참조). 거기다가 초이스는 프렌드십(Friendship), 이코노롯지(Econo Lodges), 로드웨이 인(Roadway Inn)을 매입하였다. Choice Hotels International이라는 풀네임은 5대륙 41개 국가 및 지역에 호텔을 전개하고 있는 이 회사의 국제적인 현재의 지위를 잘 나타내주고 있다.

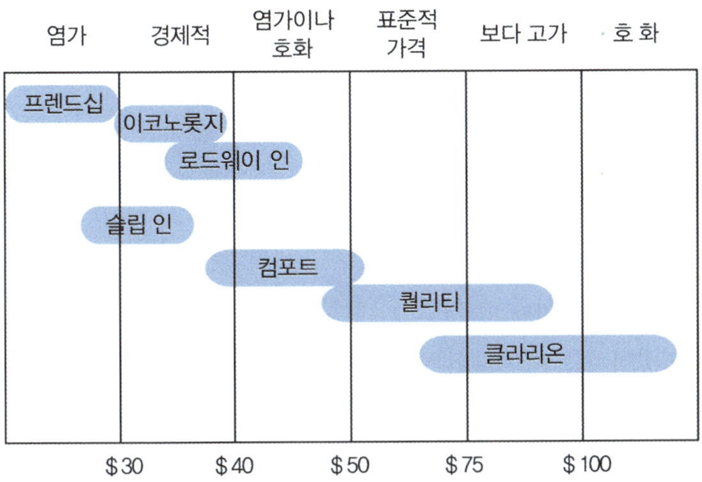

[그림 5-2] 초이스호텔그룹의 브랜드 포지셔닝전략

때로는 회사가 원래 명칭과 어울리지 않을 정도로 커지는 경우가 있다. 주요 체인에 의한 명칭변경으로는 웨스틴 인터내셔널이 Westin으로, 힐튼호텔이 Hilton Hotels and Resorts로의 변경 등이 있다.

일단 이름이 결정되면, 그것은 보호하지 않으면 안 된다. 퀄리티 인터내셔널(현재의 Choice Hotels International)은 과거의 저가격 라인 호텔명에 맥슬립(Mcsleep)이라는 이름을 선정하였는데, 퀄리티는 맥도날드가 제기한 소송결과, 이름을 Sleep Inns으로 변경해야 했다. 이렇듯 많은 회사는 자기회사의 브랜드명을 보호하지 않으면 안 되는데, 그렇게 하지 않으면 그것을 독점적으로 사용할 수 없게 된다는 것을 깨달았던 것이다.

2) 최고의 가치

제품은 가격에 대비해 최고의 가치를 지녀야 한다. 제품은 소비자의 지각으로부터 그 가치를 끌어낸다. 브랜드는 좋은 품질과 가치에 대한 지각을 낳게 함으로써 소비자를 유인한다. 결국 마케터는 고객들이 그 브랜드를 기존의 다른 브랜드보다 최고의 가치를 지녔다고 지각하도록 만들어야 한다. 앰버시 스위트(Embassy Suites)는 전관 특실호텔을 찾는 사람들에게 최고의 가치인 이미지를 창출하였다. 페어필드 인(Fairfield Inns)이 최량의 가치를 제공하고 있다는 것을 지각시키기 위해서 메리어트는 대규모의 조사를 실시한 적이 있다.

브랜드명이라는 아이디어는 관광지에까지 적용되고 있다. 베일(Vail), 아스펜(Aspen), 아카풀코(Acapulco), 팜 스프링(Palm Springs), 프랑스의 리비에라(Riviera) 등은 높은 평가, 소비자 지각, 소비자의 기대를 실현해 왔다.

3) 품질과 표준의 유지

제품은 품질과 표준의 유지가 용이해야 한다. 브랜드가 품질의 이미지를 개발하는 데 성공한다면 동일브랜드명을 사용하는 모든 매장에서 똑같은 품질을 기대할 것이다. 표준과 정책에 불일치가 있으면 브랜드의 가치가 손상되므로 표준 및 정책의 일치는 중요한 요소가 된다.

파리의 맥도날드는 파리사람, 독일인, 미국인 등 맥도날드 이름에 친숙한 전 세계 사람들을 끌어들였다. 금빛 아치는 세계에서 가장 강력한 브랜드 마크 중의 하나가 되었다. 맥도날드는 제품에 대한 수요를 창출하였고 그 수요에 대처하여 37,000개의 점포를 개발하였다. 그러나 모든 브랜드가 맥도날드와 같이 성공하는 것은 아니다.

4) 시장규모의 개발

제품은 시장규모를 개발할 수 있어야 한다. 원래 환대상품이라는 것은 특정 지역에 한정되어 있던 것이다. 그러나 지역의 기호가 경계를 넘어서 확대됨에 따라 지난날 지리적으로 한정된 것으로 보이던 기업이 전국적 · 세계적으로 확대되고 있다. 텍사스주 산 안토니오(San Antonio)의 라 퀸타 인즈(La Quinta Inns)는 몬트리올과 같은 대도시를 피하여 레온(Leon)과 아과스칼리엔테스(Aguascalientes)와 같은 소도시에 집중한다는 전략으로 멕시코에 진출하였다. 이 회사는 라 퀸타가 멕시코와의 국경 부근에 위치하고 스페인어를 말하는 많은 직원을 확보할 수 있으므로 멕시코에서 영업을 개시하는 것은 합리적인 결정이라 믿었다.

유스호스텔(youth hostel)은 세계 여러 지역에서 중요한 숙박사업으로 자리를 굳히고 있는데, 미국에서의 수용은 매우 늦은 편이다. 원래는 여행하는 학생들에게 저비용 숙박시설을 제공하기 위하여 발전해 온 것인데 숙박객에게 침실과 욕실을 공유하는 스파르타식 숙박시설(Spartan accommodations)을 제공한다. 호주에서는 이러한 시설을 백팩커 호텔(backpacker's hotels)로 부르고 있고 저렴한 숙소를 원하는 폭넓은 연령층 여행객에게 식사까지 제공하고 있다. 이러한 형태의 숙박시설에 대한 수요가 증가한다면 지역적 또는 전국적 유스호스텔 체인 전개의 경제적 기회가 생겨날지도 모른다.

5) 규모의 경제성

제품은 규모의 경제성이 있어야 한다. 브랜드 설정에는 비용이 든다. 브랜드명을 촉진하려는 기업은 표준, 시스템, 품질보증 프로그램을 개발하지 않으면 안 된다. 그리고 브랜드명을 확산시키지 않으면 안 된다. 그 밖에 경영관리와 광고를 위한 지출을 정당화하기 위해서는 규모의 경제성을 지녀야 한다. 전형적인 규모의 경제성하에서는 촉진비용이 절감된다. 특정 지역에서 광고 영향권 안에 들어 있는 모든 브랜드는 촉진으로부터 이익을 얻게 되기 때문이다.

경영정보시스템, 예약시스템, 전국단위의 구입계약, 공통의 건축디자인 등에 의해 브랜드에 따른 규모의 경제성이 가능해진다. 레드 루프 인(Red Roof Inns)과 퀸시즈 스테이크 하우스(Quincy's Steak House)는 1개 지역에서 단기간에 여러 체인점포를 전개하는 전략을 추진하고 있다. 지역 내의 많은 점포는 사람들이 일시에 몇 가지 점포를 방문할 수 있으므로 그만큼 촉진 전술로써 유용하다.

3. 브랜드명의 특징

브랜드명의 개발은 브랜드 정체성을 만드는 데 열쇠가 되는 요소이다.

① 브랜드명은 제품의 혜택과 품질에 관해 무엇인가를 시사하고 있어야 한다. 예를 들면 컴포트 인(Comfort Inns), 데이리 퀸(Dairy Queen), 피자 헛, 버거킹, 아메리칸항공 등이다.

② 발음 및 식별이 용이하고 기억하기 쉬워야 한다. 그래서 짧은 명칭이 좋다. 예를 들면 힐튼, 셔틀(United limited-Service Airline), 웬디스 등이다.

③ 다른 브랜드와 구별할 수 있어야 한다. 예를 들면 에이비스, 베니건스, 엘 토리토(El Torito) 등이다.

④ 외국시장으로의 확대를 고려해 외국어로 번역이 가능해야 한다.

⑤ 법률상의 보호를 받을 수 있어야 한다.

제 6 절 신제품 개발

1. 신제품 개발의 필요성

소비자 기호와 기술 및 경쟁상황의 급속한 변화로 인해 기업은 기존제품에만 기대할 수 없게 되었다. 고객은 새롭고 보다 개량된 제품을 원하고 경쟁을 통해 이러한 제품이 즉시 공급되고 있다.

모든 관광기업은 추세에 주목하면서 제품을 시험해 보는 체제를 만들어 놓지 않으면 안 된다. 그래서 신제품 개발프로그램이 필요하다. 어느 전문가에 따르면 미국의 모든 회사 가운데 이익금의 2분의 1은 10년 전에는 존재하지 않았던 제품에서 획득한 것이라고 한다.

기업은 두 가지 방법으로 신제품을 획득할 수 있다. 그 첫째는 다른 제품을 생산하는 회사 전체나 라이선스 또는 특허를 구매함으로써 기존제품을 획득하는 방법이다. 유망한 신제품을 개발하기 위한 비용이 상승함에 따라서 새로운 제품을 만들기보다는 기존의 브랜드를 획득하는 기업이 많아지고 있다. 예를 들면 아코르(Accor)는 모텔6(Motel Six)를 인수하였고, 래드브로크(Ladbroke)는 힐튼 인터내셔널을, 초이스는 로드웨이(Road Way), 이코노 롯지, 프렌드십 인(Friendship Inns)을 인수하였다.

둘째는 자사의 연구부문을 설립하고 신제품개발을 통해서 신제품을 획득하는 방법이다. 기업이 자사의 R&D(연구개발)를 통하여 획득하는 신제품은 오리지널 제품, 제품개량, 제품수정, 신브랜드 등을 의미하고 있다.

그러나 신제품이 항상 성공하는 것만은 아니나. 어느 연구에 의하면 1990년에서 1991년에 걸친 2년 동안에 미국에서 1,000개의 호텔/모텔이

사업에 실패하였다. 어째서 그렇게 많은 신제품이 실패하고 있는가? 여기에는 몇 가지 이유가 있다.

최고경영자는 마케팅 조사결과가 바람직하지 않은데도 불구하고 자기 뜻대로 추진했을 수도 있다. 실제의 제품이 마땅히 그렇게 되도록 설계되지 않았을 수도 있고, 시장에서의 포지셔닝이 잘못되어 있을 수도 있다. 가격이 너무 비싼지도 모른다. 광고의 방법이 좋지 않았을 수도 있다. 제품개발비용이 예상외로 많이 들어가기도 하고 경쟁상대가 예상 이상으로 격렬한 저항을 보일 수도 있다.

이처럼 기업은 여러 가지 문제에 직면한다. 그래도 기업은 신제품을 개발하지 않으면 안 된다. 그러나 실패할 위험성은 높다. 이러한 문제의 해결책은 신제품을 발견해 내어 육성해 나가는 과정에서 강력한 신제품 계획, 조직적인 신제품개발과정을 확립하지 않으면 안 된다. 기업은 창조(creation), 모방(imitation), 수정(modification), 응용(application) 등을 통해서 상품을 개발할 수 있다.

2. 신제품 개발과정

신제품 개발과정의 주요 단계를 제시하면 [그림 5-3]과 같다.

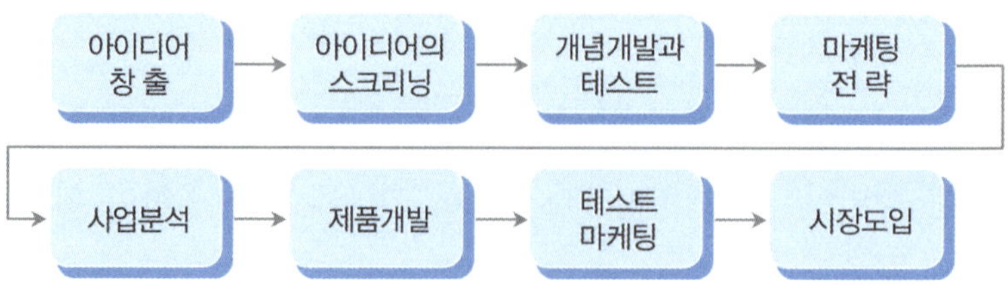

[그림 5-3] 신제품 개발의 주요 단계

1) 아이디어 창출

신제품개발은 새로운 아이디어를 조직적으로 탐색하는 아이디어의 창출로부터 시작된다. 일반적으로 좋은 것을 찾아내기 위해서는 많은 아이디어를 내놓지 않으면 안 된다. 기업은 신제품 개발전략을 신중하고 명확히 해야 한다. 그리고 전략은 어느 제품과 시장에 주력할 것인가를 명백하게 제시해야 한다. 또 기업이 그 신제품에서 무엇을 얻으려고 하는 것인가? 높은 현금유통인가 시장점유율인가 또는 무엇인가 다른 객관적인 목표인가를 명기해야 한다.

한편, 전략에는 원제품개발에, 기본제품의 변경에, 경쟁제품 모방에 어느 정도의 노력을 기울일 것인가를 명기해 두지 않으면 안 된다. 신제품 아이디어의 흐름을 확보하기 위하여 회사는 몇 가지 아이디어 정보원에 접촉하지 않으면 안 된다. 그러한 정보원으로는 판매원, 지배인, 접객 요원 등 기업 내부의 원천이 있으며, 고객, 경쟁자, 유통업자와 공급업자, 기타 관련 업계 등이 있다.

2) 아이디어 스크리닝

스크리닝 단계의 목적은 아이디어의 수를 줄이는 데 있다. 스크리닝(screening)의 목적은 가능한 빠른 단계에서 기발한 생각을 발견하고 그렇지 못한 것은 중지시키는 것이다. 아이디어 또는 개념(concept)을 스크리닝하는 단계는 제품라인과의 적합성 문제를 신중히 고려하는 일이다. 아이디어 스크리닝 단계에서는 다음 사항을 고려해야 한다.

① 우리들의 사명에 적합한가?

② 회사의 목표에 적합한가?

③ 각 시설의 목표에 적합한가?

④ 우리 회사의 주축사업을 지키고 신장시킬 수 있는 것인가?

⑤ 우리 회사의 중심적 고객을 지키고 기쁘게 할 수 있겠는가?
⑥ 기존자원을 더 활용하고 있는 것인가?
⑦ 기존제품라인을 지원하고 강화하는 것인가?

3) 개념 개발과 테스트

살아남은 아이디어는 곧이어 제품개념으로 전개되어야 한다. 제품개념이란 아이디어를 의미 있는 소비자의 언어로 상세하게 설명한 것이다. 제품 이미지는 현재적 또는 잠재적인 제품에 대하여 소비자가 어떻게 생각하고 떠올리는가 하는 것이다. 개념 테스트(concept testing)는 표적집단 내에서 실시된다. 신제품개념은 언어에 의한 기술이나 그림에 의하여 제시된다. 그러나 대개의 사례에서는 가장 단순한 소비자 태도 조사가 사용되고 있다.

1970년대 후반 메리어트는 그 당시의 호텔제품에 대하여 도시시장은 포화상태에 놓여있다고 판단하였다. 그래서 2차적인 장소와 교외의 입지에서 잘 받아들여질 호텔개념(hotel concept)이 필요하였다. 메리어트는 신제품개발을 통하여 회사의 주축사업, 즉 숙박산업에 자신들의 자원을 집중하기로 하였다. 이는 일종의 제품 아이디어였다. 그러나 고객은 제품 아이디어를 사는 것이 아니고 제품을 사는 것이다. 마케팅담당자는 아이디어를 몇 개의 대체적인 제품개념으로 개발하여 각각의 제품이 고객에게 어느 정도로 매력적인가를 결정하고 그 가운데서 최선의 것을 선택하게 된다. 신제품의 개념은 '코트야드(Courtyard)'라고 불렸다. 메리어트는 이 신제품개발을 관리하기 위해 회사의 다른 지역에서 인재를 선발하고 대규모로 경쟁자 분석 및 시장분석을 실시해 조사결과를 기초로 그 프로젝트를 수행할 개념적 틀을 다음과 같이 개발하였다.

① 단기체재고객에 집중적으로 한정한다.

② 총 객실은 150실 이하로 한다.
③ 주택이라는 이미지를 부각한다(조사를 통해 메리어트는 호텔을 선호하지 않는 호텔이용객의 세분시장을 명확히 하였다. 이러한 소비자는 가정과 유사한 환경을 좋아하였다).
④ 메리어트의 다른 계층의 자사 호텔과는 심각한 시장점유율 쟁탈전이 발생하지 않도록 한다.
⑤ 메뉴가 한정된 레스토랑을 운영한다.
⑥ 퍼블릭 장소와 미팅 장소를 축소한다.
⑦ 표준화된 제품으로 1지역에 5개에서 8개까지 건설한다.
⑧ 메리어트의 명칭을 인지와 위광효과(halo effect)를 위하여 반드시 붙인다. 위광효과 또는 우산효과는 기업이나 브랜드명이 다른 제품에까지 미치는 것을 말한다.

4) 마케팅 전략

마케팅 전략(marketing strategy)은 제품을 시장에 도입하기 위한 초기적 마케팅 전략계획의 개발이다. 마케팅 전략의 기술은 3가지 부분으로 구성된다. 첫 번째 부분은 최초 수년간의 표적시장, 계획된 제품의 포지셔닝, 매출고, 시장점유율, 이익목표를 기술한다. 메리어트의 코트야드의 표적시장은 합리적인 가격으로 고품질 객실을 원하는 비즈니스객과 안전하면서 쾌적한 객실을 바라는 관광객이었다. 두 번째 부분은 제품가격, 유통, 초년도 예산에 관한 계획개요에 대한 것이다. 통계소프트를 사용하여 메리어트는 세련된 모형을 구축할 수 있었다. 이러한 모형은 가격결정, 각 가격에 따라서 기대되는 시장점유율에 대한 정보를 제공한다. 이 시장세분화를 위한 정보는 메리어트에 이 호텔을 시장에서 전개하는데 필요한 정보를 제공하였다. 세 번째 부분은 장기판매계획, 이익목표, 장기 마케팅믹스 전략을 기술한다.

5) 사업분석

제품개념과 마케팅 전략이 결정되면 경영자는 다음 순서로 이 제안에 대한 사업매력도를 평가할 수 있다.

사업분석(business analysis)에는 매출고 · 비용 · 이익 등 각 예측치의 재검토와 이러한 것이 회사의 목표를 충족하는 것인가 어떤가의 판단이 포함된다. 만약 충족되는 것이라면 제품개발단계로 옮겨갈 수 있게 된다.

기업은 매출고를 견적하기 위해 유사제품의 과거 매출고를 분석하기도 하고 시장 동향을 조사하지 않으면 안 된다. 위험부담의 폭을 알기 위하여 최소의 매출고와 최대의 매출고를 견적해야 한다. 판매예측이 준비되면 경영자는 그 제품에 대하여 기대되는 비용과 이익을 견적할 수 있다. 비용은 연구개발부문, 영업부문, 경리 · 재무부문에 의하여 견적된다. 이 분석에는 마케팅비용의 추정도 포함된다. 이어서 회사는 매출고와 비용 수치를 사용하여 그 신제품의 재무상 매력을 분석한다.

6) 제품개발

제품개념이 사업테스트에 합격하면 제품개발(product development)이 다음에 이어진다. 이 단계에서 제품개념은 제품의 원형(prototype)으로서 발전한다. 이 단계에서는 투자의 대폭적인 증가가 필요하며 실현가능한 제품으로 만들 수 있는가 어떤가를 명확히 하게 된다. 회사는 제품개념에 대한 두 가지 이상의 버전(versions)을 실제로 개발하게 되는데, 다음 기준을 충족시킬 제품을 발견하는 것이 바람직하다.

첫째, 소비자는 제품개념에 기술되어 있는 주요 특징을 그 제품이 그대로 갖추고 있다고 지각한다.

둘째, 일반적인 상황에서 안전하게 기능하거나 제공된다.

셋째, 예산 내 비용으로 만들 수 있다.

〈표 5-1〉 신제품에 관한 의사결정요인

회사 전체	1) 회사 이미지에 대한 영향 2) 장기적인 적합성 / 삭제 제품 3) 자금조달 : 수십억 원 4) 회사의 형태 : 회사소유, 프랜차이즈, 계약 5) 마케팅 : 회사의 다른 제품과의 적합성 6) 인적 자원 7) 기타
시설	1) 시설이미지에 대한 영향 2) 회사이미지에 대한 영향 3) 자금조달 : 0부터 10억 이상 4) 현금유통 / 이익 5) 각 부분(특히 인사부문)과의 적합성, 업무 활동 6) 타이밍 : 제품 라이프사이클 7) 고객 / 이용객 : 반응

시설 신제품 평가

[목표] [필요로 하는 자원의 예측치]

금액 ________ 자본투입액 ________

수량 ________ 직원 ________

예상 영향 기존요원, 풀타임 일수 ________

금액 ________

마진 ________ 신규요원, 풀타임 일수 ________

금액 ________

가동률 ________ 기존파트타임 일수+금액

실제의 수익률 ________ 신규파트타임 일수+금액

평균요금 ________

다른 현금유통 ________ 금액 —— 투입자본 이외의 것

기타 ________ 단위

기타 : 정성적(定性的) 목적 ________ 지원

________ 판매 촉진 ________ 금액

________ 관리비 ________ 금액

________ 기타 ________ 금액

7) 테스트 마케팅

시장테스트(market testing)에서 마케팅담당자는 제품을 테스팅하는 경험을 쌓게 된다. 이에 따라서 전면적인 도입으로 막대한 경비지출을 하기 전에 잠재적 문제를 발견하고 어디에 더 많은 정보가 필요한지를 알 수 있다. 시장테스트는 제품과 마케팅 프로그램 전체를 현실의 시장 상황에서 평가한다. 제품, 포지셔닝 전략, 광고, 유통, 가격 결정, 브랜드 설정, 패키징과 예산 규모 등이 시장테스트 기간 중에 평가된다. 기업은 그 제품의 취급과 사용, 재구입에 있어서 소비자와 유통업자가 어떻게 반응하는지를 배울 수 있다. 시장테스트 결과는 매출고 예측과 이익예측 정도를 높이기 위하여 사용할 수 있다.

기업은 만약 다음의 조건 가운데 하나가 존재한다면, 시장테스트를 대대적으로 실시하게 될 것이다. 신제품 도입에 막대한 투자를 수반하든가 또는 경영자가 제품 또는 마케팅 프로그램에 대하여 확신이 없거나, 최종적으로 도입되기까지 몇 번이고 테스트하고 중단 · 변경되고 또다시 테스트되는 제품과 마케팅 프로그램도 있다. 시장테스트에는 거액이 소요된다. 그러나 커다란 과오에 따른 비용과 비교하면 적은 경우가 많다.

8) 시장 도입

시장테스트는 신제품을 판매할 것인가의 여부를 최종적으로 결정하는데 필요한 정보를 경영자에게 제공한다. 그런데 만약 기업이 시장도입(commercialization) 쪽으로 나간다면 그 때문에 거액의 비용을 들이게 될 것이다. 첫해에 광고와 판매 촉진을 위해 수억 원을 사용하게 될 수도 있다. 예를 들면 빅맥과 골든 아치(golden arches)로 잘 알려진 맥도날드가 시장테스트를 위해 스위스에 2개의 4성(four-star)호텔을 오픈했다. 만약 성공했다면 맥도날드는 유럽의 골든 아치 호텔(golden arch hotels)들을 통해 그들 상품의 제공범위를 확장할 것이다. 맥도날드는 유럽 고객들이 호텔에서도 햄버거에 기대하는 품질, 서비스, 청결, 가치를 똑같이 받을 수 있음에 감사할 것이라 믿고 있다.

신제품을 도입할 때 기업은 언제, 어디서, 누구에게, 어떻게 등에 대해 의사결정을 내려야 한다.

9) 매입을 통한 제품개발

대형 체인호텔은 때로는 스스로 새로운 개념을 개발하는 대신에 소형 체인을 매입하기도 한다. 그들은 이제 막 출발한 체인이 성장하는 것을 지켜볼 수 있다. 그들은 깊숙한 의자에 느긋이 앉아서 내점객 상황과 1점포당 매출액 또는 신규 점포를 내는 데 어느 정도 쉬운지 또는 곤란한지를 관찰한다. 새로운 체인이 성공을 거두게 되고, 또한 자기 회사조직과 전략상 적합하다면 그런 체인을 매입하면 되는 것이다.

또 다른 방법은 혼미를 거듭하고 있는 체인을 매입하는 것이다. 체인의 잘못된 관리와 그 결과로써 낮은 업적은 체인의 시장가치를 떨어트리게 된다. 이는 좋은 업적을 내게 만들 수 있는 회사로서는 매력적인 표적이 된다. 이처럼 스스로 제품을 개발하는 것이 아니라 오히려 매입을 통해 신제품을 얻는 것도 하나의 선택안이다.

제 7 절 상품수명주기

1. 상품수명주기의 내용

신상품을 발매하고 나면 경영자는 그 상품이 오랫동안 존속하면서 큰 성공을 거두기를 기대한다. 그러나 경영자가 정확한 형태와 단기별 계속기간을 예측하는 것은 어렵지만 상품의 수명주기가 있음을 잘 알고 있다.

전형적인 상품수명주기(PLC : Product Life Cycle)는 [그림 5-4]와 같이 매출액과 이익의 형태로 되어 있고 다음과 같이 5단계로 구분된다.

1) 상품개발기(Product Development Stage)

신상품 아이디어를 발견하고 개발하는 단계로서 매출액은 영(0)이고 투자비용은 증가하는 단계이다. 이미 신제품개발과정에서 보듯이 회의, 조사, 분석 등에 비용이 많이 드는 것을 알 수 있다.

2) 도입기(Introduction Stage)

상품이 시장에 도입되면서 판매가 완만하게 증가하는 단계이다. 상품 도입에 막대한 비용이 소요되므로 이익은 나지 않는다. 이 단계에서는 유통업자(중개업자)를 확보하여 상품을 시장에 공급하는 데 많은 자금이 소요된다. 그리고 잠재고객에게 신상품을 알리고 이용을 유도하는 데 높은 수준의 촉진 활동이 요구되기 때문에 매출액 대비(對比) 촉진비용이 이 단계에서 가장 높다.

3) 성장기(Growth Stage)

시장수용 및 이익이 급속하게 증대되는 기간이다. 초기 수용자들이 계속 구매할 것이고 후기 수용자들도 이들을 따라서 구매하게 될 것이다. 특히 호의적 구전(口傳)에 접하는 경우 그 효과는 크다. 그리고 새로운 경쟁자들이 모방상품 생산과 이익의 기회를 잡기 위하여 시장에 진입할 것이다.

대단위 생산량에 의해 촉진비가 분산되고 단위당 제조원가가 떨어지게 됨에 따라 이익은 증대된다. 급속한 시장성장기를 가능한 장기간 지속시키기 위해서 여러 전략이 사용되어야 한다.

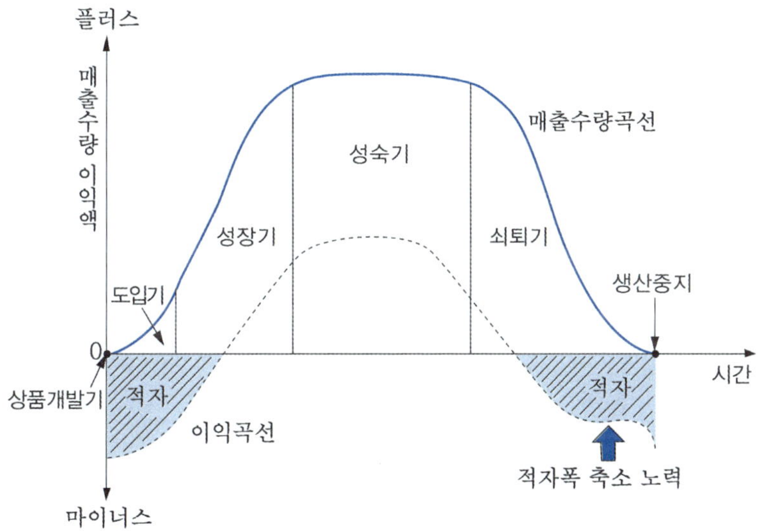

[그림 5-4] 일반적인 상품수명주기

4) 성숙기(Maturity Stage)

잠재구매자들이 대다수 그 상품을 구매하였으므로 판매성징이 둔화하는 기간이다. 이익은 정체되거나 하락한다. 그것은 자사상품을 경쟁자로부터 보호하기 위하여 마케팅 경비의 지출이 증가하기 때문이다. 그리고 경쟁자들이 빈번하게 이익폭 축소와 가격할인을 단행한다. 광고와 중간상 촉진 및 판매 촉진도 비용을 증가시킨다. 기업은 보다 고급상품을 만들어내기 위하여 연구계발 예산을 증액한다. 이러한 조치로 이익은 하락한다. 일부의 취약한 경쟁자들이 떨어져 나가기 시작하고 결국에 이 산업에는 경쟁우위의 확보가 가능한 경쟁자들만 살아남게 된다.

5) 쇠퇴기(Decline Stage)

판매와 이익이 동시에 급속하게 하락하는 기간이다. 쇠퇴기가 오는 이유는 기술변화, 고객기호의 변화, 국내외 경쟁의 격화 등 여러 가지가 있다. 판매량과 이익이 하락함에 따라 일부 기업들이 시장에서 철수한다. 잔존기업들도 우선 상품의 수를 축소하고, 소규모의 세분시장과 유통경로들을 축소하게 된다. 그리고 촉진예산을 삭감하여 비용을 줄이고 고객을 끌기 위해서 가격을 계속 인하한다.

〈표 5-2〉 상품수명주기 모델의 관리상 의미

영향과 반응	상품수명주기의 단계			
	도입기	성장기	성숙기	쇠퇴기
경쟁	중요치 않음	약간 나타남	시장의 조그만 부분까지 경쟁자가 나타남	약한 경쟁자의 급격한 몰락으로 경쟁자 수가 감소됨
전반적인 전략	시장형성 : 초기 채택자에게 당해 제품의 구매시도를 설득함	시장침투 : 당해 상표를 선호하는 대규모 시장을 설득함	상표위상의 방어 : 경쟁에 의한 잠식을 체크함	철수의 준비 : 모든 가능한 이익을 뽑음
이익	높은 생산비와 마케팅비용으로 이익이 거의 없음	높은 가격과 수요의 성장으로 이익이 최고에 이름	경쟁이 증가하여 이익 폭이 감소하고 궁극적으로는 전체이익이 감소함	판매량의 감소로 이익이 완전히 제거됨

영향과 반응	상품수명주기의 단계			
	도입기	성장기	성숙기	쇠퇴기
소매가격	높음. 제품진입의 초과비용 중 일부분을 회복	높음. 두터운 소비자의 수요의 이점을 얻음	가격 경쟁은 피함	빠른 청산이 가능할 정도로 재고를 낮춤
유통	선택적 : 유통망을 서서히 구축	전속적 : 판매점포들의 거래 열망에 따라 약간의 거래할인 시작	전속적 : 진열장의 공간 확보를 위한 대규모 거래보상	선택적 : 이익이 없는 판매점포를 서서히 제거
광고전략	초기채택자의 요구에 맞춤	상표의 편익들을 대규모 시장 창출에 맞춤	다른 유사제품과의 차별화를 위한 수단으로 광고사용	재고를 제거하기 위한 저가격을 강조
광고의 중요성	높음. 초기채택자의 브랜드인지와 흥미를 유도하고, 판매점포들의 브랜드 취급을 설득함	보통. 입에서 입으로의 추천으로 판매를 증가시킴	보통. 브랜드 특성을 대부분의 구매자들이 알게 됨	제품소멸을 위한 비용을 최소화함
판매 촉진 비용	높음. 제품의 사용을 이끄는 샘플, 쿠폰, 기타 유인물로 목표 소비자에게 접근	보통. 상표선호(광고가 이에 더 적합)를 창출함	높음. 상표전환을 유도하고, 기존고객들을 애호고객으로 전환시킴	최소. 상표비용 그 자체로 해결

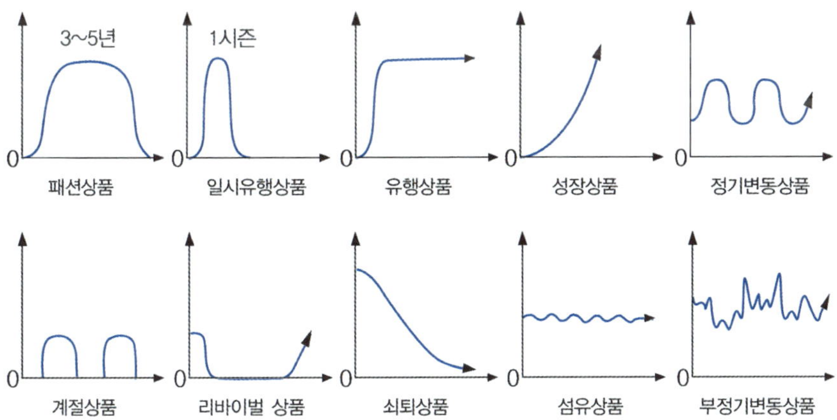

[그림 5-5] 상품수명주기 타입

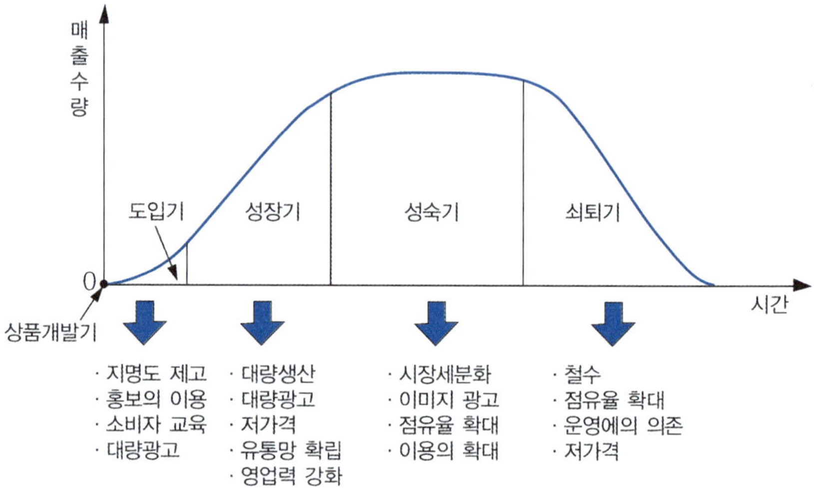

[그림 5-6] 상품수명주기와 상황이론

2. 상품수명주기 단계별 전략

1) 도입기

도입기는 신제품을 최초로 구매할 수 있는 시점에서 시작된다. 도입에는 시간이 걸리고 매출액 성장은 일반적으로 늦다. 제품에 따라서는 급속한 성장단계로 이동하기 전에 몇 년이고 도입단계에 머물러 있는 것도 있다. 스위트호텔(suite hotel : 전관 특실호텔)이 대표적이다.

스위트호텔이 도입되었을 때도 많은 기업이 추수정책(used apple policy)을 채택하였다. 그들은 다른 회사가 개척자로서 시장에 진출하는 것을 지켜보고 있었다.

개척자라는 것은 위험을 수반하지만 만약에 제품이 성공하면 재빠르게 시장점유율을 확보할 수 있다. 따라서 개척자는 후발 진출기업으로부터 자기들의 시장점유율을 지키는 데 유리한 위치에 서게 된다.

도입기에서는 기본적으로 유사제품을 생산하는 경쟁자가 약간 있을 뿐이다. 시장은 아직 개량제품을 받아들일 준비가 되어 있지 않으며 기업은 보다 고소득자들에게 집중해서 판매한다. 저조한 생산량과 생산문제, 판매 촉진, 고비용 등으로 가격은 높게 책정되는 경향이 있다.

2) 성장기

성장기에서 회사는 급속한 시장성장을 가능한 오랫동안 지속하기 위하여 다음과 같은 몇 가지 전략을 구사한다.

① 제품의 품질을 개량하거나 새로운 제품특징과 모델을 추가한다.
② 새로운 세분시장에 진출한다.
③ 새로운 유통채널에 진출한다.
④ 제품인지를 위한 광고로 제품에 대한 신념을 확립하고 구매를 위한 광고로 변경한다.
⑤ 더 많은 구매자를 유인하기 위하여 적절한 시기를 선택하여 가격을 인하한다.

3) 성숙기

성숙기에 기업이 선택할 수 있는 주요 전략으로는 시장의 수정, 제품의 수정, 마케팅믹스의 수정이 있다.

① 공격적인 경쟁자라면 신규구매자와 세분시장을 탐색하여 현재의 고객을 대상으로 사용량을 늘리는 방법을 찾으려 한다. 맥도날드는 신규이용자를 유인하여 이용자를 늘리려고 조식, 샐러드, 디저트, 치킨 샌드위치를 추가하였다.
마케터는 브랜드를 보다 광범하고 성장이 빠른 세분시장에 소구하기 위하여 포지셔닝을 변경할 수 있다. 음주운전 금지캠페인이 주

류소비량을 줄였을 때 미국의 베니건스는 식사를 강조하여 "마시는 즐거운 장소로부터 식사하는 데 즐거운 장소"로 이미지를 바꾸었다.

② 마케터는 제품의 품질 · 특징 · 형태와 같은 제품특징을 변경함으로써 신규구매자를 유인하든가 판매량을 늘릴 수 있다. 품질개량전략은 내구성, 신뢰성, 신속성, 맛이라는 제품성능을 높이는 것을 겨냥하고 있다. 이 전략은 실제로 품질을 개량할 수 있고 구매자가 주장하는 개량할 제안을 받아들일 경우, 그리고 구매자의 대부분이 더 높은 품질을 원하고 있을 때 유효하다.

③ 마케터는 마케팅믹스의 한 가지 이상의 요소를 바꾸는 것으로써도 매출액의 개선을 도모할 수 있으며, 더 자극적인 광고캠페인을 전개할 수도 있다. 이를테면 가격할인, 끝 홀수 끊어내기, 덤 주기, 콘테스트와 같은 공격적인 판매 촉진책을 쓸 수도 있다. 기업은 매스마케팅 기법을 사용하여 대형 시장경로로 유통경로를 바꿀 수가 있으며, 또한 구매자에게 참신하고 더 좋은 서비스를 제공할 수도 있다.

4) 쇠퇴기

기업은 소규모 세분시장이나 그다지 중요하지 않은 거래채널을 삭제할 수도 있다. 판매 촉진예산을 삭제하고 나아가 가격을 인하할 수도 있다. 약세제품을 판매하는 데 비용이 많이 든다. 이는 이익이 떨어지기 때문만은 아니다. 여기에 감추어진 비용이 존재한다. 약세제품은 경영자로부터 많은 시간을 빼앗아 갈 수도 있다. 그것은 빈번한 가격조정과 재고조정이 필요하기 때문이다. 매출액이 떨어지고 있다는 평판이 회사와 그 밖의 제품에 대한 고객의 신뢰감을 흔들어 놓을 수도 있다. 약세제품을 계속 끌어안고 있으면 그것과 대체할 제품의 탐색 기간을 늦추게 되고 균형 잡히지 않은 제품믹스를 만들어내며 현재의 이익에 손상을 입히고 회사의 미래 발판을 약화시킨다. 이러한 이유에서 회사는 자사의 노쇠제품에 더 많은 주의를 쏟지 않으면 안 된다.

매출고, 시장점유율, 비용, 이익 경향 등을 각각의 제품에 대하여 정기적으로 재검토함으로써 쇠퇴기 제품을 발견할 수 있을 것이다. 각 쇠퇴제품에 대해 경영자는 그것을 유지할 것인가, 수확할 것인가 또는 삭제시킬 것인가를 결정하지 않으면 안 된다. 경영자가 제품을 수확할 것을 결정하면 그것은 여러 가지로 비용이 감소한다는 것을 의미한다.

5) 제품삭제

제품 라이프사이클의 하나의 위험성은 제품이 성숙하기도 전에 대체될지도 모른다는 점이다. 제품도입에는 시간, 노력, 그리고 돈이 들어간다. 신제품의 약 반 정도가 이익을 낳고 있음에 지나지 않는다. 히트상품을 가지고 있는 경우, 기업은 이 제품에서 최대이익을 취하려고 한다. 진부화되고 있지만 이익가능성이 있는 동안 경영자는 그것을 삭제하려 하지 않을 것이다. 만약 제품이 이제는 쓸모없게 되었다면 그것을 회생시키려고 자원을 계속 투입하기보다 오히려 그 제품을 잘라내는 일이 중요하다. 이러한 제품삭제(product deletion) 과정을 이해하는 것은 제품개발을 이해하는 것과 마찬가지로 중요하다.

제품삭제에 관한 문제는 체인에 소속하는 호텔의 경우에는 특히 복잡하다. 시설의 노후와 그 호텔 가까이에 있는 인근호텔의 환경 악화로 인하여 어느 호텔을 체인 제휴에서 삭제할 것인가를 경영자(GM)는 잘 알고 있다. 일반적으로 성급하게 호텔을 폐쇄하든가, 체인 제휴에서 그 호텔을 제외하는 것은 불가능하든가 비현실적이다.

① 계약에 의해 성급한 폐쇄가 불가능한 경우
② 호텔이 역사적 또는 지역사회와의 연결로 감상적인 애착이 있는 경우
③ 폐쇄가 지역사회에 부정적인 영향을 줄 수 있는 경우
④ 호텔이 체인소유라서 구매자를 간단히 찾지 못할 경우
⑤ 프랜차이지와 프랜차이저 사이에 특별한 관계가 존재할 경우

호텔을 폐쇄하든가 체인에서 호텔을 잘라내는 데 곤란이 뒤따르지만, 결국 삭제는 피할 수 없을 것이다. 이 곤란한 의사결정은 가능하다면 신속히 하는 것이 최선의 길이다.

3. 상품수명주기의 한계

상품수명주기 개념은 상품시장의 양상을 설명하는 데 유용한 개념적 틀이다. 그러나 상품성과를 예측하거나 마케팅 전략 수립의 도구로써 PLC개념을 활용하는 데는 몇 가지 문제가 있다. 상품수명주기의 전략은 광범위한 활용에도 불구하고 그 유용성을 제한하는 몇 가지의 가정이 존재한다.

첫째, 제품계층(product class)들이 각각 한정된 수명을 지니고 있다는 점이다. 상당한 제품 부류들이 그 수명주기에 일치하기보다는 예외적인 경우가 더 많다. 예컨대, 세탁기, 칫솔, 주택, 자동차, 테마파크, 호텔, 항공사 등은 쇠퇴기를 맞고 있는 징후가 보이지 않는다. 제품에 따라서는 그 수명주기의 유형이 미리 결정되어 있지도 않다. 시장의 치열한 경쟁에도 오랫동안 시장의 지배적 위치를 유지하고 있는 상표들을 볼 수도 있다.

둘째, 각 제품수명주기 단계는 일반적으로 미래의 전략을 계획하는 데 있어서 유용한 독립변수로 여겨지고 있다. 그러나 이는 단순히 앞 단계

의 경영활동의 결과일 수도 있다. 예컨대, 판매액의 감소는 제품계층(부류) 또는 개별적 제품이 쇠퇴기에 있는 것인지, 아니면 전체 산업 또는 기업의 부실한 경영에 의한 것인지에 대한 의문을 갖게 한다. 각 단계에서 수행된 전략의 효과성을 알지 못하는 한, 다음 단계에 대해 수립된 전략이 적절하다고 판단하기는 어렵다. 눈에 보이는 잘못된 점들이 사전에 결정된 제품수명주기 단계에서 비롯되었다기보다는 그릇된 경영활동에서 기인할 수 있는 것이다. 그러므로 진단적 의미의 변수로써 수명주기의 단계에 의존하거나 모델의 다음 단계에서 제시되는 전략을 무조건 따르는 데는 보다 신중한 고려가 필요하다.

셋째, 제품수명주기의 모형이 제품계층(숙박)이나 제품형태(호텔이냐 모텔이냐) 또는 제품들(패키지, 신혼여행, 가족여행 등) 가운데 어떠한 것에 대한 것이냐에 따라 이 모형은 다른 함축적인 의미를 지닌다. 전통적으로, 제품수명주기 모형은 제품이나 서비스를 신제품형태나 신제품계층으로써 다루고 있다. 그러나 제품이 성장기나 성숙기에 있는 제품형태로써 새로운 상표를 도입하는 경우, 마케팅 전략은 일반적인 제품수명주기에 근거한 전략과는 매우 상이할 것이다.

넷째로, 제품수명주기를 확장하는 것과 같은 제품수명주기전략은 제품의 여러 가지 형태에 따라 특별히 다르지는 않다는 점에서 포괄적이라 할 수 있다. 그러나 이러한 전략은 전체 제품 중 일부 특정한 제품에 적용하는 것이 적절할 것이며, 장기적인 성공을 위한 전략이 되기 위해서는 더욱 세심한 노력이 필요하다.

다섯째, 제품수명주기 전략은 판매액과 같은 효과성 측정에 의존하고 있지만, 판매량은 직접으로 마케팅부서의 통제하에만 있지는 않다. 판매량은 마케팅부서 활동의 함수로 구성되어 있기보다는 기업 전체차원의 효과성 함수이다. 판매를 마케팅의 기능만으로 관련시키는 것은 마케팅의 영향을 과대평가하는 것이며, 또한 조직의 다른 사업부서의 중요한 기여를 무시하는 것일 수 있다. 마케팅의 기능이 잘 수행되어도 조악한 품질관리나 인사, 재무, 연구개발 및 기타 조직부서의 지원 부족으로 판매량이나 시장점유율이 감소할 가능성은 항상 있는 것이다.

비록 제품수명주기 전략은 명백하고 활동 지향적인 방향 제시를 한다는 이점을 가지고 있지만, 결국 마케팅 전략 수립 시에 이러한 방법을 사용하기 위해서는 각 제품과 시장조건의 본질에 대한 충분한 고려가 필요하다.

06
CHAPTER

관광가격

06 관광가격

CHAPTER

제 1 절 가격의 중요성

1. 가격의 정의

가격(price)은 협의로 말하면 제공되는 제품 및 서비스의 대가로 요구되는 금액이다. 광의로는 가격이란, 소비자가 소유 또는 사용하게 된 제품이나 서비스가 제공하는 혜택과 교환하는 대가로 지급하는 가치이다. 즉 가격은 제품이나 서비스를 받기 위해 고객이 지급해야 하는 돈의 총액이다.

가격은 어떻게 결정되는가? 판매자는 실제로 받기를 기대하는 가격보다 높게 요구하고 구매자는 지급해야 한다고 생각하는 가격보다 낮게 요구하여 결국 협상을 통해 상호 인정할 수 있는 가격에 도달한다. 그래서 개별 구매자들은 그들이 충족해야 할 욕구와 협상 기술에 따라 동일상품에 대해서도 다른 가격을 지급하게 된다.

가격을 설정하는 데 기업은 많은 요인을 고려해야 한다. 제품이나 서비스의 생산과 유통을 위한 실제적 비용, 기업의 이익률, 제품에 대한 현재의 수요, 경쟁자가 제공하는 유사제품 및 서비스의 가격 등을 고려해야 한다. 그와 동시에 가격전략은 제품 또는 서비스가 의도하는 각각의 세분시장에 맞춰야 할 것이다. 이는 관광객이 지급할 금액에 상당하는 가치를 제공하는 제품이라고 인지해야만 하기 때문이다.

2. 가격의 중요성

역사적으로 볼 때 가격은 빈곤한 저개발국가나 하류층 집단, 또는 불경기에 상품구매에 가장 중요한 요소이며 선진국에서도 동일상품의 구매에서 매우 중요하게 고려되는 요소이다. 경제적 측면에서 가격은 토지, 노동, 자본, 경영 및 원자재 등의 생산요소와 그 산출물의 수요 · 공급을 조절하여 균형상태를 이루도록 작용한다.

한편, 가격은 소비자들이 상품선택 시 가장 중요하게 고려하는 요인이다. 그러나 최근 수십 년 동안 비가격요인이 구매자의 선택 행동에 있어서 중시되는 것도 사실이다.

최근 마케팅 환경이 급속히 변화함에 따라 가격 결정의 중요성이 더욱 두드러지고 있다. 그전에 가격의 중요성은 상품, 촉진 다음으로 세 번째이던 것이 요즈음에는 마케팅믹스 요소 중에 가격이 더 중요한 요소로 평가되고 있다.

마케팅믹스 요소 중에 가격은 기업의 수익을 창출하는 유일한 요소이다. 다른 마케팅믹스 요소는 모두 비용을 초래한다. 그러나 가격은 이익의 원천으로서 총수익에 영향을 주며 목표이익을 달성하기 위한 기본요건이 되는 동시에 판매량에 영향을 준다. 더 나아가서는 가격 결정 및 가격 경쟁은 관광기업 경영자들이 공통으로 당면하고 있는 제일의 문제이다.

제 2 절 가격 결정의 기초개념

가격 결정이 효과적이려면 수요의 탄력성, 비용구조, 경쟁, 상품차별화 등 네 가지 기초개념을 숙지하고 있어야 한다.

1. 수요의 탄력성

1) 탄력적 수요

수요의 탄력성(elasticity of demand)은 가격이 변동될 때 상품에 대한 수요의 반응이 어떠냐 하는 것이다. 가격 측면에서 약간의 변화가 수요에서 큰 변화를 초래할 때 이것을 탄력적 수요라 한다. 가격에서는 큰 변화가 있으나 수요에서 변화가 작으면 이것을 비탄력적 수요라 한다.

수요가 탄력적인지 비탄력적인지를 시험하는 가장 쉬운 방법은 아마도 가격이 변할 때 총수익이 어떻게 변화하는가를 파악하는 것이다. 만약 수요가 탄력적이라면 가격 인하는 총수익 증가라는 결과를 얻을 것이다. 그것은 각 상품당 낮은 가격이 책정되더라도 추가적인 판매단위가 저가격에 대해 보상분 이상으로 팔리게 되기 때문이다.

예를 들면, 식당의 평균 고객요금이 1만 원이고 주(週)당 평균 3천 명의 고객에게 식사를 제공한다고 가정하자. 주당 총수익은 3천만 원이다. 만약 평균요금이 5% 인하되어 9,500원이고 주당 평균 고객 수가 10% 증가하여 3,300명이라면 총수익은 3,300 × 9,500 = 31,350,000원으로 이전보다 135만 원이 증가할 것이다. 따라서 수요는 탄력적이다. 이론적으로 만약 수요가 탄력적이라면 가격의 변화는 총수익의 역방향으로 변화할 것이다.

2) 비탄력적 수요

만약 수요가 비탄력적이라면 가격 인하는 총수익 감소의 원인이 될 것이다. 판매의 소폭증가는 각 단위당 수익에서 차감 계산하는 데 불충분할 것이다. 다시 말하면, 만약 수요가 비탄력적이면 가격의 변화는 총수익과 같은 방향으로 변화할 것이다. 수요가 비탄력적일 때 가격변화는 판매된 제품 수에 거의 혹은 전혀 영향을 미치지 않지만, 총수익에는 영향을 미칠 것이다. 만약 상품가격이 인상되면 총수익은 증가할 것이고 만약 가격이 인하되면 총수익도 감소할 것이다. 그러므로 수요가 비탄력적일 때 총수익 및 순이익이 내려가기 때문에 상품가(product price) 인하는 별 효력이 없다.

3) 수요의 탄력성과 대체품의 유무

수요의 탄력성에 영향을 주는 요소 가운데 하나는 대체품의 유용성이다. 일반적으로 관광사업에 적절한 대체품이 거의 없는 경우에는 최고요금을 책정할 수가 있다. 경쟁자가 거의 없는 고급호텔은 고객이 더 높은 요금을 기꺼이 지급하려 하므로, 높은 객실 요금을 책정할 수 있다. 그리고 일반적으로 만약 객실 비율이 늘어나더라도 더 낮은 가격의, 덜 호화스러운 호텔로 바꾸지는 않을 것이다. 이 경우 수요는 비탄력적이기 때문이다.

다른 한편, 예상한 가격의 식사를 원하는 가족여행객에게 관광지에서 음식을 제공하는 많은 식당 중 하나의 식당이 경쟁식당의 가격선을 넘어서 음식값을 올린다면 아마도 그 식당은 수익성 좋은 사업을 잃게 될 것이다. 식당의 고객은 매우 유동적이다. 음식값에 관심을 두는 고객들은 즉시 다른 식당에서 식사하려고 할 것이다. 말하자면 한 식당은 쉽게 다른 식당으로 대체될 수 있다. 이와는 달리 요금이 비싼 식당은 음식값 인상에 대한 고객의 반발이 적음을 알게 된다. 일반적으로 이용고객의 수입이 낮을수록 수요는 더 탄력적이다.

4) 가격탄력성과 습관

소득수준과 밀접하게 관련된 것이 상용고객의 습관이다. 상용고객이 더욱 습관적일수록 가격 인상에 대한 반발이 적을 가능성이 있다. 왜냐하면 상용고객은 타 구매상품에 지급하는 것과 마찬가지로 항공사, 호텔, 레스토랑 등에 상표충성심(brand loyalty)을 갖는 경향이 있기 때문이다. 그렇지만 반복사업에 의존하고 있는 기업들은 상표충성심에 대한 가격 변화의 효과를 주의 깊게 관찰하여야 한다. 예를 들면, 상표충성심과 상품의 수요는 기간이 길수록 더욱 탄력적인 경향이 있다. 비록 고객이 습관적 구매를 창출하고 상표충성심을 갖는다고 할지라도 고객의 습관과 상표충성심은 시간이 지나면 바뀔 수도 있다.

따라서 각각의 관광공급자는 시장의 수요탄력성을 이해하고 시장 안에서 수요탄력성이 어떻게 작용하며 고객이 얼마나 충성심을 갖고 있는가를 알아내야 한다. 다시 말하면, 관광공급자는 가격에 대한 시장지향적 접근법을 갖고 있어야 한다. 이런 시장지향성은 호텔이 주중이나 비수기에 점유율을 높이기 위해 가격을 인하하여 객실을 제공한다거나 레스토랑이 비수기에 특별요리와 음료를 촉진하는 것 등 단기간의 의사결정에 있어서 특히 중요하다. 이러한 가격 인하는 수요가 매우 탄력적인 업장에서 특히 적절한 가격 결정방법이다.

2. 비용구조

한 기업에 특유한 비용구조(cost structure) 또한 가격 결정에 영향을 미치는 중요한 요소이다. 비용구조란 고정비와 변동비로 비용을 구분함을 뜻한다. 고정비는 보통 단기간에 변하지 않는 경영자의 월급이나 이자 비용 등과 같은 것이다. 변동비는 판매 규모에 따라 증가하거나 감소한다. 식당을 예로 들면 음식판매가 증가하거나 감소할 때 식료비용은 그 범위 안에서 조정된다.

변동비에 비해 높은 고정비가 필요한 사업에서 고정비와 순이익은 판매량의 증감에 따라 비교적 안정적이지 못할 것이다. 그런 상황에서 시장에 대한 적정한 가격을 설정하는 일은 점점 더 중요해진다. 단기간에 변동비를 초과하는 가격이라도 고정비와 순수익에 약간 기여할 것이며, 변동비가 낮을수록 설정 가능한 가격의 범위는 넓어질 것이다. 예를 들면, 만약 한 호텔이 여분의 객실에 고객을 유치하는 데 변동비(시설관리인 임금 그리고 리넨, 세탁비 등)가 1만 원이라면 그 객실은 보통 4만 원에 판매한다. 1만 원과 4만 원의 가격 차는 고정비와 순이익에 기여할 것이다. 이러한 상황에서 가격결정자는 부차적 사업을 유도하고 판매 및 수익의 극대화를 위해 가격을 폭넓은 범위에서 설정할 수 있다. 즉 가격결정자는 다양한 가격층의 이점을 갖는 것이다.

이러한 변동비나 한계비용의 개념은 단기운영계획에 유용하다. 장기운영에서는 고정비 및 변동비가 장기순이익을 내기 위하여 가격이 설정되어야 할 것이다.

3. 경쟁

1) 독점적 경쟁

관광공급자가 처한 경쟁적 상황 또한 가격 결정에 매우 중요하다. 여러 관광기업이 독점적인 상황에 있는 경우는 거의 없다. 비록 있다 하더라도 다른 항공사와의 경쟁이 없는 국적항공사나 고립된 공항에서 유일한 특허를 가진 식당 정도가 있을 것이다.

독점적 또는 독점(monopoly)에 가까운 상황이 전개될 때 매니저는 가격을 결정하는 데 보다 큰 융통성을 가질 수 있으며, 합당한 가격보다 그 이상을 부과하려는 경향이 있다. 그러나 이러한 경우에도 고객은 식사·음료를 구매하거나 구매하지 않을 자유, 숙박시설에서 더 적게 머물

자유, 자동차여행이나 항공여행 외에 어떤 다른 이용 가능한 수단을 선택할 자유는 여전히 가지고 있다. 대부분 고가격이 유력한 독점적인 시장 상황에서 다른 새로운 기업들이 곧 경쟁에 돌입할 매력을 느낄 것이다.

2) 과점적 경쟁

완전경쟁 상황은 아니더라도 경쟁이 극심한 상황에서는 소수의 대기업이 시장 대부분의 점유율을 차지하는 과점(oligopoly)이 존재한다. 과점하에서는 하나의 주요 기업 또는 유력기업과 몇 개의 작은 경쟁사가 있으나 유력기업이 가격선도자(price leader)가 된다. 가격선도자가 가격을 높이거나 낮추면 다른 기업도 따라서 가격을 높이거나 낮추게 된다.

과점상황은 약간 저소득층의 고객이 이용하는 몇 개의 모텔이 있고 그 주변에 하나의 특급호텔이 있는 휴양지에서 나타난다. 비슷한 예로 미국 내의 항공사에 대한 인허가 규제가 철폐된 이후에 소수의 대형 국적항공사들이 다른 항공여행객들을 실질적으로 통제하는 과점적 상황이 나타났다.

3) 순수경쟁

그러나 관광산업에서 특정 공급자의 상품에 대한 수요는 대부분 책정된 가격에 매우 민감한 순수경쟁 상황에 있다. 가격의 관점으로 본다면 그런 상황에서 고객은 한 공급자에서 다른 공급자로 이행할 선택의 여지가 거의 없다. 그러므로 가격은 매우 경쟁적인 성향을 보인다.

경쟁적인 상황은 숙박, 식음료, 관광 도매 그리고 여행사부문에서 가장 뚜렷하다. 경쟁이 심한 곳에서는 종종 가격에 대한 고려가 다른 것을 고려할 필요가 없을 정도로 우세하다. 불행히도 경쟁적인 가격을 시행하는 기업은 때때로 자사의 특정 상품이 경쟁사의 상품보다 어떤 면에서 우월하고 수요의 감소 없이 더 높은 가격을 요구할 수 있는가를 인식하지 못하는 경우가 있다.

4. 상품 차별화

매우 경쟁적인 상황에서 현명한 경영자는 경쟁자들의 가격을 따르지 않을 것이며 경쟁자의 강점과 약점뿐만 아니라 자사의 장단점을 고려할 것이다. 자사의 장단점을 분석하는 데 있어서 관광기업은 자사의 상품을 경쟁사의 상품과 구별하고 자사의 독특성을 차별화하여 강조하려고 시도할 것이다.

상품 차별화는 제품지향적인 마케팅 접근의 전형적인 예이다. 이것은 단체관광 상품을 더 많이 팔거나 호텔 객실을 더 채우거나 식당의 음식을 더 많이 팔려고 하는 것에 대한 요구로 집중된다. 상품차별화 가격정책은 강한 촉진정책을 사용할 것이고 촉진적인 자료를 개발하기 위해 인구통계학적 정보에 상당히 의존할 것이다.

차별화 정책에 성공한 기업은 가격 결정에 있어서 더 자유스럽다. 환경, 분위기, 장식, 위치, 전망 등과 같은 요소에 이러한 차별화가 존재할 것이다. 기업은 차별화와 함께 심리적인 가격을 설정하려고 할 것이다.

고객이 독특한 상품에 대해 지급하려고 기대하는 것에 따라 심리적인 가격이 책정된다. 차별화가 클수록 더 높은 가격이 설정된다. 이러한 상황은 패션 레스토랑이나 특정 시장의 틈새를 창조하여 독점적 또는 독점에 가까운 상황에 있는 고급휴양지에서 나타날 수 있다.

5. 기타 요소

기타 몇 가지 요소들도 또한 가격 결정에 영향을 줄 수 있다.

1) 상품의 품질

상품의 품질과 고객들이 지각하는 가치 사이에는 대부분 직접적인 관계가 있다. 만약 이 관계가 존재하지 않는다면 고객들은 구매하지 않을 것이다. 상품이 지급금액만큼의 가치를 제공하였을 때 그에 대한 수요가 있고 고가격이 수용된다.

2) 상품유통방법

상품(항공기 좌석 또는 호텔 객실)이 고객의 전화 예약으로 직접 판매되었는가, 또는 여행사를 통해 시장에 침투되었는가, 여러 단계의 중간업자를 거쳐 판매되었는가 등에 따라 가격 결정이 다르고 총수익에 커다란 영향을 미치게 된다. 이때 여행사에 지급되는 수수료는 가격 결정에서 반드시 고려되어야 한다.

3) 시장의 성격

이것은 지급하려는 시장의 능력과 관계가 있다. 만약 고객이 소수에 지나지 않는다면 이윤 폭을 유지하기 위해서 더욱 고가격이 책정된다.

4) 계절성

이것은 일반적으로 특정 시기에 높은 수요를 일으키는 학교의 방학이나, 수요의 감소 없이 가격을 올릴 수 있는 성수기 등과 같은 가족휴가시장에서 중요한 고려사항이다.

5) 심리적인 고려

심리적인 가격 결정은 때때로 상품의 가격 결정에 이용된다. 이것은 항공기의 좌석 가격이 298,000원, 식당 음식 가격이 9,980원, 호텔 객실 가격이 149,000원으로 책정될 때 엿볼 수 있다. 이것은 가격의 끝자리가 딱 맞아떨어지는 것보다 끝의 두 자릿수가 영(0)이나 980으로 남는 것이 상품을 팔기가 더욱 쉽다는 심리적인 이유에서 기인한 것이다.

제 3 절 일반적인 가격 결정방법

모든 관광공급자가 상품가(product price) 산출에 이용하는 유일한 가격 결정방법이란 없다. 관광공급자는 가격 결정을 위해 여러 방법을 활용할 수 있으며, 그 이론에는 각각 찬반양론이 따른다. 가격 결정방법에는 다음과 같은 것이 있다.

1. 직관적 방법

직관적 방법(intuitive method)은 경영자가 사업(비용, 수익, 가격, 경쟁, 판매시장)에 대해 이해할 필요가 없이 그저 설정된 가격을 정당한 가격으로 속단해서 가격을 결정하는 방법이다. 미개척 분야의 초창기 사업이나 전혀 새로운 시장에 잠입할 때 흔히 사용된다. 그러나 이 방법의 이점은 거의 없다고 본다.

이 방법의 주요한 단점은 청구가격과 수익 사이에 연관성이 없다는 것이다. 만약 지나치게 높은 가격이면 구매자를 감소시킬 것이고 따라서 수익도 줄어들 것이며, 지나치게 낮은 가격이면 그 가격이 창출해 낼 수 있는 사업수익조차도 상실하게 될 것이다.

2. 경험에 의한 방법

경험에 의한 방법(rule of thumb methods)은 이제까지의 경험에 비추어 가격을 결정하는 방법이다. 이 방법은 어떤 식당이 40% 판매비용 달성을 위해 각 메뉴 항목에 음식을 만드는 비용의 2.5배로 가격을 매겨놓은 것처럼 일시적인 효력을 가질 수 있을지도 모른다. 그러나 경험에 의한 방법은 경쟁 및 지급에 대한 가치제공 등 판매시장 여건에 주목하지 않았기 때문에 오늘날과 같이 격심한 경쟁적인 환경에서는 지지를 받지 못할 것이다.

3. 시행착오방법

시행착오방법(trial and error method)은 기업이 판매와 수익에 어떤 영향을 미치는가를 알아보기 위해 가격을 올리거나 내리는 방법이다. 수익이 현저하게 극대화되면 가격도 그러한 수준으로 결정된다. 그러나 이 방법은 가격과 별개의 문제, 즉 일반적인 경제여건 및 경쟁과 같이 판매와 수익에 영향을 미치는 많은 다른 요인들이 있음을 무시하고 있으며, 최고가격 수준이 이들 다른 요소들에 의해 영향을 받을 수 있다는 사실을 고려하지 않고 있다. 이 방법은 또한 가격 시범 기간에 고객을 당황하게 만들 수도 있다.

4. 가격인하방법

가격인하방법(price-cutting method)은 경쟁자보다 낮은 수준으로 가격을 인하할 때 발생한다. 이것은 비용을 고려하지 않는다면 위험한 방법이 될 수도 있다. 왜냐하면 총비용이 가격보다 높다면 손실이 발생할 것이다. 이 방법을 적용하는 데는 수요가 탄력적이어야 한다. 바꿔 말하면 가격 인하로 발생하는 손실은 추가적인 상품의 판매로 보충되어야 한다는 것이다.

만약 추가적인 상품판매에서 발생한 수익이 단순히 경쟁사를 물리치는 정도라면 총 시장수요가 비탄력적이기 때문에 경쟁사 또한 그들의 가격을 인하할 것이고 이것은 가격전쟁을 초래할 것이다. 이 방법은 제6절에서 언급될 고정비와 변동비의 모든 지식을 사용할 수 있는 가격할인과 혼동해서는 안 된다.

5. 고가격책정방법

고가격책정방법(high-price method)은 경쟁사보다 일부러 높은 요금을 책정하거나 고객들이 적당하다고 여기는 고가격에서 품질과 같은 요소를 강조하는 제품차별화를 이용하는 것이다. 그러나 이 전략을 조심스럽게 적용하지 않는다면 가격과 품질 간에 커다란 차이를 만들어 구매자들이 대체품으로 이동하게 할 수 있다.

6. 경쟁적 방법

경쟁적 방법(competitive method)은 경쟁자의 가격에 맞추는 것을 의미한다. 그 후에 입지, 분위기, 서비스 등 기타 비가격 요소의 영역에서 차별화를 기하는 것이다. 판매시장에서 직접적 경쟁자의 증감과 더불어 가격 결정을 주도하는 지배적 기업이 존재할 때 이 방법을 추종자 - 선도자 방법(the follow - the leader method)이라고 말할 수 있다.

경쟁적 가격은 가격을 올리지 않으면서 서비스, 입지, 분위기의 유지에 비용을 지출하게 되므로 이익의 감소를 초래하는 경향이 있다. 이 경우에 시장가격은 안정적이다. 경쟁적 방법은 단기간에 운영한다면 유용한 방법일 수도 있다. 그러나 만약 상품이나 비용과 같은 요소의 차이에 대한 지식 없이 하나의 사업과 다른 사업 간에 경쟁적 가격이 적용된다면 이는 위험한 일이 될 수도 있다.

제 4 절 전략적 · 전술적 가격 결정방법

가격 결정은 수익성 증가에 효과적으로 적용될 수 있는 마케팅 수단이다. 이는 가격과 수익 사이의 균형을 알아내는 문제이다. 다른 말로 표현하면 가격은 오직 그들이 수익에 미치는 영향을 고려한 후에야 설정되어야 한다는 것이다. 예를 들면, 항공사는 승객을 더 많이 유치하기 위해서 항공료를 낮출 수 있다. 그러나 만약 그러한 가격이 추가적인 고객을 싣고 운행하는 데 드는 비용을 충당하지 못하는 정도까지 낮춰진다면 수익은 그전보다 더 감소할 것이다.

1. 장기적 · 전략적 가격

가격은 장기간에 걸쳐 수요와 공급의 결과로써 시장에서 결정된다. 이것을 장기적 또는 전략적 가격(long-run or strategic pricing)이라고 한다.

장기적 · 전략적 가격 결정의 전형적인 목표는 최고의 판매수익, 소유자의 투자에 대한 최고의 배당, 최고의 수익성, 최고의 사업 성장, 또는 시장점유율의 증가나 유지 등이 될 수 있다. 가격 결정 전략에 대한 명확한 생각은 이러한 목표가 장기간에 걸쳐 변화될 수 있음을 인식하는 것뿐만 아니라 그 사업의 목적에서 나오게 된다.

2. 단기적 · 전술적 가격

기업은 장기간 가격전략뿐만 아니라 날마다 거래가 발생하는 상황에서 이점(利點)을 포착하기 위하여 단기간 또는 전술적인 가격정책을 결정하는 것이 필요하다. 단기적 · 전술적 가격 결정의 목적은 다음과 같다.

① 경쟁자에 의해 형성된 가격 측면에서 단기간의 변화에 대한 반응
② 새로운 경쟁자로 인한 가격의 조정
③ 일괄예약방식으로 이익이 발생하기까지 채택한 일괄판매방식을 받아들이기 위한 할인제도에 대한 이해
④ 생산비용의 증가를 보충하기 위해 얼마만큼의 가격 인상을 해야 하는가를 이해하기 위하여
⑤ 얼마만큼의 가격 인상이 혁신이라는 전제조건에 대한 보상으로 정당한가를 이해하기 위하여
⑥ 새로운 시장세분화에 도달하기 위한 가격조정
⑦ 매력적인 사업이 되기 위해 비수기 때의 가격할인방법을 이해하기 위하여
⑧ 특별 판매 촉진가격을 제공하기 위하여 등

제 5 절 신제품의 가격 결정 전략

전략적인 측면에서 새로운 제품 및 서비스가 소개되었을 때 두 가지 일반적 접근법이 때때로 가격정책에 이용된다. 여기에는 상층흡수가격과 시장침투가격이 있다.

1. 상층흡수가격

상층흡수가격(market skimming pricing)이란, 제품을 구매하려는 잠재 고객을 방해하지 않고 가능한 가장 높은 수준으로 가격을 설정하는 것을 의미한다. 이 가격전략의 목적은 가능한 고객에게 고가(high price)로 자사상품을 많이 판매하는 것이다. 그러면 이익도 최대가 될 것이다. 이 전략은 상품의 수요자인 고객에게 그 상품이 꼭 필요하고, 고객도 그 상품에 대해 비싼 가격을 지급할 용의가 있는 경우의 신상품 판매에 있어서 가능하다.

수익성이 아주 높으므로 이 전략은 시장으로 새 경쟁자들을 끌어들일 것이다. 새 경쟁자들은 낮은 가격으로 동일제품을 제공할 것이므로 고객이 선택할 때 자사의 기존상품에 대하여 가격저항을 느끼게 되며 그럴 때 가격설정자는 가격을 인하할 것이다. 상층흡수가격은 고가(high price) 비탄력성이 존재하고 유사 대체물이 없으며 그 가격을 지급할 시장세분화 단위가 존재할 때 적절한 가격전략이다.

2. 시장침투가격

시장침투가격(market penetration pricing)은 상층흡수가격과 반대되는 가격 결정방법이다. 이것은 시장점유율을 극대화하거나 포화상태인 판매시장 내에 침투할 수 있도록 새로운 상품의 가격을 가능한 저가(low price)로 책정하는 것이다. 이 방법의 문제 중 하나는 나중에 가격을 올리는 것이 불가능하지는 않겠지만 매우 어렵다는 것이다. 그러므로 수익과 투자 이윤이 영구적으로 낮아진다. 시장침투가격은 고가(high price) 탄력성, 판매된 상품의 구매비용에 있어서 규모의 경제, 그리고 제품 및 서비스에 대한 높은 수요가 있을 때 적용할 수 있다.

제 6 절 할인가격 결정

1. 할인가격의 의의

기본요금이나 가격이 결정되면 현재의 세분시장이나 새로운 세분시장에서 추가적인 사업을 끌어들이기 위하여, 얼마나 할인되어야 하고 피크期나 숄더期(온시즌과 오프시즌의 중간)로 이동하는 데 있어서 할인 폭을 얼마나 하면 좋은가에 대해 경영자가 의사결정을 내리는 데 기본요금 및 가격이 커다란 도움이 된다.

이것은 특수상황에서 가격 결정에 대한 보완적인 방법이다. 많은 다른 관광공급자에게도 할인가격 실시가 보기 드문 것은 아니다. 예를 들어, 많은 비즈니스호텔은 빈 객실이 발생했을 때 주말 판매량을 증가하기 위해서 할인가격을 이용한다. 항공사는 빈 좌석을 꽉 메우기 위해서 대기승객을 유치하려고 할인가격을 이용한다. 레스토랑은 오후 5시에서 7시 사이, 즉 디너시간까지 한가한 시간대에 고객을 끌기 위해서 할인가격을 사용한다.

2. 할인가격의 원칙

할인가격은 원가에 기초를 둔다. 할인가격의 원칙은 가격이 추가적 객실판매에서 발생하는 비용보다 낮아서는 절대 안 된다는 것이다. 즉 이것은 추가판매와 관련하여 발생하는 모든 변동비를 초과하도록 가격을 설정해야 한다는 것이다.

이러한 원칙이 지켜진다면 할인가격을 이용하는 관광사업체에서는 모든 고정비가 현재의 판매로 충분히 보전되는 한 추가적인 이익이 발생할 것이다. 만약 그렇지 않더라도 적어도 할인가격에 의해 발생한 추가적 객실판매액은, 할인가격 판매수익이 추가적 판매수익으로 인한 변동비보다 더 많다면 호텔의 고정비에 보탬이 될 것이다.

최신 관광마케팅론

07 CHAPTER

관광유통

07 관광유통

CHAPTER

제 1 절 유통경로와 입지

1. 유통시스템의 중요성

오늘날의 경쟁환경에 있어서 기업은 중앙예약시스템과 독자적인 판매력에만 의존할 수 없게 되었다. 그리하여 복잡한 유통 네트워크 개발이 필요한 상황에 놓이게 되었다. 경쟁자, 세계시장, 정보통신기술의 발달에 따른 제품 진부화는 점차 유통의 중요성을 증대시키고 있다.

유통시스템은 유통장소와 유통채널 모두가 포함된다. 유통(place & distribution)은 마케팅믹스 요소의 하나이다. 유통(입지 또는 전달과정 = process of delivery)은 고객에게로 서비스 또는 제품을 전달하는 과정에 수반되는 모든 활동을 말한다. 잘 관리된 유통시스템은 시장점유율의 리더기업과 생존을 위해 고전하는 기업을 구별할 수 있다. 기업들은 이용가능한 마케팅채널을 많이 채택하고 있는데, 관광기업은 이러한 채널을 적극적으로 개발하고 있고 이용고객의 대부분을 여행대리점으로부터 획득하고 있다.

2. 유통경로의 기능

유통경로(distribution channel)는 상품을 생산자로부터 소비자에게 이

전시킨다. 그것은 제품과 서비스를 이용하는 사람들로부터 그것을 격리하는 시간 · 장소 및 소유라는 커다란 간격을 메우는 것이다. 마케팅채널의 구성원(도매업자, 소매업자 등)은 다음과 같은 많은 주요 기능을 수행한다.

① 정보(information) : 마케팅 환경에 관한 조사와 전략정보의 수집 및 배포
② 촉진(promotion) : 제공물(제품이나 서비스)에 관한 설득력 있는 의사소통의 개발 및 확산
③ 접촉(contact) : 기대되는 구매자의 발견 및 의사소통
④ 적합(matching) : 구매자의 욕구에 대해 제공물을 수집하고 적합하게 하는 일. 그것은 생산 · 규격 · 집하 및 포장 등의 작업을 포함한다.
⑤ 교섭(negotiation) : 소유권을 이전할 수 있게 가격과 제공물, 그 밖의 조건에 동의하는 일
⑥ 물적 유통(physical distribution) : 상품의 운송 및 보관
⑦ 자금 융통(financing) : 유통채널상의 업무비용을 충당하기 위한 자금의 획득 및 이용
⑧ 위험부담(risk taking) : 재고품을 충분한 이익을 내고 판매할 수 있는 재무상의 위험부담

3. 입지의 중요성

1) 입지의 의의

입지(place, location)란 이미 주어진 장소이면서 변하지 않는 장소라고 볼 수 있다. 입지는 곧 관광업체의 위치나 장소를 말한다. 특히 호텔과 같은 관광업체는 입지가 한 번 정해지면 변경은 거의 불가능하므로

입지의 선정에는 신중해야 한다. 입지를 결정할 때는 어떤 고객을 대상으로 하고 그들의 욕구를 충족시킬 수 있는가, 고객이 접근하기 쉬운가, 다양한 활동을 하기에 적합한지 등을 먼저 고려해야 한다.

그렇지만 관광전문가는 위치나 장소에 관한 정보전달방법을 통제해서 고객이 한 지역에 관해 어떻게 느끼는가 하는 고객의 인식을 변화시킬 수 있다.

2) 입지선정

입지선정에는 입지 선택과 입지 평가의 과정을 거치게 된다.

(1) 입지 선택

입지 선택(site selection)은 여러 후보지 가운데 가장 적절한 지역을 고르는 것을 말한다. 입지 선택은 실제로 현장조사를 하기 전에 지도를 보면서 정부가 발행한 각종 자료를 참조하고 전문기관에서 자문받고 책상 위에서 후보지를 결정한다.

(2) 입지 평가

입지 평가(site evaluation)는 몇 개의 후보지가 선정된 후 가장 적합한 곳을 택하기 위한 평가작업이다. 평가작업에는 고객을 받아들일 수 있는 수용 능력(carrying capacity)의 평가가 있으며 그 입지선정에 대한 여러 항목을 평가하는 항목별 평가방법(scoring)이 있다. 입지의 평가에는 그 밖에도 고려해야 할 사항이 있다. 예를 들면 보조금 및 세금감면, 소유권의 문제, 사회적 · 정치적 제약요인의 유무 등이다.

제 2 절 판매자의 유형

다른 산업과 마찬가지로 관광산업에는 제품과 서비스를 유통하는 다양한 방법이 있다. 고객들은 두 가지 기본적인 관광판매자의 유형, 즉 공급자와 중개인 중에서 하나를 선택할 수 있다. 호텔이나 항공사는 자사 브랜드 웹사이트, 전통적인 여행사, 온라인 여행사, 예약센터, 호텔이나 항공사가 직접 운영하는 유통경로들을 활용해 관광상품을 판매하고 있다.

1. 공급자와 직접유통

1) 공급자

관광공급자(suppliers)는 호텔, 리조트, 항공사, 철도, 버스회사, 크루즈, 렌터카 등을 말하며 이들은 모두 고객이 이용할 수 있도록 직접 관광상품을 생산한다. 이러한 공급자들의 상품을 유통업자(중개인, 여행사)를 통해 고객에게 판매하는데, 이들 공급자를 유통업자 측에서는 프린시펄(principal)이라 한다.

공급자들은 가능하면 그들의 상품을 유통하고자 하며, 일부 공급자는 그들이 상품을 고객들에게 직접 판매하기도 한다. 예를 들면 민박(B & B : bed and breakfast)[1]은 개별고객에게 그들의 객실을 직접 팔고 있다. 그러나 거의 모든 공급자는 중개인을 이용해서 간접적으로 자사상품을 판매한다. 크루즈회사와 같은 공급자들은 거의 모든 상품을 중개인을 통해서 판매한다.

1) B & B는 아침식사로 지역적 전통음식을 제공하고 가정적인 분위기를 창출하는 숙박형태로, 영국, 프랑스, 아일랜드 등 유럽에 많으며 개인 집의 여유 있는 객실을 활용하기도 한다.

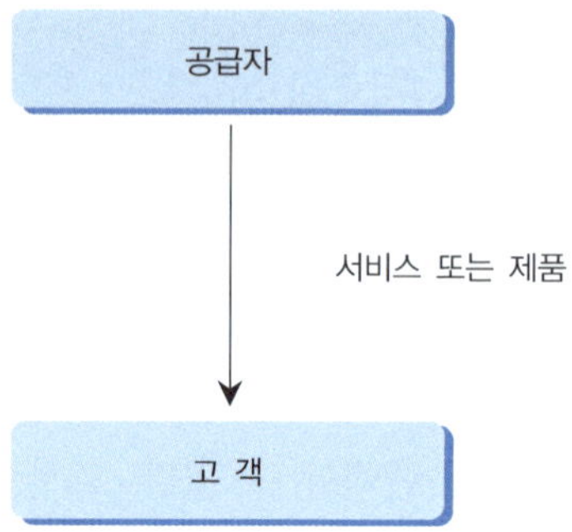

[그림 7-1] 직접유통

2) 직접유통 인터넷

공급자와 고객이 중개인을 통하지 않고 직접 거래를 이루는 유통형태이다. 이를 직판이라고도 한다. 대다수 관광기업, 호텔이나 여행사는 물론이고 외식기업도 인터넷을 사용하여 그들의 제품을 유통하고 있다. 인터넷 이용자는 관광기업의 인터넷으로 직접 예약한다. 숙박산업은 정보기술의 발전에 따라 고객과의 직접적 거래가 급속히 확대되고 있으며, 그에 따라 고객의 교섭력(bargaining power)도 점차 강력해지고 있다. 일부 기업들은 직판 영업을 위해 서울이나 주요 도시에 외부사무소 또는 외국사무소를 두기도 한다.

2. 중개인과 간접유통

중개인(intermediaries) 또는 중간업자는 공급자와 고객들을 연결하는 사람(또는 시스템)이다. 제조업체에서 도매업자가 수행하는 일은 중개인이 어떠한 역할을 하는가를 설명해 준다.

관광상품의 종류와 다양성 때문에 중개인들은 종종 그들이 취급하는 상품을 고객의 유형에 따라, 또는 상품을 결합하는 방법에 따라 전문화한다. 중개업자는 오프라인 여행사(여행소매업자), 여행도매업자(투어 오퍼레이터), 온라인 여행사, 전자상거래업자(쿠팡, 옥션, G마켓, 홈쇼핑), 기타 유통업자로 구분할 수 있다.

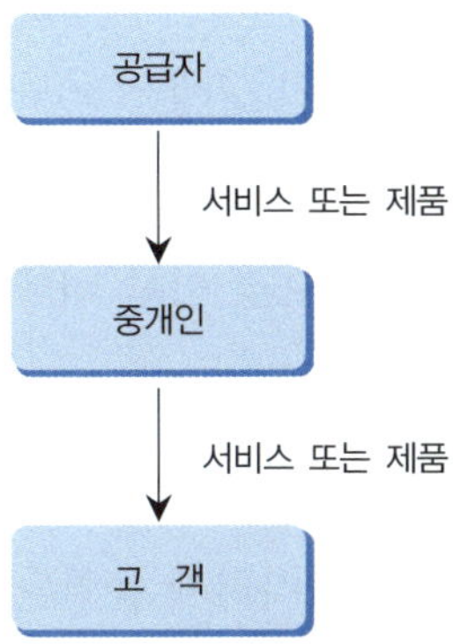

[그림 7-2] 1단계 간접유통

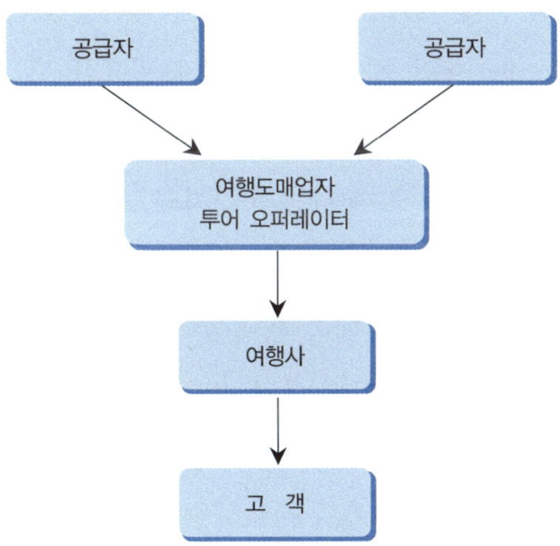

[그림 7-3] 2단계 간접유통

1) 오프라인 여행사

여행사(여행소매업자, 여행업자, 여행대리점)는 모든 형태의 관광상품을 서비스를 원하는 사람에게 판매한다. 여행사는 대부분 위락여행상품과 상용여행상품을 판매한다. 일부 관광전문가들은 여행대리점에 대한 이들 두 분야 사이의 이상적인 균형은 60%의 위락여행과 40%의 상용여행이라고 말하고 있다. 그러나 일부 여행대리점은 여러 분야보다는 한 분야에 집중할 것이다. 한편으로 일부 여행대리점은 크루즈여행과 같은 독특한 형태의 여행상품이나 대학생들과 같은 특별한 단체고객을 전문으로 설정할 것이다.

여행사는 다른 소매점과 유사하게 운영된다. 그들은 대중들의 눈에 잘 띄고 접근하기 쉬운 장소에 위치한다. 일부 여행업자들은 도심지나 쇼핑센터에서 영업을 한다. 상용여행에 역점을 두는 여행사는 고객들이 접근하기 쉬운 사무실 밀집 지역이나 산업현장에 위치할 것이다. 상용전문여행업체는 또한 상용여행을 하면서 서비스가 필요한 고객들에게 위락여행을 알선하기도 한다.

중개인의 측면에서 보면 여행사는 공급자와 고객 모두에게 관계가 깊다. 그들은 관광상품을 선택하는 데 고객들에게 전문적인 조언을 할 수 있다. 중개인은 관광상품을 판매할 때 상품 공급자들로부터 수수료를 받는다. 예를 들면 고객이 여행사에 와서 크루즈여행을 요구하면 여행업자는 우선 고객의 특별주문을 이해한다. 세계 어떤 곳을 유람하고 싶어 하는가? 어떤 항구에 정박하고 싶어 하는가? 선박회사로부터 선상에서 어떠한 활동을 공급받기를 원하는가? 어느 정도의 돈을 소비하려는가?

이렇게 자세한 정보를 취득한 후에 여행사는 고객이 원하는 기준에 맞는 몇 가지 크루즈여행을 추천한다. 여행사는 고객에게 각 크루즈여행에 대한 안내 책자, 비디오테이프 그리고 다른 적절한 정보를 제공한다. 여행사는 개인적인 경험이나 직원의 보고에 기초하여 그 고객의 선택에 맞춰 조언할 것이다. 고객이 더 많은 정보를 받으면 받을수록 고객의 결정은 더욱더 확실한 것이 될 것이며 그 고객은 여행상품에 더욱 만족할 것이다.

고객이 크루즈여행을 선택하고 상품을 결정하면, 그 이후로 여행사의 역할은 변한다. 즉 여행사는 고객이 선택한 선박회사의 대리인이 된다. 여행사는 선박회사를 위하여 예약을 받고 선박회사를 대리하여 고객으로부터 착수금을 받는다.

거래가 끝난 후 여행사는 공급자로부터 대가를 받는다. 여행사는 예외 없이 판매가 이루어졌을 때만 수수료를 받으며, 고객에게 무료로 정보와 조언을 제공한다. 그리고 고객은 단지 크루즈여행의 요금만을 지급한다.

2) 여행도매업자(tour wholesaler, 투어 오퍼레이터)

여행대리점과 마찬가지로 투어 오퍼레이터는 간접유통시스템에서 중개인으로 기능한다. 투어 오퍼레이터의 주된 업무는 패키지 투어의 개발과 판매에 있다. 이들의 여행상품은 유명 도시의 이틀간의 버스여행부터 장기간의 세계일주여행에 이르기까지 광범위하다. 투어 오퍼레이터는 몇 개의 분리된 여행상품을 휴가 및 위락여행객에게 매력을 주는 결합체로 만든다. 이러한 패키지들은 다양한 수단에 의해 관광객에게 팔리게 된다.

일부 투어 오퍼레이터는 그들의 패키지를 선전 책자나 촉진수단을 사용해서 관광객에게 직접 판매한다. 고객들은 투어 오퍼레이터에게 직접 예약을 한다. 이것은 투어 오퍼레이터의 역할이며, 여기서 그들은 소매 기능을 담당하게 된다.

그러나 패키지 투어는 대부분 표준적인 수수료를 기본으로 하여 여행사를 통하여 판매된다. 이것 또한 투어 오퍼레이터의 역할이다. 즉 여기서 그들은 도매기능을 담당하게 된다. 이를 종합하면, 투어 오퍼레이터는 소매기능까지 겸하는 업자와 도매기능을 주로 하는 업자 등 두 가지 형태가 있다.

투어 오퍼레이터는 대부분 특정 목적지행의 비행기 좌석확보를 위해 대량예약을 협의하거나 전세비행기를 마련함으로써 그들의 상품을 만든다. 그들은 또한 호텔로부터 많은 객실을 사전에 구매한다. 거기서 경비를 추가하면 부가적 패키지상품이 제공되지만, 일반적으로는 세트가격으로 전체의 패키지투어를 판매한다. 이러한 접근방식에도 예외가 있는데, 이를테면 그들 자신이 버스나 항공기, 호텔 등의 관광상품을 소유하거나 공급하는 극소수의 대형 투어 오퍼레이터인 경우이다.

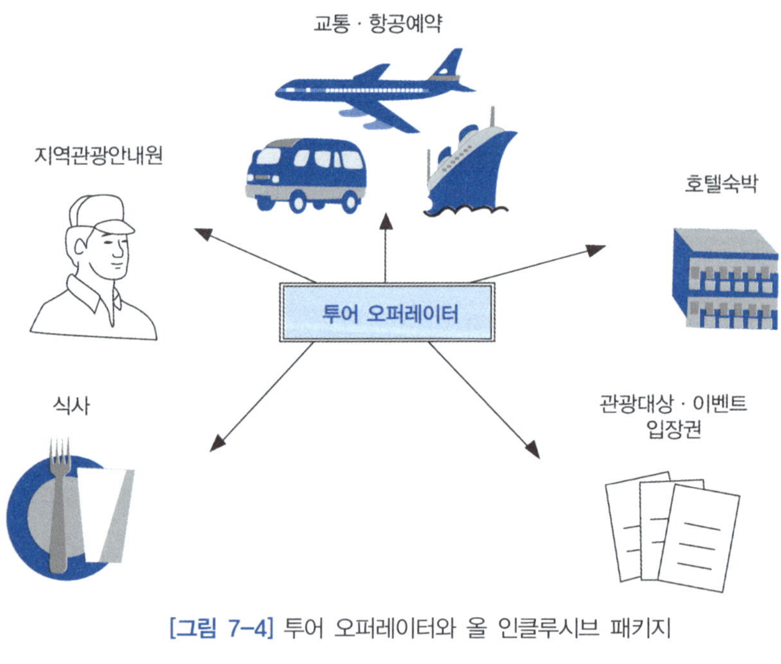

[그림 7-4] 투어 오퍼레이터와 올 인클루시브 패키지

3) 온라인 여행사

21세기 들어 관광산업의 유통은 인터넷 쪽으로 이동해 왔다. 초기에 트래블로시티, 익스피디아, 프라이스라인 등의 온라인중개상에 의해 시작되었는데 이들이 온라인 여행사이다. 초기에는 항공권 예약에서 숙박, 렌터카, 도착지 서비스로 점차 영역을 확대하였다. 최근에는 자신들이 만든 관광패키지나 타사에서 만든 관광패키지를 판매하고 소비자가 만든 패키지도 판매한다.

예를 들어 미국에 본사를 두고 있는 세계 최대 온라인 여행사 '익스피디아(Expida)'는 한국어 사이트(http://www.expedia.co.kr)를 개설함으로써 본격적으로 한국 시장에 진출하였고, 이를 시작으로 유사한 온라인 여행사들이 활동하고 있다. 이러한 온라인 여행사들은 전 세계 호텔과 협력해 수많은 여행상품을 판매하는 등 개별 여행 프로그램을 특화하기도 하고, 호텔, 항공, 유람선, 렌터카 등에서 다른 영역으로 확대해 가고 있다.

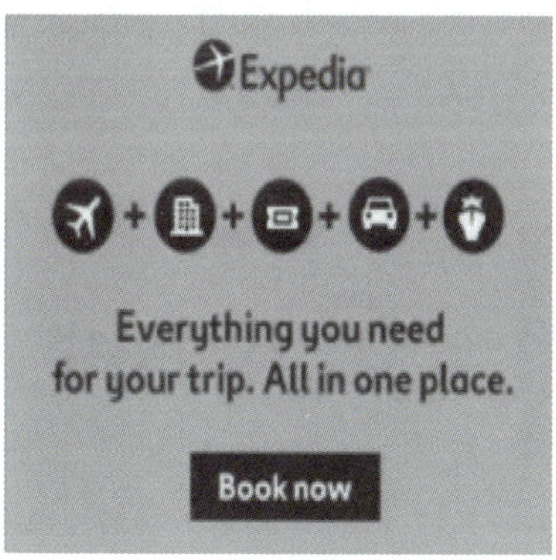

[그림 7-5] 익스피디아 1

[그림 7-6] 익스피디아 2

4) 전자상거래업자

사회적 미디어의 사용이 급증하면서 전자상거래가 일반화되고 있다. 전자상거래(EC : electronic commerce)라는 용어는 미국의 Lawrence Livermore National Laboratory에서 사용된 후 미국 연방정부가 도입하면서 확산되었다. 통일된 개념이 정립되어 있지는 않지만, 일반적으로 전자상거래는 기업, 정부기관과 같은 독립된 조직과 조직 간 혹은 조직과 개인 간에 다양한 전자적 매체를 이용하여 상품이나 서비스를 교환하는 방식으로 정의할 수 있다.

1990년대 후반에 등장한 인터넷 쇼핑몰은 웹과 인터넷 등 정보통신기술의 발달로 인해 전자상거래의 핵심이 되었고 전 세계적으로 전자상거래의 대표적인 모델이 되었다. 수많은 사람이 인터넷 쇼핑몰을 방문하고 상품과 서비스를 구매하기 시작하면서 가파른 성장을 구가하기에 이르렀다. 국내에서 인터넷 쇼핑몰은 1996년 인터파크가 쇼핑몰을 오픈하면서부터 시작되었다. 전통적으로 오프라인 유통업체들이 온라인 쇼핑몰에 진출했으며, 백화점과 제휴해 온라인 쇼핑몰 서비스를 하고 있다. 또한 전통적인 오프라인 할인점들도 온라인 쇼핑몰을 개설하고 있다. 특히 최근 오픈 마켓을 기반으로 급성장한 G마켓, 11번가, 옥션, 쿠팡 등에서도 호텔이나 여행상품 등을 판매하고 있다.

[그림 7-7A] 인터파크

[그림 7-7B] G마켓

[그림 7-7C] 11번가

[그림 7-7D] 쿠팡

5) 기타 유통업자

전문유통업자는 고객과 공급자 쌍방을 위해서 일한다. 대다수 전문유통업자들은 수배가 필요한 단체에 고용된 직원이다. 그러므로 여행사와는 다르지만 기업 내 여행부서 직원들처럼 그들은 공급자(항공사, 호텔이나 기타 숙박업)로부터 수수료를 받지 않으므로 매우 유용하다. 대표적인 전문유통업자에는 포상여행기획가, 회의기획가, 티켓 컨솔리데이터 등이 있다.

(1) 포상여행기획가(Incentive travel planners)

포상여행기획가는 기업의 목적을 달성하거나 초과한 대가로써 기업이 종업원에게 제공하는 포상(보상)여행 계획을 기획한다.

일부 선진국에서 몇 년 전 포상여행이 대중화되었을 때 그 여행의 목적은 명백히 위락여행이 주였다. 예를 들어 판매 목적 달성에 대한 포상으로써 카리브해 관광지에서 일주일의 휴가를 즐겼다. 최근에 포상여행기획가는 사업과 즐거움을 혼합한 프로그램을 만들어내기 시작했다. 이국적인 장소에서 휴가를 겸해서 열리는 사업모임은 기업이 그들의 핵심직원을 훈련하거나 전략을 기획할 수 있도록 하고 있다.

포상으로써 관광을 제공하는 일부 대기업들은 그 기업의 포상여행기획가를 고용한다. 그러나 그 포상여행기획가는 거의 전 시간을 포상여행에 투자하지는 못한다. 그들은 많은 시간을 회의계획이나 섭외와 같은 다른 일에 소비해야 한다.

포상여행상품은 기업종사원의 목표달성에 대한 대가로 이용되기 때문에 주로 최상급의 교통편과 호화로운 숙박시설을 포함한 양질의 상품이다. 흔히 포상여행에서는 배우자가 동행하며 그들의 경비는 회사가 지급한다. 관광기업은 이러한 포상여행기획가와 연결되면 커다란 비즈니스

기회를 잡을 수 있다.

(2) 회의기획가(Meeting and convention planners)

기술상의 끊임없는 변화로 기업 상호 간의 경쟁이 격화하고 급속한 기술적 진보는 MICE산업(Meeting, Incentive, Convention, Exhibition)의 성장을 촉진해 왔다. 현재의 기업풍토는 새로운 정보의 획득과 전달에 그 우선권을 두고 있다. 회의는 그러한 목표를 달성하는 데 매우 효과적인 방법이라 여겨지고 있다. 따라서 회의기획가에 대한 욕구 또한 커지게 되었다.

회의기획가는 회의를 위한 교통, 식사, 숙박과 같은 모든 편의시설 준비에 책임을 진다. 그들은 회의를 위한 가장 좋은 내용 구성과 장소를 결정하며 가용예산과 참석 인원수를 고려한다. 그리고 그들은 회의 및 진열장소, 숙박, 식사, 교통편, 선택여행(옵션) 등에 대해서 공급자와 협의한다. 그들은 회의 일정을 잡고 컴퓨터나 시청각 장치와 같이 회의에 필요한 기술적 지원을 준비하기도 한다.

회의기획가의 업무에는 대표적으로 3종류가 있다.

① 단체 이사 : 기업, 전문단체, 비영리단체에 의해 고용된 전문가
② 기업회의기획가 : 소속된 회사를 위해 중요한 모든 회의의 협력자
③ 자문회의기획가 : 사내에 기획가가 없는 기업이나 협회에 고용되어 계약기간 동안 보수를 받고 일하는 프리랜서 기획가

(3) 티켓 컨솔리데이터(Ticket consolidator)

상품의 소멸성을 극복하기 위해 관광산업에 의해 개발된 유통경로 중 하나가 티켓 컨솔리데이터이다. 티켓 컨솔리데이터는 공급자가 정상적인 유통경로를 통해서 팔 수 없거나 팔리지 않은 상품을 지니고 있을 때

중개인으로서 활동한다. 티켓 컨솔리데이터의 가장 큰 그룹은 팔리지 않은 항공권을 크게 할인하여 판매하는 자들이다. 그들은 이러한 좌석들을 신문이나 전화광고, 팝업광고를 통해서 판매한다. 티켓 컨솔리데이터에게서 티켓을 구매한 고객들은 목적지나 출발날짜를 선택할 수도 있는데, 때때로 출발 2~3일 전이 되어야 어느 비행기를 탈 것인가에 대해서 알 수 있다.

일부 티켓 컨솔리데이터는 상당한 할인가로 항공권이나 크루즈여행과 같은 상품을 대부분 여행클럽을 통해서 판매한다. 여행클럽은 적은 회원비로써 그들의 회원이 다양한 관광상품에 접할 수 있도록 한다. 공급자들은 단지 출발날짜가 가까워져서야 비로소 티켓 컨솔리데이터에게 할인상품을 제공하기 때문에 회원들은 상품에 대해 제한된 선택만을 해야 하고 충분한 예고 없이 갑자기 여행을 출발해야 하는 경우가 있다. 일부 여행클럽은 이러한 상품을 모든 회원들에게 유통하기 위해서 목록을 편찬하기도 한다. 일부 클럽들은 회원들에게만 정보를 제공하고 그들에게만 알려준 전화번호를 통해서 예약을 받는다.

여러 중개인, 특히 여행업자와는 달리 여행클럽은 잠재고객들에게 무료로 상품에 대한 정보를 주지 않는다. 단지 회비를 내는 회원들만이 전문화된 정보와 상품을 접할 수 있다. 이 제한된 조치는 동일상품에 정상가격을 지급하는 고객의 기분을 상하지 않게 하기 위해서이다.

제 3 절 직접유통

1. 직접유통이 공급자에게 주는 이점

1) 단순성

직접유통은 거래에 포함된 유통단계의 수를 줄인다. 그래서 관광상품의 판매는 매우 단순하다. 공급자는 고객으로부터 돈을 받고 고객에게 제품 및 서비스를 제공한다. 공급자는 중개인에게 수수료를 지급할 필요가 없는데, 이것은 거래에 관련된 사무나 업무시간을 생략하였기 때문이다. 여기서는 오로지 공급자와 고객 양측만이 거래에 직접 관련되어 있다. 일반적으로 많은 사람이 거래에 연관될수록 잘못 전달되거나 복잡해질 위험이 그만큼 커진다. 그러나 직접유통은 그러한 위험이 거의 없다.

2) 추가적 판매기회

많은 고객들이 직접 공급자로부터 상품을 구매하고 싶어 한다. 그러한 고객과 거래하고자 하는 공급자는 직접유통시스템을 유지하려 한다.

직접유통은 고객의 기본적 구매 이외에도 공급자에게 추가판매를 수행할 기회를 제공한다. 관광공급자들도 이와 유사하게 직접유통시스템으로부터 이익을 얻을 수 있다. 고객이 비즈니스여행을 위해서 호텔 객실을 예약할 때 호텔예약담당자는 고객에게 그 호텔에서 '3박을 하면 주말은 무료제공'이라는 것을 알려줄 수 있다. 그러면 특별제공상품이 주는 혜택을 누리기 위해 체재를 연장하는 고객이 있을 수 있다.

직접유통은 관광공급자가 판촉상품, 환율, 특별 서비스에 대해서 직접 고객에게 이야기할 수 있는데, 이로써 추가판매의 가능성이 증가하게 된다.

3) 융통성

관광공급자가 유통시스템에 대해서 더 많이 관리할수록 이 시스템은 더욱 융통성이 생긴다. 만약 시장조건이나 고객의 욕구가 변한다면 공급자는 재빨리 그 변화에 대응할 수 있다. 즉 수요의 변화에 대해 직접유통 시스템에서는 더욱 빨리 대응할 수 있다. 이를테면 호텔이 대규모 회의로 인하여 증가한 연회 수요를 담당할 수 있도록 일시적으로 임시종업원을 증원할 수 있다. 갑자기 늘어난 항공여행자를 위해 항공사는 임시전세기를 띄울 수도 있다.

4) 이윤의 증가

고객에게 직접 판매하는 공급자는 중개인들에게 수수료를 지급할 필요도 없고, 할인해 줄 필요도 없다. 물론 공급자는 직접유통시스템을 유지하는 모든 비용을 부담해야 한다. 여기서 공급자는 관광상품을 직접 판매함으로써 발생한 비용이 중개인들에게 지급해야 하는 수수료를 초과하는가 어떤가를 알아내야 한다.

5) 통제력 확대

직접유통을 통해서 관광공급자는 제공되는 상품과 공급자가 고객에게 설명하는 방법을 완전히 통제할 수 있다. 여기서 공급자는 최대의 이윤을 좌우할 수도 있는 대리인의 행동에 의존할 필요가 없다.

일반적으로 여행업자는 한 명 이상의 공급자를 대리하며 수많은 여행상품을 판매한다. 그들에게 특정 공급자의 판매직원만큼 단일상품에 대해 깊은 지식을 지니도록 기대할 수는 없다. 그리고 여행업자가 경쟁공급자의 상품보다 사사의 상품을 더 잘 판매할 수 있다고 볼 수도 없다.

직접유통은 공급자가 중개인을 통하여 자사상품을 판매하는 것보다 훨씬 강도 높게 자사상품의 판매방법에 대해 원격조정을 할 수 있다. 직접유통시스템은 공급자가 고객들과 직접 접촉할 수 있도록 만드는데, 이로써 공급자는 자사상품이 고객에게 제공되는 품질에 대하여 통제가 더욱 쉬워지게 된다.

그러나 간접유통시스템보다 직접유통시스템을 선택하는 것은 잠재적 판매경로를 줄이고 결국 더 높은 유통경비를 초래한다. 결과적으로 관광공급자는 유통판매 조직을 결정할 때 판매상품의 특성과 관련하여 가격, 유용성, 품질, 통제가능성 등을 심사숙고하여야 한다.

2. 직접유통이 고객에게 주는 이점

직접유통시스템은 고객에게도 역시 어떠한 이익을 제공한다. 일부 고객들, 특히 다빈도고객은 공급자로부터 관광상품을 직접 구매하고자 한다. 그들이 이렇게 하는 데는 몇 가지 이유가 있다.

1) 통제

많은 고객들은 관광상품을 직접 구매하는 것이 그들의 여행계획에 대하여 예약, 수정, 취소 등 통제가 쉽다고 생각한다. 그들은 자신을 위해 예약하는 데 제삼자에게 의지할 필요가 없다고 생각한다.

2) 시간 절약

일부 관광상품을 공급자로부터 직접 구매하는 것은 여행계획이 간단할 때는 중개인을 통하는 것보다 더 빠르다. 일부 공급자들은 잠재고객이 사용할 수 있도록 장거리 무료전화번호를 제공하고 있다. 고객들은 판매담당자들과 직접 연락할 때 즉석에서 다양한 선택안 가운데 하나를 결정할 수 있다. 만약 중개인이 개재된다면 공급자와 고객이 선택안과 의사결정을 내리는 데 여분의 시간이 더 걸릴 수 있다.

3) 정확성

많은 사람이 거래에 관련될수록 실수나 잘못이 발생할 기회가 많아진다. 고객이 중개인을 이용할 때 공급자와 중개인의 정확성에 의존하는데, 종종 실수나 잘못이 발생하기도 한다. 그래서 일부 고객들은 여행상품을 직접 구매하는 것이 실수를 최소화한다고 믿기도 한다.

제 4 절 간접유통

간접유통시스템은 한 명 이상의 중개인이 개재하여 공급자로부터 고객에게 관광상품을 제공하는 유통채널 시스템이다. 관광공급자는 여전히 관광객에게 상품을 판매한다. 그러나 고객을 위해 제삼자를 통해서 간접적으로 판매하기도 한다.

간접유통시스템은 관광산업의 기둥이다. ASTA에 의하면 미국의 여행업자들은 크루즈여행의 95%, 패키지투어의 90%, 미국 내 항공권의 80%, 렌터카의 50% 그리고 미국 내 호텔 객실의 25%를 판매하고 있다.

이론적으로 보면 모든 중개인은 '동일 관광상품의 거대한 집합소'이다. 간접유통시스템에 속하는 중개인은 다수의 공급자로부터 막대한 양의 이질적 관광상품을 취급하고 있다. 그래서 거의 예외 없이 중개인들은 독특한 관광상품을 독점적으로 고객에게 제공하지 못한다. 그러나 그들은 관광객의 욕구를 충족시키는 방법으로 나름대로 독특하게 상품들을 결합해서 판매한다.

1. 간접유통이 공급자에게 주는 이점

간접유통시스템은 공급자에게 커다란 이익을 제공한다. 이러한 이점은 간접유통에 관련된 중개인의 특성에서 발생한다.

1) 판매경로의 확대

간접유통을 사용함으로써 상품을 팔 수 있는 판매점의 수가 증가한다. 예를 들면 호텔은 호텔 내에 판매사무실, 또는 공항 로비에 판매사무실을 갖고 있다. 그러나 호텔 객실을 전국의 여행사가 판매할 수 있게 함으로써 호텔은 여행사 수만큼(최대로 미국은 약 3만 개, 한국은 약 7천 개)의 판매점을 가지게 된다. 이러한 판매기회의 확대원리는 환대산업에서 모든 공급자 유형에 적용된다.

2) 초과 판매력 부담의 제거

간접유통시스템은 비록 공급자의 판매력을 확대하지만, 그렇다고 해서 공급자의 일반경비에 추가되는 것은 아니다. 공급자들은 중개인에게 수수료를 지급하는 것이 정식직원이 상주하는 판매사무실을 유지하는 것보다 경비가 훨씬 적게 든다. 중요한 상품기반이 없는 소규모 공급자들은 많은 판매직원을 고용하는 것보다 중개인을 이용함으로써 부가적인 급료, 시설, 장비, 사무실 임대료를 피할 수 있다. 따라서 공급자들은 판매와 관련하여 수수료 형태로 판매경비만을 지급하면 된다는 사실에 커다란 매력이 있다.

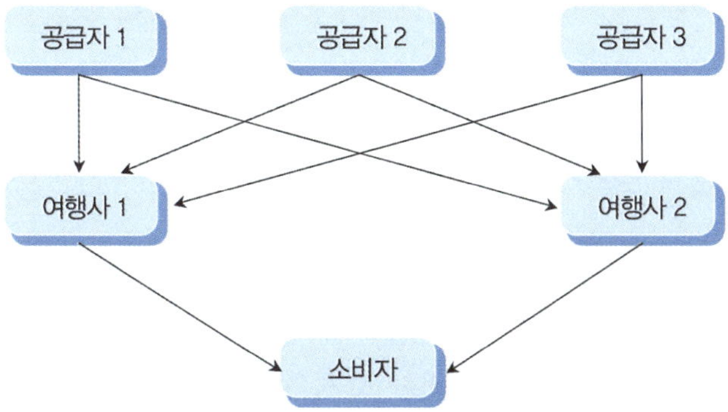

[그림 7-8] 간접유통의 이점

2. 간접유통이 고객에게 주는 이점

만약 간접유통시스템의 이점이 공급자들에게 제한되어 있다면 고객은 오로지 직접적인 수단을 통하여 관광상품을 골라야 한다. 그러나 간접유통은 판매의 이점을 고객들에게 명확하게 제공하고 있다.

1) 선택

중개인으로부터 관광상품을 구매한 고객은 그들이 공급자에게서 직접 구매하는 경우보다 더 많은 선택권을 갖기도 한다. 사용할 수 있는 선택의 수가 많은 것은 다음과 같은 두 가지 이유 때문이다.

첫째, 중개인들은 단지 그들의 상품만을 제공하는 공급업자와는 달리, 많은 공급자의 상품을 경쟁적으로 취급한다. 그러므로 고객은 중개인을 통하여 구매할 때 여러 번 전화하지 않고도 한번에 항공기부터 목적지의 호텔까지 모두 효과적으로 선택할 수 있다.

둘째, 중개인들은 개인들이 스스로 모으기 어렵거나 불가능한 호텔상품들을 결합해서 제공한다.

2) 가격

"공장에서 직접 구매하면 돈을 절약한다"라는 말은 유형재(有形財)의 상품을 고르는 데는 좋은 조언이 될 수 있다. 그러나 그것은 서비스가 주(主)상품인 관광상품에서는 통용되지 않는다. 사실 정반대의 일이 종종 발생한다.

중개인을 통하여 상품을 구매한 고객은 중개인의 대량구매와 할인으로 이득을 볼 수 있다. 예를 들면 여행도매업자는 개별적 상품가격의 합계보다 고객에게 염가의 패키지상품을 제공한다. 그리고 티켓 컨솔리데이터는 보통 공급자가 부가한 가격보다 훨씬 낮은 가격으로 상품을 판매한다. 게다가 여행사는 특별한 호텔상품의 가장 낮은 가격을 책정하기 위해 경쟁적으로 여러 호텔공급자의 정보를 이용한다.

3) 서비스

중개인은 고객의 상품선택에 있어서 직면하는 이용 가능한 관광상품의 수를 좁히는 데 특히 효과적인 역할을 한다. 중개인은 상품을 찾는 고객과, 고객을 찾는 공급자로 구성된 양쪽의 '탐색과정'이라는 구조 속에서 핵심적인 역할을 한다. 상대편을 찾는 양쪽의 욕구를 해결해 주는 역할을 하는 것이다.

중개인들은 많은 선택안에서 고객의 욕구를 충족시킬 수 있는 관광상품을 확실하게 소구하고 추천하는 데 적임자이다. 중개인들은 여러 정보나 특별한 서비스를 제공한다. 예를 들면 지방여행사는 편리함뿐만 아니라 고객들과 얼굴을 맞대고 대화함으로써 확실한 고객 관계를 공고히 구축할 기회를 만들어 간다.

여행업자는 고객의 욕구와 선호를 확인하기 위해서 시간을 자주 할애한다. 여기서 얻은 정보로 여행업자는 고객의 욕구 및 예산에 가장 적합한 상품을 선택하여 추천할 수 있다. 예를 들면 경쟁이 치열해짐에 따라 항공권의 요금과 제한 조건의 수는 매우 증가하였다. 여행업자들은 이러한 특별요금과 제한 조건에 익숙해짐에 따라 고객들에게 조언할 수 있으며, 고객이 관광상품의 구매를 결정했을 때 고객을 위해 필요한 수배를 할 수 있다. 많은 다른 전문적 서비스와 달리 이러한 서비스는 무료이다.

08
CHAPTER

서비스촉진관리

08 서비스촉진관리

CHAPTER

과거의 고객들은 TV나 신문과 같은 한정된 정보원천에서 상품이나 서비스에 대한 정보를 입수하였다. 그 한정된 정보원천에 의해 마케터들은 브랜드 이미지와 약속을 쉽게 전달할 수 있었다. 그러나 오늘날의 서비스 소비자들은 좀 더 다양한 마케팅 매체(웹사이트, 소셜미디어, 모바일 광고, 블로그, 가상 커뮤니티, DM, 극장광고, e-메일 권유, 표적 잡지, 다수의 판매 촉진 등)를 통해 커뮤니케이션을 한다. 그리고 소비자들은 서비스스케이프[1], 고객서비스부서, 접점직원과의 대면을 통해 추가적인 커뮤니케이션을 한다. 이러한 서비스 상호작용을 통해 고객이 받는 정보는 다양성, 크기, 그리고 복잡성에서 더 높다. 따라서 외부자원을 통제하지 못하는 기업은 모든 내부자원으로부터 창출되는 메시지를 고객에게 일관성 있게 전달하는 것이 관광마케터들이 직면한 커다란 과제이다.

제 1 절 마케팅 커뮤니케이션의 역할

오늘날의 마케팅 커뮤니케이션은 단순히 미디어 광고, PR(Public Relations), 전문판매원보다 좀 더 넓게 보아야 한다. 서비스시설의 위치

1) 서비스스케이프(servicescape)는 고객이 주문하고 서비스전달을 받게 되는 물리적 장소의 설계를 말한다. 9장 참조

와 분위기, 색감, 그래픽 요소의 사용 등 기업 디자인의 특징, 직원의 외모와 행동, 웹사이트의 디자인 등 이러한 요소들이 고객 마음속에 이미지를 형성한다. 이러한 이미지는 공식적인 커뮤니케이션 메시지의 내용을 강화할 뿐만 아니라 부정하는 데도 영향을 미친다. 마케팅 커뮤니케이션은 서비스 프로세스 각 단계에서 다음과 같이 특별한 역할을 한다.

1. 서비스 포지셔닝과 차별화

관광기업은 경쟁업체와 비교해서 자사의 서비스와 제품이 표적고객의 욕구를 충족시키기 위한 최상의 해결책이라고 설득하기 위해 마케팅 커뮤니케이션을 활용한다. 마케팅 커뮤니케이션 노력은 신규고객을 유인하거나 기존고객을 유지하고 밀접한 관계를 형성해 주기도 하며, 표적고객에게 자사 제품과 서비스 핵심속성의 우수함에 대해 확신을 심어주기도 한다. 자사가 제공하는 서비스의 차이를 명확히 알리기 위해 구체적인 단서, 이를테면 장비나 시설들의 품질 혹은 직원의 자격요건과 경험, 전문성 등을 사용하기도 한다.

포지셔닝의 차별화는 여러 속성 가운데 특히 강조하거나 오히려 사용하지 않기도 한다. 예를 들어 항공사는 안전성에 대해 광고를 하지 않는다. 이는 그런 광고가 오히려 고객을 불안하게 만들 수 있기 때문이다. 그 대신에 조종사의 경력과 전문성, 최신 항공기 도입, 정비 기술과 훈련 등에 대한 광고를 통해 고객들의 불안을 해소하려고 한다. FedEx는 배송 서비스의 우수 품질과 신뢰성을 증명하기 위해 고객만족 연구의 가장 저명한 기관인 J.D. Power and Associates로부터 입증되고 수여한 항공, 지상, 국제 배송에서의 가장 높은 고객만족지수 등 여러 상과 상패를 광고에 전시하거나 유튜브로 보여주고 있다.

[그림 8-1] 페덱스

[그림 8-2] 스타벅스

2. 서비스직원과 후방 운영의 공헌에 대한 커뮤니케이션

고품질의 전방인력과 후방인력은 서비스에서 중요한 차별점이 될 수 있다. 고접촉 서비스의 경우, 전방인력은 서비스전달에서 중요한 원천이다. 서비스 현장의 전방인력을 보여주는 광고는 잠재고객들이 서비스접점의 특징을 이해하는 데 도움을 준다.

광고, 전단, 웹사이트 등은 후방지원부서에서 최상의 서비스를 제공하고 있다는 사실을 고객들에게 보여줄 수 있다. 예를 들어 스타벅스에는 자사의 서비스직원이 후방에서 무엇을 준비하는지를 보여주는 홍보자료와 웹페이지가 있다. 스타벅스는 자사 커피의 최상의 품질과 신선함을 강조하기 위해 커피 원두가 어떻게 경작되고 수확되며 생산되는지를 그림이나 광고로 보여준다.

3. 커뮤니케이션 콘텐츠를 통한 가치부가

기업이 제공하는 정보와 자문은 제품에 가치를 더하는 중요한 방법이다. 즉 기업은 커뮤니케이션 콘텐츠를 통해 가치를 부가할 수 있다. 대다수 잠재고객은 자신에게 필요한 서비스의 종류, 적정시간과 장소, 서비스가격, 특정 형태, 서비스에 따른 기능과 혜택 등에 대한 정보가 필요하다.

4. 서비스 생산과정에 고객 관여 촉진

서비스 생산과정에 고객이 적극적으로 관여하기 위해서는 이를 위한 훈련이 필요하다. 고객이 생산과정에 그 역할을 잘 수행한다면 기업의 생산성 향상에 도움을 준다. TV나 비디오는 서비스 전달과정의 순서를 보여줄 수 있는 수단이 될 수 있다. 수화물 체크인이나 셀프 티케팅과 같은 자동화된 항공서비스의 도입은 이전에는 직원들에 의해 수행되던 일을 고객이 대신함으로써 조직의 생산성을 증가시키게 된 것이다.

5. 생산능력 일치를 위한 수요의 확대 또는 감소

광고나 판매 촉진은 고객의 서비스 이용 시기를 변화시키고 주어진 시간에 수요를 조절하는 데 도움이 된다. 예를 들어 금요일 저녁 극장의 좌석이나 주말 관광지 호텔과 같은 서비스의 경우에 시간의 제약이 있으므로 재판매를 위한 저장이 곤란하다. 호텔과 같이 높은 고정비를 가진 기업이라면 수요가 낮은 비수기에, 항공사의 경우라면 주중에 수요의 감소가 큰 문제가 되는데 이때 서비스 이용의 촉진을 위해 가격할인을 한다거나 등급 업그레이드와 같은 부가서비스를 제공하기도 한다. 성수기나 수요 증가 시에는 그러한 촉진을 줄이거나 아예 폐지하는 것이 낫다.

제 2 절 마케팅 커뮤니케이션 믹스

관광마케터는 다양한 형태의 커뮤니케이션을 활용하는데 이를 총체적으로 마케팅 커뮤니케이션 믹스라고 한다. 각각의 커뮤니케이션 요소에는 전달할 메시지의 종류와 노출하고자 하는 세분시장과 관련된 독특한 특징이 있다. [그림 8-3]에서 보는 바와 같이 마케팅 커뮤니케이션 믹스에는 인적 커뮤니케이션, 광고, 판매 촉진, 홍보 및 공중관계, 교육지침서, 기업 디자인 등이 포함된다.

[그림 8-3] 마케팅 커뮤니케이션 믹스

1. 전통적 마케팅 채널을 통한 메시지 전달

제조업체에서 발전되어 전통적으로 마케팅 커뮤니케이션에서 사용되어왔던 마케팅 도구들도 관광기업에서 활용할 수 있다. [그림 8-4]는 표적 청중에게 주어지는 메시지의 원천을 간략화한 것이다.

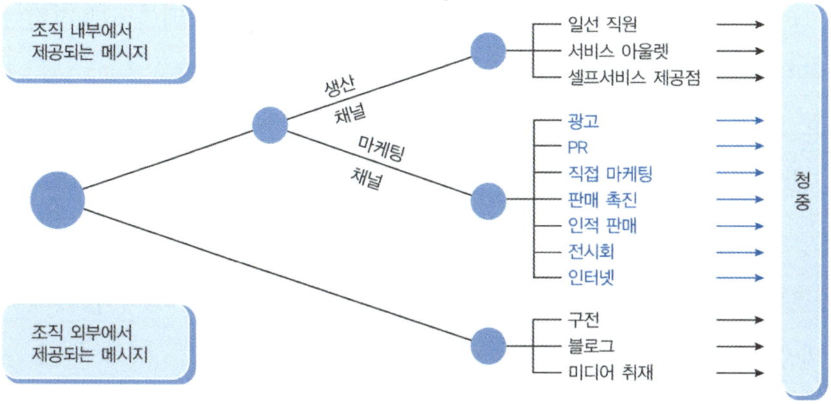

[그림 8-4] 표적 청중에게 주어지는 메시지 원천

1) 광고

광고(advertising)는 스폰서가 기업 제공물을 촉진하는 것이다. 광고는 마케팅에서 가장 널리 쓰이는 커뮤니케이션 형태로, 소비자와 마케터의 첫 번째 접점이 된다. 광고는 소비자의 인지를 형성하고 알리고 설득하며 해당 기업을 상기시키도록 하는 역할뿐만 아니라, 제품의 형태나 기능을 소비자에게 학습시키고 서비스에 대한 실제적 정보를 제공하는 중요한 역할을 한다.

주요 광고매체는 TV, 라디오, 신문, 잡지, 옥외광고판, 인터넷 등이다. 광고는 돈을 지급하는 것이기 때문에 창조적인 소구, 지면, 그리고 시간을 통제할 수 있다. 인터넷 광고는 기업 광고예산의 많은 부분을 차지하고 있으며 전통적인 마케팅 수단과 동시에 실행해야 한다.

2) 판매 촉진

판매 촉진(sales promotion)은 인센티브를 동반한 커뮤니케이션이다. 판매 촉진은 시간, 가격, 고객층 또는 이들 조합에 따라 달라질 수 있다.

그러나 판매 촉진의 전형적 목적은 고객을 더욱 빨리 구매하도록 하거나 특정 서비스를 더욱 빈번하게 이용하도록 하거나 구매량을 늘리거나 혹은 더 빈번하게 구매하도록 하는 데 있다.

판매 촉진에는 샘플, 쿠폰, 덤, 선물, 가격할인 그리고 고객의 구매와 미디어에 대한 관심을 자극하는 다른 단기적인 인센티브 등이 있다. 맥도날드, 버거킹, 웬디스 등의 패스트푸드산업은 유행하는 영화나 TV쇼에 제공물을 노출하기도 한다.

3) PR

PR(public relations, 공중관계)은 뉴스매체와 관련된 홍보(publicity)나 커뮤니티 이벤트를 통해 호의적인 기업 이미지를 만드는 활동을 의미한다. PR은 새로운 보도자료 발표, 컨퍼런스 개최, 특별행사 개최, 제삼자에 의해 개최되는 활동에 후원하는 등 제품이나 기업에 긍정적인 이미지를 갖도록 하는 모든 노력 등을 포함한다. 그 외에 기금 활동, 커뮤니티 참여와 지원, 보상프로그램, 대중 표창 등과 같은 PR 방법이 있다. 그리고 올림픽이나 월드컵과 같은 스포츠 이벤트의 배너 광고, 전사 인쇄[2], 기타 방법을 활용해 기업명이나 상징을 빈번히 노출하여 자사를 알리고 있다.

PR은 광고의 이상적인 동반자로서 기업이나 상품에 대해 더욱 상세한 정보를 제공하기에 충분하다. PR 캠페인의 목적 중 하나는 잠재고객의 마음속에 기업과 상품에 대해 긍정적인 이미지를 창조하고, 고객이 자사의 광고를 수용하도록 만드는 것이다. 이러한 방법으로 좋은 홍보는 고도의 경쟁시장에서도 그들의 경쟁자와 공급자를 구별할 수 있게 한다.

2) 사진 제판의 원고로 사용하기 위하여 원판에서 선명하게 찍어낸 인쇄물

4) 직접 마케팅

직접 마케팅(DM : direct marketing)은 우편이나 전화, 이메일 그리고 특정 소비자에게 직접적인 반응을 얻기 위한 커뮤니케이션의 도구들을 말한다. 이러한 채널들은 고도로 세분화된 고객들에게 개인화된 메시지를 보낼 수 있다. 이러한 직접 마케팅 전략은 마케터가 고객 및 잠재고객의 정보에 대한 자세한 데이터베이스를 가지고 있을 때 더욱 성공할 수 있다.

이메일의 스팸필터, 티보(Tivo)[3], 팟캐스팅, 팝업 차단과 같은 기술의 진보는 소비자들이 원하는 것을 언제, 어떻게, 누구에 의해 받고자 하는지를 결정하게 한다. 아메리칸 익스프레스는 직접 마케팅을 광범위하게 사용하고 직원들과의 상호작용적인 메시지를 포함해 모든 다른 메시지를 잘 통합해 시행하고 있다.

5) 인적 판매

인적 판매(personal selling)는 특정 제품이나 브랜드에 대한 선호를 촉진하고 고객을 학습하도록 하는 인적 서비스 제공방법이라고 할 수 있다. 인적 판매는 서비스상품을 판매하고 고객관계를 구축하는 데 기업의 대리인(판매원이나 유통업자)이 행하는 대면적인 방법이다. 기업 간(B2B) 거래상황에서 인적 판매와 광고를 통합하는 한 가지 방법은 판매원이 고객에게 배포하는 광고물의 개발에 참여하는 것이다. 이러한 접근은 통합된 메시지를 만들면서 동시에 기업이 만들어낸 약속을 판매원이 잘 이해하는 데도 도움이 된다.

---

3) 티보(Tivo)는 상표명으로, 하드디스크에 텔레비전 프로그램을 자동으로 녹화할 수 있는 디지털 비디오 리코더이다.

보험, 자산관리, 장례서비스와 같이 구매빈도가 낮은 서비스의 경우, 판매대리인은 고객의 구매 선택을 도와주는 상담자 역할을 한다. 반면에 상대적으로 복잡한 산업재 기업이나 전문서비스의 경우, 고객에게 전문적 조언이나 교육, 상담 가능한 고객관리자를 두고 있다.

인적 판매의 단점은 비용이 많이 든다는 것이다. 그래서 신규 잠재고객 발굴을 위한 저렴한 대안으로 텔레마케팅이 도입되었다. 텔레마케팅은 전화를 사용하여 잠재고객을 접하는 방법이다. 텔레마케팅은 주말이나 저녁시간에 소비자가 가정에 있을 때 전화하는 경우가 많았기 때문에 소비자 불만이 많게 되었고, 미국에서는 많은 소비자가 스팸성 전화차단(do not call registry)에 찬성하여, 이로 인해 잠재고객에게 도달되는 전화 횟수가 급격히 감소하기도 하였다.

6) 전시회

전시회(trade show)는 홍보의 한 형태로, B2B 서비스에서 특히 중요하며 인적 판매의 기회도 가질 수 있다. 많은 산업에서 전시회는 언론의 큰 관심을 받고, 기업 고객은 전시회를 통해 다양한 최신 제품의 정보를 접할 기회를 얻을 수 있다. 서비스 판매자는 잠재고객에게 알리기 위한 전시, 샘플, 증명서, 브로슈어 등을 통해 물리적 증거를 제공한다. 전시회는 대규모 구매자들이 관광마케터에게 다가올 수 있는, 드문 기회를 제공하기 때문에 매우 생산적인 촉진방법이 될 수 있다.

2. 인터넷을 통한 메시지 전달

기업은 자사의 웹사이트나 온라인 광고를 통해 마케팅할 수 있다. 인터넷을 통한 광고는 합리적인 비용으로 전통적인 커뮤니케이션 채널을 보완하거나 대체할 수 있게 한다. 그러나 인터넷 광고는 다른 커뮤니케이션 전략과 함께 통합적으로 잘 설계된 커뮤니케이션 전략의 일부로 존재해야 한다.

1) 웹사이트

기업의 마케터들은 다양한 커뮤니케이션 업무를 수행하기 위하여 인터넷을 활용한다. 예를 들어 소비자의 인식과 흥미 창출, 정보 제공과 상담, 이메일과 채팅 공간을 통해 쌍방향 커뮤니케이션을 할 수 있도록 유도하거나, 제품 사용 유도, 주문 유도, 특정 광고나 판촉 캠페인의 효과 측정 등에 활용된다.

마케터는 웹사이트의 고착성(stickness)[4]에 영향을 미치는 다운로드 속도와 같은 다른 요소들을 설명해야 한다. 고착성이 높은 사이트란 콘텐츠의 높은 품질, 사용자의 편리성, 빠른 다운로드, 잦은 업데이트 등의 요소를 포함한다.

2) 온라인 광고

온라인 광고에는 배너광고와 검색엔진 광고의 두 가지 형태가 있다. 광고주는 이러한 광고 안에 동영상 이미지를 탑재할 수 있고, 다른 영상과 연계할 수도 있다. 통합 커뮤니케이션 전략의 한 부분인 온라인 광고를 적절하게 이용하는 것은 관광기업의 성공에 도움을 줄 수 있다.

(1) 배너광고

베너광고는 타사의 인터넷 사이트에 광고비를 지급하고 게재되는 띠

4) 방문자가 사이트에 머물고자 하는 시간과 미래에 재방문할 의도를 뜻함

모양의 광고이다. 배너광고는 주로 정보를 찾아주는 검색 서비스, 뉴스를 제공하는 매스미디어, 영화나 음악 등의 오락 정보를 제공하는 엔터테인먼트 사이트에 광고를 싣는다. 많은 기업이 야후, 네이버, 카카오, 기타 기업의 웹사이트와 같은 포털의 배너와 버튼 광고를 하기 위해 광고비를 낸다. 그 목적은 광고주의 자체 웹사이트에 접속하도록 하는 것이다.

(2) 검색엔진 광고

검색엔진은 방송 네트워크의 반대 형태이다. 광고주가 소비자에게 메시지를 전달하는 것 대신에, 검색엔진은 키워드 검색을 통해 고객들이 원하는 정보를 정확히 알려주는 것이다. 따라서 광고주들은 이러한 고객들에게 적절한 마케팅 커뮤니케이션을 할 수 있다. 세계적으로 성공적인 검색엔진 광고 사례는 Yahoo, AOL, MSN, Blink, Google 등에서 나타나고 있다.

(3) 팝업광고

팝업광고(pop-ups)는 막간광고(interstitial advertising)로 인터넷에서 정보를 요청하는 동안 틈새를 이용해 광고를 내보는 것이다. 사용자가 요청한 정보를 얻기 위해 대기할 때 가장 높은 관심을 가지고 화면을 주시하므로 그때 제시하는 광고는 그만큼 효과가 크다. 그러나 지나치게 자주 광고가 등장하면 오히려 소비자의 반감을 사게 되므로 주의해야 한다.

3) 뉴 미디어와 마케팅 커뮤니케이션

급격한 기술적 진보는 표적시장 선정을 위한 중요한 기회를 제공하는 새롭고 흥미로운 커뮤니케이션 채널을 만든다. 뉴 미디어와 마케팅 커뮤니케이션에는 팟캐스팅, 모바일 광고, Web 2.0과 Web 3.0, 유튜브, 소셜 네트워크와 커뮤니티 등이 있다.

(1) 팟캐스팅

팟캐스팅(Podcasting)은 아이팟(iPod)과 브로드캐스팅(broadcasting)의 합성어로서, 배포자 - 구독자(또는 송신자 - 수신자) 모델을 활용해 인터넷으로 오디오나 비디오 프로그램을 분배하는 기술이다. 팟캐스팅은 새로운 방식으로 TV나 라디오 프로그램을 제공한다. 일단 누군가 청취나 시청을 하게 되면 새로운 정보를 자동으로 받게 된다.

팟캐스팅은 비디오 클립, 휴대전화 다운로드 방송 서비스, 블로그를 위한 오디오나 비디오 캐스트 등과 같은 다양성을 갖고 있어 매우 인기가 높다. 기업 마케팅 커뮤니케이션 프로그램으로써 팟캐스팅을 활용하는 것은 매우 가치가 높다. 어떤 고객이 특정 프로그램을 시청한다면 그 고객이 해당 주제에 흥미가 있다는 것을 의미하기 때문이다. 이를 활용하면 광고 메시지가 더욱 세분화되어 제공될 때, 기업은 지출액 대비 더욱 높은 성과를 거둘 수 있을 것이다.

(2) 모바일 광고

모바일 광고는 휴대전화나 다른 모바일 무선 장치를 이용해 광고하는 형태이다. 모바일 광고는 SMS(short message service), MMS[5], 모바일 게임 광고, 비디오 혹은 음성메일을 녹음하기 전 음악의 형태로 제공된다.

---

5) MMS는 멀티미디어 메시징 서비스(Multimedia Messaging Service)를 말하는 것으로 정지영상을 비롯해 음악 및 음성 그리고 동영상 등 다양한 형식의 데이터를 상대편에게 보내는 동시에 검색할 수 있는 메시징 시스템이다.

모바일 광고와 전체적 포지셔닝 시스템의 사용을 통해 고객들은 쇼핑몰에 갈 수 있으며 쇼핑몰 내에서 특정 점포를 방문하면 할인, 쿠폰 등을 받을 수 있다는 광고를 접하기도 한다. 이것은 소비자들에게 어떤 편의를 제공하고 더 표적화된 광고를 제공할 수 있는 반면에, 사생활 침해의 소지가 될 수도 있다.

(3) Web 2.0과 Web 3.0

Web 2.0은 사용자가 콘텐츠를 제작하는 기술이다. 이는 P2P[6] 커뮤니케이션의 힘을 사용한다. 위키피디아와 플리커, 유튜브, 트위터, 기타 소셜 네트워크 등 다양한 매체를 총칭하는 용어이다. 웹 2.0에서는 다수의 사용자에 의해 콘텐츠가 생성, 업데이트, 수정되며, 무료로 공유된다. 가장 중요한 것은 마케터가 이곳에서 공유되는 내용에 대해 통제할 수 없다는 것이다.

Web 3.0은 컴퓨터가 시맨틱웹 기술[7]을 이용하여 웹페이지에 담긴 내용을 이해하고 개인 맞춤형 정보를 제공할 수 있는 지능형 웹 기술을 말한다. 지능화, 개인화된 맞춤형 웹이다. 웹 3.0은 월드 와이드 웹(WWW)이 앞으로 어떻게 될 것인지를 서술할 때 주로 사용되는 용어이다. 최근의 웹 혁명을 서술하기 위해 쓰는 웹 2.0이라는 구문의 도입에 따라 수많은 기사와 기자, 그리고 산업을 이끄는 사람들이 웹 3.0이라는 용어를 사용하여 앞으로의 인터넷 혁명의 파동에 대한 가설을 세운다.

---

6) P2P(peer to peer, person-to-person)는 인터넷에서 개인과 개인이 직접 연결되어 파일을 공유하는 것이다.

7) 현재의 컴퓨터처럼 사람이 마우스나 키보드를 이용해 원하는 정보를 찾아 눈으로 보고 이해하는 웹이 아니라, 컴퓨터가 이해할 수 있는 웹을 말한다. 즉 사람이 읽고 해석하기에 편리하게 설계되어 있는 현재의 웹 대신에, 컴퓨터가 이해할 수 있는 형태의 새로운 언어로 표현해 기계들끼리 서로 의사소통을 할 수 있는 지능형 웹이다.

(4) 유튜브

유튜브는 구글이 운영하는 동영상 공유 서비스로, 사용자가 동영상을 업로드하고 시청하며 공유할 수 있도록 한다. 당신(You)과 브라운관(Tube, 텔레비전)이라는 단어의 합성어이다.

2005년 2월 창립되어 2006년 10월 구글이 유튜브사를 인수하였으며, 이후 2007년부터 국가별 현지화 서비스를 시작하여 한국어 서비스도 2008년 1월 시작되었다. 여러 국가의 언어를 지원하는 다국어 서비스이며, 일부 서비스를 제외하고는 기본적으로 무료로 이용할 수 있다.

동영상이나 사용자에게 댓글을 달아 소통하기 때문에 소셜미디어 서비스의 일종으로도 분류된다. 유튜브에 업로드하는 사용자의 대부분은 개인이지만, 방송국이나 비디오 호스팅 서비스들도 유튜브와 제휴하여 동영상을 업로드하고 있다. 대부분의 동영상은 회원가입을 하지 않아도 볼 수 있지만, 동영상을 게시하기 위해서는 회원가입이 필요하다. 기업들은 유튜브의 장점에 주목하여 이를 마케팅 커뮤니케이션 수단으로 활용하고 있다.

[그림 8-5A] 유튜브

[그림 8-5B] 트위터

(5) 소셜 네트워크와 커뮤니티

소셜 네트워크는 인터넷 또는 인트라넷 등 전자 네트워크로 정보를 주고받는 미디어 서비스를 통칭하는 개념이다. 초기엔 지인들 간에 소식을 공유하는 블로그와 메신저에서 출발했지만, 위키, 스마트폰 마이크로 블로그, 협업 툴 등의 개념이 추가되고 있다. 페이스북, 인스타그램, 트위터, 링크드인과 같은 소셜 네트워크는 마케터들을 위한 학습과 커뮤니케이션 기회를 제공한다. 세컨드 라이프[8]에는 여러 커뮤니티에서 실제처럼 가상 광고기업과 가상 광고캠페인이 존재한다.

소셜 네트워크가 일반화되면서 기업에서는 커뮤니티 안에 가장 영향력 있는 사람을 찾기 위해 네트워크를 분석하고 있다. 그러나 어떤 커뮤니티에서는 그러한 기업의 마케터를 불청객이나 방해자로 규정하기도 한다. 따라서 기업 측에서 네트워크에 참여하기 위해서는 새로운 창의적 방법으로 접근해야 한다. 예를 들어 인기 있는 가상 선물을 제공해 구전을 만들어내는 것 등이다.

3. 서비스 전달 경로를 통한 커뮤니케이션

1) 고객 서비스직원

고객 서비스직원(현장직원, 일선직원)은 면대면, 전화, 이메일 등을 통해 고객과 접촉한다. 이 현장직원의 커뮤니케이션은 핵심서비스 제공, 정보 제공, 예약서비스, 결제, 문제해결 등 다양한 부가서비스의 형태를 취한다. 관광기업의 브랜드 자산은 서비스직원과 접촉한 고객의 개인적인 경험을 통해 형성된다. 특히 신규고객은 효과적으로 서비스를 이용하거나 문제를 해결하기 위해 고객 서비스직원과 밀접하게 커뮤니케이션을 하게 된다. 이렇듯 고객과 직접 접촉하는 서비스직원은 기업을 대표하며 그 회사의 이미지를 창출하는 등 매우 중요한 역할을 하므로 더욱

8) 세컨드 라이프(www.secondlife.com)는 미국 샌프란시스코에 본사를 둔 벤처기업 린든 랩이 2003년 선보인 인터넷 기반의 가상현실공간을 말한다. 자신의 아바타(인터넷에서 사용자의 역할을 대신하는 애니메이션 캐릭터)를 이용해 집을 사고 물건을 만들어 파는 등 경제활동을 한다. 사이버 활동으로 번 돈(린든 달러)을 실제 미국 달러화로 환전해 주기 때문에 현실과의 경계가 허물어지고 있다.

효율적인 관리를 필요로 한다.

2) 서비스 판매점

관광기업의 메시지는 서비스 판매점(service outlet)에서 배너, 포스터, 표지판, 브로슈어, 비디오 스크린, 오디오의 형태로 고객에게 전달될 수 있다. 이들을 서비스스케이프라고 부르는데, 서비스의 물리적 디자인을 의미한다. 건물 인테리어 컨설턴트와 기업 디자인 컨설턴트는 기업의 포지셔닝을 고객에게 알리고 강화해서 고객이 긍정적인 서비스 경험을 느낄 수 있도록 건물의 내·외부 디자인의 시각적 요소를 조정하여 서비스스케이프를 디자인할 수 있다.

3) 셀프서비스

이미 셀프서비스는 우리 사회에 깊숙이 자리 잡고 있다. 슈퍼마켓에서는 고객이 상품을 선택한 다음 스스로 계산대까지 운반하고, 식당에서는 물을 셀프로 따라 마신다거나 손님이 직접 카운터로 주문품을 가지러 간다. 이러한 슈퍼마켓 이외의 셀프서비스 판매점을 셀프서비스점이라 한다.

셀프서비스 방식은 인건비가 비싼 미국에서 시작되었는데, 한국에서도 최근 심각한 인력난 등으로 산업 전반에 무인화·자동화가 급격히 추진되면서, 서비스 분야에서도 셀프서비스 제도가 급속도로 확산되고 있다. 셀프서비스의 예로는 ATM, 자동판매기, 호텔 자동 체크아웃, 항공사 무인 체크인, 무인판매점, 폰뱅킹 및 온라인을 기반으로 하는 다양한 셀프서비스가 존재한다.

[그림 8-6] 항공사 키오스크

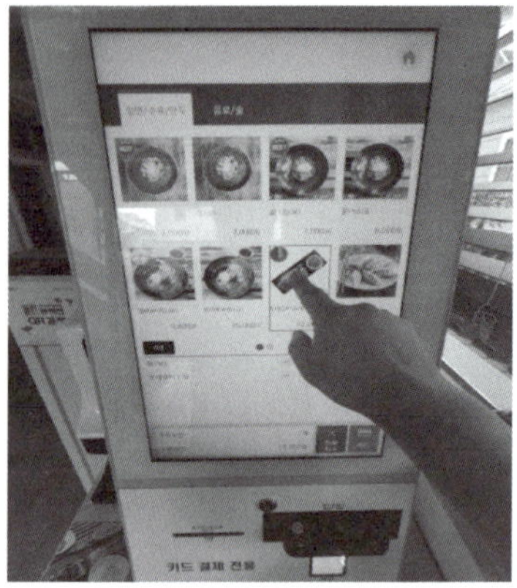

[그림 8-7] 매장 키오스크

4. 조직 외부에서 기인한 메시지

1) 구전

구전(word of mouth)은 소비자의 서비스 이용 여부에 대한 의사결정에 강력한 영향을 미친다. 서비스 구매에 소비자가 위험을 더 크게 인식할수록 구전에 더 의지하게 된다. 즉 고급 레스토랑, 의료, 법률, 컨설팅, 금융, 미용, 자동차 정비 등 서비스를 구매할 때 주위 사람들의 의견을 많이 참조한다.

서비스는 높은 경험속성과 신뢰속성을 가지고 있고 이로 인해 잠재고객들이 높은 지각된 위험을 느끼기 때문에 긍정적인 구전은 특히 관광기업에 매우 중요하다. 실제로 스타벅스와 같은 성공적인 기업은 그들의 만족한 고객의 구전에 의존하여 강력한 브랜드를 구축하였다.

2) 블로그

온라인 구전의 새로운 형태로 블로그가 있다. 블로그(Blogs)는 'web'과 'log'의 줄임말로서, 새로 올리는 글이 맨 위로 올라가는 일지 형식을 띠는데 이것이 log의 형식과 유사하여 블로그라는 이름이 붙게 되었다. 온라인 저널, 일기 또는 자신의 관심사에 따라 자유롭게 글을 올리는 웹페이지를 의미한다. 네이버(naver)나 다음(daum)과 같은 포털사이트를 통해 개인 블로그를 만들 수 있다. 글뿐만 아니라 사진이나 촬영한 동영상 업로드가 가능하고 다른 사람들이 자유롭게 블로그에 드나들며 의견을 나누고 정보를 공유할 수 있다. 어떤 것이든 블로그의 주제가 될 수 있으며 여행, 맛집, 호텔, 상품 후기, 생활 팁, 법률 등 다수의 정보를 얻을 수 있다.

흔히 블로거(blogger)라 불리는 운영자들은 한정된 영역에 관심을 갖고 있으며, 특정 분야에서 자칭 전문가로 통한다. 그중 많은 사람이 공유하게 되는 블로그를 운영하는 사람을 '파워 블로거'라 부르며 그 영향력은 막강하다.

그러나 어디까지나 개인이 주관적으로 기록한 정보이기 때문에 정보를 공유하고 사용을 촉구할 수도 있지만 반대로 상품에 대한 부정적 의견도 확산될 수 있다는 점에서 기업에서는 주의해서 받아들일 필요가 있다. 관광서비스기업들은 수시로 블로그를 모니터링하며 온라인상에서 평판을 관리하고 이를 시장조사 및 피드백의 정보로 활용하고 있다.

3) 트위터

트위터(Twitter)는 이용자들이 다른 이용자가 업데이트하는 내용을 읽거나 보내는 소셜 네트워크와 마이크로 블로그이다. 현재 무엇이 일어났는지, 무엇을 생각하는지를 매우 간단하게 기술하고, 남들이 이를 구독한다. 트위터는 문서 서식 등의 기능은 모두 제거되었으며 최대 140자까지 쓸 수 있고 극히 짧은 포스팅만이 가능하다.

휴대전화 연동으로 팔로잉하는 사람의 트윗을 실시간으로 받아볼 수 있었고 현재는 모바일 앱을 제공한다. 2009년에 만들어진 트위터는 2009년 가장 빠른 성장을 기록한 소셜 네트워크 서비스가 되었다.

자포스(Zappos)의 CEO는 마치 친구가 된 것처럼 고객들과 상호작용을 하면서 자사 및 상품을 알리고 있고, 유명한 연예인들은 이동하는 중에도 그의 팬들과 상호작용하며 의사소통하고 있다.

[그림 8-8] 자포스

4) 언론 취재

최근에 온라인의 중요성이 급속하게 증가하고 있지만, 그래도 전통적인 매스컴의 보도를 결코 무시할 수 없다. 뉴스가 될 만한 이벤트는 온라인에서 맨 처음 거론되는 게 보통이지만 점차 대중들에게 전달하기 위해서는 전통적 미디어에서 보고된다. 기업이나 서비스상품에 관한 취재는 PR활동의 일환으로 이루어지지만, 방송사나 출판사의 독자적인 취재를 통해 보도가 이루어지기도 한다. 뉴스 가치가 있는 기사는 편집자나 제작자가 독자나 시청자가 관심 갖는 정보라고 결정할 때 뉴스가 된다.

제 3 절 서비스 커뮤니케이션의 과제

고객이 받는 실제의 서비스 제공물과 기업이 고객과 약속하는 커뮤니케이션의 불일치는 서비스품질에 대한 고객지각에 큰 영향을 미칠 수 있다. 이러한 서비스 커뮤니케이션의 쟁점과 관련된 요인들은 다음과 같이 5개 과제로 요약된다.

1. 서비스 무형성의 문제

서비스 무형성의 본질은 소비자의 서비스 구매 전과 후 모두에서 문제를 발생시킨다. 서비스를 구매하기 전에 소비자들은 무엇을 구매할 것인지와 브랜드 환기, 그리고 서비스를 유형적으로 이해하는 데 곤란함을 느낀다. 또 소비자는 구매하는 동안에 여러 서비스 간에 그 차이를 분명하게 알지 못하며, 구매 후에도 서비스 경험을 평가하는 데 어려움을 느낀다.

여기서 무형성으로 인해 다음의 5가지 문제점을 갖게 되는데, 그 각각의 문제점은 서비스 커뮤니케이션을 위한 시사점을 담고 있다.

① 무형적인 존재 : 서비스는 보이지 않으며 물리적 공간을 차지하지도 않는다. 형체가 없어서 눈에 보이는 유형재와 비교해 고객에게 보여주기가 어렵다.

② 추상성 : 건강, 흥(fun), 오락, 보험 등과 같은 서비스의 편익은 추상적이며 직접 서비스를 표현하거나 이해하기가 어렵다.

③ 일반성 : 서비스상품과 서비스 약속은 일반성(대단한 경험, 우수한 교육, 완전히 만족한 고객)으로 기술되어, 경쟁자와 차별화하기가 어렵다.

④ 조사 불가능성 : 서비스는 성과이기 때문에 구매과정에서 미리 보거나 면밀하게 살펴볼 수 없다. 즉 그것을 사전에 조사하기가 불가능하다.

⑤ 상상의 어려움 : 서비스는 복잡하고 다차원적이며 마음속에서 상상

하기가 어렵다. 이전에 접한 적이 없거나 사전에 지식이 없을 때 서비스를 해석하기가 어렵다.

2. 서비스 약속의 문제

관광기업의 서비스접점직원, 광고, 영업사원 등이 고객과 약속한 마케팅 커뮤니케이션에 실패할 때 심각한 문제가 발생하는데, 이러한 실패는 그 기업의 각 부서가 고객에게 제시할 약속을 정확한 문구로 만드는 데 필요한 정보들이 부족해서 발생한다. 기업 간 사업(B2B)의 경우 판매원은 흔히 현재 제공할 수 없거나 정확히 언제 제공될지 모르는 서비스를 판매하곤 하는데 이러한 경향은 새로운 서비스사업에서 더욱 두드러진다. 그리고 수요와 공급의 변동은 서비스의 공급이 어떤 경우에는 가능하지만 다른 경우에는 불가능한 상황이 발생해서 결국에는 미래 상황예측을 더욱 어렵게 만든다.

3. 고객 기대의 문제

마케팅부서는 실제로 서비스접점에서 일어나는 일들을 정확히 반영해야 하며, 운영부서는 커뮤니케이션에서 약속한 사항을 반드시 제공해야 한다. 따라서 서비스에 대해 적절하고 정확하게 커뮤니케이션하는 일은 마케팅부서와 운영부서 모두의 책임이다. 만약 광고, 인적 판매 또는 기타 외부커뮤니케이션(마케팅부서)이 고객들에게 비현실적 기대를 품게 한다면 실제로 서비스가 제공되는 접점(운영부서)에서 고객은 실망하게 될 것이다.

많은 기업은 소비자에게 이전의 서비스가 앞으로 제공되지 않게 된다거나, 더 높은 가격으로 제공된다는 내용을 전달하여 소비자의 기대를 낮추는 전략을 쓰기도 한다. 때때로 항공사의 무료 기내식 제공 중지, 신용카드사의 부가가치서비스 중지, 의료보험회사의 서비스 축소, 종합병원들의 입원 기간이나 검진 프로세스 축소는 서비스에 대한 고객의 기대를 낮추고 이를 유료화로 전환함으로써 수익증진을 위한 전략의 일환으로 삼는다.

4. 고객 교육

관광기업은 반드시 고객을 교육해야 한다. 서비스가 어떤 방식으로 제공되는지, 서비스 제공과 관련해 자신이 어떤 역할을 해야 하는지, 그리고 이전에 경험해 본 적이 없는 서비스를 어떻게 평가해야 하는지에 관해 고객이 정확하게 이해하고 있지 않다면 고객은 당연히 불평할 것이다. 불평할 때는 불평의 원인을 자신이 아니라 기업 탓으로 돌릴 것이다. 고객 자신에 의해 유발된 실수나 문제로 인해 불만족한 경우라도 고객이탈로 이어질 수 있다. 그러므로 기업은 고객을 사전에 잘 교육할 필요가 있는 것이다.

5. 내부마케팅 커뮤니케이션

관광기업의 마케팅부와 운영부서는 서비스 제공이라는 목표를 달성하기 위해 통합해야 한다. 기업이 행하는 광고나 인적 판매는 접점직원이 행하는 업무에 대한 약속이므로, 여러 부서 간에 빈번하고 효과적인 커뮤니케이션, 즉 수평적 커뮤니케이션이 중요하다. 만약 이러한 내부커뮤니케이션이 제대로 안 되면 서비스품질에 대한 지각은 위험한 상태에 빠지게 된다. 그리고 기업의 광고나 약속이 운영부서의 의견을 반영하지 않고 개발된다면 접점직원은 마케팅에서 추구하는 이미지에 맞는 서비스를 제공할 수 없을 것이다.

또한 본사와 직영점 간에 정책과 절차를 일관성 있게 유지하는 것, 또는 프랜차이즈 본사와 가맹점 간에도 유사한 서비스 수준의 제공, 유사한 자율권 등을 유지할 수 있도록 커뮤니케이션이 필요하다.

제 4 절 서비스 약속과 서비스 제공의 일치전략

앞 절에서 언급한 서비스 커뮤니케이션의 과제나 쟁점을 극복하기 위해서는 [그림 8-9]에서 보는 바와 같이 5가지 주요 접근법이 있다. 서비스 제공의 목표는 약속한 것과 같거나 더 많이 제공하는 것이다.

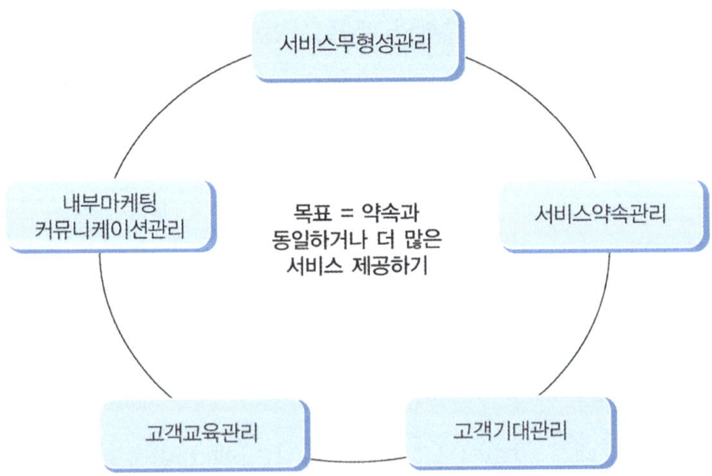

[그림 8-9] 서비스 커뮤니케이션 경로 극복을 위한 접근법[9]

9) 전인수 · 배일현 역, 『서비스마케팅』, 청람, p.509

1. 서비스 무형성 관리

서비스의 무형성을 관리하기 위한 접근법에는 서비스 속성과 편익을 고객에게 명확하게 커뮤니케이션하는 광고와 촉진전략, 그리고 구전커뮤니케이션을 권장하도록 계획된 전략이 있다. 만약 관광기업이 무형성 때문에 발생한 문제점을 인지한다면 그에 따른 보완전략을 선택하여 사용할 수 있다. 다음에 논의할 개별 전략은 메시지를 극적이고 기억에 남도록 만드는 데 초점을 맞춘 것들이다.

〈표 8-1〉 무형성의 특징에 맞는 서비스 광고전략[10)]

무형성의 특징	광고전략	설명
무형적인 존재	물리적인 표현	독특하고, 높은 품질을 나타내며, 올바른 연상을 만들 수 있는 서비스의 물리적 요소를 보여줌
추상성	서비스소비 에피소드	일반적인 고객들이 서비스로부터 얻는 편익을 포착하고 전시하고 특정 사건을 환기시킴
일반성	시스템 증거자료	사실과 형상을 보여줌으로써 물리적 시스템 능력의 증거를 객관적으로 보여줌
	성과 증거자료	과거의 긍정적인 성과 통계치를 인용하고 증거로 보여줌
	서비스성과 에피소드	중요한 서비스 속성과 관련된 실제 서비스 제공 사건의 생생한 이야기를 제시함
조사 불가능성	성과 증거자료	독립적으로 감사를 받은 성과를 인용
	소비 증거자료	고객의 추천을 수집하고 보여줌
상상의 어려움	서비스과정 에피소드	서비스 과정의 단계마다 생생한 증거자료를 보여줌
	예시역사 에피소드	특정 고객을 위해 기업이 무엇을 했는지 실제의 과거 예시를 보여줌

1) 서비스 경험의 이야기化

서비스 경험을 증명하기 위해 이야기를 사용하라. 서비스는 대부분 경

10) 전인수 · 배일현, 전게역서, p.514

험중심적이므로 그것을 커뮤니케이션하는 데 효과적인 접근법은 이야기 기반의 소구를 이용하는 것이다. 서비스 속성 자체가 무형적이므로 소비자에게 실제적이면서 긍정적인 경험을 서비스와 함께 제시하는 것이 서비스 속성을 기술하는 것보다 더 효과적이다.

2) 생생한 정보 제시

생생한 정보를 제시하라. 효과적인 서비스마케팅 커뮤니케이션은 강렬하고 분명한 인상을 주며 뚜렷한 심적 이미지를 만들어준다. 생생한 정보를 사용하는 방법은 공포와 같은 강한 감정을 유발하는 것인데 특히 서비스의 무형성 정도가 매우 높고 복잡할 때 바람직하다. 교통상해보험, 화재보험 광고 등에서 흔히 볼 수 있다.

3) 상호작용적 이미지 사용

상호작용적 이미지를 사용하라. 상호작용적 이미지는 둘 이상의 항목이 서로 통합되어서 기억을 회상하는 효과를 높이기도 한다. 일부 기업들은 로고와 심벌을 업무와 연관해 효과적으로 결합하는데, 푸르덴셜보험의 심벌인 바위(rock)가 그러한 예이다. 바위의 이미지는 견고한데, 그것의 인상을 서비스기업인 푸르덴셜보험으로 전이되도록 설계한 것이다.

[그림 8-10] 푸르덴셜 보험

4) 유형성에 초점

유형성에 초점을 맞춰라. 무형적인 서비스를 소비자들에게 확실히 인식시키는 데는 광고에서 유형성을 뚜렷이 보여주는 것이 좋다. 유형성을 제시하면 서비스의 본질과 품질에 대한 유형적 단서를 제공한다. 서비스를 유형적인 특성과 관련시키는 것으로는 TV광고에서 은행의 대리석 기둥이나 골드등급의 신용카드를 보여주는 것 등이 있다.

5) 브랜드 아이콘 사용

서비스를 유형화하기 위해 브랜드 아이콘을 사용하라. 서비스상품의 광고주들은 어떻게 경쟁적 차별화와 강한 브랜드 인지도를 얻어낼 것인가? 이에 대한 해결책은 기업을 대표하고 쉽게 알아볼 수 있는 브랜드 아이콘을 창출하고 브랜드 가시성을 만드는 것이다. 가장 오래된 서비스 브랜드 아이콘 중 하나는 로널드 맥도날드인데, 그는 맥도날드와 어린이를 위한 자선단체인 로널드 맥도날도 하우스(Ronald McDonald House)를 대표하는 빨갛고 노란 광대이다. 맥도날드 경쟁자인 잭인더박스(Jack in the Box)는 공 모양의 머리에 모자로 포인트를 준 잭(Jack)이라는 그들의 마스코트를 가지고 있다. 잭은 TV광고에서 그 체인의 '창립자'로 출연하는데 일부는 광대로, 일부는 양복을 입은 비즈니스맨으로 등장한다. 그는 언제나 재미있으면서(광대) 한편으로는 심각하다(비즈니스맨).

[그림 8-11] 도널드 맥도날드 하우스 광대

[그림 8-12] 잭인더박스 비즈니스맨

[그림 8-13] 잭인더박스 간판과 잭인더박스 광대

6) 연상, 물리적 묘사, 증거자료, 가시화 사용

연상, 물리적 묘사, 증거자료, 가시화를 사용하라. 기업은 커뮤니케이션에서 연상, 물리적 묘사, 증거자료, 가시화를 사용하면 더욱 좋다. 연상이란 유형의 사람, 장소, 대상과 서비스를 연결하는 것이고, 물리적 묘사는 직원, 건물, 시설과 같이 서비스의 유형적인 부분을 직간접적으로 보여주는 것이다. 증거자료는 객관적인 데이터나 실제 정보를 두드러지게 보여주는 것을 말한다. 가시화는 휴가를 맞은 사람들이 시간을 즐겁게 보내는 것처럼 서비스의 편익이나 품질의 생생한 상상적 사진이다. 광고의 상징(아이콘)도 유형적인 것으로 사용될 수 있다.

7) 서비스직원을 주인공으로

커뮤니케이션에 있어서 서비스직원을 주인공으로 하라. 고객과 접촉하는 현장직원은 서비스의 유형적 묘사이며 서비스광고를 위한 중요한 2차 청중이다. 실제 직원이 일하는 모습을 광고로 내보내거나 직원이 제공하는 서비스를 설명하는 것은 1차 청중인 고객과 2차 청중인 직원 모두에게 효과적이다. 그것은 고객이 그 서비스 내용을 신뢰하게 되고, 직원에게는 자신들이 중요한 사람이라는 것을 깨닫게 해주기 때문이다. 게다가 서비스를 잘 수행한 직원이 마케팅 커뮤니케이션에 묘사될 때, 그들은 다른 직원의 행동기준이 될 수 있다.

8) 버즈 마케팅 활용

버즈 또는 바이럴 마케팅을 활용하라. 버즈 마케팅(buzz marketing)은 바이럴 마케팅(viral marketing)이라고도 불리는데, 기업은 비용을 지급하지 않았는데 소비자들이 제품에 대한 소문을 퍼뜨려주는 행위를 말한다. 버즈 마케팅은 단순히 소비자가 그 서비스의 열렬한 팬이어서 일어나기도 하고 때로는 기업이 소비자에게 서비스나 제품을 살포하기도 한다. 일부 식당들은 광고를 피하는 대신 독특하면서 맛있는 음식에 대하여 소비자들이 퍼뜨리는 구전에 전적으로 의존하기도 한다. 우리는 입소문으로 대박을 터트린 식당도 가끔 볼 수 있다.

9) 소셜미디어 활용

소셜미디어를 지렛대로 활용하라. 트위터, 유튜브, 인스타그램, 페이스북과 같이 인터넷을 통해 고객 간에 상호 커뮤니케이션을 할 수 있는 소셜미디어가 정보를 교환하는 하나의 방법으로 자리 잡고 있다. 소셜미디어의 성장은 소비자 구매 행동의 많은 측면에 영향을 미치고 있다.

기업에서 소셜미디어를 통제하는 것이 가능하지는 않지만, 기업은 매체를 모니터링하고, 소비자들의 의견과 추천을 이해해야 한다. 기업들은 브랜드에 관한 온라인 커뮤니케이션을 추적하고 모니터링하며 분석할 수 있는 정형화된 기법(formal method)과 정교한 기법(sophisticated technology) 개발에 박차를 가했는데, 이러한 접근의 혁신적인 도구로는 닐슨의 버즈메트릭스(Nielsen Buzzmetrics)가 있다. 이것은 인터넷 커뮤니케이션의 수백만 회선을 끌어모아 소비자들이 브랜드를 어떻게 느끼고 있는지, 온라인에서 얼마나 이야기되고 있는지, 논의되고 있는 이슈는 무엇인지,

마케팅이 고객에게 어떻게 보이는지, 제공된 구전 커뮤니케이션에 영향을 미치도록 어떻게 노력해야 하는지 등에 관한 브랜드 정보를 수집한다. 이 서비스는 기업에 이슈에 대한 실시간 경계경보(real time alert)뿐만 아니라 산업 규범과 기준을 알려주기도 한다.

10) 영향력 큰 사람 공략

메시지에 영향력 있는 사람을 공략하라. 기술의 급격한 발전으로 기업은 온라인에서 서비스에 더 큰 영향력을 갖는 소비자 인플루언서(influencer)를 찾는 게 가능해졌다. 이러한 영향력 있는 인플루언서들이 파악될 경우 그들 개개인 모두 기업 매출 향상의 근원이 될 수 있는데, 기업은 그들에게 서비스에 대한 정보를 주고 특별 이벤트에 초대하며 제품에 관한 커뮤니케이션을 장려하도록 할 수 있다.

11) 유머 있고 독특한 이야기 광고

유머 있고 설득력 있으며 독특해서 이야깃거리가 되는 광고를 만들어라. 재미있는 광고는 소비자들의 이야깃거리가 된다. 특히 좋은 이야깃거리가 될 만한 구전 마케팅 커뮤니케이션의 소재를 기반으로 유머 있고 설득력 있으며 독특한 광고를 만들면 더욱 좋다.

한국관광공사의 "한국의 리듬을 느껴 보세요!(Feel the Rhythm of Korea)"는 2020년 가장 주목도가 높은 광고캠페인 중 하나로 꼽힌다. "범 내려온다. 범 내려온다"는 퓨전 국악 밴드 이날치의 음악과 앰비규어스 댄스팀의 매력적인 춤이다. 여기에 한국의 주요 관광지를 무심하게 툭 던져 놓듯 배경으로 쓰면서 '힙(hip)'한 광고라는 평가를 받았다. 서울, 부산, 전주, 강릉, 안동, 목포 등 6개 도시를 배경으로 만들어진 공식 광고 영상의 유튜브 조회 수는 그 당시 3억 뷰를 넘어섰다. 무엇보다 코로나19로 해외여행이 단절되다시피 한 시대에 외국인 댓글이 넘쳐난다. '광고를 넘기지 않았다' '한국에 가고 싶다' 등 예찬이 줄을 잇는다.

[그림 8-14] 한국관광공사 광고캠페인 "범 내려온다…"

12) 만족한 고객을 주인공으로

만족한 고객을 커뮤니케이션의 주인공으로 하라. 실제 고객이 광고에 출연해 추천하는 광고는 사람들 사이의 개인적 커뮤니케이션을 만드는데, 그렇게 하는 것은 서비스 편익을 전달하는 데 신뢰가 가는 방법이다.

13) 직원의 구전 창출

직원을 통해 구전을 창출하라. 서비스 경험을 통한 서비스 만족만으로 구전 활동을 자극하기에는 충분치 않다. 그러나 소비자가 특정 종업원을 신뢰하면 긍정적 구전의 결과가 나타난다. 이 신뢰는 직원과 고객 간의 개인적 관계, 직원이 고객에게 보이는 관심, 직원과 고객의 친숙성이다. 기업은 서비스 설계, 지원시스템, 종업원, 소비자에 초점을 맞춘 전략을 사용하여 신뢰를 이끌어 상호 간에 유대를 강화할 수 있다.

2. 서비스 약속 관리

서비스의 경우 현장직원이 제공하는 서비스를 부서가 다른 판매부서나 마케팅부서가 약속한다. 그런데 직원의 서비스는 표준화가 어려우므로 고객과의 약속에서는 많은 조정과 관리가 필요하다. 이러한 조정은 강한 서비스브랜드의 창출과 기업의 모든 마케팅 커뮤니케이션의 조정을 통해 달성될 수 있다.

1) 강력한 서비스브랜드의 창출

제조업에서 각 상품이 그 자체의 브랜드를 가지고 있는 제품브랜드 상황과는 다르게, 서비스기업의 주요 브랜드는 기업 그 자체이다. 브랜드 창출의 초점은 기업의 인지, 의미, 자산에 있다. 예를 들어 디즈니월드, 스타벅스, FedEx, 페이스북과 같은 기업은 그들이 제공하는 개별적 제품보다 기업에 대한 정보와 커뮤니케이션에 중점을 두고 있다.

[그림 8-15]는 강력한 서비스브랜드를 창출하는 데 주요 요인들 간의 관계를 보여주는 서비스브랜딩 모델이다. 제시한 브랜드는 기업이 인적, 비인적 채널을 통해 기업이 통제하고 확산시키는 브랜드 이미지의 일부분이다. 광고, 상표명, 웹사이트, 직원, 시설 등과 서비스와 관련한 다른 모든 유형의 정보확산은 반드시 조정되고 통제되어야 한다. 이러한 메시지를 통해 소비자는 브랜드에 대한 회상과 브랜드 인지를 만든다. 브랜드 인지(brand awareness)의 정도가 더 높고 긍정적일수록 서비스기업은 브랜드 이미지(또는 브랜드 자산)를 강하게 만들고 더욱 차별화한다. 기업에 대한 고객의 경험(직원과의 상호작용 또는 기업행사 참여로 인한 상호작용)은 브랜드를 형상화하는 또 하나의 요소이며 다른 어떤 메시지보다 강력할 수 있다. 서비스는 아무리 효과적이고 통합된 광고를 고객

에게 노출하더라도 실제 경험이 고객에게 불균형적인 의미를 전할 수도 있다.

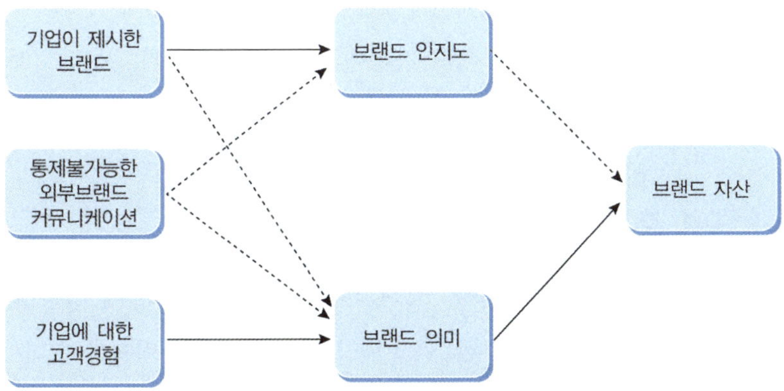

[그림 8-15] 서비스브랜딩 모델[11)]

2) 외부커뮤니케이션의 조정

최근에 새로운 미디어의 출현과 확산으로 인해 주목할 만한 트렌드의 변화가 빨라지면서 외부커뮤니케이션 수단을 조정하지 않으면 안 되게 되었다. 마케터들은 광고, 웹사이트, 판매 촉진, PR, 다이렉트 마케팅, 인적 판매 등과 같은 전통적인 커뮤니케이션 도구뿐만 아니라 새로운 형태의 미디어 사용이 가능해졌다. 소셜미디어, 디지털 사이니지(digital signage)[12)]라고 불리는 전자간판, 블로그, 모바일 광고, 여러 유형의 인터넷광고, 영화와 TV의 PPL 사용증가 등이 메시지 조정의 목표를 복잡하게 만들고 있다.

11) 전인수 · 배일현, 전게역서, p.518

12) 전자간판(digital signage, 디지털 사이니지)은 디지털 기술을 활용하여 평면 디스플레이나 프로젝터 등에 의해 영상이나 정보를 표시하는 광고매체이다.

3. 고객 기대 관리

고객에게 서비스가 언제, 어떻게 제공될 것인가에 대해 정확하게 약속하는 것은 커뮤니케이션 차이를 줄이는 가장 중요한 방법이다. 소비자의 기대를 관리하는 효과적인 전략 가운데 현실적 약속하기, 서비스 보증, 선택안 제공, 계층화된 가치제공물 등을 보기로 한다.

1) 현실적 약속하기

첫째, 현실적인 약속을 하라. 고객의 기대는 서비스품질에 영향을 미친다. 고객의 기대가 높을수록 고품질의 서비스가 제공되어야 한다. 고객의 기대에 맞는 서비스 약속은 실제로 현실적으로 수행되었을 때 신뢰받을 수 있다. 따라서 서비스가 정확하게 제공된 비율이나 발생한 문제의 횟수 및 비율 등 서비스 제공의 현재 수준에 대해, 고객에게 약속하기 전에 마케팅부서나 판매부서가 파악하거나 알고 있어야 한다.

2) 서비스 보증

둘째, 서비스 보증을 제공하라. 본서의 여러 곳에서 강조하였듯이, 기업이 묵시적 또는 관행적으로 서비스 보증을 제공하고 있다면, 그 보증이 명확하게 존재하고 확실하게 제공되고 있다는 것을 알릴 필요가 있다.

3) 선택안 제공

셋째, 선택안을 제공하라. 고객 기대를 조정하는 방법의 하나는, 고객이 시간, 가격, 서비스의 중요요소를 자신이 선택할 수 있도록 선택안(option)을 제시하는 것이다. 시간이 적게 들면 가격이 높아지거나, 가격이 높아지면 고품질서비스가 제공되거나, 고객이 선택하는 서비스를 먼저 제공하는 등 여러 선택안을 제시하는 것이다.

4) 계층화된 가치제공물

넷째, 계층화된 가치제공물을 만들어라. 제조업체는 고객이 지각하는 가치에 상응하는 가격으로 다양한 버전의 제품을 제공하고 있다. 자동차의 배기량, 외관, 내부디자인 등의 조합에 의해 자동차의 가격은 고객이 지각하는 가치에 의해 결정된다. 이와 유사하게 서비스에서도 계층화(bundling)를 활용할 수 있다. 세계적인 호텔체인에서 계층화된 여러 등급의 객실을 판매하는 것은 이미 앞에서 여러 번 예를 보았다. 신용카드 회사도 계층화된 카드 종류를 제공하는데, 전형적으로 기본적인 서비스를 제공하는 일반카드, 추가적인 혜택을 제공하는 골드카드, 고급화되거나 전문화된 서비스를 제공하는 플래티넘카드 등 여러 계층의 서비스를 제공한다.

4. 고객 교육 관리

고객 교육 관리에는 다음과 같이 세 가지 노력이 필요하다.

1) 고객 스스로 서비스 프로세스 준비

첫째, 고객이 서비스 프로세스를 준비할 수 있도록 하라. 사전에 국제항공권을 예약했을 경우, 출발일이 가까워지면 탑승객이 전화로 예약확인을 직접 해야 한다. 그런데 이러한 사항을 게을리하면 성수기에는 탑승권이 다른 승객에게 팔려 국제선을 탑승하지 못할 수도 있다. 이 경우에 고객이 자신의 역할을 충실히 수행하도록 하는 것은 누구의 책임이 되는 걸까?

기업이 고객에게 서비스 프로세스를 잘 이행하게 함으로써 이러한 상황은 피할 수 있다. 때때로 모든 단계에서 고객이 취해야 할 후속 행동에 대해 고객 교육을 통해 고객을 준비시킬 필요가 있다. 그러면 실패의 확률이 더욱 줄어들 것이다.

2) 성과와 표준의 부합 확인

둘째, 성과가 표준과 기대에 부합했다는 것을 확인시켜라. 고객이 쉽게 이해하지 못하는 서비스를 서비스표준이나 서비스 제공 노력으로 알리는 것은 고객이 서비스품질을 높게 지각하는 데 도움이 된다. 기업이 제공한 서비스가 표준대로 완수됐는데도 고객에게 제대로 전달하지 못하는 경우가 종종 발생한다.

이것은 첫째, 고객이 경험이 부족하거나 제공된 서비스가 너무 기술적 서비스라면 고객이 서비스의 효과성을 평가하지 못하기도 한다. 둘째, 서비스 구매의 의사결정자와 서비스사용자가 다른 사람일 경우에 만족도가 다를 수 있다. 예를 들어 정보기기나 게임기를 구매자(부모)가 지급하고 사용자(아이들)가 그 서비스를 이용하는 경우에, 만일 사용자가 구매과정에 참여하지 않는다면 어떤 서비스가 약속되었는지 알지 못하여 불만족하게 될 것이다. 셋째, 서비스가 고객이 볼 수 없는 데서 제공될 때, 즉 서비스접점 이면에 있는 지원 프로세스를 잘 모르는 경우는 고객기대에 부합했다는 것을 확인시킬 필요가 있다. 예를 들어 일부 헤어스타일링(또는 뷰티 숍)의 경우 커트, 파마, 염색, 헤어스타일 등과 관련한 고객만족을 보증하고 있다. 그렇게 명시적인 보증사실을 알린다면 서비스품질에 불안해 하는 고객들로부터 많은 호응을 받을 수 있다.

3) 판매 후의 기대 명확화

셋째, 판매 후에 기대를 명확히 하라. 판매부서나 마케팅부서에서 서비스제품이 만들어진 후 현장부서로 이관될 때, 고객의 기대가 무엇인지를 명확히 하는 것은 고객의 기대에 합치하기 위한 전제조건이다. 마케팅부서는 현장직원들이 서비스를 제공하기 이전에 고객의 기대에 맞는 약속을 명확히 함으로써 고객이 느끼게 될 실망감을 사전에 방지할 수 있다.

5. 내부마케팅 커뮤니케이션 관리

서비스 커뮤니케이션의 과제나 쟁점을 극복하고 서비스 약속을 제대로 제공하기 위해서는 내부마케팅 커뮤니케이션 관리가 필요하다. 내부마케팅 커뮤니케이션 관리에는 아래와 같이 6가지 전략이 있다.

1) 수직적 커뮤니케이션

첫째, 효과적인 수직적 커뮤니케이션을 만들어라. 고객 접점직원에게 적절한 정보, 도구, 기술 등을 제공하는 기업은 그 직원들과 성공적인 상호작용 마케팅을 원활히 유지할 수 있다. 정보, 도구, 기술 등은 직원 훈련 및 교육 등으로 가능하지만, 수직적 · 하향적 커뮤니케이션을 통해서도 제공된다. 수직적 커뮤니케이션의 형태로는 기업의 뉴스레터, 잡지, 기업TV네트워크, 이메일, 브리핑, 비디오테이프, 내부촉진 캠페인 등이다.

특히 외부커뮤니케이션을 통해 고객에게 전달되는 모든 내용을, 직원이 사전에 알고 있도록 유지 · 관리하는 것이 중요하다. 만약 수직적 커뮤니케이션이 원활하지 못하면 고객과 직원 모두 고통받을 것이다. 그러한 상황에서 고객은 적절한 서비스를 받지 못할 수도 있고, 직원들은 기업이 제공하는 서비스 내용을 숙지하지 못해 서비스 응대에 차질을 빚을 것이다. 때로는 자신이 무식하고 무시당하고 속수무책으로 느껴져 근로 의욕이 크게 떨어지는 부작용이 발생할 수도 있다.

2) 수평적 커뮤니케이션

둘째, 효과적인 수평적 커뮤니케이션을 만들어라. 조직 내부의 각 부서에 따라 목표, 철학, 견해, 고객을 바라보는 관점 등이 상이하므로 수평적 커뮤니케이션을 활성화하는 것이 그렇게 쉬운 일은 아니지만, 서비스 제공에서는 매우 중요하다. 마케팅부서와 운영부서 간의 원활한 조정으로 고객 기대와 실제 서비스 제공 간의 격차는 줄어들게 될 것이다. 마케팅부서와 인적 자원관리부서 간의 노력을 통합하는 것은 현장직원을 훌륭한 마케터로 키울 수 있게 한다. 재무부서와 마케팅부서 간의 조정은 서비스에 대한 고객의 평가를 정확히 반영하는 가격을 책정할 수 있게 한다. 이처럼 기업은 고객에게 일관된 메시지를 만들고 서비스 갭을 좁히기 위해서 부서 간 조정, 특히 원활한 수평적 커뮤니케이션이 필수적이라고 할 수 있다.

3) 기업 내부에 브랜드 강조

셋째, 브랜드를 기업 내부에 판매하라. 기업의 브랜드와 브랜드 메시지를 직원들에게 마케팅하면 이를 통해 소비자들과 강한 유대를 가질 수 있다. 기업은 직원들이 브랜드에 대한 열정을 창출할 수 있을 때 기회를 명확하게 선택해야 한다. 직원들에게 브랜드를 생기 있게 인식시키면 직원과 기업 간에 강한 감정적 유대를 창출할 수 있다. 사우스웨스트항공은 편한 유니폼 옷차림, 지상과 기내에서 안내 멘트를 할 때 즉흥적인 연기하기, 연휴에 체크인 카운터 장식하기 등의 행위로 자사의 브랜드를 생기 있게 만들었다. 싱가포르항공은 우아함, 격조 높은 의상, 조용한 말투, 건강한 아시안 음식의 강조 등을 통해 직원들과 좋은 유대관계를 형성하였다.

4) 상향식 커뮤니케이션

넷째, 효과적인 상향식 커뮤니케이션을 창출하라. 서비스 약속과 서비스 제공 간의 차이를 메우기 위해 상향식 커뮤니케이션 또한 필요하다. 현장직원은 서비스접점에서 일하기 때문에 제공할 수 있는 것과 없는 것에 대해 누구보다도 잘 파악하고 있다. 현장직원들은 언제 서비스 실패가 발생하는지, 그리고 왜 자주 발생하는지도 잘 알고 있다. 그러므로 현장직원들이 의견을 개진하거나 애로사항을 토로할 수 있는 개방적이고 상향적인 커뮤니케이션 시스템을 갖추는 것이 필요하고, 그럼으로써 서비스문제가 발생하기 전에 예방할 수 있고 문제 발생 시에도 그것을 최소화할 수 있다.

5) 후방직원과 외부고객의 연결

다섯째, 상호작용이나 측정을 통해 후방의 사무 및 지원인력을 외부고객과 연결하라. 기업은 후방에 있는 사무 및 지원부서 직원과 외부고객 간의 상호작용을 촉진할 수 있다. 예를 들어 FedEx는 측정을 이용해 내부직원과 외부고객을 연결하는 회사 중 하나이다. FedEx는 회사 전체의 서비스 실패 횟수를 근거로 서비스품질지표(SQI : Service Quality Index)를 매일 산출한다. FedEx는 내부직원에게 고객 실패점을 명확히 전달하기 위해 각 내부부서에 원인을 추적할 수 있는 연결측정지표를 개발하였다. 예를 들어 FedEx의 정보기술부서는 서비스품질지표 측정치에 영향을 미쳤고 따라서 거기에 맞는 하위측정지표를 개발해서 원인을 추적하였다.

6) 교차기능팀

여섯째, 교차기능팀을 만들어라. 효과적인 수평적 커뮤니케이션을 활성화하기 위해서, 최종고객의 요구사항에 따라 직무가 편성된 교차기능팀에 직원들을 참여시키는 방법이다. 예를 들면 텔레커뮤니케이션 서비스부서와 같이 고객접점에서 상호작용하는 부서(팀)에 컴퓨터전문가나 교육직원과 같은 후방 사무직원을 팀의 일원으로 참여시킬 수 있다. 이렇게 구성된 교차기능팀을 통해 고객의 요구사항을 학습할 수 있고 팀이 함께 달성해야 하는 계획을 직접 수립하고 교차기능팀 간에 커뮤니케이션을 직접 하도록 하여, 고객에게 더 나은 서비스를 제공할 수 있게 된다.

최신 관광마케팅론

09 CHAPTER

물리적 환경과 서비스스케이프

09 CHAPTER 물리적 환경과 서비스스케이프

제 1 절 물리적 환경의 개념과 구성요소

1. 물리적 환경의 개념

물리적 환경(physical environment)은 관광산업에서 두 가지 측면에서 특히 중요하다. 첫째는 판매가 발생하는 환경으로써 중요하고, 둘째는 제품이 생산되고 소비되는 환경으로써 중요하다.

고객들은 즐겁고 안락한 환경에서 구매할 가능성이 더욱 크기 때문에 마케팅 전략은 제품과 서비스를 판매하는 물리적 환경을 고려하는 데 주안점을 두어야 한다. TV나 안락의자와 같은 제품을 구매하는 경우 제품이 어떻게 보이고, 어떻게 느껴지고, 어떻게 작동하는가에 사람들은 많은 관심을 가진다. 그들의 주의력은 주위환경보다 제품에 더 비중을 두게 된다. 그러나 관광상품을 구매할 때 고객들은 여행이 끝날 때까지 결과가 좋으리라고 확신할 수는 없다. 한편, 고객의 기대와 감정은 객실의 구조, 가구, 방음 상태, 기온 그리고 심지어는 냄새와 같은 요인에 의해서도 영향을 받는다.

관광산업에서 물리적 환경은 사업의 반복적 안전성을 위해 특히 중요하다. 한 예로써 별로 매력 없고 안락하지 못한 디자인과 장식으로 꾸며진 객실에서 지낸 고객은 다시는 그곳에 숙박 예약을 하지 않을 것이다.

리조트의 너저분한 해안이나 풀장, 형편없이 어질러진 스키 자국, 호텔 발코니에서 보는 형편없는 전망은 물리적 환경이 여행을 망치는 또 하나의 예이다. 결론적으로, 관광기업은 모든 가능한 방법을 동원하여 그들 제품의 물리적 환경을 개선하는 데 심혈을 기울여야 한다.

2. 물리적 환경의 구성요소

관광상품 및 서비스와 같이 주로 무형의 상품을 판매하는 산업에서는 보통 방문이나 구매 전 경험에 대한 예측이 매우 어려우므로, 관광객들은 자신이 수용하게 될 무형의 상품이나 서비스에 대한 경험적 속성의 물리적 증거가 되는 유형적 단서를 찾음으로써 이에 대한 수준을 추론하게 된다. 이런 유형적 단서로 가장 중요한 마케팅 요소가 바로 물리적 환경이다. 마케팅 분야에서 물리적 환경의 의미는 코틀러(P. Kotler)가 처음으로 유형적 단서가 되는 물리적인 증거를 물리적 환경이라는 개념을 도입하면서 '마케팅 도구로써 분위기'로 정의하여 물리적 환경에 대한 중요성을 처음 언급하였다. 무형의 상품과 서비스가 주를 이루는 관광산업에서 물리적 환경은 처음 방문하는 관광객에게 긍정적인 첫인상을 심어주며 기대를 형성하게 하여 경쟁기업과 차별화할 수 있는 전략적 요소이다.

물리적 서비스 환경의 구성요소는 크게 주변 요인, 디자인 요인, 사회적 요인으로 구분할 수 있다. 주변 요인은 온도, 소음, 공기의 질, 음악, 향기, 색채, 조명, 청결 등 쉽게 인지할 수 없는 배경적 조건으로 주변 요인이 충족되지 않는 경우 고객은 불쾌감을 느껴서 바로 인지할 수 있는 요인이다. 디자인 요인은 상징, 조형물, 배치 형태, 건물 외관, 표지판, 주변 경관, 장식, 규모, 스타일, 구성, 외관 등으로 고객이 한눈에 쉽게 파악하고 인지할 수 있는 요인으로 물리적 환경을 지각하는 데 가장 큰 영향을 미치는 요인이라 할 수 있다. 사회적 요인은 고객이 인지하는 서비스 제공자에 대한 요인으로 외모, 태도, 친절한 행동을 의미한다.

〈표 9-1〉 물리적 환경의 구성요소

구 분	요 소
주변 요인	음악, 향기, 색채, 조명, 청결, 온도, 소음, 공기의 질
디자인 요인	상징, 조형물, 배치 형태, 건물 외관, 표지판, 주변 경관, 장식, 규모, 스타일, 구성, 외관
사회적 요인	외모, 태도, 친절한 행동

1) 주변 여건의 영향

물리적 환경은 시각, 청각, 후각, 촉각 등의 다양한 형태를 지닌 물리적 자극체로서 색채, 조명 등의 시각적 효과, 소리의 높고 낮음 및 속도 등의 청각효과, 냄새 등의 후각효과 및 부드러움, 온도, 유연함의 촉각효과 등이 고객의 정서에 영향을 미치는 인위적인 환경 및 공간이라 할 수 있다. 여기서 물리적 자극을 정리하면 〈표 9-2〉와 같다.

〈표 9-2〉 물리적 자극

감각기관	물리적 자극
시 각	색채, 조명, 크기, 형태
청 각	소리의 높고 낮음, 속도
후 각	냄새, 신선함
촉 각	부드러움, 온도, 연함

(1) 음악

음악은 아무리 작은 소리라도 서비스 상황에서 사람의 지각과 행동에 강력한 영향을 미친다. 사람들은 음악의 빠르기, 크기, 하모니와 같은 다양한 요소들을 총체적으로 지각한다. 음악이 지각과 행동에 미치는 영향은 개인에 따라 다르다. 나이가 많고 적음에 따라 같은 음악에 대해서도 다르게 반응한다. 빠른 템포와 큰 소리의 음악은 사람의 흥분수준을 높이기도 하므로 음악의 템포에 맞춰 행동의 속도를 조절하기도 한다. 레스토랑에서는 음악의 템포와 소리를 높여 테이블 회전속도를 빠르게 하고 더 많은 손님을 받을 수 있다. 반면 느린 템포의 조용한 음악으로 저녁 식사 속도를 느리게 하여 음료수 매출을 높일 수도 있다.

(2) 향기

향기란 대기에 퍼져 있는 향 또는 냄새로, 고객에 의해 의식적 또는 무의식적으로 지각될 수 있으며 특정 제품과는 관련이 없다. 향기는 분위기, 감정, 심지어는 구매 의도, 점포 내 행동에도 강한 영향을 미친다.

많은 관광기업이 향기의 힘을 인지하고 브랜드 경험의 일부로 향기를 활용하고 있다. 예를 들면 Westin호텔은 백차(white tea) 향을 로비에 활용하고 있으며, Sheraton호텔은 로비에 무화과, 정향, 재스민을 혼합한 향을 사용하고 있다.

〈표 9-3〉 방향 요법 : 향이 사람에게 미치는 영향

향	향기 종류	방향 요법 종류	전통적 사용법	잠재적인 심리적 효과
유칼립투스	장뇌향	탄력, 자극	체취 제거, 살균, 진정제	활력과 고무
라벤더	약초향	진정, 조화	근육이완, 진정제, 지혈제	안전과 평온
레몬	시트러스	활력, 희망	살균, 진정제	활력에 대한 진정
후추	스파이시	조화, 진정	근육이완, 최음제	정서 조절

(3) 색채

연구자들은 색채(색)가 또한 사람들의 감정에 강한 영향을 미친다고

한다. 색은 자극적이고 진정시키고 표현적이고 인상적이고 문화적이고 활기 넘치고 상징적이다. 〈표 9-4〉는 색에 대한 사람들의 일상적인 연상 및 반응을 요약한 것이다. 서비스 환경에서 보면 사람들이 좋아하는 색에는 차이가 있지만, 일반적으로 따듯한 색감을 좋아한다. 따듯한 색은 빠른 의사결정을 조장하기 때문에 저관여 상황에서 의사결정이나 충동 구매를 유도하는 데 적절하다. 차가운 색은 소비자가 고관여 상황에서 구매 의사를 결정하기 위해 시간이 필요한 경우에 선호된다.

〈표 9-4〉 색에 대한 사람들의 일상적인 연상 및 반응

색	따뜻함의 정도	자연과 관련된 상징	색에 대한 공통적 속성 및 인간적인 반응
빨간색	따뜻함	지구	높은 수준의 에너지 및 열정, 감정, 표현, 온기를 불러일으킴
오렌지색	가장 따뜻함	일몰	감정, 표현, 온기
노란색	따뜻함	태양	낙관주의, 명확성, 지적 능력 및 감정, 강화
초록색	시원함	성장, 잔디, 나무	양육, 치료 및 조건 없는 사랑
파란색	가장 시원함	하늘 및 해양	휴식, 평온함, 충성심
남색	시원함	일몰	조정, 영성
보라색	시원함	보라색 꽃	영성, 스트레스 감소로 평온한 감정을 만들어줌

2) 공간배치와 기능성

서비스 환경은 특정한 목적을 수행하고 고객의 욕구에 대응해야 하므로 공간배치와 기능성은 특히 중요하다. 공간배치는 층별 계획, 집기의 크기와 모양, 계산대, 가구나 기구, 설비의 배열을 일컫는다. 기능성은 서비스성과를 증진할 수 있는 위 아이템들의 능력을 의미한다. 두 차원 모두 고객들이 느끼는 친숙성과 아이템의 서비스 수행능력에 영향을 미친다. 그러나 너무 가깝게 배치된 테이블, 프라이버시를 보장해주지 않는 프런트 데스크, 불편한 로비 의자, 부족한 주차공간은 고객

에게 부정적인 인상을 주기도 하고, 서비스 경험이나 구매 행동에 나쁜 영향을 미쳐, 궁극적으로 서비스 시설물의 성과에도 부정적 결과를 초래할 수 있다.

숙박상품 및 외식상품을 구매하는 고객에게 외관적으로 보이는 매력이 부족하거나 고객이 머무르는 동안 아늑한 분위기와 쾌적성 및 편의성을 증대할 수 있는 물리적 환경의 결핍은 고객의 감정에 악영향을 끼치게 된다. 이에 관광기업은 고객들의 유형 및 성향을 파악하여 그들의 트렌드에 맞는 내 · 외부 인테리어를 개발하고 각 기업이나 관광지만의 독특한 개성과 스타일을 반영한 물리적 환경에 고유한 이야기(story)를 부여함으로써 흥미와 관심을 유발할 수 있는 물리적 환경에 대한 개발이 필요하다.

3) 표지판, 상징, 인공물

고객들은 서비스 환경과 서비스 전달과정에서 제공되는 표지판(signs), 상징(symbols), 인공물(artifacts) 등을 통해 가장 먼저 그 의미를 유추하려 노력한다. 표지판은 서비스 상황에서 행동지침을 알려주기 위해 자주 사용된다. 예를 들어 표지판은 부서나 창구의 명칭을 알려주기 위해, 입구나 계단 및 화장실 등 방향을 알려주기 위해, 대기 번호나 식사 후 식기반납 등 서비스 규약을 알리기 위해, 공연 시 핸드폰 끄기나 진동모드로 전환하기, 금연 구역 알리기 등 행동적 규범을 상기시키기 위해 활용될 수 있다.

4) 서비스 환경의 일부로 인식되는 사람

서비스를 제공하는 직원과 고객, 이들 모두의 외모와 행동은 서비스 환경에 의해 생성되는 인상을 강하게 할 수도 약하게 할 수도 있다. 디즈니 테마파크는 직원을 배우라고 부른다. 이들 직원은 신데렐라가 되든, 백설공주의 일곱 난장이가 되든, 공원의 청소부가 되든, 버즈라이트이어 투모로우랜드를 관리하는 사람이 되든지 간에 각자의 상황에 맞게 옷을 갖추어 입고 테마파크의 일부가 되어야 한다. 복장을 갖추고 나면 고객을 위해 최선을 다해야 한다. 이렇듯 마케팅 커뮤니케이션은 서비스 제공자가 만들어낸 주변 환경을 제대로 인식할 뿐 아니라 그들의 외모와 행동으로 고객들을 유인할 수 있어야 한다.

서비스기업에서 물리적 환경은 서비스 제공자와 소비자 간의 직접적인 상호작용이 일어나는 공간으로 생산과 소비가 동시에 이루어지는 환경이다. 서비스가 생산되는 물리적 환경은 일반적으로 제조업으로 생각하면 공장이라 할 수 있다. 제조업의 경우 생산이 이루어지는 공장이 소비자에게 노출되지 않지만, 서비스업의 경우 생산이 일어나는 곳이 소비자에게 그대로 노출되기 때문에 소비자의 구매 결정에 직접적인 영향을 미치는 것이 물리적 증거이다.

제 2 절 서비스스케이프와 물리적 증거

1. 물리적 증거

서비스 환경은 설계하는 것뿐만 아니라 실행하는 데도 많은 시간과 노력이 드는 작업이다. 물리적 환경 가운데 유형적 단서를 물리적 증거(physical evidence)라고 부른다.

물리적 증거의 일반적인 여러 요소는 〈표 9-5〉에 제시되어 있는데, 서비스스케이프(servicescape)는 고객이 주문하고 서비스전달을 받게 되는 물리적 장소의 설계를 말한다. 서비스스케이프는 표지판, 주차장, 조경 등 시설외관과, 설계, 배치, 실내장식 등 시설내부로 구성된다. 기타 물리적 증거에는 인터넷으로 전달되는 웹페이지(web pages)와 가상 서비스스케이프(virtual servicescape) 등이 있는데, 이는 구매 전후에 서비스를 고객이 좀 더 유형적으로 경험하게 하여 커뮤니케이션이 쉽도록 해주는 현대화된 형태의 물리적 증거이다.

〈표 9-5〉 물리적 증거의 요소

서비스스케이프	기타 물리적 증거
시설외관	업무용 명함
외관설계	사무용품
방향/안내 표시	청구서
주차	보고서
조경	직원의 옷
주변환경	유니폼
시설내부	브로슈어
내부 설계	웹페이지
설비나 장비	가상적(virtual) 서비스스케이프
방향/안내 표시	
레이아웃	
공기품질/온도	
사운드/음악/향/조명	

2. 서비스스케이프의 전략적 역할

서비스스케이프는 여러 가지 전략적 역할을 동시에 수행할 수 있다. 서비스스케이프는 서비스를 소비자 마음속에 포지셔닝하는 데 가장 중요한 역할을 한다. 서비스스케이프 역할의 다양성과 그 요소 간 상호작용을 검토함으로써 서비스에서 적합한 물리적 증거를 제공하는 것이 전략적으로 얼마나 중요하고 이를 어떻게 관리해야 할 것인지에 대한 아이디어를 얻을 수 있을 것이다.

1) 서비스 포장

유형제품의 포장과 마찬가지로, 서비스스케이프도 포장 즉 패키지(package)의 역할을 한다. 서비스스케이프는 고객들이 서비스 콘텐츠를 미리 파악할 수 있게 한다. 서비스 포장은 새로운 고객의 기대를 창출하기 때문에 새로운 고객에게 특히 중요하고 또 특정의 이미지를 구축하려는 새로운 관광기업에 특히 중요하다. 서비스스케이프는 접점직원의 유니폼이나 제복 또는 외적인 모습 등과 통합되어 접점직원의 이미지를 좋게 만든다.

스타벅스, 페덱스, 메리어트 등과 같은 기업은 물리적 환경, 즉 서비스스케이프를 자사 브랜드이미지와 연계해서 서비스 포지셔닝하고자 노력한다.

2) 서비스 촉진

서비스스케이프는 서비스 창출과 제공의 촉진제(facilitator) 역할을 한다. 서비스증거가 어떻게 설계되느냐에 따라 서비스 환경에서 서비스 프로세스가 더 쉬워지거나 어려워질 수 있다. 서비스시설이 잘 설계되어 있으면 고객과 서비스 제공자가 목표를 달성하는 게 쉬워지고 그렇지 못하면 고객과 직원 모두에게 불만을 줄 수 있다. 예를 들어 처음 이용하는 국제공항의 표지판과 안내가 제대로 되어 있지 않고 환기도 잘 안 되며 쉴 수 있는 좌석이 부족하다면 여행객은 크게 고생할 것이다. 그런 환경에서 일하는 직원들 역시 동기부여가 이루어지지 않을 것이다.

3) 서비스의 사회화

서비스스케이프의 설계는 기대 역할, 관계를 직원과 고객에게 전달하는 데 도움이 된다는 점에서 직원과 고객의 사회화(socializer)를 촉진하는 도구이다. 새로 입사한 직원은 자신이 일하는 서비스 현장의 주변만 살펴보아도 맡겨진 일이 어떠한 것인지를 짐작할 수 있다. 고객들도 서비스스케이프를 보면 어디서 서비스를 받아야 하고 어떠한 행동을 취해야 하며 어떤 상호작용이 필요한지를 연상하게 된다. 클럽 메드의 경우, 고객들끼리 어울리는 장소, 그리고 고객과 종업원 간에 상호교류를 할 수 있는 장소를 구분하고 있다. 스타벅스는 고객이 단순히 커피를 픽업하거나 빨리 마시고 나가는 것보다는 사람들이 모여서 이야기하고 즐거운 시간을 갖는 장소로 변화해 가고 있다. 사회화를 촉진하기 위해 스타벅스는 고객들이 넓은 공간에서 머무르며 상호작용할 수 있도록 편안한 안락의자와 테이블, 와이파이를 제공한다. 이는 집이나 직장 외에 자주 드나들며 편하게 이용하는 제3의 장소(the third place)가 되는 것을 목표로 하고 있다.

4) 서비스 차별화

서비스스케이프의 설계는 경쟁사와 차별화하고 목표시장을 명확히 알리는 차별화(differentiator) 기제의 역할을 한다. 서비스를 재포지셔닝하거나 신규고객을 유인하려면 서비스스케이프의 재설계가 필요하다. 호텔 로비에서 보면 로비 장식과 심벌 및 색상, 표지판, 배경음악 등이 특정 세분시장을 겨냥하고 있음을 알 수 있다.

혁신적인 애완동물호텔 펫스호텔(PertsHotel)을 출점한 펫스마트(PetSmart)사는 특별한 서비스스케이프로 다른 경쟁자와 차별화하였다. 이곳은 주간 돌봄 서비스, 야간 돌봄 서비스 등이 있고 보통의 애완동물 시설과 크게 차별화되어 있다. 이 호텔은 로비 공간, 다양한 인테리어의 놀이터도 있고 안락한 침실, 텔레비전 등을 갖추고 있는데, 전통적인 훈련장보다 가정적인 느낌을 주는 설비를 제공한다.

다른 예로 대형 호텔은 설계의 차별화를 통해 음식 메뉴의 등급을 나타낸다. 또는 좀 더 넓은 객실은 물리적 즐거움을 더 만끽할 수 있는데, 이러한 물리적 증거의 차이를 통해 가격차별화가 정당화된다. 유사한 예로 항공기의 경우 넓은 좌석 공간은 그만큼 높은 요금으로 차별화하고 있다.

[그림 9-1] 펫스마트

3. 서비스스케이프 모델

서비스스케이프가 소비자 행동에 미치는 효과를 이해하기 위한 통합적 모형으로 서비스스케이프 모델이 있다. 서비스스케이프 모델의 가장 뚜렷한 공헌은 서비스 환경에 직원의 반응을 포함했다는 것이다. 고객보다 직원은 서비스 환경에 더 많이 머무르게 된다. 그러므로 서비스 환경의 설계자는 어떻게 서비스 환경이 일선 직원의 생산성을 높이고, 어떻게 서비스전달의 질(quality)을 강화하는지 알아야 한다.

서비스스케이프 모델은 고객과 직원의 반응이 조절변수로써 작용한다. 유사한 서비스 환경이라도 고객이 누구이고 무엇을 좋아하는지에 따라 다른 효과를 미친다는 의미이다. 예를 들어 랩음악은 어떤 고객에게는 즐거움을 주지만 다른 고객에게는 시끄러운 고문일 수도 있다.

[그림 9-2] 서비스스케이프 모델은 본 장의 앞에서 설명한 내용을 요약한 것이다. 그림에서 보면 물리적 환경 차원은 이미 1절에서 논한 (1) 주변 여건, (2) 공간배치와 기능성, (3) 표지판, 상징, 인공물 등이 포함된다. 직원 반응과 고객 반응은 (1) 인지적 반응(예, 품질 지각과 신념, 상징적 의미), (2) 정서적 반응(예, 기분, 태도, 느낌 등), (3) 생리적 반응(예, 고통, 안정감, 편안함 등)으로 구분할 수 있다. 이러한 심적 반응은 붐비는 리조트 해변을 피하거나, 한가하고 여유로운 리조트에서는 더 오래 머무르며 돈을 더 많이 지출하는 등의 행동을 보인다. 중요한 것은 그림의

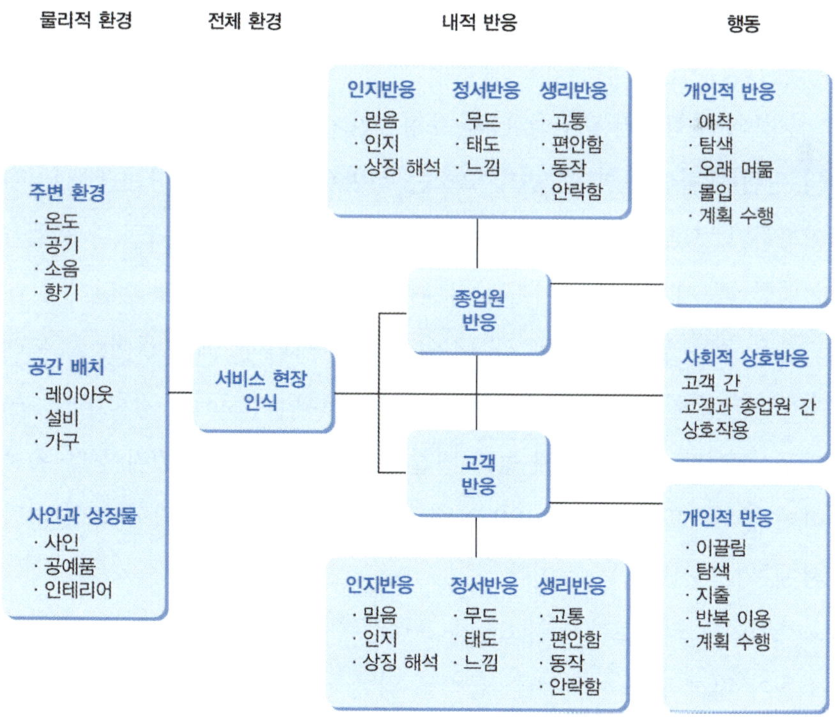

[그림 9-2] 서비스스케이프 모델

우측에 표시한 '행동'으로, 거기서는 개인적 행동, 사회적 상호작용, 개인적 활동 등이 일어나며, 특히 여기서 관광기업은 생산성을 높이거나 고품질의 서비스를 구매하는 방식으로 행동의 결과가 나타나야 한다는 것이다. 서비스스케이프에서 고객과 접점직원이 스트레스를 느끼는지, 그렇지 않으면 편안하고 행복감을 느끼는지에 따라 서비스 거래의 결과나 기업의 이윤이 달라진다는 것을 명심해야 할 것이다.

제 3 절 물리적 환경의 관광 관련 개념

1. 분위기

상품의 무형적인 측면을 더욱 유형적인 측면으로 만드는 물리적 환경의 관련 개념 가운데 첫 번째 요소는 분위기이다. 우아하다든가, 전원적이라든가, 시골풍이라든가, 유럽 스타일 같다는 말들이 리조트나 호텔을 설명할 때 사용되는 용어이다. 분위기는 감정이나 호의를 전달하는 데 도움을 주는 물질적인 것, 사실적인 것의 묘사이다. 예를 들어, 많은 레스토랑이 전원적인 분위기를 전달하고자 한다면 향토색이 강한 가구, 농기구, 빨래판 등을 장식해 놓고 거칠게 자른 나무장식용 판자 등을 활용하여 분위기를 연출할 수 있다. 전원적이라는 무형의 감각이 유형의 단서에 의해 전달되는 것이다.

호텔이나 리조트가 고급스럽게 프레젠테이션되기 위해서는 분위기 요소들이 전혀 달라야 하는데, 금박을 입힌 거울이나 신선한 꽃으로 가득한 꽃병, 수정샹들리에 등이 우아한 분위기를 전달하는 데 도움을 주는 유형적 요소들이다.

항공사는 서비스의 등급에 있어서 차이를 전달하기 위해 분위기를 이용한다. 1등석에는 1회용 종이컵 대신에 진짜 유리잔으로 무상의 음료가 지급되고 종이 냅킨 대신에 천 냅킨이 제공되며 국외로 비행할 때 탑승객은 슬리퍼, 치약, 칫솔 등을 받는다. 이 아이템들은 1등석 승객들이 특별하다고 느끼는 데 도움을 준다.

[그림 9-3] 에미레이트 항공 1등석

2. 입지

물리적 환경의 관련 개념 가운데 두 번째 중요한 요소는 관광사업체의 입지이다. 입지란 이미 주어진 것이라는 사실과 변하지 않는 장소라고 볼 수 있다. 입지는 곧 관광사업체의 위치나 장소를 말한다. 어떤 측면에서 관광전문가는 위치나 장소에 관한 정보전달 방법을 통제해서 고객이 한 지역에 관해 어떻게 느끼는가 하는 고객의 인식을 변화시킬 수 있다.

콜로라도산(山)에 있는 인공 산악스키리조트의 입지의 중요성을 생각해 보자. 비록 그 리조트가 가장 좋은 스키장, 숙박시설, 적설 조건을 가지고 있다 해도 그 스키리조트는 주요 인구중심지로부터 너무 멀리 떨어져 있다.

미국 동서부 연안 지역으로부터 오는 스키어들은 우선 덴버까지 비행기를 이용해야만 한다. 그리고 그들은 다소 비싼 경비행기로 비행할 것인가 또는 눈 덮인 산길을 버스나 차로 몇 시간 더 달릴 것인가를 선택해야만 한다.

잠재고객에게 제공하는 스키리조트의 입지적 특징은 비관적이다. 리조트의 커뮤니케이션은 사람들이 어떻게 먼 거리를 인지하는지 결정하는 데 도움을 준다. 스키리조트는 무엇인가 특별하다든지 먼 거리의 위치를 이점(利點)으로 느낄 수 있도록 노력할 필요가 있다. 그 입지는 모든 스키어를 위한 곳이 아니라, 스포츠에 열광적인 스키마니아를 위한 리조트로써 자사를 소구할 수도 있다.

만약 우리나라 수도권 주변의 스키장이라면 다른 전략을 구사할 것이다. 수도권의 스키마니아들에게는 가까운 스키리조트가 위치상 편리성을 제공할 수 있다. 짧은 거리이므로 거기에 도착하는 데 이동시간이 적게 들고 자가용이나 버스의 이용성이 강조될 것이다.

마케터는 위치의 편리성을 강조하는 것으로써 고객에게 관련 정보를 제공한다. 목적지 주변 지역이 아름답고 경치가 좋으면 마케팅 관리자는 그런 사실을 강조한다. 예를 들어, 호숫가의 호텔이라면 호텔의 위치를 설명할 때 분명히 호수를 언급할 것이며 호텔이나 레스토랑이 여행하기에 좋은 도로나 주요 교차로에 위치한다면 그런 입지 접근성을 강조할 것이다.

3. 현장직원의 행동과 태도

위락여행과 같은 서비스지향의 사업에서 종업원은 물리적 환경에서도 중요한 부분이 된다. 종업원은 고객과 빈번히 접촉하며 제품에 대한 인상에 영향을 주며 종업원의 행동과 고객이 관광제품을 재구매하느냐 마느냐의 결정에 도움을 준다. 웨이터나 웨이트리스, 벨보이에 대한 좋지 않은 경험은 리조트나 목적지 심지어 전체여행에 대한 여행객의 인식을 흐리게 할 수 있다.

여러 측면에서 종업원은 관광상품의 일부분으로 인식되고 있다. 마찬가지로 항공사의 스튜어디스나 호텔의 웨이터 및 기타 종업원들은 고객들을 위한 분위기를 창출하는 역할을 한다. 단정치 못하고 무뚝뚝한 웨이터보다는 밝고 쾌활하고 단정한 옷을 입은 웨이터가 제공하는 모닝커피를 마신다면 좋아하지 않을 사람이 누가 있겠는가?

사람들은 자신들이 특별하다고 여겨지기를 좋아한다. 그래서 호의적인 작은 몸짓이나 손님을 호명하며 인사하는 것은 고객을 즐겁게 하는데 효과가 있으며 그렇게 함으로써 반복적으로 거래할 기회가 증대하는 것이다.

제 4 절 가상적 물리적 환경

정보통신기술의 발달과 온라인을 기반으로 한 네트워크 시스템의 발달은 가상공간을 창출하였다. 가상공간 이전의 모든 사물의 의미와 속성은 현실 세계에서만 존재하였다. 가상공간은 인간이 물리적 공간에서 겪는 시간과 공간의 제약을 극복하고 쌍방향 커뮤니케이션의 효율성을 획기적으로 증대시킨 공간이다. 즉 인터넷 기술의 네트워크 시스템을 통해 대량의 정보가 교환되고 공유되는 공간을 의미한다. 가상공간이 발달하면서 전통적인 물리적 환경에서 이루어졌던 개인의 일상들이 점차 가상공간으로 옮기게 되었고 현실 공간에서의 사회교류, 쇼핑의 상거래, 은행 업무는 물론 휴식과 여가 및 학습에 이르기까지 다양한 활동이 가상공간에서 가능하게 되었다.

마케팅에서도 과거 소비자들은 직접 시장을 방문하여 판매원들과 커뮤니케이션을 통해 정보를 획득하고 상품과 서비스를 소비하는 것이 일반적이었으나, 오늘날 디지털 정보화 사회에서는 시장이라는 물리적 공간을 탈피해서 소비자가 개별적으로 필요한 정보를 얼마든지 수집할 수 있고 원하는 상품과 서비스의 거래가 적재적소에서 이루어짐에 따라 가상공간에서 소비자가 받을 상품과 서비스에 대한 유형적 단서로써 웹사이트의 역할이 매우 중요하게 되었다고 할 수 있다.

일반적으로 기업에서는 웹사이트를 활용하여 가상공간에서 기업의 상품과 서비스를 홍보 및 판매하고 있으며, 이런 웹사이트를 방문하는 고객들은 웹사이트의 시각적 디자인의 특징을 통해 웹사이트에 대한 첫인상을 형성하게 된다. 웹사이트의 디자인은 웹사이트의 그래픽과 멀티미디어에 관한 것으로 사용자가 가상공간에서 느끼는 분위기, 음악, 레이아웃, 색상 등을 통해 느끼는 것이다. 이는 웹사이트의 디자인이 고객의 흥미와 관심을 유발하고, 독특하고 신속한 그래픽의 변화로 고객에게 신선함과 친숙함을 제공하여, 브랜드의 긍정적인 이미지가 형성된다.

이처럼 더욱 사실적으로 지각하게 하는 가상공간에서의 물리적 환경은 협의의 개념으로 웹사이트 심미성을 의미할 수 있다. 심미성은 웹사이트의 시각적 매력과 같은 웹사이트의 외형과 관련 있는 속성으로 상품과 서비스에 대한 콘텐츠에 사용된 색상의 조합, 사용된 글자체의 크기, 애니메이션, 사진, 음향효과, 텍스트의 명확성과 가독성을 의미한다. 광의의 개념으로는 소비자가 구매하고자 하는 상품과 서비스를 웹사이트를 통해 미리 체험하고 경험할 수 있는 가상체험의 의미까지 포함할 수 있다. 가상체험의 경우 관광지 활성화에 크게 기여하는 마케팅 전략으로 예를 들어 보성군청에서는 보성녹차의 홍보와 관광객 유입을 위하여 보성군청 웹사이트 내에서 관광객들이 미리 유명 관광지를 방문하여 가상공간에서 이를 체험할 수 있으며, 코스별, 지역별 여행 스케줄을 체험함으로써 방문 이전에 관광지에 대한 자세한 정보를 확인할 수 있다.

이처럼 웹사이트를 활용한 가상공간에서의 물리적 환경은 오늘날 소비자들의 유입을 극대화할 수 있는 전략적 요소로 향후 꾸준히 발전할 것이다.

최신 관광마케팅론

10
CHAPTER

서비스 프로세스와 청사진

10 CHAPTER 서비스 프로세스와 청사진

제 1 절 서비스 프로세스

1. 서비스 프로세스란?

서비스 프로세스는 서비스가 전달되는 절차나 메커니즘 또는 활동들의 흐름을 의미한다. 서비스는 일련의 과정이며 흐름의 형태로 고객에게 전달된다. 이 과정은 프로세스이고 또한 서비스의 흐름은 플로(flow)이며 서비스의 전달과정(delivery process)을 말한다. 따라서 프로세스는 서비스상품 자체이기도 하면서 동시에 서비스 전달과정의 성격을 갖고 있다.

프로세스, 즉 구매과정(purchasing process)에는 관광상품 구매에 대한 사람들의 심리적 동기와 의사결정 방법이 고려되어야 한다. 사람들이 보트, 별장, 가구 대신에 왜 관광상품에 돈을 소비하려고 하는가? 또 수백 가지나 되는 관광상품 중에서 왜 특정 상품을 선택하는가? 그리고 상용여행, 위락여행, 특별목적여행 등에서 언급한 것과 같이 사람들은 위신을 높이기 위해, 모험하기 위해, 다른 지역의 문화를 배우기 위해 여행을 한다. 일부 사람들은 자신의 건강을 위해, 조상의 뿌리를 찾기 위해, 단순히 가족과 친구와 즐기기 위해 여행을 한다. 고객들의 욕구와 욕망, 개인적 특성, 사회적 · 경제적 지위는 그들의 동기를 형성하는 데 도움을 준다. 그러므로 구매자의 동기를 파악할 수 있는 기업은 그 동기에 알맞은 제품과 판매 촉진을 조직화할 수 있다.

잠재고객에게 적절한 정보를 제공하는 것은 구매과정에 있어 결정적으로 중요하다. 고객은 구매하기 전에 관광상품에 대한 정보의 근원, 그 정보에 접근하는 방법, 구매를 실행하는 방법 등을 알려고 한다. 관광마케터는 구매과정을 촉진하는 방법으로써 이러한 정보를 고객에게 알리도록 노력해야 한다.

구매과정에서 제품에 대한 정보는 기업이 의도한 대로 항상 지각되고 해석되는 것이 아니다. 그러므로 때때로 제품에 대한 오보라든가 부정적인 관념을 극복하는 것이 필요하다. 예를 들어, 1980년대에 유람선산업은 유람선이 돈 많은 백만장자나 졸부를 위한 것이 아니라는 것을 대중에게 확신시켜 줌으로써 유람선 판매가 급격히 증가하였다.

고객은 구매하는 각각의 관광상품에 대해서 똑같이 생각하지는 않는다는 것을 결국 마케터는 인식하였다. 렌터카나 호텔과 같은 관광상품은 편의점에서 물건을 구매하는 것처럼 그다지 깊이 생각하지 않고 쉽사리 선택되기도 한다. 그러나 휴가목적지와 유람선과 같은 관광상품을 선택하는 데는 많은 생각이 필요할 것이다. 이 구매과정 요소는 제품을 어떻게 시장에 내놓는가에 영향을 미친다.

2. 서비스 프로세스 플로차트 작성

플로차트(flowchart)는 고객에게 서비스를 제공하는 데 서로 다른 단계의 순서와 특징을 보여줄 수 있는 기법이다. 이는 전체적인 고객서비스 경험을 이해하는 방법이 된다. 서비스기업에서 소비자가 갖게 되는 접점의 순서를 플로차트로 작성함으로써 제공하는 현재 서비스에서 의미 있는 시사점을 얻을 수 있다.

1) 서비스 프로세스 도구로서 플로차트

서비스 플로차트(service flowchart)를 설계하는 것은 고객이 사용하는 핵심서비스의 단계와 핵심상품을 보조하는 서비스 단계를 구별하는 데 매우 유용한 방법이다. 예를 들어 호텔 레스토랑에서 음식과 음료는 핵심상품의 일부이고, 예약, 발레파킹, 코트 룸, 에스코트, 주문 메뉴, 계산, 지불, 화장실 사용 등은 보조서비스에 포함된다. 이와 같이 다양한 서비스를 위한 플로차트를 작성한다면 핵심상품은 모두 다르더라도 정보 제공, 예약, 주문, 문제해결, 계산 등의 공통적인 보조 요소가 있다는 것을 알 수 있다.

플로차트는 사람에 대한 처리, 소유물에 대한 처리, 정신적 자극에 대한 처리, 정보에 대한 처리 등 서비스의 네 가지 범주 각각에 대해 고객의 관여 정도가 다르다는 것을 보여준다.

[그림 10-1]은 소형 호텔에 투숙하는 사람에 대한 서비스를 간단히 나타낸 플로차트이다.

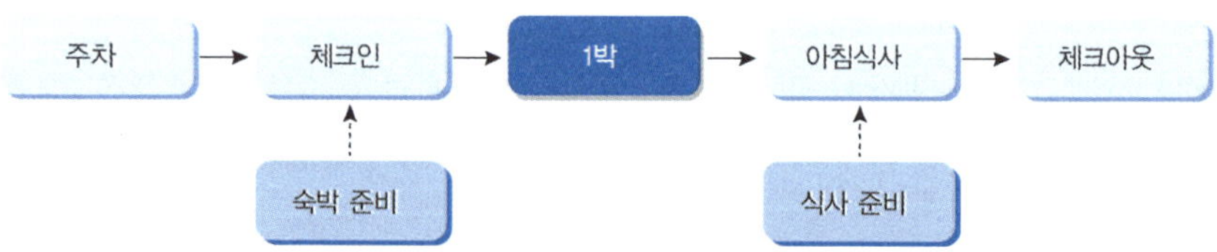

[그림 10-1] 사람에 대한 서비스 : 소형 호텔 숙박

간단한 줄거리 : 늦은 저녁, 장거리 여행길에 고객은 점점 피곤해진다. 빈방이 있다는 것을 확인하고 전화하니 가격도 합리적이다. 깨끗하게 치장된 건물과 잘 정돈된 주변을 확인하면서 차를 주차한다. 프런트에 들어섰을 때 친절한 직원이 반겨주며 방 열쇠를 건네준다. 샤워한 후에 잠자리에 든다. 취침한 후 아침에 일어나 옷을 입고 짐을 꾸린다. 프런트

옆 레스토랑에서 조식으로 커피, 주스, 빵으로 간단한 조식을 먹은 후 객실 키를 돌려주고 객실 요금을 계산하고 출발한다.

2) 플로차트 기법의 시사점

앞의 플로차트에서 보듯이 서비스 이용에 대한 고객의 역할은 각각의 범주에 따라 달라진다. 관광마케팅에서 다루는 호텔의 예는 물리적인 프로세스를 포함하고 있다. 호텔은 숙박을 위한 침실, 욕실, 주차, 다른 물리적 시설들과 같은 건물과 부지의 물리적 외형에 기반하여 서비스품질에 관한 판단을 내릴 수 있다. 호텔패키지상품의 한 부분으로 간단한 아침식사를 제공함으로써 호텔의 가치를 더할 수 있다.

3. 서비스 프로세스 재설계

1) 서비스 프로세스 재설계의 원인

시간이 흐름에 따라 서비스 프로세스는 기술의 발전, 소비자 욕구, 부가서비스 특성, 신제품 제공 등의 변화 등으로 진부해질 수 있다. 이런 경우 서비스 프로세스는 재설계되어야 한다. 재설계에는 크게 두 가지 원인이 있다.

첫째는 외부환경의 변화이다. 이로 인해 서비스의 어떤 활동이 필요하지 않게 될 수도 있다. 특히 셀프서비스나 자동화 등으로 인력이 감축되거나 필요하지 않게 된다. 따라서 서비스 프로세스를 재설계하거나 새로운 브랜드 프로세스를 창출할 필요가 있다.

둘째는 기업 내부의 원인에 의해 발생한다. 서비스 프로세스의 진부화 현상은 내부 프로세스, 규율과 규범, 비공식적 표준에 대한 약화 현상 등

내부 원인에 기초한다. 프로세스가 원활하게 작동하지 않고 재설계가 필요함을 알려주는 몇 가지 징후들이 있다. 점점 많은 정보 교환이 필요하거나, 유용하지 않은 데이터가 쌓이게 되거나, 가치 부가 활동에서 높은 수준의 확인 혹은 통제 활동이 필요하거나, 예외의 증가, 불편하고 불필요한 절차에 대한 고객 불만의 증가 등이 나타나면 바로 재설계에 착수해야 한다.

2) 서비스품질과 생산성 향상을 위한 재설계

서비스 프로젝트 관리자는 서비스 프로세스 재설계를 위해 서비스품질과 생산성을 동시에 향상시킬 수 있는 기회를 찾아야 한다. 먼저 서비스 청사진을 체크하는 것은 그러한 기회를 확인하고 업무수행 방법을 재설계하기 위한 중요한 단계이다. 서비스 재설계를 위한 노력은 서비스 실패의 감소, 서비스 프로세스의 시작부터 완료까지의 사이클 타임의 감소, 생산성 향상, 고객 만족의 증대 등 네 가지 핵심 목표를 달성하는 데 초점을 두며 동시에 그 목표들을 달성해야 한다.

서비스 프로세스 재설계는 재구조화, 재배열, 서비스 프로세스의 대체를 포함한다. 여기에는 핵심 이해관계자와 서비스 관리자의 청사진 확인하기, 의미 없는 서비스 단계의 제거, 셀프서비스로의 전환 등이 고려되어야 한다.

제 2 절 서비스 청사진

1. 서비스 청사진 개발

서비스 청사진(Service blueprinting)은 고객과 직원, 서비스시스템의 상호작용을 나타내는 지도이다. 서비스 청사진은 직원의 역할과 운영 프로세스, 공급, 정보기술, 그리고 고객 간의 상호작용을 보여줌으로써 기업의 마케팅과 운영, 인적 자원을 보다 효율적으로 관리할 수 있게 한다. 청사진은 고객이 볼 수 있는 부분과 후방에서 일어나는 모든 일을 포함하여 어떻게 서비스 프로세스가 형성되는지를 자세하게 구체화하고 있다. 즉 핵심적인 고객 활동과 고객과 직원이 상호작용하는지 서비스직원에 의한 전방 활동과 이러한 활동이 어떻게 후방활동과 시스템에 의해 지원되는지를 한눈에 볼 수 있다.

서비스 청사진은 직원과 고객 간의 상호작용을 안내하기 위한 서비스 스크립트(대본)와 역할의 정의, 실패점과 과다한 고객 대기시간을 설계하고, 마지막으로 서비스 표준과 서비스전달의 표적을 설정하는 것 등 더 나은 서비스 프로세스를 개발할 수 있다.

2. 호텔의 서비스 청사진

호텔 서비스 청사진의 예는 [그림 10-2]에 나타나 있다.

고객은 먼저 체크인을 하고 객실로 가는데, 거기서 가방을 받고 잠자고 샤워하고 아침을 먹는 등 다양한 행위를 하고 마지막에 체크아웃한다. 만일 호텔에서 1주일간의 휴가나 3일간의 비즈니스미딩을 하는 것을 나타내는 서비스 청사진을 그린다면 얼마나 다양하고 복잡한 프로세스와 상호작용이 일어날지 상상해 볼 수 있다.

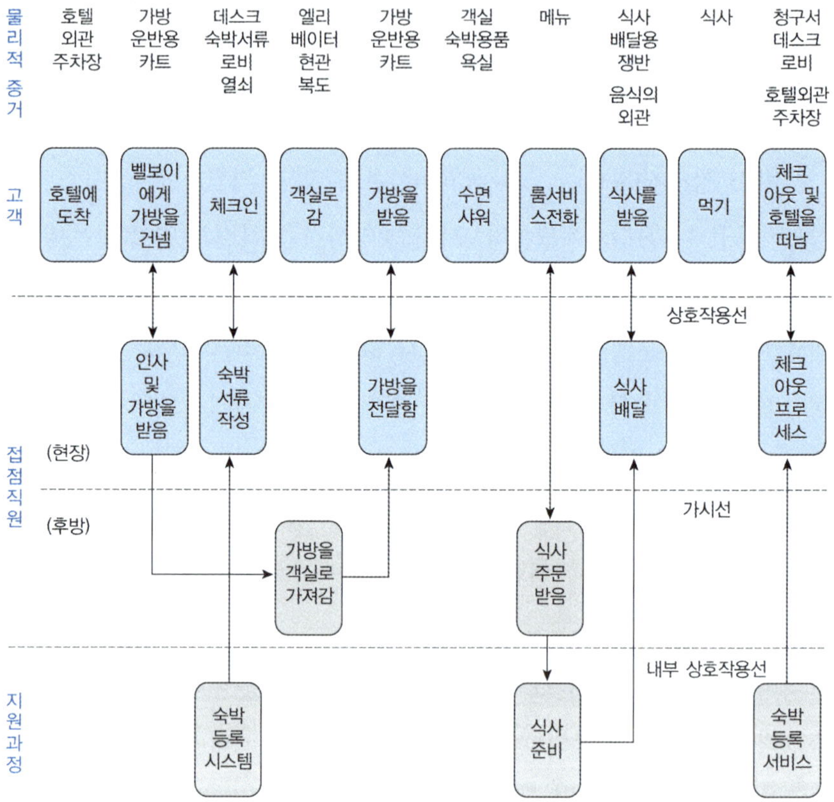

[그림 10-2] 호텔 서비스 청사진

3. 커피전문점의 청사진

Espresso & Coffee Shop의 청사진에서 서비스 프로세스가 이루어지는 흐름을 한눈에 파악할 수 있다.

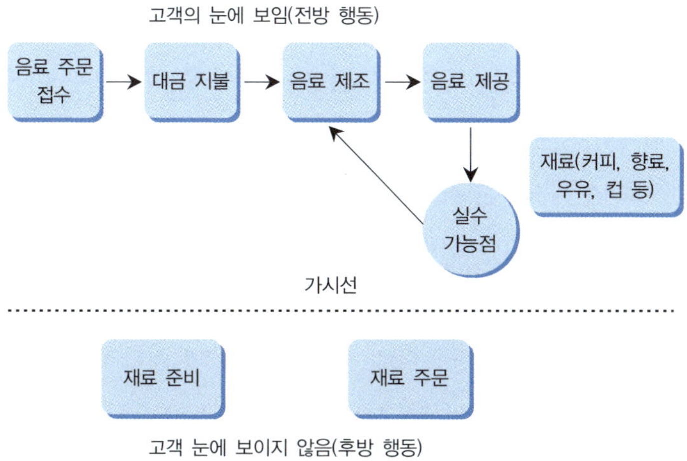

[그림 10–3] 커피전문점을 위한 서비스 청사진

[그림 10-3]에서 보듯이 커피점의 전면부인 고객 접촉이 많은 구역과 후면부이면서 고객 접촉이 드문 지역 간의 구별이 명확하다. '가시선'이 양쪽의 기능적 영역을 나누고 있으며 각 구역에서 공정이 이루어진다. 새로운 서비스를 개발할 때 설계자는 누가 그 업무를 할 것이며 어떤 공정이 소비자가 보는 곳에서 혹은 소비자가 보지 못하는 곳에서 이루어질 것인지, 그리고 언제 어떤 순서로 공정이 이루어질 것인지, 왜 그 공정이 그런 순서로 가시적 영역 내에서 이루어져야 하는지를 반드시 고려해야 한다. 예를 들어, 커피전문점은 커피 원두를 보이지 않는 곳에서 미리 갈아놓을 수도 있지만, 고객이 보는 곳에서 원두 가는 모습을 보여줌으로써 음료의 신선함을 강조하고 어떤 감각적인 경험을 창출할 수 있다.

두 번째로, 설계자들은 표준 및 최대 업무시간, 재료, 특정 단계의 정확한 세부사항을 결정할 수 있다. 예로 든 커피전문점에서 설계자는 종업원들이 고객의 돈을 받는 과정과 잔돈을 준비하는 과정을 정확히 지시한다. 물론 카드를 사용하는 과정도 정확히 지시한다. 도표는 각 공정에 필요한 재료와 누구에게 구매와 주문에 대한 책임이 있는가를 나타낸다. 에스프레소 체인점은 커피, 향료, 컵, 뚜껑 등을 공정에 필요한 재료로 사용한다. 이 커피전문점에서는 또한 머그컵, 커피메이커, 책자 또는 CD를 함께 팔기도 하지만 이런 품목들은 음료 준비 설계와는 다른 설계요소이다.

세 번째로, 설계자들은 잠재적인 문제점들을 검토하고 그런 실수를 방지하거나 만회하기 위한 전략을 구상할 수 있다. 이런 실수 방지 전략, 혹은 포카요케(poka-yoke, 실수를 피한다는 뜻)는 설계에 있어 불가결한 요소이다. 포카요케는 일반적으로 경고, 물리적 및 시각적 접촉방법이며, 여기에는 실행되어야 할 업무, 고객 접대, 서비스의 유형적 혹은 환경적인 요소들이 포함된다. 에스프레소 전문점의 예에서는 음료 배달과 관련한 문제점을 보여주고 있다. 구매자들은 주문과 다른 음료를 받을 수도 있다. 이런 실수를 방지하기 위한 포카요케 설계요소들은 다음과 같다. 종업원은 고객이 주문할 때 음료 목록을 종이컵에 표시하며, 주문이 끝나면 고객이 말한 것을 반복해서 들려준다(예를 들어, "아이스 아메리카노", "무카페인, 우유 첨가, 카페라테 큰 컵"). 내용이 맞는지 고객이 확인한다. 음료가 준비되면 종업원은 다시 완성된 목록의 순서를 반복해서 확인한다.

제 3 절 대기관리

1. 대기관리의 이해

대기행렬은 서비스에서 어디에나 있다. 대기행렬은 고도의 고객 접촉이 필요한 서비스에서 흔한 것이다. 우리는 많은 서비스 중에 놀이공원, 식당, 소매점, 전철, 버스정류장, 은행 등에서 끊임없이 소비자로서 이들

대기행렬을 경험한다.

기다림에 대한 인식이 실제로 기다린 시간보다 때때로 고객에게 더 중요하다는 점을 이해해야 한다. 그래서 기다림에 대한 부정적인 측면을 감소시키기 위한 혁신적인 방안을 제시해야 한다. 기다림의 경제적 가치는 공급자의 측면에서는 비용이며, 소비자에게는 현금이다.

흔히 고객이 참아주는 대기시간의 양이 바로 그 고객서비스의 표준이 된다. 대기시간은 흔히 서비스 프로세스의 출발에서부터 서비스접점의 나머지를 고객들이 어떻게 볼 것인가에 대해 '후광(halo)'효과 혹은 '소리굽쇠(pitchfork)'효과를 가질 수 있다. 즉 고객이 이후의 서비스를 호의적으로 볼 것인가 또는 고도의 비판적인 눈으로 볼 것인가가 그들이 앞서 기다린 바를 어떻게 보느냐에 달려 있다.

전문적 서비스에서는 고객이 흔히 변호사, 의사 혹은 치과의사가 일을 잘 수행했는지를 알 수 없다. 결과는 분명할 것이나, 일을 최선으로 하는 최고의 의사라 할지라도 환자에게 완벽한 건강을 되찾게 해주지 못할 수도 있다. 마찬가지로, 위대한 변호사도 몇몇 소송에서는 질 수도 있다. 그러나 고객이 스스로 결정할 수 있는 한 가지는 그들이 납득하지 못할 만큼 기다리고 있는가 하는 의문이고, 이것이 전체 서비스에 대한 고객의 인지에 어떤 색깔을 칠할 수 있는가 하는 측면이다.

이 내용은 인사업무 요구와 강력하게 연결되기 때문에 중요할 수 있다. 대기관리에 대한 분석은 서비스에 얼마나 많은 사람이 근무해야 하는가에 대한 정확한 수치를 얻기 위하여 수행될 수 있다. 만약 대기관리에 대한 예측을 잘 하지 못한다면, 서비스에 대한 인력은 항상 부족함을 보이게 될 것이며, 서비스 저하로 인해 서비스품질이 하락하는 결과를 가져올 것이다.

2. 대기행렬의 정성적 이해

많은 사람이 대기행렬이 왜 발생하는지를 잘못 이해하고 있다. 종합적인 측면에서 종업원들이 할 일이 너무 많기 때문에 대기행렬이 만들어질 뿐이라고 흔히 가정된다. 예를 들어, 어떤 사람에게 하루 8시간 일하는 날에 15시간분의 일을 주면 그날의 마감시간에는 7시간 분량의 일이 기다리게 된다. 그러나 대기행렬은 종합적으로 과제를 수행하기에 충분한 것보다 많은 사람이 있는 것처럼 보일 때도 역시 만들어진다. 이것이 우리에게 대기행렬의 기본규칙을 알게 한다.

3. 대기행렬 시스템

대기행렬(queue)이란 하나 혹은 그 이상의 서비스 제공자에게 서비스를 요구하며 기다리는 고객의 줄이다. 하지만 그 대기행렬이 서버 앞에 서 있는 눈에 보이는 줄이 아닐 수도 있다. 대학 캠퍼스에 정문이나 후문에 있는 정류장 앞에 서 있는 학생일 수도, 전화 상담원과 통화를 위해 '대기' 중인 사람일 수도 있다.

대기에는 다양한 형태가 존재하며, 관리자들은 가장 적합한 대기 형태를 선택해야 하는 문제에 직면한다. [그림 10-4]는 대기 형태의 몇 가지 도식을 보여주고 있다.

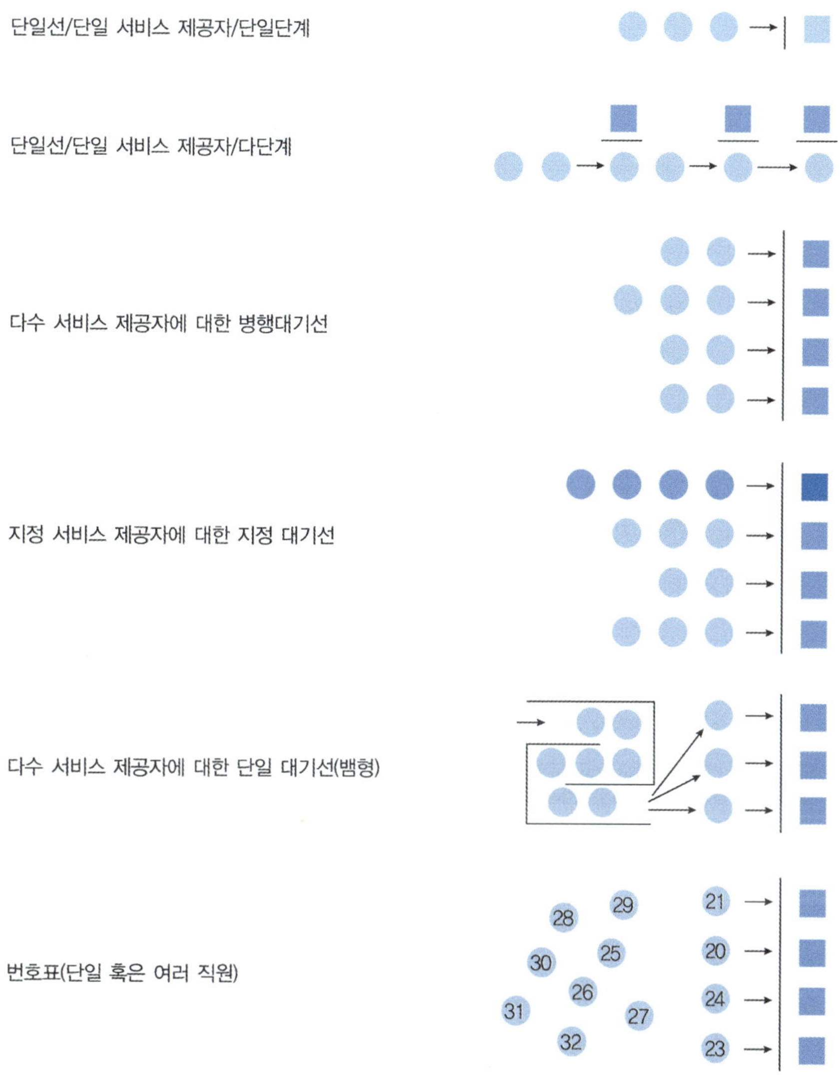

[그림 10-4] 대기 형태

서버(server)는 고객이 서비스를 받은 개별 장소이다. 사람들이 서비스를 받으려고 줄에서 기다리는 대표적인 경우는 슈퍼마켓의 계산대나 은행 창구에서 찾아볼 수 있으나, 실제 대기행렬 시스템은 여러 형태로 나타난다. 다음에서 여러 가지 대기행렬의 변형을 생각해 보자.

① 서버가 한번에 한 고객만 상대하도록 제한할 필요는 없다. 버스, 비행기, 승강기와 같은 운송시스템은 대량 서비스(bulk service)이다.

② 고객이 언제나 서비스 설비를 찾아 돌아다닐 필요는 없다. 몇몇 시스템에서는 서버가 실제로 고객을 찾아간다. 이런 예로는 구급차 서비스는 물론 치안이나 소방 활동과 같은 공공서비스가 있다.

③ 서비스는 일련의 대기행렬 단계로 구성될 수도 있고 더욱 복잡한 대기행렬의 네트워크로 구성될 수도 있다. 예를 들면, 디즈니랜드 같은 놀이동산의 '유령의 집'을 생각하면 어떤 장소에서 기다리게 해서 방문객이 한꺼번에 몇 명씩 배치(batch)로 이동하게 하거나 기다리는 동안 즐길 수 있게 한다. (예를 들면, 먼저 바깥쪽 걷기, 다음에 대기실, 마침내 놀이기구 타기의 순서로 진행하며, 몇 단계로 나누어 기다리게 한다.)

어떤 서비스시스템에서나 현재 수요가 서비스 제공 능력을 넘어설 때 대기행렬이 생긴다. 서버가 너무 바빠서, 도착하는 고객이 즉시 서비스를 받을 수 없을 때 기다림이 생긴다. 이러한 상황은 도착하는 시간이 변하고 서비스 시간도 변하므로 어느 시스템에서나 일어나기 마련이다.

4. 대기심리학의 특성

만일 기다림이 우리 삶에서 꼭 필요한 일상의 한 부분이라면 왜 그리도 우리를 우울하게 하는가? 만일 고객이 기대한 것보다 더 나은 서비스를 받으면 고객은 행복하고 만족하게 되고, 만족한 고객이 친구에게 그 좋은 서비스에 대해 말하는 것으로 기업은 이득을 볼 것이다. 그러나 반대의 경우에도 적용될 수 있다. 같은 방식으로 악평을 들을 수도 있다.

그리고 고객들 사이에 이야깃거리가 퍼질 것이다.

한편, 첫인상이 나머지 서비스 경험에 영향을 미친다. 고객을 기다리게 하는 서비스는 기다리는 시간을 즐거운 경험으로 만드는 게 좋다는 충고를 받아들일 필요가 있다. 기다림을 적어도 견딜 만하게, 좋게는 즐겁고 생산적으로 만들기 위해서 다음의 대기심리학의 특성들을 고려해야만 한다.

1) 공허한 감정 누그러뜨리기

"자연은 진공을 그대로 두지 않는다"와 같이 사람들은 '빈 시간'을 싫어한다. 비어 있거나 할 일이 없는 시간은 끔찍하다. 다른 생산적인 활동도 하지 못하고 종종 신체적으로도 불편해서 우리를 무기력하게 느끼게 하고 우리에게 관심이 없는 듯이 보이는 서버의 처분을 기다리고, 심지어는 영원히 기다릴 것같이 느끼게 된다.

서비스기업의 과제는 명백하다. 즉 긍정적인 방법으로 이 시간을 채우는 것이다. 여기에는 물리적 환경을 활용하는 방법이 이용된다. 편한 의자와 분위기를 좋게 하려고 새로 칠한 페인트 외에는 더 필요한 것이 없을지도 모른다. 대기실의 가구는 기다림의 인식에 간접적 영향을 끼친다. 버스와 기차 터미널의 고정된 벤치와 같은 의자는 대화를 방해한다. 유럽풍 복도카페의 가볍고 옮기기 쉬운 탁자와 의자의 배열은 사람들에게 교제의 기회를 제공한다. 전화를 걸었다가 대기하고 있는 고객에게 음악을 들려주는 것은 전화가 끊어지지 않았음을 알려 주기에 충분한 방법이다.

아마도 가장 널리 알려진 전략은 승강기 근처에 거울을 놓는 것이다. 예를 들면, 호텔 로비에서는 승강기를 조금 기다려도 거울이 있으면 불평이 별로 나오지 않는다. 거울로 자신의 옷차림을 점검할 수도 있고, 기다리는 다른 사람을 몰래 관찰할 수도 있다.

서비스는 대기시간을 즐거움으로 또는 생산적으로 변화시킬 수 있다. 전화 대기 중인 고객에게 모차르트나 마돈나의 음악을 틀어 주는 대신에 상업광고를 보낼 수도 있다. 하지만 몇몇 사람은 그런 것을 들으면 화를 내기도 하므로 그런 시도는 위험할 수도 있다.

올리브 가든(Olive Garden) 식당에서는 테이블이 없어서 기다리는 손님을 바(bar)로 안내해서 술까지 팔 수 있어서 좋고, 로비에서 요리사가 신선한 파스타를 준비하는 것을 구경하며 기다리게 한다. 여기서는 '고객 따라잡기'를 할 필요가 없다. 불쾌한 경험보다는 즐거운 경험을 예감하면서 "이제야 순서가 되었네"라며, 고객은 맛있게 식사를 한다.

진료소에서 볼 수 있는 것과 같이 여러 단계로 구성된 서비스에서는 고객이 연속되는 여러 곳으로 걷도록 해서 기다림을 잠시 잊게 할 수 있다. 시간을 보내는 방법은 다양하다. 책 읽기, 텔레비전 보기, 라이브 쇼, 포스터, 예술작품, 애들에겐 장난감, 쿠키와 커피 등등이 있다. 주의분산 전략은 관리자의 상상력과 고객을 효과적으로 모시겠다는 의욕이 표현되도록 무궁무진하게 많다.

2) 서비스의 시작 알리기

어떤 주위분산전략은 단지 시간을 채울 뿐이어서 기다림이 그렇게 길게 보이지 않게만 하며, 어떤 전략은 서비스기업에 부수적 이익을 제공하기도 한다. 행복한 고객은 불행한 고객보다 대개 수익성이 높다. 어쨌든 주위분산의 다른 중요한 측면도 있다.

식사를 기다리는 고객에게 메뉴판을 주거나 기다리는 환자에게 진찰기록지를 주는 등 '서비스와 관련된' 주위분산 자체가, "서비스가 시작되었다"고 생각하게 한다. 서비스가 일단 시작되면 고객의 우려는 상당히 줄어든다. 사실 사람들은 그냥 기다리는 것보다 서비스가 시작되었다고 생각하는 것을 더 편안하게 생각해서 더 오래 기다릴 수 있다. 또 다른 시각은 고객은 서비스가 시작하고 나서의 기다림보다 그 이전의 기다림에 더 불만을 품게 된다는 것이다.

3) 예상 대기시간이나 증거 알리기

서비스 시작 전에 고객들은 많은 근심과 걱정을 한다. 나를 잊은 건 아닐까? 주문은 들어갔나? 이 줄은 꼼짝하지 않는데 서비스를 늦게 받지 않을까? 화장실 가면 내 자리가 없어질까? 이성적이든 아니든 근심 걱정은 기다리는 고객에게 영향을 주는 가장 큰 요소일 것이다.

경영자는 이런 걱정거리를 인정하고 고객을 편하게 모실 전략을 만들어야 한다. 어떤 경우에 종업원이 고객의 존재를 알고 있다는 것을 알리는 단순한 일을 하기도 하며, 다른 경우는 고객에게 얼마나 기다려야 하는지 알리는 것으로 기다림의 끝을 알려주어 충분한 안도감을 줄 수 있다. 표지판도 그런 역할을 잘 해낼 수 있다. 예를 들면, 낯선 곳을 찾을 때 당신이 얼마나 더 가야 하는지를 알려주는 표지판을 보면 상당히 안도감이 들게 될 것이다.

예약은 대기시간을 줄이는 전략이지만 예약이 언제나 의도대로 움직여주는 것은 아니다. 뜻하지 않은 사건으로 방해받거나, 선약이 예상보다 많은 시간을 소비할 수도 있다. 만일 예약시간을 놓치면 얼마나 더 오래 기다리게 될지 모르는 걱정, 약속을 지키지 못한 데 따른 불쾌감이 생긴다. 지연에 대한 단순한 설명과 사과만으로 신용을 회복하기까지 많은 시간이 걸릴 것이다.

4) 자기 순서 알려주기

불확실하며 설명도 없는 기다림은 고객에게 걱정과 분노를 준다. 늦게 온 고객이 먼저 서비스를 받는 것을 보면 얼마나 더 기다려야 하는지 걱정이, 불공평에 대한 분노로 바뀐다. 분노가 폭발하지 않는다면 불편한 상황이 되어 서비스 제공자는 분노의 표적이 되기 쉽다.

먼저 오는 사람이 먼저 서비스 받는(FCFS) 대기행렬 정책을 무난히 수행하는 전략은 번호표를 나눠주는 것이다. 예를 들면, 쇼핑가에 있는 극장에 들어가는 고객은 고객 순번 발급기에서 번호표를 뽑고 자기 차례를 기다린다. 현재 서비스를 받는 번호가 표시되어 있어서 새로 들어온 고객은 얼마쯤 기다려야 하는지 짐작할 수 있다. 이런 간단한 방법으로 기다리는 시간과 불공정의 가능성에 대한 고객의 우려를 덜 수 있다. 이 방식의 부수적인 이득은 고객을 줄 세우기보다는 매장을 이리저리 돌아다니게 하며 '충동 구매'를 부추기는 것이다. 이 시스템은 공정하기는 하지만 고객의 걱정을 말끔히 해소한 것은 아니다. 고객은 번호 불리는 것에 신경을 기울이지 않으면 자기 차례를 잃을 위험이 있기 때문이다.

서버가 여럿일 때 FCFS 시스템을 위한 다른 간단한 전략은 한 줄로 줄 서기이다. 은행, 우체국, 항공사 체크인 카운터에서는 일반적으로 이런 기술을 이용한다. 이런 설비에 들어선 고객은 줄 뒤에 합류하게 되고 줄 맨 앞의 고객이 다음으로 가능한 서버에게 서비스를 받게 된다. 이렇게 하면 늦게 온 사람이 새치기해서 먼저 갈 염려가 없다. 종종 이런 식으로 자신의 자리를 '보증' 받은 고객은 여유를 갖고 기다리는 다른 사람들과 즐거움을 누린다. 이런 식의 동지애도 고객의 빈 시간을 채워 주고 대기 시간을 짧게 느껴지도록 한다.

그 밖에 특별한 고객에게는 차별적 대우를 하는 경우가 있다. 라스베이거스 호텔의 '거액 도박꾼'에 대한 신속한 체크인이나 항공사 카운터의

1등석 승객 체크인이 그 예이다. 하지만 그런 특별한 서비스는 옆의 긴 줄에서 기다리며 혜택을 받지 못한 고객의 분노를 자아낼 수 있으므로, 모든 고객을 고려하는 관리를 하여 고객을 차별한다는 이미지를 갖지 않도록 노력해야 한다. 즉 호텔이나 항공사에서는 일반 서비스 라인과 구분된 곳에서 특급서비스를 제공하여 차별적 이미지를 감추기도 한다.

11
CHAPTER

서비스 참가자

11 서비스 참가자

CHAPTER

제 1 절 참가자와 서비스 문화

1. 참가자

서비스 참가자(service participants)는 판매거래에 수반되거나 관여하는 모든 사람을 말한다. 서비스 생산 시스템에 참가하는 데는 판매자, 구매자, 기타 고객들이 관여한다. 판매자와 구매자의 밀접한 상호작용과 구매자의 참가가 관광경험의 형성에 도움을 주기 때문에 이 참가요소는 관광산업에 있어서 매우 중요하다. [그림 11-1]은 서비스 생산 시스템 안에서 접촉하는 직원과 고객, 그리고 기타 고객을 나타낸 것이다.

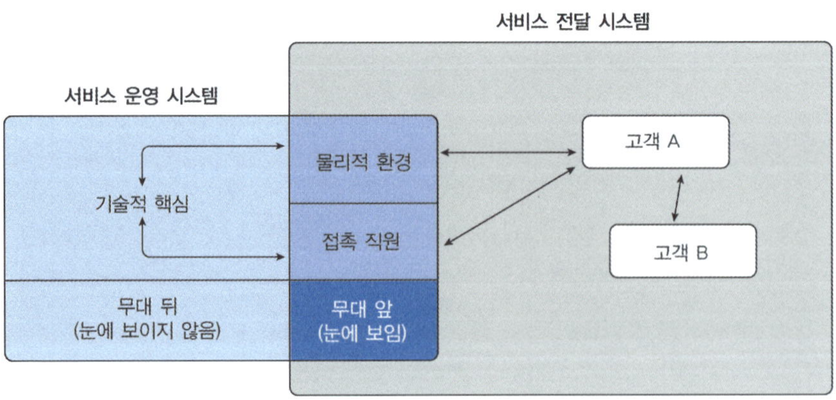

[그림 11-1] 서비스 생산 시스템에서 참가자 : 직원과 고객

관광경험의 질(quality)은 여행하는 동안 구매자의 행동과 행위에 따라 달라진다. 그리고 판매거래에 대한 구매자의 인식은 때때로 제품과 서비스를 다시 구매할 것인가의 여부를 결정한다. 특히 관광산업에서는 반복적 구매가 이루어지므로, 참가자는 마케팅믹스에서 지극히 중요한 부분이라 할 수 있다.

판매거래에 있어서 참가자의 태도와 행동은 고객의 경험을 풍부하게 할 수도 있고 파괴할 수도 있다. 승무원에게 무례한 대우를 받거나 냉담한 서비스를 받는 승객은 탑승이 즐겁지 못할 것이고, 아마도 그 항공사에 두 번 다시 예약하지 않을 것이다. 한편, 병이 나거나 낙심한 상태의 승객은 아무리 서비스가 우수하다 하더라도 그 여행은 즐겁지 못할 것이다.

비록 참가자는 통제하기 어려운 변수이지만 기업은 종업원의 행동을 잘 관리하도록 노력해야 한다. 훈련프로그램을 완전히 수료하게 하는 것과 종업원에게 제복을 착용하도록 하는 것은 종업원을 관리하는 두 가지의 방법이다. 디즈니대학으로 알려진 월트 디즈니의 훈련프로그램은 직원들을 공손하고 말쑥하고 행복하게 변화시킨 것으로 유명하다. 많은 기업에서는 그들의 업무를 잘 수행한 대가로 자유여행이나 상여금 등을 종업원에게 제공한다. 이러한 것은 내부마케팅(internal marketing)의 실제이다. 인센티브를 제공하는 목적은 종업원이 그 기업에 대하여 좋은 감정을 갖고 업무를 더욱 잘 수행하게 하는 데 있다.

관광에서는 매우 강렬하게 관광객의 선호, 기대, 행동 등이 그들의 관광경험을 형성한다. 여행경험의 질에 영향을 미치는 요인 가운데는 여행객이 어디로 가기를 원하는가, 그들이 무엇을 하기를 원하는가, 어떠한 관광지를 좋아하는가 등이 있다. 따라서 구매자가 구하려는 관광지 프로젝트에 대한 이미지와 혜택이 이러한 과정에서 중요한 역할을 한다.

관광산업에서 마케팅 및 판매에 종사하는 사람은 특히 고객과 제품 사이의 이러한 상호작용을 인식하고 그것을 조화시킬 필요가 있다. 이것은 인간관리이다. 고객이 여행을 계획하고 복수의 대안들 사이에서 선택하는 것을 도와야 하는 관광사업자는 고객의 기대감을 충족시키기 위해 전문화된 기술을 개발해야 한다.

2. 서비스 문화의 정의와 요소

1) 서비스 문화의 정의

서비스 문화란 무엇인가? 회사의 정책, 절차, 관점 및 활동 등 어느 것이나 모두 서비스 문화에 영향을 미친다. 직원의 용모, 고객과 직원이 상호작용하는 방식, 직원의 지식, 기술 및 태도 등도 포함된다. 서비스 문화에는 고객이 상호작용하러 온 회사의 설비, 장비 등 여러 물리적 환경도 포함된다.

서비스 문화(service culture)란 좋은 서비스를 소중히 생각하고 외부고객뿐만 아니라 내부고객에게 좋은 서비스를 제공하는 것을 모든 구성원이 중요한 규범이자 자연스러운 생활방식으로 간주하는 문화를 말한다. 여기서 첫째, '좋은 서비스를 소중히 생각한다'는 것이 서비스 문화의 첫 번째 조건이다. 즉 광고캠페인에서가 아니라 구성원들이 밑바닥 사고방식에서부터 좋은 서비스를 소중히 여긴다는 의미이다. 둘째, 외부고객뿐만 아니라 내부고객에게도 좋은 서비스를 제공한다는 것인데, 최종소비자인 외부고객에게 좋은 서비스를 제공하는 것만으로는 충분치 않고, 조직구성원 모두가 동등한 서비스를 받을 자격이 있다는 의미로 매우 중요하다. 셋째, 좋은 서비스가 '생활방식'이라고 한 것은 문화가 조직의 중요한 행동규범이기 때문이다. 서비스 문화는 고객지향적인 조직을 만드는 데 중요하고 서비스 차별화를 통한 기업경쟁우위의 원천이기 때문이다.

2) 서비스 문화의 요소

기업의 서비스 문화는 여러 면으로 구성된다. 각각의 요소는 고객에게 영향을 미치고, 고객서비스의 성공과 실패를 결정짓게 한다. 〈표 11-1〉은 서비스 문화의 대표적 요소를 개관하고 있다.

〈표 11-1〉 서비스 문화의 요소

- 서비스 철학: 매일매일 고객과 상호작용하도록 하는 조직의 방향과 비전
- 직원의 역할에 대한 기대: 고객과의 상호작용에서 기대되는 것을 나타내고 수행성과를 평가하는 방법을 정의하는 구체적인 전달내용이나 척도들
- 정책과 절차: 다양한 상황과 상호작용들을 다루는 방법을 정의한 지침. 이 지침 내용은 해석과 적용을 할 때 각자의 융통성에 따라 서비스전달을 돕기도 하고 막기도 한다.
- 경영진의 뒷받침: 고객과 상호작용을 할 때 필요하면 질문에 답하거나 지원해 줄 경영진이 있는 것
- 동기부여와 보상: 서비스전달을 계속하고 또 높은 수준으로 수행하도록 해줄 화폐적 · 물질적 보상이나 피드백
- 훈련: 뛰어난 서비스전달을 할 수 있도록 도와주는 지식이나 기술을 가르쳐 주는 다양한 테크닉을 통해 제공되는 정보나 강의

(1) 서비스 철학

일반적으로 회사의 사업방식 또는 철학은 회사의 최고경영자에게서 나온다. 임원진을 포함한 최고경영층은 회사의 비전이나 방향을 설정한다. 확실하게 계획되거나 전달된 비전이 없으면 서비스 윤리는 가장 높은 수준에 가서는 결국 멈추게 된다. 이는 많은 회사가 상부의 우유부단함이나 의견 차이로 주춤하게 되는 요인이다.

성공적인 회사의 최고경영진은 프런트라인 직원들 앞에 직접 나타나 고객의 요구나 기대에 따라 행동한다. 경영진이 집무실이나 사무실에 따

로 갇혀 있거나, 골프코스에서 시간을 보내는 것으로 인식되면 종업원이 좋은 서비스에 몸 바칠지는 의심스럽다. 최고경영자의 지도력은 서비스 성공에 결정적이다.

(2) 직원의 역할에 대한 기대

직원의 역할에 대한 기대는 보통 직원의 직업수행 목표 안에 포함되어 있다. 직원들은 일하는 동안 이 목표를 얼마나 달성했는지 측정되며, 보상이 따르든 그렇지 않든 간에 그 결과에 의존한다. 직원의 역할과 기대는 모두 명확히 정해져야 하고 다음의 세 가지 특성을 갖춘 용어로 전달되어야만 한다.

① 사실성

직원의 행동과 책임은 쉽게 이해할 수 있는 언어로 기록되어야 한다. 예를 들면, 어떤 특정한 시간 안에 모든 고객의 전화를 다 처리한다는 것이 현실적이겠는가? 많은 경영자는 고객서비스부를 위해 '(통화당) 대기시간'이란 용어로 구체적인 목표를 설정했다. 화가 난 모든 고객을 2~3분 안에 대응할 수 있는가? 그렇지 않다면, 이런 기준은 직원들의 목표에 도달하지 못하여 좌절감을 느끼게 하고, 다음 두 번째의 '실현 가능성'이라는 특성도 갖추지 못한 기준이 된다.

② 실현 가능성

직원에게 적절한 수단을 제공해 주고 지원하면 지정된 역할을 해낼 수 있는가? 만일 그럴 수 없다면, 좌절이나 원망을 고객에게 전가하게 된다. 경영자는 어떤 서비스 상황에서나 직원, 회사, 그리고 궁극적으로는 고객을 포함한 삼자가 모두 원하는 것을 해낼 수 있도록 상황을 설정해야 한다.

③ 측정 가능성

직원의 작업성과를 측정할 수 있는가? 생산이나 판매환경에서는 생산량이나 판매량으로 쉽게 측정할 수 있다. 그러나 완전히 고객중심적 서비스 환경이라면, 측정은 고객의 피드백이나 조사, 고객 만족 카드, 또는 고객 불평 등의 개념으로 구성되어야 한다.

(3) 정책과 절차

서비스를 제공하는 직원이 서비스문제를 처리할 때 '회사정책'을 이유로 뒤로 물러난다면 고객들은 그 회사의 문화가 이상하다는 것을 직접 체험하게 된다. 이런 문제가 발생하지 않도록 경영자는 현재의 정책이나 과정을 재검토하고 이를 함께 논의해야만 한다.

여기서 궁극적인 목표는 고객의 요청을 가능한 빠르게, 효율적으로, 기분 좋게 처리하여 소비자의 요구를 충족시키는 것이다. 비판, 불만족, 소비자의 손실 가능성 및 직원들의 좌절 등이 가장 나쁜 것이다.

반품정책의 경우가 한 예이다. 고객이 항상 옳은 것은 아니지만 옳은 것처럼 정중히 대함으로써 서비스를 제공해서 미래의 새로운 관계를 다질 수 있도록 해야 한다. 효과적인 반품정책은 전체 서비스 과정의 일부이다. 받은 서비스 외에 회사의 반품정책은 고객들이 돈과 시간을 어느 곳에 쓸지를 결정할 때 고려하는 또 하나의 표준이 된다.

(4) 경영진의 뒷받침

직원은 날로 달라지는 고객과 관련된 모든 문제를 다룰 수는 없다. 이런 경우 감독자나 경영자의 경험에 의존해서 그들 지시에 따르게 된다. 경영자가 직원에게 해야 하는 핵심역할은 효과적이고 지속적인 지도와 훈련, 상담을 제공하는 것이다. 이렇게 힘을 기울여 경영자는 좋은 정보를 주고 직원의 책임에 대해 안내하고 전문성을 계발하도록 도울 수 있다.

(5) 동기부여와 보상

작업 수행성과에 대해 인식하고 적절히 보상하면 사람들이 더 효과적이며 생산적으로 일한다. 화폐나 물질적 보상이 아니고, 경영자가 등을 두드리고 박수를 보내는 것이라도 직원들은 인정받기 위해 열심히 일한다. 직원의 관점에서 볼 때, 경영자가 직원들을 어떤 방식으로 인정하길 원하는가도 관심사이다.

(6) 훈련

효과적인 훈련은 매우 중요하다. 스칸디나비아항공사의 얀 칼슨(Jan Carlzon) 회장은 "정보가 없는 사람은 책임도 질 수 없다. 정보를 가진 사람이 책임질 수밖에 없다"고 지적하였다.

일을 효과적으로 수행하고 고객의 마음에 좋은 인상을 심어주려면 직원들에게 필요한 도구를 주어야 한다. 회사의 지위에 따라 훈련은 대인기술(예: 언어 의사소통, 경청, 행동방식 및 지역 네트워크 연결), 기술적 능력(컴퓨터 하드웨어 · 소프트웨어, 설비, 통신 및 차량), 회사에 대한 지식(제품 지식, 기관안내), 직업 지위에 따른 기술(연회접대, 웨이터 · 웨이트리스, 호텔 데스크 직원, 호텔 버스 기사, 수선공 및 생산직) 등이 제공될 수 있다. 가장 중요한 것은 어떤 것이 기대되고, 이를 어떻게 해낼 것인지를 가르치는 것이다. 훈련은 이를 성취하기 위한 과정이고, 고객서비스를 유지하는 핵심적 요소이다.

『Service America』라는 책에서 공동저자 알브레히트(K. Albrecht)와 젬케(R. Zemke)는 고객과 회사 사이에는 상당한 관계가 있다고 강조했다.

그 때문에 회사는 고객에게 서비스를 제공하는 것만이 아니고 고객에게 서비스하는 사람의 욕구를 채우도록 만들어져야만 한다. 이를 위해 잘 고안된 서비스 전략, 고객지향적인 프런트 직원, 고객과 친근한 체계 등 세 요소를 갖추어야 한다.

제 2 절 서비스접점 관리

1. 서비스접점 삼각구조

서비스의 독특한 특징 중 하나는 서비스 생산 프로세스에 고객이 적극적으로 참가한다는 것이다. 모든 '진실의 순간'은 고객과 서비스 제공자 사이의 상호작용을 포함한다. 서비스접점은 고객, 서비스 조직, 접점종업원의 서로 다른 이해가 상호작용함으로써 형성된 삼각구조로 묘사된다. 서비스접점(service contact point)에 참가하는 사람들은 서비스 거래를 통제하려고 하며, 그 결과 접점종업원(CP : contact personnel)의 유연성과 권한을 요구한다.

서비스기업에 의해 마련된 서비스 환경에서 고객과 서비스 제공자는 수행할 각자의 역할을 갖고 있다. [그림 11-2]에 제시된 서비스접점 삼각구조는 서비스접점에서의 3자 간의 관계를 나타내며 또한 갈등의 원인을 제시하기도 한다.

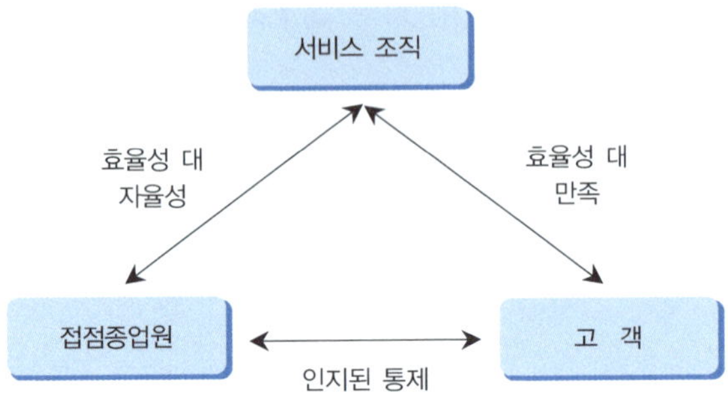

[그림 11-2] 서비스접점 삼각구조

이익을 추구하는 서비스 조직의 경영진은 경쟁력을 유지하기 위해서 가능한 효율적으로 서비스를 전달하고자 한다. 이윤추구가 목적이 아닌 서비스 조직에서는 효율성보다는 효과성을 더 중시할 수도 있다. 그러나 비영리조직도 예산 한도 내에서 운영되어야 한다. 그 결과 경영진은 서비스전달을 통제하기 위해 고객에게 서비스를 제공할 때 접점종업원의 자율권과 재량권을 제한한다는 규칙과 절차를 부과하려는 경향이 있다. 이와 같은 규칙과 절차는 또한 고객을 위해 제공되는 서비스의 범위를 제한하려는 의도가 있다. 그래서 고객화가 부족하게 되면 결과적으로 고객을 만족시키기가 어렵다. 마지막으로 접점종업원과 고객 간의 상호작용은 양자 간에 인지된 통제요소를 갖고 있다.

접점종업원은 그들의 업무를 관리하기 쉽고 스트레스를 덜 받도록 고객 행동을 통제하기를 원한다. 이와 동시에 고객은 서비스접점에서 최대한의 혜택을 끌어내기 위해 서비스접점에 대한 통제권을 획득하려고 한다.

이상적으로 3자는 상호 호혜적인 서비스접점을 창출하기 위해 함께 노력함으로써 많은 것을 획득할 수 있다. 그러나 서비스접점에서 단지 자신의 역할만을 고집함으로써 한 참가자가 상호작용을 지배할 때, '진실의 순간'이 역기능적으로 작용할 수도 있다.

2. 서비스기업의 서비스접점 지배

효율적인 운영을 위해, 또는 원가주도전략을 추구하기 위해 기업은 엄격한 서비스 운영 절차를 통한 서비스전달의 표준화를 시도할 수도 있다. 이 경우 접점종업원의 재량권은 엄격히 규제된다. 고객은 선택할 수 있는 몇 가지 표준화된 서비스 옵션만을 갖게 되어 고객화된 서비스는 이루어질 수가 없다. 맥도날드나 버거킹, 스타벅스와 같은 많은 프랜차이즈 서비스는 구조화된 조직과 서비스접점을 지배하는 환경을 통해서 기업을 성공적으로 운영하고 있다. 이 기업들은 서비스로부터 기대해서는 안 되는 것을 고객에게 교육함으로써 성공을 이루었다.

그러나 다른 서비스 조직에서 고객이 경험하게 되는 소위 '관료주의'라는 냉소적인 표현이 붙는 불만족은 접점종업원에게 개별적인 고객 요구를 처리할 수 있는 재량권이 없어서 발생한다. 이러한 조직에서 접점종업원은 고객을 동정할 수는 있지만 '규칙에 의해서' 어쩔 도리가 없게 되고, 이 과정에서 종업원의 직무만족감은 줄어들게 되는 것이다.

3. 접점종업원의 서비스 지배

보편적으로 서비스 종업원은 고객 요구를 충족시키는 데서 발생하는 스트레스를 줄이기 위해서 서비스접점의 영역 범위를 제한하려는 경향이 있다. 접점종업원이 자율적인 지위를 갖게 되면 그들은 자신들이 고객에 대해 상당한 통제권을 갖고 있다고 인식할 수 있다.

고객은 서비스 제공자가 전문적인 지식을 갖고 있다고 인식하기 때문에 접점종업원의 판단을 상당히 신뢰한다. 의사와 환자 사이의 상호관계는 접점종업원이 지배하는 접점의 단점을 잘 설명해 준다. 고객으로 간주되지 않는 환자는 서비스접점에 아무런 통제권이 없는 종속적인 위치에 놓이게 된다. 더 나아가 제휴 관계에 있는 서비스 조직(이 경우에 병원) 또한 개별 참여 의사로부터 효율성 문제의 고려 없이 제기되는 상당한 요구사항에 직면하게 된다.

4. 고객의 서비스 지배

고객은 극단적으로 표준화된 서비스와 극단적으로 고객화된 서비스접점을 통제할 기회를 가질 수 있다. 표준화된 서비스의 경우, 셀프서비스는 기업이 제공한 한정된 서비스를 완전히 통제할 수 있는 옵션을 고객에게 제공한다.

예를 들어, 신용카드 단말기가 설치된 셀프서비스 주유소에서 고객은 그 누구와도 상호작용할 필요가 없다. 그 결과는 매우 효율적이면서도 고객을 만족시킨다. 그러나 형사사건의 변론과 같이 고객화된 서비스에서는 조직의 모든 자원이 필요하지만, 효율성 측면에서 비용이 많이 든다.

만족스럽고 효과적인 서비스접점을 만들기 위해 참가자 모두의 통제 욕구가 균형을 이루어야 한다. 예를 들어, 접점종업원이 적절하게 교육을 받고 전달 프로세스에서 고객의 기대와 역할이 효과적으로 전달될 때 만족할 수 있다. 서비스접점을 관리하려는 접근방식에 대한 논의는 서비스 조직으로부터 시작한다.

제 3 절 내부마케팅

1. 내부마케팅의 개념

관광기업의 접점종업원은 표적시장으로써 외부고객시장보다 우선적으로 전략을 실시하지 않으면 안 되는 시장이다. 즉 고객에게 영향을 미치는 접점종업원의 욕구를 우선 만족시킴으로써 관광기업은 외부고객의 욕구를 만족시키는 기업 능력의 향상을 꾀할 수 있다. 혜택 및 효용의 다발로써 서비스상품의 판매계획은 관광기업의 직원과 상품제공의 현장직원, 접점직원의 협동활동에 의해 실행된다. 최고경영층 및 간부직원은 현장 접객원을 제1차적 고객으로 인식하고 그들에게 포지셔닝전략을 먼저 실시하지 않으면 안 된다.

여기서 내부마케팅(Internal Marketing)을 정의한다면, 내부고객인 종업원에게 내부제품(internal products)으로 직무(jobs)를 제공하고 그 내부제품을 내부고객의 욕구에 적절히 합치하도록 계획하는 것이다. 내부마케팅에는 경영자와 접점종업원 사이에 또는 접점종업원 상호 간에 양호한 커뮤니케이션이 확립될 필요성과 관광기업의 의사전달과정에서 접점종업원의 자유로운 참가 결정의 필요성이 강조된다. 그것은 유능한 인간을 채용 및 관리, 그들이 최고의 직무를 수행할 수 있다는 것 등의 의미를 내포한다. 따라서 외부고객과 대면 접촉하는 내부고객에게 마케팅 이론과 실천을 응용하려고 하는 것이다.

2. 내부마케팅의 목적

내부마케팅의 목적은 현장의 종업원을 충분히 동기가 부여되고 고객지향적인 직원으로 개발하는 것이다. 이러한 목적을 달성하기 위하여 인사, 영업 또는 총무 등 여러 부문을 마케팅부문이 고객지향으로 조정하는 역할을 실시하지 않으면 안 된다. 내부마케팅이 효과적으로 실시되기 위해서는 접점종업원 간에 고객지향 또는 판매지향이 형성되도록 기업의 내부환경을 구축하지 않으면 안 된다.

관광기업에서는 다수의 접점종업원이 각각의 고객과 대면해서 서비스의 생산 및 판매를 하고 있다. 그러므로 관광기업의 경영자는 자신의 견해 및 기업의 마케팅 비전을 최종소비자에게 판매하기 이전에 현장에서 일하는 접점종업원에게 판매할 필요성이 있다. 이러한 의미에서 관광기업은 두 종류의 고객이 있는 셈이 된다. 하나는 일반적인 의미에서의 고객, 즉 외부고객이며 다른 하나는 기업의 종업원 특히 접객 요원, 즉 내부고객, 사내고객이다.

관광기업은 외부고객에게는 상품을 판매하고 내부고객인 접점종업원에게는 그 직무를 판매한다. 경영자가 계획하는 서비스 전략 및 세일즈 포인트를 접점종업원이 충분히 이해하지 못하고 경영자의 생각에 자진하여 협력하려고 하지 않는다면 최종소비자인 외부고객에게 최고의 서비스를 제공하는 것을 기대하기는 어렵다. 마케팅의 원점은 '소비자 지향'이라 말하고 있다. 그러나 경영자가 아무리 고객지향적 전략을 계획하더라도 접점종업원이 이에 동조하지 않는다면 그 전략은 실패로 끝날 것이다.

3. 내부마케팅 전략

내부마케팅은 서비스상품 판매의 효율적 수행을 목적으로 사내고객에게 직무를 판매하는 것인데, 내부마케팅에서는 전략과 전술이 분리된다. 외부마케팅(external marketing)에서는 그 전략 및 전술은 최고경영자나 중간계층의 간부진에 의해 입안 · 관리되고 있다. 그러나 현장의 인적 관리나 현장직원의 기능을 중시하는 것이 무엇보다도 중요한 관광기업에서는 자체적으로 기본적인 마케팅계획 및 관리와 이것을 현장에서 상세히 운용하는 전술 단계 간에 조직상의 분업화가 명확해야 한다.

내부마케팅의 전략으로는 시장조사, 시장세분화, 광고 등 종래의 마케팅 활동을 운용하는 것만이 아니라, 후술하게 되는 근무시간 변동제, 복리후생 선택제 및 경력계획 등 여러 가지 전략이 있다.

여기서 내부마케팅에 대한 보다 명확한 이해를 돕기 위하여 종래의 외부마케팅과 대비한 내용을 정리하면 〈표 11-2〉와 같다.

〈표 11-2〉 외부마케팅과 내부마케팅의 비교

구 분	외부마케팅	내부마케팅
목 표	소비자(외부고객)	C.P(내부고객)
제 공 물	상품	직무(job)
가 격	상품의 대가	직무의 대가
유 통	도 · 소매점	C.P(현장의 종업원)
광 고	광고(외부광고)	광고(외부광고 + 내부광고)
시장전략	세분화전략, 마케팅믹스전략 등	근무시간 변동제, 복리후생선택제 등
시장조사	시장조사	종업원만족도 조사 등

1) 시장조사와 시장세분화 전략

외부마케팅에서는 외부시장의 고객에 대해 시장조사를 하는 데 반하여, 내부마케팅에서는 내부시장의 종업원을 대상으로 직무나 정책, 기타 노동조건에 관한 만족도 조사를 하고 모든 정보의 분석을 통해 내부시장에 대한 개선책을 고려한다. 이러한 조사를 통해 각 접점종업원의 개성 및 욕구나 직무수행상의 제안 등에 적합한 전략이 수립된다.

한편, 시장세분화 전략을 통해 외부고객에 대한 상세한 대책이 계획됨과 동시에 내부마케팅에서도 활용된다. 그것은 내부시장에서도 접점종업원의 개인적 희망 및 개인의 라이프스타일과 라이프 스테이지(life stage)에 의해 직무환경에 대한 욕구가 다양하기 때문이다.

내부시장의 시장세분화(segmentation)전략으로는 이하에서 언급하는 근무시간 변동제와 복리후생 선택제 방식이 유용하다.

2) 근무시간 변경제와 복리후생 선택제

근무시간 변경제(flexible time system)는 출퇴근 시간에 대해 접점종업원에게 선택의 폭을 제공하는 제도이다. 예를 들면, 전원이 회사에 출근해야 하는 시간대(core time)와 접점종업원 각 개인이 자유롭게 선택할 수 있는 시간대(flexible time)를 설정하여 접점종업원에게 자주적으로 시간 관리를 할 수 있게 하는 제도이다.

한편, 복리후생 선택제(cafeteria benefit system)는 관광기업이 제공하는 몇 개의 복리(복지)후생계획 가운데서 각 접점종업원이 희망대로 그 몇 개를 조합하여 선택할 수 있도록 하는 제도이다.

이 두 가지 방식은 접점종업원을 동질적인 욕구를 갖는 집단으로 보는 게 아니라 세분화를 이용하여 대응해야 하는 내부시장으로써 파악해야 한다는 발상에 기초를 둔 제도이다.

이러한 방식은 기업과 접점종업원의 양쪽 모두에게 이익을 가져다준다. 우선 기업의 이익으로는 접점종업원의 업무에 대한 생산성의 증가, 시간 엄수 문제의 해결, 직무 시간에 개인적 용무의 감소, 상습적 결근과 전직의 감소, 그리고 단위당 노동 코스트의 절약 등이 있다.

접점종업원의 이익으로는 가족 활동을 위한 시간의 증대, 업무에 대한 만족도 증가 등 개인 생활 안정과 충실을 통한 물심양면의 여유 있는 생활을 하게 되는 점 등이 있다.

3) 목표관리와 커뮤니케이션 전략

접점종업원이 목표설정 및 계획화 과정에 참가하는 목표관리(MBO: management by objective)는 달성 욕구가 강한 접점종업원을 한층 자극할 수 있다. 접점종업원의 관련 목표로는 일정 기간 특정 서비스의 매상 및 코스트의 수치에서부터 신규고객의 개척목표, 욕구개발단계의 고객 수 목표 등 세부사항에 관한 구체적 내용까지 다양하다. 특히 현장의 서비스 전략 입안에서 접점종업원의 적극적인 참가와 접점종업원 자신에 의한 자주적인 서비스 전술의 실현 및 접점종업원 자신에 의한 자기계발 목표의 설정이 필요하며, 그러기 위해서 궁극적으로는 접점종업원과 관리자 간에 쌍방향 커뮤니케이션(two-way communication)의 확립이 필요하게 된다. 관리자는 접점종업원 또는 접점종업원 단체와 충분히 의견을 교환하고 적절하게 도전의식을 자극하여 노력 여하에 따라서는 달성 가능한 현실적인 목표설정에 협력함과 동시에, 목표의 달성을 객관적으로 평가하기 쉽도록 접점종업원의 양해를 얻어 성과측정 척도를 결정해야 한다.

한편, 외부를 향한 광고 및 커뮤니케이션 전략도 내부마케팅에서는 접점종업원에게 직무를 판매하는 중요한 수단이 된다. 이것은 또한 사내보(社內報)와 혼합되어 접점종업원의 동기부여, 교육, 기업의 의사전달을 위한 수단이 될 수 있다. 베리(L.L. Berry) 교수가 지적한 바와 같이 접점종업원은 광고에 대한 제2의 청중이기도 하기 때문이다.

4) 성숙도 관리와 경력계획

전술한 접점종업원 개인의 희망 및 라이프스타일에 의한 직무환경에의 욕구가 다양하다는 것과 마찬가지로, 접점종업원의 성숙도에 따라서 직무에 관한 욕구도 매우 다양하다. 종업원의 입사 동기는 개인의 성숙 정도에 따라 단순히 생활 유지 및 안정을 추구하는 저차원의 욕구에서 직무를 통하여 사회적 존재로서의 책임수행, 자기 능력의 발휘, 자기실현 욕구의 달성 등 고차원의 욕구충족에 이르기까지 다양하다고 볼 수 있다.

이러한 의미에서 관리자는 접점종업원의 성숙도에 맞추어 고객지향의 방향설정을 구체적으로 표시하지 않으면 안 된다. 즉 비교적 저차원의 성숙도를 지닌 접점종업원에 대해서는 고객 응대 직무수행 매뉴얼의 제시, 일상업무의 엄격한 지시와 체크 및 그것을 촉진하는 물적 시설 · 장비 및 시스템의 정비가 필요하게 된다. 접점종업원의 성숙도가 높아감에 따라 보다 효과적으로 고객 만족을 충족시키기 위하여 접점종업원의 업무 만족 의식을 충족시킬 수 있는 리더십의 전개가 필요하다.

성숙도 관리를 수행하기 위한 장기적인 관점에서 개인의 경력향상 및 승진계획 등의 경력계획(career plan)을 도입하는 것은 귀중한 인재의 활용을 위해서도 유익한 일이다. 현장 중시의 관광기업에서는 접점종업원의 현장관리를 전문적으로 수행할 다수의 인재가 필요하다. 그래서 기업은 접점종업원 개인의 장래에 관한 장기적 목표설정에 관하여 그들의 자주적 의향과 희망이 달성되도록 노력하고 그에 의해 기업과의 일체감을 강화해 나갈 필요가 있다.

5) 표창제도

기업 내 표창제도, 명예우대제도 등 각종 동기부여 방안의 도입으로 현장직원의 자존심을 만족시켜 그 능력을 현장 활성화에 영속적으로 반영시키기 위한 관리체제의 개혁이 필요하다.

예를 들면, 고객서비스의 측정결과가 직원에게 전달되고 좋은 서비스를 한 직원이 표창을 받던가 하면 그 측정 자체는 직원의 태도에 긍정적인 효과를 가져다준다. 고객지향적인 직원을 원한다면 그와 같은 고객서비스를 하는 우수직원을 찾아내는 방법을 생각해 내어 그러한 노력에 대하여 직원을 보상하고 표창한다.

관광업계에서 실시되는 거의 모든 포상제도는 인건비나 식음료비를 일정 수준으로 억제하는 등 비용 목표를 달성했는가 어떤가를 기준으로 삼고 있다. 또 고객 만족을 기준으로 하여 포상하는 기업도 일부 있다. 그러나 이 회사들은 예외에 속하고 대부분의 회사는 그렇지 않다. 회사가 고객지향적인 직원을 원한다면 고객에게 서비스를 제공하는 직원에 대하여 포상하지 않으면 안 된다. 고객 만족 득점에 따라서 실시하는 포상제도와 상여금은 고객서비스를 기준으로 직원을 포상하는 하나의 방법이다.

6) 비정형 업무

잘 정비된 내부마케팅 프로그램은 비정형 업무(nonroutine transactions)에 대응할 수 있는 직원을 만들 수 있다. 훈련프로그램이나 매뉴얼은 고객에 대한 일상적인 업무와 정형 업무에 직원이 대응할 수 있게 한 것이다. 내부마케팅 프로그램은 고객에 대하여 친밀감을 가지고 적극적으로 서비스하는 직원을 지원하는 것이다. 그런데 모든 업무가 정형 업무에만 국한되지는 않는다. 내부마케팅 프로그램 가운데 한 가지 이점은 직원에게 적절한 태도, 지식, 의사소통능력, 비정형 업무를 처리할 수 있는 권한을 부여하여야 한다는 것이다.

비정형 업무를 처리하는 능력은 일류기업과 일반적인 평범한 기업을 구분하는 척도가 된다. 여기서 비정형 업무란 특수한 일로서 일상업무에서는 직원이 처음으로 경험하는 고객대응을 말한다. 일어날 수 있는 비정형 업무의 종류는 매우 다양하므로 훈련 매뉴얼로 그것을 커버할 수는 없다. 따라서 경영자는 고객에 대한 문제를 해결하는 결정권을 직원에게 부여하지 않으면 안 된다.

제 4 절 고객만족경영

1. 고객만족경영의 시초

1980년대 초는 세계적인 경기후퇴가 항공산업을 맹렬히 강타하여 어떠한 회사라도 그 존속이 염려스러운 시기였다. 스칸디나비아항공(SAS)은 심각한 불경기에 빠져 있었다. 다른 항공사도 마찬가지였다. 스칸디나비아항공은 1981년에 800만 달러의 적자를 내었다.

당연한 일로 스칸디나비아항공의 대주주들은 이러한 사태를 염려하였고 그리하여 이사회는 새로운 사장에 젊은 얀 칼슨을 승진 · 임명하였다. 그 당시 39세의 칼슨은 그때까지 자회사의 경영자 중 한 사람이었으며, 마케팅에 대하여 강력한 방침을 갖고 있었다. 이것은 그 후의 SAS항공사의 방향전환을 위한 싸움에서 강력한 무기가 되었다.

많은 항공사의 대부분이 탈진상태에서 경비삭감 노력에 힘을 기울이고 있을 때 칼슨은 전략을 정반대 방향으로 결정하였다. 그는 SAS항공사의 영업상태를 급상승시키기 위하여 모험을 시도하였다. 그의 전략은 고객에 대한 이 회사의 자세에 대변혁을 초래하였다. 진실의 순간(MOT : moment of truth)이라고 일컬어지는 서비스혁신을 단행하여, 고객과 접촉(encounter)하는 순간에 최선을 다하는 고객만족전략을 실시하였다.

그 결과 SAS항공은 1년 사이에 800만 달러의 적자에서 20억 달러의 매상과 7,100만 달러의 이익을 거두는 극적인 성공을 거두었다. SAS항공은 올해의 항공사(Airline of the Year)에 뽑혔고 유럽에서 가장 정시운항을 하는 항공사라는 인정을 받게 되었다. 이 항공사는 표적시장을 비즈니스맨으로 정하고 비즈니스맨을 위한 항공사로 널리 알려지도록 노력하여 그러한 평가를 얻은 것이다. 타 항공사가 같은 해에 적자를 내는 상황에서 극히 짧은 기간에 스칸디나비아항공은 이와 같은 성과를 올린 것이었다.

2. 진실의 순간관리

진실의 순간(MOT : moment of truth)관리란 기업의 경영에서는 고객과 제일선에서 일하는 사원이 만나는 지점이 가장 중요하고 그 순간을 고객이 만족하는가에 기업경영의 모든 것이 달려 있다는 생각을 기반으로 하는 경영철학이다. 그러므로 고객의 만족을 위하여 전 사원의 의식혁명을 일으키고 고객과의 여러 가지 접점에서 서비스 향상을 꾀함과 동시에 비즈니스맨을 위하여 특별클래스의 신설, 시간관리의 철저 등을 적극적으로 행하는 것이다.

따라서 스칸디나비아항공의 인기는 일거에 높아지고 기업재건에 성공하게 되었다. 타사는 직원이나 경비의 삭감에 의한 방법을 채택하였지만, 스칸디나비아항공은 그러한 방법을 취하지 않고 고객만족경영에 성공하게 된 것이다. 이러한 결과를 참고로 하여 영국항공도 진실의 순간관리를 응용한 결과, 세계적인 항공사로 부각하게 되었다. 이러한 성공이 미국에 전해졌고 미국에서도 이러한 고객만족경영을 도입하여 현재 커다란 성과를 얻고 있다.

[그림 11-3]은 항공사 MOT관리의 예이다. 포인트 하나하나가 진실의 순간이며 어느 하나가 실패해도 전체 고객만족에 흠이 가게 되며 그것은 곧 서비스상품의 결함이 되는 것이다. 이는 항공사뿐만 아니라 외식업체, 호텔 등에서도 적용가능하며, 세계 일류기업에서 도입되어 활용되고 있다.

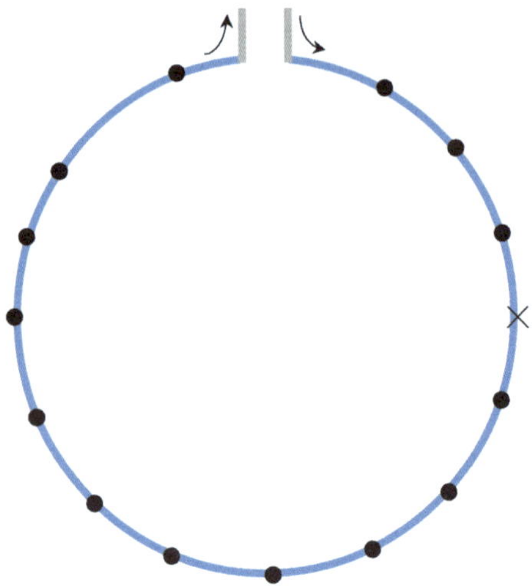

[그림 11-3] 항공사 MOT관리의 예

3. 고객만족경영의 개념

마케팅의 핵심은 자사의 제품 및 서비스를 경쟁상대보다 얼마나 고객의 눈에 잘 띄게 할 것인가, 즉 차별화를 꾀하는 것이다. 이러한 차별화는 기업구성원 각자의 의지 있는 노력이 있어야 결실을 맺게 된다.

고객만족경영(CSM : Customer Satisfaction Management)은 기업은 단순히 상품을 판매하는 게 아니라 고객의 욕구를 총체적으로 만족시키는 데 목적을 두어야 한다는 경영원리이다.

엄격히 말한다면 종래의 고객만족은 기업경영을 영위하기 위하여 겉으로 제창한 표어이고, 지금 표방하는 고객만족은 '경영의 궁극적 목적'이라고 할 수 있다. 즉 경영기법이 아니라 경영의 진리라고 할 수 있다. 고객만족이라는 것은 고객 자신이 결정하는 것으로서 기업이 결정하거나 그것을 강요하는 것이 아니다. 풍요로운 시대의 도래와 함께 시장이 성숙하여 상품은 포화상태가 되고 경쟁은 더욱 치열해지고 있다. 이와 함께 지금까지 기업 측에 있던 시장의 주도권이 구매자인 고객에게로 이행하고 고객이 판매자를 선택하는 시대가 되었다.

그러므로 기업이 제공하는 제품 및 서비스가 고객의 만족을 얻지 못하면 판매되지 못하게 되므로 최대의 관심사는 고객(customer)의 만족(satisfaction)이 되는 것이다. 고객에게 만족을 줄 수 있는 제품 및 서비스를 제공하는 기업은 고객에게 선택되고 살아남을 수 있다. 즉 고객에게 만족을 판매하는 것이 기업의 최고목적이 되고 21세기에 살아남을 수 있는 절대적인 조건이 되고 있는 것이다.

미국의 하얏트호텔체인의 프리카 사장은 벨 보이로 변장하여 그 호텔에 대한 고객의 반응을 알아보는 등의 행위로 자사평가의 행동을 취한다고 한다. 경영자가 스스로 고객에게 접촉하고 고객의 동향을 피부로 느끼고 그것을 고객만족경영에 활용하려 하는 것이다. 이러한 것만을 보더라도 환대기업이 고객만족경영에 얼마나 관심을 기울이고 있는가를 이해할 수 있을 것이다.

4. 고객만족경영을 위한 조직 전환

세계적으로 고객만족경영은 크게 주목받아 왔다. 기업이 영속적으로 운영되기 위해서 이익의 확보는 지상명령이지만 그것보다는 고객의 만족을 추구하는 것에서부터 기업경영이 출발하여 그 결과로써 이익을 확보한다는 것이 그 주안점이다.

따라서 지금까지의 경영에 관한 생각은 크게 달라진다. 즉 이는 경영의 혁명이라고 말할 수 있다. 이와 함께 기업의 조직도 당연히 바뀐다. 종래의 기업이익을 우선시하는 기업조직은 최고경영자가 정점에 있는 피라미드형이지만 고객만족을 우선시하는 기업조직에서는 종래와는 전혀 다른 반대의 형태, 즉 역피라미드형이 된다.

[그림 11-4]에서 보는 바와 같이 역피라미드형 조직도에서는 가장 중요한 것이 고객만족이기 때문에 우선 고객이 중심이 된다. 다음으로 중요한 것은 고객만족을 실현하기 위하여 제일선에서 고객과 직접 접촉하는 종업원이다. 이같이 제일선에서 분투하는 종업원을 후원 및 지원하는 것이 현장관리자, 중간관리자, 최고관리자로 이들은 현장종업원 다음으로 도표화된다.

기업조직이 역피라미드가 된다고 해서 관리자층의 권위가 결코 실추되는 것을 의미하는 것은 아니다. 관리자의 역할이 달라진다는 것은, 즉 종래와 같이 조직전략의 설정 및 의사결정을 내리는 것에는 변함이 없고, 거기서 고객의 만족을 실현하기 위하여 제일선에서 활약하는 종업원을 지원한다고 하는 새로운 역할이 추가되는 것이다.

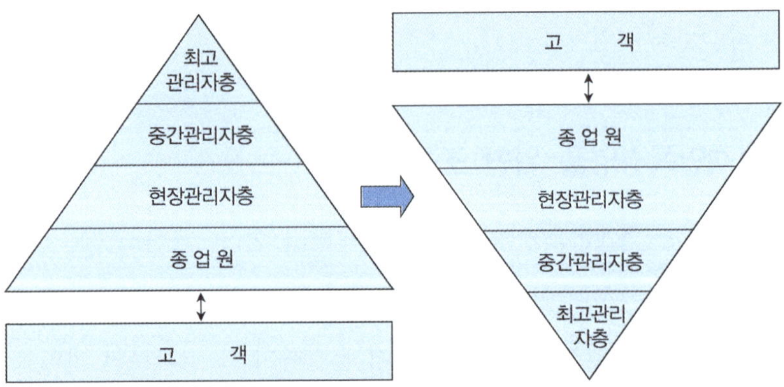

[그림 11-4] 역피라미드형 조직 전환

5. 고객만족경영의 효과

고객만족경영을 통하여 기업이 얻을 수 있는 이익은 다양하다. 재무적으로 기업에 주는 효과 이외에도 단기간에는 나타나지 않는 다양한 효과들이 많이 있는데 우선 대표적으로 재구매고객의 창출, 비용의 절감, 최대의 광고효과 등을 볼 수 있다.

1) 재구매고객의 창출

시장에 경쟁자가 포화상태인 상황에서 새로운 고객을 끌어들인다는 것은 그리 쉬운 일이 아니다. 가능하다고 해도 이를 위하여 많은 비용을 들이게 된다. 우리가 알고 있듯이 일반적으로 전체 고객 중 20%인 단골고객이 전체 매출의 80%를 좌우한다는 말을 되새겨야 할 필요가 있는 것이다. 즉 기존고객이 재구매하여 반복구매가 이루어져야 기업의 이익 극대화가 가능하다는 것이다. 따라서 충성도 높은 고객을 형성하는 것은 영구적인 기업의 이윤을 보장하는 것이다. 그러므로 우리의 제품이나 서비스를 구매하는 고객들의 만족을 극대화함으로써 우리 기업의 영원한 팬(Fan)으로 만들 수 있다.

2) 비용의 절감

제품이나 서비스 구매 후 만족도가 높은 고객에게는 고객을 설득하기 위하여 초기만큼 많은 비용과 시간을 할애하지 않아도 된다. 설득을 위한 비용을 A/S와 같은 실질적인 서비스 비용으로 사용할 수 있기 때문이다. 기본 고객을 유지하기 위한 비용은 새로운 고객을 창출할 때 드는 비용의 1/5 정도면 충분하다. 그리고 만족도가 높은 고객들은 단골고객으로서 기업에 다양한 고객정보를 적극적으로 제시해 주므로 고객 욕구와 기대를 확인하기 위한 활동의 비용이 절감된다.

3) 최대의 광고효과

만족도가 높은 고객은 충성고객으로서 걸어 다니는 광고판, 즉 자사의 세일즈맨이라 할 수 있다. 구전(Word of Mouth)효과는 어느 대중매체를 통하여 광고하는 것보다 막강한 효과를 창출한다. 신규고객의 경우 기업의 광고를 통하여 제품과 서비스에 대한 정보를 많이 얻기는 하지만 실질적으로 그 정보에 대한 신뢰도는 높지 않다. 하지만 그 제품이나 서비스를 사용한 경험이 있는 주변 사람들의 좋은 평가는 신규고객에게 중요한 평가기준이 된다. 따라서 충성도 높은 고객은 본인이 의도하지 않아도 그들의 평가를 통하여 기업이 새로운 고객을 창출하는 데 많은 도움을 준다.

6. 고객만족경영의 성공요건

1) 종업원의 만족

기업의 광대한 목표가 최고의 고객만족 실현이라 할지라도 실제로 고객만족 목표달성을 위하여 업무를 추진하는 종사원이 고객만족을 위한 업무를 제대로 추진하지 못한다면 고객만족경영의 성공은 보장할 수가 없다. 기업은 수많은 종사원의 노력에 의해 소비자들로부터 얻은 신뢰를 불성실한 종사원 한두 명의 실수로 인하여 한순간에 잃을 수도 있다. 따라서 외부 구매 고객의 만족 이전에 내부고객인 종업원들의 만족이 선행되어야 한다. 다시 말해서 고객이 기업에 소중한 만큼, 고객에게 서비스를 제공하는 종업원 역시도 소중하다는 것이다.

고객만족의 중요한 요소인 서비스의 품질은 종업원의 손에 달려 있으며, 종업원의 만족에서 시작된다. 아무리 표준화된 서비스를 제공한다고 하여도 서비스 제공자의 심리상태가 불안정하다면 고객이 진심으로 느끼는 서비스 가치를 실현할 수 없는 것은 자명하다. 기업의 최고경영자부터 실무자까지 전 종사원이 현재 직무에 만족하지 못한다면 참된 서비스 제공은 불가능하며 고객만족을 이루어낼 수 없다.

2) 혁신

'혁신' 하면 일반적으로 제품의 기술적인 부분으로 한정하여 생각하는 경향이 있어 프로세스의 재구성을 통하여 적은 투자를 통한 생산성과 품질의 향상을 주로 얘기한다. 그러나 고객만족을 위한 혁신은 보다 포괄적으로 이루어져야 한다.

고객만족을 위해서는 상품, 프로세스, 인적 자원 모두가 고객지향적으로 혁신되어야 하며, 단지 상품의 품질이 우수하다거나 종사원이 친절한 것만으로는 고객을 만족시킬 수 없다. 따라서 고객만족을 위해서는 기업이 생산·판매하는 제품은 고객 욕구가 충분히 반영되어 기대에 부응할 수 있도록 우수한 품질과 적절한 가격이 형성될 수 있어야 하며, 기업 전체 업무의 프로세스는 기업조직 중심이 아니라 고객가치 실현이 가능하도록 고객지향적으로 이루어져야 하며, 모든 종사원의 마음가짐은 고객만족 실천 노력에 집중해야만 한다.

3) 고객욕구 파악

기업들은 기본적으로 고객들이 최고품질의 제품과 서비스를 원한다는 전제하에 상품을 구상하게 된다. 그러나 언제, 어디서나 동일한 품질의 제품과 서비스를 원하는 것은 아니다. 고객들의 욕구는 여러 가지 요인으로 인하여 변화한다. 경제가 발전하여 생활 수준이 향상되면서 고객들의 소비기준은 양에서 질로 변화하였다. 모든 면에 있어서 질적인 만족을 추구하는 고객들이 증가하고 보다 발전된 제품과 서비스를 경험한 고객들이 늘어나면서 고객들의 욕구 수준은 점진적으로 높아지고 이를 당연히 여기게 되었다.

이를 위해서 기업은 최고의 상품을 개발하고 품질향상을 위해 많은 노력을 하고 있다. 그러나 이런 노력만으로는 고객의 욕구 수준에 도달할 수 없기 때문에 기업 내에 모든 프로세스는 고객만족을 위한 방향으로 향하고 있어야 하며, 이러한 노력 후에야 그 수준에 도달할 수 있게 된다.

고객의 욕구 수준에 도달했거나 초과한 상품과 서비스는 다른 기업과 차별화된 경쟁력을 확보하게 됨으로써 고객만족을 가능케 한다. 따라서 기업은 변화하는 고객 욕구를 늘 주시해야만 한다. 고객들이 원하는 것이 단순한 기술 향상이 아니라 제품과 서비스에 담긴 가치를 원하는 것이기 때문에 과거처럼 품질 좋은 제품만으로는 불가능하다는 것을 인식해야 한다. 오늘날 변화하는 고객 욕구에 대응하지 못하는 기업은 생존 자체가 불가능해질 수 있다.

4) 접점을 통한 고객 감동

고객의 만족감을 높여주기 위해서는 구매한 제품의 품질도 중요하지만, 기업과 고객이 만나는 순간에 고객이 기업에 대하여 어떻게 느꼈는지가 중요하다고 할 수 있다. 고객이 기업과 만나는 순간에 영향을 주는 요인으로는 크게 하드웨어와 소프트웨어, 사람의 세 가지로 말할 수 있다.

하드웨어적인 부분은 상품이나 시설로써 제품 그 자체와 어떤 공간을 제공하는지에 따라 고객 접점의 순간에 고객만족은 달라지는데, 매장을 안락하고 쾌적하게 꾸미고 고객들이 이용하는 데 어려움이 없도록 하는 것들이다. 예를 들어, 고급호텔은 그 호텔을 이용하는 고객들 수준에 맞는 상품과 판매시설과 더불어 객실, 식당, 사교클럽이나 스포츠센터 등도 고급으로 갖추는 것이 이에 해당하는 것이다.

소프트웨어적인 부분은 서비스나 시설을 이용하는 데 제공되는 속도와 정확성 등을 말한다. 아무리 훌륭한 시설에서 최고의 서비스를 제공한다 해도 그 서비스의 수준이 적절하지 못하고 게다가 마냥 기다려야 한다면 고객들은 불만을 갖게 될 것이다.

인간적인 요소는 고객과 지속적인 인간관계를 유지하는 것을 말한다. 하드웨어와 소프트웨어가 아무리 훌륭하다고 해도 사람의 진심에서 우러나오는 고객지향적 가치가 없다면 진정한 고객감동은 나올 수가 없다.

위의 세 가지는 하나 또는 두 개만으로는 고객과의 접점에서 큰 효과를 발휘할 수 없다. 이 세 가지가 총체적으로 고객 욕구에 도달할 때 진정한 고객만족이 이루어진다고 할 수 있다.

제 5 절 서비스 실패와 회복

1. 고객불평 · 불만의 비중

서비스에 대한 소비자의 불평 · 불만에 관하여 외국의 한 연구조사를 보기로 하자. 미국의 TARP(기술원조계획회사)라는 기업이 정부의 소비자문제국에서 의뢰한 소비자 불평 · 불만에 대해 상세히 조사하였다. 이것은 서비스에 대한 실증경제학으로서 커다란 의의를 지니고 있다.

TARP사의 연구결과는 다음과 같은 주요 항목으로 간추릴 수 있다.

① 불만을 느끼는 고객의 평균 96%는 그 기업에 어떠한 연락도 취하지 않고 있다. 클레임을 말하러 온 고객 가운데 실제로 지장을 받는 자는 평균 26명이고 그중 6명은 심각한 상태에 있다. 결국 100명 중에 4명만이 클레임을 직접 회사에 이야기하는 것이 된다. 이

것은 빙산의 일각이다.

② 납득할 만한 해결을 못 볼 경우에도 클레임을 말하지 않은 사람보다 말한 사람이 다시 기업과 거래하는 경향이 있다.

③ 클레임을 말하러 온 고객 가운데 54~75%는 문제가 해결되면 다시 그 기업과 거래를 한다. 이 비율은 클레임이 신속히 해결되었다고 고객이 느끼는 경우에는 95%까지 올라간다.

④ 어느 기업에 불만을 품은 고객은 일반적으로 그 불만을 거의 10명에게 말한다. 또 그 기업에서 해결의 실마리를 찾지 못한 고객의 13%는 그 사실을 20명 이상에게 자세히 말한다.

⑤ 회사 측에 클레임을 말하고 그것이 만족할 만하게 해결을 본 고객은 자신이 받은 서비스의 상태를 평균 5명에게 이야기한다.

이 조사에서 나타난 소비자의 행동 패턴은 소매거래에 관한 것만이 아니라 산업 전체의 판매에서도 같은 양상을 띠고 있다. 아이보리 비누, 크레스트 치약, 일회용 펌퍼즈 기저귀, 다이드 세제 등 소비재에서는 최대 기업인 P&G사까지도 소비자로부터 연간 75만 건 이상의 전화나 편지에 답을 하고 있다. 이러한 클레임 가운데는 제품 및 광고에 대한 것에서부터 이 회사가 광고주로 있는 TV의 애정연속극의 줄거리에 대한 것까지 광범위한 내용이 포함되어 있다. 하물며 관광상품이야 더 말할 나위도 없다. 이러한 내용을 표현한 것이 [그림 11-5]이다.

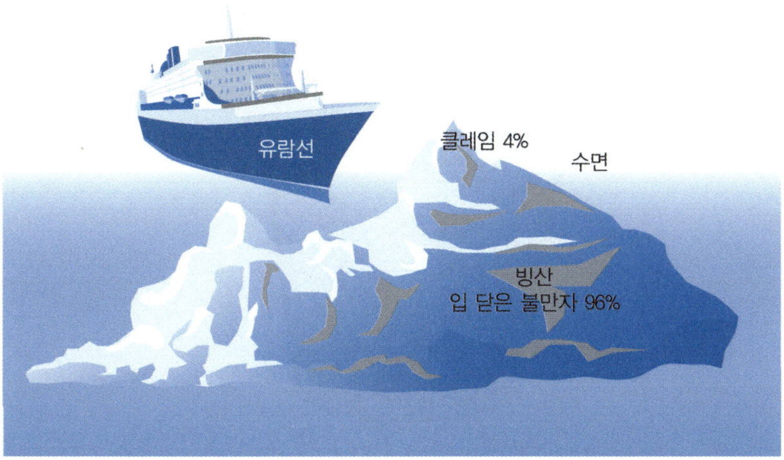

[그림 11-5] 빙산의 일각

2. 고객 유지

오늘날에는 공급 측의 협력자와 한층 더 긴밀한 관계를 유지하는 것 이상으로 회사는 최종고객과의 관계를 더욱 확고하게 만들고, 기업충성심을 끌어내기 위하여 활동하지 않으면 안 된다. 과거 대다수 회사에서는 고객을 의식하지 않았다. 고객에 의하여 선택된 공급업자가 많아진 탓도 있고 다른 공급업자도 품질과 서비스가 모두 열악했던가, 또는 시장이 급속히 성장한 탓도 있어서, 기업은 고객을 충분히 만족시키기 위해 고민하지 않았다. [그림 11-6]은 새는 물통을 나타낸다.

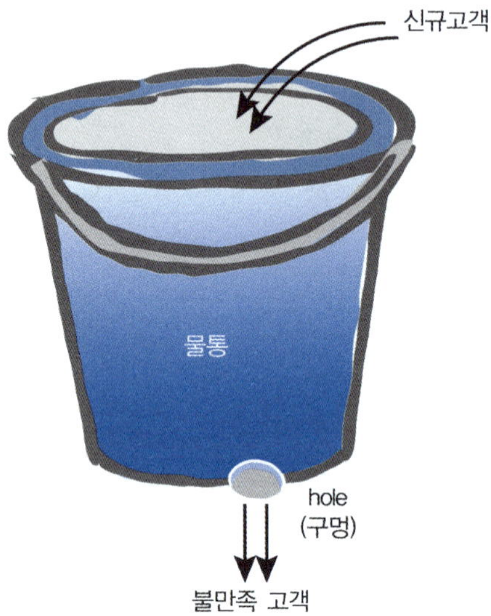

[그림 11-6] 새는 물통

어느 회사가 1주간에 100명의 고객을 잃어도 100명의 신규고객을 획득한다면 매출액은 만족할 만한 것이 된다. 이렇게 비즈니스의 '새는 물통(Leaky Buckets)'이론에 기초를 두는 기업은, 고객이 없어지면 항상 다른 고객이 존재한다고 확신하고 있다. 그러나 이러한 고객의 빈번한 출입에는 100명의 고객 모두를 유지하고 신규고객을 획득하지 않는 경우보다 높은 비용이 필요하다. 다른 하나의 문제는 불만을 품은 고객이 나쁜 평판을 유포시킨다는 것이다. 이는 매주 100명의 신규고객을 획득하는 일을 더욱 어렵게 만든다. 인근 테마파크와 같이 지역에 의존하는 비즈니스에서는 대신 찾아올 충분한 인원수의 고객을 확보하는 것이 당분간 불가능해질 것이다.

3. 고객 상실에 따른 비용

회사는 고객상실비용(고객유실률)에 주목하여 그 비율을 감소시킬 대책을 강구해야 한다. 첫째로 회사는 고객유지율을 정의하고 측정할 것, 둘째로 고객유실의 원인을 파악하여 그것을 경감시키던가 제거하는 것을 결정하지 않으면 안 된다.

1) 고객유지율을 정의하고 측정하는 일

해당 지역으로부터 전출하는 고객과 폐업하는 비즈니스고객에 대해서는 거의 아무런 일도 할 수 없다. 그러나 열악한 서비스, 맛없는 요리, 지나치게 비싼 가격 때문에 떠나는 고객에 대해서는 많은 방책을 강구할 수 있다. 회사는 떠난 고객의 여러 가지 이유(비율)에 대해 빈도분포표를 작성할 필요가 있다. 우리 기업으로부터 떠나버린 고객이 이익에 얼마만큼의 손실을 입혔는가를 추정할 수 있다.

리츠칼튼 호텔에서는 단골고객은 평생 10만 달러의 가치가 있다고 인식하고 있다. 한 사람의 레스토랑 고객은 수천 달러의 비즈니스 가치가 있고, 소매여행사의 고객은 평생 5만 달러의 가치를 가져온다.

평생가치는 다음과 같이 산출할 수 있다. 어느 세분시장에서 한 사람이 연간 평균적으로 얼마만큼의 가치를 가져다주는가를 측정하고 그것에 해당 세분시장에 속하는 한 사람의 평균 거래수명을 곱한다. 평균 거래수명은 조사나 고객기록을 가지고 계산할 수 있다. 사람들은 이사한다든가 다른 곳으로 전근하거나 회사를 옮기거나 불만을 품든가 하여 개인 상용여행자의 평균 거래수명은 4년 정도일 것이다.

레스토랑 고객의 평균 거래수명은 단기체재형의 공동사회에서는 겨우 3년 정도이다. 고객기록시스템을 유지하고 있는 호텔체인은 개개의 호텔에 대한 고객의 평균가치뿐만 아니고 체인 전체에 대한 평생가치를 추적할 수 있다. 고객거래수명은 입지와 시장세분화에 따라 다르고 각각의 업종에는 특유의 것이 있다.

2) 고객유실률 감소 및 제거

회사는 고객유출률(고객유실률)을 감소시키는 데 얼마가 들 것인가를 계산할 필요가 있다. 들어가는 비용이 잃는 이익보다 적으면 회사는 고객유실률을 감소시키기 위해 투자해야 할 것이다. 오늘날의 모든 우량기업은 고객유지에 많은 노력을 기울이고 있다.

최근 호텔 및 외식 시장의 대부분은 성숙시장에 도달해 있으므로 거의 모든 분야에서 다수의 신규고객 유입을 발견하는 일은 거의 없다. 경쟁은 치열해지고 신규고객을 유인하는 비용도 상승하고 있다. 이러한 시장에서 신규고객을 유인하는 비용은 현재의 고객을 만족시켜서 유지하는 비용의 5배가 들어갈 것이다.

공격적 마케팅은 일반적으로 수비적 마케팅보다 더 많은 비용이 들어간다. 이유는 공격적 마케팅은 경쟁사에서 만족하는 고객을 빼앗아 오는 데 많은 노력과 투자가 필요하기 때문이다.

유감스럽게도 고전적 마케팅이론과 실천은 기존고객을 유지하기보다는 신규고객을 유치하는 데 중점을 두고 구축된 것이다. 거기서 강조되어 온 것은 관계개선보다 거래를 확대하는 쪽이었다. 판매 후의 활동보다 판매 전 활동과 판매 시의 활동에 초점을 맞추고 검토해 왔다.

그러나 오늘날에는 현재의 고객을 유지하는 쪽의 중요성을 인식하는 기업이 늘고 있다. 어느 보고서에 따르면 고객유출률을 겨우 5% 감소시키는 것으로써 기업은 이익을 25~85% 증가시킬 수 있다고 한다.

이같이 마케팅활동은 매출액과 신규고객을 획득하게 될 마케팅믹스를 작성하는 데 초점을 맞추고 있으나, 방어 측 기업의 최전선은 고객유지에 있다. 그리고 고객을 유지하기 위한 최선의 접근은 고객의 충성심을 높일 수 있는 최고의 고객만족을 제공하는 것이다.

4. 고객의 고충처리

고객의 고충처리(resolving customer complaints)는 고객유지에 있어서 매우 중요한 과제 가운데 하나이다. 중대한 고충을 가진 91%의 고객은 다시는 구매하지 않으나, 그 고충이 신속히 해결되면 고충을 가진 고객 중 82%는 재구매한다는 것이 TARP사의 조사에서 밝혀졌다. 고충처리는 고객유출률을 91%에서 18%로 감소시킨다. 치밀한 고충처리의 경우는 고객유출률을 5% 이하로 감소시킨다.

고충처리에서는 2가지 중요한 전제조건이 있다. 첫째, 고충처리할 때는 신속히 해야 한다는 것, 다시 말하면 처리에 시간이 걸릴수록 고객유출률은 높아진다. 둘째, 고객의 고충을 찾아내는 것이다.

고충처리에서 다른 하나의 중요사항은 많은 고객이 고충을 털어놓지 않는다는 것이다. 경영자에게 고충처리할 기회를 주지 않는다는 것이다. 경영자는 고객으로부터 고충을 끌어낼 방법을 개발하지 않으면 안 된다.

이 방법에는 고객이 품고 있는 문제를 전화로 접수하는 고객용 핫라인(hotline)이라는 것도 있다. 고객이 작성하는 코멘트 카드도 제품문제를 제기하게 할 수 있다. 경영자는 직원을 고객불만과 문제를 찾아낼 수 있게 훈련할 수 있다. 서비스 보증은 고객의 고충을 끌어내는 하나의 방법이다.

고객이 고충을 털어놓을 때 경영자는 환영해야 한다. 대다수의 고객은 고충을 말하지 않는다는 것을 경영자는 기억하고 있지 않으면 안 된다. 고충을 말하는 고객은 경영자에게 고충을 처리할 시간을 갖게 해준다. 서신을 통한 고충은 서신이든 e메일이든 전화로든 즉시 응대해야 한다. 만약 서신이나 e메일로 할 경우는 고객의 고충을 알려준 데 대해 감사의 뜻을 표명하고 아울러 그것을 방지하는 데는 어떠한 조치를 취할 것인지를 알리는 등 고충의 해결책이 그 고객에게 제시되지 않으면 안 된다.

고충처리에 더 효과적인 수단은 전화를 이용하는 것이다. 오늘날에는 서신을 보내기보다 전화를 거는 쪽이 여러 가지로 이점이 있다. 전화는 고객과의 개인적인 접촉을 가능하게 하고 고객에게 무엇이 일어났는지를 정확하게 파악할 수 있다. 회사가 틀에 박힌 서신을 통하여 고객 문제에 아무런 감정표현도 없이 의례적으로 보내는 편지는 최악이다.

숙박업 고객의 평생가치는 10만 달러 이상이다. 고충처리는 많은 나쁜 구전을 호의적인 구전으로 바꿀 수도 있다. 고충처리는 '새는 물통'의 구멍을 막는 가장 간단한 방법 가운데 하나이다. 이는 고객유출을 방지하는 효과적인 수단이다.

5. 서비스 실패와 회복

1) 서비스 실패

(1) 고객 불평의 원인

서비스 제공이 언제나 올바르게 이루어지지 않을 수도 있다. 또한 고객이 언제나 서비스에 만족하는 것은 아니다. 불만 고객을 효과적으로 관리하기 위해서는 고객 불평의 원인을 파악할 필요가 있다.

① 보상받기 : 고객들은 환불, 보상 및 서비스 재이용과 같이 경제적 손실을 만회하기 위해 불평을 제기한다.

② 감정 다스리기 : 일부 고객은 서비스 실패로 인한 자존심 손상 및 화난 감정을 다스리기 위해 불평한다.

③ 서비스 개선 : 일부 고객은 서비스 실패가 다시 발생하지 않도록 서비스가 개선되기를 바라는 마음에서 불평을 제기한다.

④ 이타주의 : 일부 고객은 다른 고객들이 자신이 겪은 문제를 겪지 않

게 하기 위해 문제를 제기한다.

(2) 서비스 실패에 대한 고객의 반응

서비스에 불만족한 고객은 다양한 반응을 보인다. 첫째, 공식적인 조치로는 회사에 불평하거나, 제삼자에게 불평을 늘어놓거나, 소비자원, 시민단체와 같은 기구를 통해서 공식적인 조치를 하거나, 경찰서 등에 신고하거나 소송을 제기하기도 한다. 둘째, 사적인 조치로는 앞으로 그 회사를 이용하지 않고 다른 회사로 이탈하거나, 주위 사람들에게 그 회사에 대해 부정적 구전을 퍼트릴 수 있다. 셋째는 무대응으로, 아무런 조치를 하지 않고 대응하지 않을 수도 있다. 이러한 고객의 반응은 한 가지만 선택해서 행동할 수도 있고 여러 방법을 다양하게 조합해서 사용할 수도 있다.

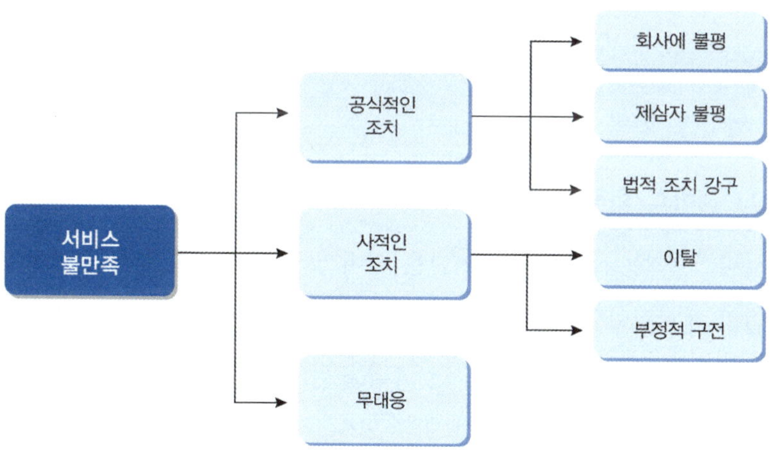

[그림 11-7] 서비스 실패에 대한 고객의 다양한 반응

(3) 고객 불평의 악순환

기업은 어떻게 고객 불평에 대응해야 하는가? 이는 고객 불평의 악순

환을 이해함으로써 그 대응방안을 마련할 수 있다. 어느 부서에 고객 불평이 다수 접수된다고 하자. 관리자는 고객 불평이 많은 부서에 대해 나쁜 업무평가를 하며, 그 부서의 인적 · 물적 지원을 줄이게 된다. 그러면 자원의 부족으로 고객서비스는 더욱 악화하고 고객의 불만은 더욱 커질 것이다. 이런 고객 불평의 악순환은 [그림 11-8]과 같이 나타낼 수 있다.

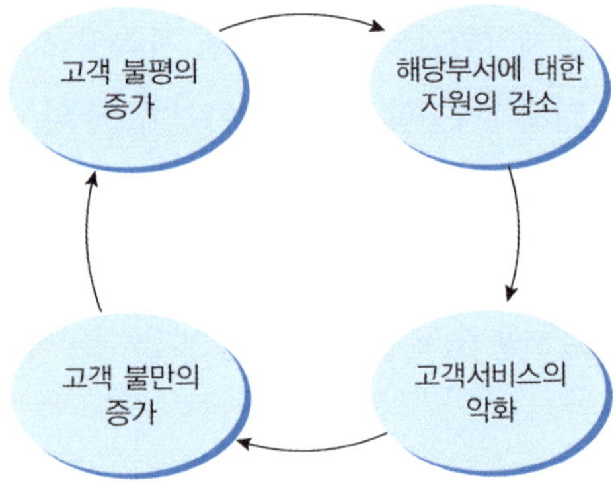

[그림 11-8] 고객 불평의 악순환

2) 서비스 회복

(1) 서비스 회복의 의의

서비스 회복(service recovery)은 서비스 실패로 인한 문제를 해결하는 기업의 체계적인 노력을 말한다. 효과적인 서비스 회복을 위해서는 문제를 해결하기 위한 절차와 화가 난 고객을 잘 응대할 수 있는 기술이 필요하다. 고객이 불평을 제기했을 때 만족스러울 정도로 잘 해결되면 그 기업의 서비스를 다시 구매하거나 재이용하는 고객충성도는 높아지게 된다.

서비스는 이질성이 높고 인적 접촉이 많으므로 각 MOT마다 실패할 가능성이 크다. 그런데 실패한 서비스라 하더라도 회복조치를 잘하면 오히려 고객들이 더욱 만족하고 충성고객이 될 수 있는 시발점이 된다.

(2) 서비스 회복 방안

효과적인 서비스 회복은 고객과 기업 간의 관계를 호전시키고 더욱 공고히 하는 계기가 될 수 있다. 효과적인 서비스 회복을 위한 전술은 다음과 같다.

첫째, 서비스 회복 기회의 추적

고객의 불평은 고객이 기업에 기대하는 것이 있기 때문이다. 침묵하는 고객이 오히려 더 크게 위험할 수 있다. 불평을 잘 모니터링하고 실패점(fail point)을 발견하기 위해서는 고객의 소리(voice of customer)를 잘 들어야 한다.

둘째, 문제 발생의 신속한 현장처리

고객들은 현장에서 문제를 재빨리 해결하기를 원한다. 그러므로 현장직원이 고객의 문제를 처리하고 수습하는 것이 가장 좋은 해결책이다. 문제해결 방법으로는 환불, 교환 등이 있으며, 한 단계 업그레이드한 서비스 보상이나 해당 고객에게 개인화된 맞춤 서비스 등이 있다.

셋째, 권한 위임

빠른 현장 해결을 위해서는 현장직원이 서비스 실패나 고객 불평이 있을 시에 즉시 대처할 수 있는 권한과 재량권을 가지고 있어야 한다. 이에 현장직원에게 그러한 권한이 위임되어야 한다.

넷째, 직원 훈련과 보상

효과적인 서비스 회복을 위해서는 실제적이고 주체적인 훈련이 필요하고, 이를 위해서는 직원들에게 인센티브를 제공하여 서비스 회복을 장려할 필요가 있다.

다섯째, 경험으로부터 학습

시비스 실패집과 회복기회를 수적함으로써 문제 유형을 발견하고 근본적인 원인 분석을 통해 잘못된 프로세스를 수정해서 문제의 원천을 사전에 제거할 수 있도록 한다.

여섯째, 감정이입

서비스 실패에 부딪힌 고객은 실망하거나 낙담하는 경우가 많은데 고객에의 감정이입을 통해 공감하고 해결하려는 노력을 보이는 것이 중요하다.

3) 서비스 회복과 공정성 관리

서비스 실패가 발생하면 고객들은 공정한 방식으로 문제가 해결되기를 바란다. 서비스 회복과정에서 고객은 세 가지 차원의 공정성을 경험하게 된다고 한다.

첫째, 절차공정성

서비스 회복과정에서 나타난 기업의 정책, 규정 등이 공정한가 하는 개념이다. 고객은 기업이 절차적인 측면에서 편리하고 신속한 응답을 해주기를 기대한다. 동시에 기업 측이 책임 있게 고객들의 불편과 수고를 이해해 주기를 기대한다.

둘째, 상호작용공정성

서비스직원이 고객에게 보여주는 행동과 태도에 관한 공정성 개념이다. 서비스 실패에 대한 상세한 설명과 문제의 원인이 무엇인지 잘 파악하고 문제를 어떻게 해결할지 친절하게 설명한다면 고객은 공정한 대우를 받았다고 느낄 것이다. 직원의 정직하고 예의 바른 태도가 필요하다.

셋째, 결과공정성

서비스 실패로 인해 고객이 감수한 경제적 손실과 심리적 불편에 대해 실제로 고객이 보상을 공정하게 받았는가 하는 개념이다. 이는 실패에 대한 직접적 보상, 고객이 소비한 시간, 노력, 에너지 등을 공정하게 보상받는 것을 의미한다.

제 6 절 CRM과 e-CRM

1. CRM(고객관계관리)

1) CRM의 개념

마케팅 및 서비스 경쟁이 점차 치열해지면서 관광기업은 고객에 대한 정보를 체계적으로 정리해 정보원으로 삼아야 할 필요성이 있게 되었다. 이러한 필요에 따라 영업활동, 마케팅, 인사관리 등 고객관리와 관련된 업무들을 하나로 통합한 것이 고객관계관리(CRM : customer relationship management)이다. 이것은 특히 고객의 각종 신상정보와 취향, 기호까지도 하나의 데이터베이스로 통합·관리함으로써 기존처럼 불특정 다수가 아닌 특정계층 및 고객을 위한 차별화된 마케팅이 가능한 시스템이다.

이 시스템의 도입으로 고객에 대해 꼼꼼하고 세심한 서비스를 제공할 수 있고 고객DB(데이터베이스)를 각 업장이 공유하기 때문에 고객들은 어떤 직원에게서라도 동일 내용의 서비스를 받는 것이 가능하다. 우리나라에 CRM이 최초로 도입된 시기는 1990년대 말로 금융권 회사들이 고객만족과 회사의 수익 창출이라는 목표를 가지고 급속히 확산시키기 시작하였다.

이후 관광산업에서도 여행사들이 기존고객들을 관리하면서 새로운 고객 창출이라는 목표를 가지고 앞다투어 CRM을 도입하고 관련 부서를 확충하기에 이르렀다. 소형업체에서도 고객의 명함을 모아서 이메일과 연락처를 가지고 주기적으로 DM이나 e메일, 해피콜을 실시하는 등 여러 방안을 구사하고 있다. 이러한 작은 일들로부터 시작하여 고객 만족을 기할 수 있으며 충성도 있는 새로우 고객을 만들어나갈 수 있을 것이다.

직원들이 작은 것부터 고객에게 서비스할 수 있는 CRM 활동의 예를 들자면, 인천공항에서 근무하는 모 호텔의 공항담당 지배인은 호텔에 투숙 예정인 단골고객이 에비앙(evian)을 즐겨 마시는 것에 착안하여, 한국을 방문할 때마다 입국장에서 시원한 에비앙을 들고 고객을 기다리는 일화는 절로 감탄이 쏟아지며, CRM의 기본이 되는 좋은 일화라고 볼 수 있다.

또 하나의 예는, 특급호텔의 룸서비스 직원은 외국인 단골고객이 바나나를 무척이나 즐기는 것에 착안하여 고객이 투숙하기 직전 항상 객실에 바나나를 어메니티(amenity)로 투입한 일화도 있다. 이것이 CRM이라고 단언하기는 어렵지만 이러한 일화들이 고객 감동과 고객관계관리를 증진하는 활동일 것이다. 이렇게 보면 CRM과 CRM 활동은 어렵거나 거창한 일들은 아니며, 고객을 위하고 고객만족 경영을 위한 마케팅 활동의 일부인 것으로 이해하면 된다.

2) 관광산업에서 CRM의 목표

관광산업에서 CRM의 목표는 다음과 같다.

첫째, 단골고객의 확보와 관리를 통한 충성심 있는 고객의 양성에 있다. 불황기와 경영상의 어려움을 극복하는 최대의 힘은 꾸준히 방문해 주는 충성도 높은 고객이 얼마나 많은가에 달려 있다. 이러한 충성고객의 확보는 고객관리(CRM)의 중요성을 다시 한번 강조해 주는 대목이다.

둘째, 고객의 불평(complaints)을 최소화하고 고객 만족률을 최대화하는 데 그 의의가 있다. 어느 업체에서나 빈번히 발생하는 고객의 불평을 줄이고자 최대의 노력을 기울이는 자세가 바로 바람직한 CRM 활동인 것이다. 즉 고객의 불평률을 줄이고자 노력한다면 당연히 고객의 만족도는 높아질 것이기 때문이다.

셋째, 다수의 경쟁업체와의 경쟁우위를 점할 수 있으며, 선도하는 업체가 되는 것이다. 주변의 무수히 많은 직·간접적인 경쟁업체로부터 앞서 나가고자 한다면 CRM을 통한 고객만족 경영을 최우선으로 삼아야 할 것이다. 한 가지 부언하자면 주변의 경쟁업체와는 독특하고 차별화된 서비스의 제공과 고객의 흥미를 유발할 수 있는 프로그램 개발이 효과적일 수 있다.

넷째, 방문하는 고객을 분류하여 적절한 피드백(feedback)을 통해 최대의 효과가 나올 수 있도록 한다. 방문하는 모든 고객을 기여도에 따라 A그룹, B그룹, C그룹, D그룹 등으로 세분화하여 이에 적절한 CRM 활동을 전개해야 할 것이다. 이러한 활동은 그 기업의 규모와 상황에 맞게 실시하는 것이 합당하다.

마지막으로는 위와 같이 제시한 CRM 활동을 수행한다면 적은 비용으로 관광산업의 불황기를 큰 어려움 없이 헤쳐나갈 수 있을뿐더러 궁극적으로 관광기업의 최대 목표인 단골고객의 확보와 영업이익 창출에 큰 공헌을 하리라 판단된다.

미국과 유럽의 기업들이 중요하게 생각하는 CRM의 속성들은 고객충성도 획득, 고객별 차별화된 서비스 제공, 고객에 대한 보다 나은 지식 축적, 경쟁우위 획득, 최고의 수익성을 가진 고객 인지, 고객별 수익 증대, 고객 문의 신속 대응, 신규고객 유치, 고객 라이프사이클의 가치 인식, 고객 문의 대응 비용 최소화, 신규고객 유치비용 감소 등이다.

3) 고객데이터베이스 활용 마케팅

관광산업에서 CRM은 실제적인 측면에서 현저한 효과를 발휘하고 있다. 일부 기업은 CRM 프로그램을 통해 인터넷으로 고객이 선택한 상품과 포인트, 상품 신청 등의 상세한 정보를 토대로 밀착마케팅을 펼침으로써 고객만족도를 높이고 있다. 고객이 좋아하는 쿠폰을 발송하고 각종 이벤트 행사에 초청하는 한편, 이메일로 감사장을 전달하는 등으로 인지도를 넓혀가고 있다.

관광산업에서 데이터베이스(DB)는 CRM 활동을 적절히 수행하기 위해서 그리고 고객의 이탈을 방지하고 충성고객을 양성하기 위해서 전산화된 마케팅시스템의 기초자료라고 할 수 있다.

CRM의 DB에 포함되는 고객의 자료에는 고객의 이름과 주소, 전화번호, 이메일, 회사명과 직책 그리고 인구통계적 특성(나이 · 성별 · 학력 등)과 거주지와 관련한 지리적 정보(거주지와 거주지의 특성)와 라이프스타일에 관련한 내용 그리고 과거에 방문했을 때의 상세한 이용 내역 등을 DB에 포함해서 CRM 활동을 전개한다. 예를 들면, 피자헛이나 맥도날드 등의 업소에 음식을 주문하고자 할 때 처음에 전화하여 여러 가지 개인 신상을 주문과정에서 이야기하였다면 두 번째, 세 번째 주문부터는 업체에서 자기에 관한 일련의 정보를 정확히 알고 있음에 당황한 경험이 있을 것이다.

이미 구축된 정보를 통해서 불필요한 과정을 생략한 것이며, 고객은 다시금 업체의 고객관리 프로그램에 대해서 깜짝 놀랄 것이다. 이러한 DB를 바탕으로 CRM 부서에서는 체계적이고 효율적인 관리가 필요하겠다. 즉 최소의 비용으로 최대의 효과를 내기 위한 큰 그림의 전략을 수립하여 집중적으로 고객을 공략하는 작은 그림의 전술을 실행에 옮기는 것이 적절한 방법일 것이다.

CRM 활동의 기본은 고객을 앉아서 기다리는 마케팅 활동이 아니라 표적시장을 선점함으로써 공격적인 마케팅 활동을 통하여 전개해야 한다. 이러한 공격적인 마케팅 활동은 기존 고객의 DB를 통해서 가능하리라 본다. 기존 고객을 통해서 새로운 고객 창출이 가능해지고 한결 쉬운 이유가 여기에 있는 것이다.

2. e-CRM

1) e-CRM의 개념과 특징

기존의 CRM이 관광업계에서 효과적으로 활용되기도 하였으나, 여러 가지 대내외적인 환경변화로 인해 기업들은 CRM을 온라인에 적용하고자 e-CRM(electronic customer relationship management)을 도입하기 시작하였다. 그리하여 인터넷을 이용한 전자상거래(e-commerce), 인터넷 마케팅(internet marketing), 개인화(personalisation) 그리고 셀프서비스(self-service) 등이 나타나기 시작했다. 새로운 기술을 보유한다는 것은 off-line의 CRM 활동을 e-business 환경에서 완성할 수 있다는 뜻이다. CRM과 일반 대중 지향적으로 e-business가 결합할 때 기업들은 e-CRM을 좀 더 쉽게 이해할 수 있을 것이다.

e-CRM은 일반적으로 인터넷 기반의 온라인 CRM을 의미하는데, "e-CRM은 실제로 CRM의 21세기 스타일이며, e-CRM이 CRM이고 CRM은 e-CRM이 되어야 한다"는 주장이 있을 정도로 e-CRM이 새로운 커뮤니케이션 방법으로 대두되고 있다. e-CRM은 고객 각각의 요구사항에 대해 전자기술(electronic technology)에 기반을 둔 전자채널(e-channel)을 이용해 고객과 접촉하고 고객의 요구사항을 처리하며 마케팅, 판매, 서비스의 세 가지 기업활동을 할 수 있는 환경을 갖추는 것이라고 할 수 있다. 여기서 전자채널은 인터넷, 키오스크, 쌍방향 TV 및 EDI 기술(기업 간 주문내용 데이터를 플랫 파일로 전송하는 기술)을 포함한다.

2) CRM과 e-CRM의 차이

e-CRM은 기존의 CRM과 달리 인터넷을 통해 고객데이터를 수집하고 고객과 쌍방향으로 실시간 커뮤니케이션이 가능하다. CRM과 e-CRM은

고객관계를 지원한다는 면에서 많은 공통점이 있지만, e-CRM이 인터넷을 활용한다는 점에서 주문처리 및 고객 불만 응대처리에 대해 신속하게 대응할 수 있어 고객만족도가 상승하게 되며, 통합된 정보공유를 통해 처리 과정이 단순해지고, 처리 오류 및 비용감소를 가져옴으로써 궁극적으로 기업의 수익을 창출할 수 있도록 해준다.

CRM과 e-CRM의 차이점을 살펴보면 크게 네 가지로 정리할 수 있다.

첫째, 고객 접점의 경로에 차이가 있다. e-CRM의 고객 접점 경로는 CRM의 고객 접점 경로에 포함된다. 즉 e-CRM은 e-mail, 인터넷, 이동통신, 전자카탈로그, PDA, 디지털 TV방식의 온라인 환경에서 고객과의 접촉 또는 커뮤니케이션을 통해 CRM솔루션의 구축 및 운용이 가능하다. 그 반면에 CRM은 전술한 e-CRM의 접촉영역을 포함하여 전화, 팩스, 도소매업자, 지역점 또는 체인점 등 기존의 오프라인 중심 경로까지 구축할 수 있다.

둘째, 활용 목적에 차이가 있다. e-CRM은 실시간 · 다채널 · 동시의 커뮤니케이션 수단을 중시하는 반면에, CRM은 전통적인 오프라인 경로를 중심으로 고객 관계개선을 통한 경영 효율성과 수익구조 개선을 중시한다.

셋째, 활용범위에 차이가 있다. e-CRM은 마케팅 측면이 강하다. 즉 고객에게 알림, 판촉, 쌍방향 커뮤니케이션 등을 개선하기 위한 의사전달 기능으로 콘텐츠 활용과 커뮤니케이션 빈도, 제품 및 서비스의 활용능력이 높다. 반면에 CRM은 대면 또는 비대면 접촉의 활성화, 판매 및 경영활동의 경로별 조화를 통한 경영효율성이 강하다.

넷째, 활용능력에 차이가 있다. e-CRM은 고객 개개인의 행동 특성과 상황 데이터를 실시간으로 접할 수 있을 뿐만 아니라 복합적인 상황처리가 가능하다. 반면에 CRM은 과거의 경험 · 분석된 가공 정보를 중심으로 활용한다.

CRM과 e-CRM의 전략적 구분과 차이점을 요약 · 설명하면 〈표 11-3〉과 같다.

〈표 11-3〉 CRM과 e-CRM 비교

구 분		CRM	e-CRM
관계	범위	전사적 관계	확장된 전사적 관계
관계	통제	기 업	기업과 고객
관계	본질	단순 통계적	복잡하고 유동적
관계	초점	고 객	
데이터	목적	고객과 관계자의 이해와 증진	
데이터	요약	구매서비스 데이터에 근거한 데이터 요약(구매금액, 건수, Call 건수)	구매 이력 이외에 방문횟수, 관심횟수, 광고 관심횟수, 게시판 사용횟수 등 고객의 행위를 표현하는 정보의 사용
데이터	채널	복수의 분산된 채널(영업사원 방문, 전화, DM, TM 등)	인터넷을 활용한 단일통합체계(웹로그 데이터, e메일 반응, 웹 콜센터)
고객요청 처리과정		복잡하고 처리과정에 오류 가능성	On-demand access로 단순한 절차와 시간 처리
비 용		높은 인건비로 관리비용이 상대적으로 높음	초기 IT 비용이 높지만, 유지관리 비용이 낮음
온라인 서비스 대응		주로 전화를 이용한 단순한 질의응답	음성, 동화상, Multimedia, FAQ 등 고객 관심 분야
시간적 · 공간적 범위		제한된 시간, 지역적 한계 존재	지역적, 시간적 제약 탈피

3) e-CRM 활동의 정의

e-CRM에 관한 연구는 21세기에 들어 본격적으로 나타나기 시작하였다. e-CRM 활동은 인터넷을 통한 CRM 활동으로 간주하고, e-CRM 활동을 [그림 11-9]와 같이 다섯 가지 차원으로 구분하여 e-Marketing, e-Sales, e-Service, e-Support, e System 등으로 명명하고 〈표 11-4〉와 같이 정리하였다.

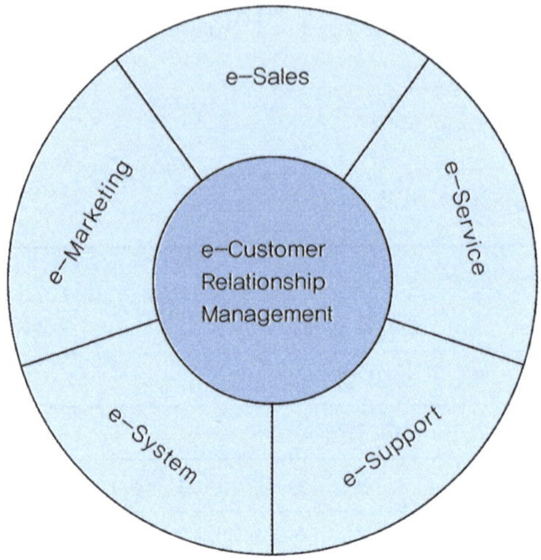

자료 : Kincaid(2003), Ngai(2005), Raaen(2000), West(2001) 등의 CRM 활동영역을 기반으로 해서 e-CRM 활동영역으로 재정립

[그림 11-9] e-CRM 활동 영역

〈표 11-4〉 e-CRM 활동의 정의

e-CRM 활동속성	조작적 정의	출 처
e-Marketing	인터넷을 통해 브랜드 인지, 메시지 전달, 개별 고객의 정보를 획득하여 의미 있는 고객을 찾아내고 수익성 높은 고객층을 대상으로 접근전략을 수립하는 모든 활동	Ngai(2005) Kincaid(2003) West(2001)
e-Sales	인터넷상에서 서비스 / 상품을 판매하는 것과 온라인 판매를 지원하기 위한 모든 활동	Ngai(2005) Kincaid(2003) West(2001)
e-Service	인터넷상에서 고객에게 컨설턴트하거나 상호작용을 통해 기업과 고객관계가 원활할 수 있게 온라인서비스를 관리하는 모든 활동	Ngai(2005) Kincaid(2003) West(2001) Yelkur(2000)
e-Support	인터넷을 통해 고객의 소리에 귀를 기울이고, 고객이 어려운 점이나 불만사항들을 해결해 주는 모든 활동	Ngai(2005) Kincaid(2003) West(2001) Yelkur(2000)
e-System	인터넷을 통한 e-CRM 활동을 원활히 할 수 있도록 시스템 기반을 제공하고 전반적인 시스템을 지원 · 관리하는 모든 활동	Ngai(2005) Kincaid(2003) West(2001) Ling and Yen(2001)

3. e-고객기반서비스의 개념과 속성

e-고객기반서비스(e-Customer based service attribute)는 고객들이 인식하는 인터넷을 활용한 고객관계관리(e-CRM) 활동 및 그 결과로 고객에게 제공되는 다양한 서비스라고 볼 수 있으며, e-고객기반서비스는 e-정보(e-Information), e-편리성(e-Convenience), 다양한 e-대화채널(e-Communication) 속성으로 구분할 수 있다.

e-커머스 기업이 제공하는 e-고객기반서비스는 3가지 속성 중 'e-정보'는 기업의 웹사이트를 통해 정확한 정보를 고객이 필요할 때 제공하고, 최신의 정보와 콘텐츠 등을 제공하는 것이며, 'e-편리성'은 개인화된 서비스를 일관성 있게, One-stop으로 서비스를 제공하는 등을 의미하며, 'e-대화채널'은 기업과 고객이 상호작용할 기회가 있고, 언제 · 어디서든 접속해서 기업과 대화가 가능한 속성으로 규정할 수 있다. 따라서, e-고객기반서비스는 "e-커머스 기업의 인터넷을 활용한 고객관계관리 활동과 결과를 위해 고객이 인식하는 고객서비스"로 정의할 수 있으며, 세부적인 속성의 정의를 정리하면 〈표 11-5〉와 같다.

〈표 11-5〉 e-고객기반서비스 속성

e-고객기반서비스 (e-Customer based service attribute) 속성	정의	References
e-정보 (e-Information)	e-커머스 서비스 · 상품 판매를 위한 정확한 정보를 제공하고, 고객이 정확한 정보가 필요할 때 접속 가능하며, 최신 정보를 제공하는 등의 고객기반서비스에 대한 고객의 인식 정도	Kos, Sockel, & Falk(2001)/ Pan & Lee(2003)/ Sivaraks, Krairit, & Tang(2011)/ Cao & Yang(2016)

e-고객기반서비스 (e-Customer based service attribute) 속성	정의	References
e-편리성 (e-Convenience)	e-커머스 서비스 · 상품 판매를 위한 개인화된 서비스를 일관성 있게, One-stop으로 제공하는 등의 고객기반서비스에 대한 고객의 인식 정도	Kos, Sockel, & Falk(2001)/ Feinberg & Kadam(2002)/ Sivaraks, Krairit, & Tang(2011)
e-대화채널 (e-Communication)	e-커머스 서비스 · 상품 판매를 위한 기업과 고객이 상호작용할 기회가 있고, 언제 · 어디서든 접속해 기업과 대화가 가능한 고객기반서비스에 대한 고객의 인식 정도	Kos, Sockel, & Falk (2001)/ Wilson, Elizabeth, & Malcolm(2002)/ Sivaraks, Krairit, & Tang(2011)/ Cao & Yang(2016)

12
CHAPTER

디지털 전환과 관광마케팅

12 디지털 전환과 관광마케팅

CHAPTER

제 1 절 4차 산업혁명과 마케팅 패러다임의 변화

1. 4차 산업혁명의 개요

2016년 1월 스위스 다보스에서 열린 세계경제포럼에서 클라우드 슈밥 세계경제포럼 회장은 향후 세계가 직면할 화두로 '4차 산업혁명'을 언급하였다. 4차 산업혁명은 디지털 기술을 토대로, 언제 어디서나 인터넷에 접속할 수 있는 모바일 유비쿼터스 인터넷(ubiquitous and mobile internet), 모든 사물에 장착이 가능한 센서, 인간의 지능을 대신하는 인공지능 기술과 기계학습(machine learning)을 핵심으로 한다.

지난 18세기 최초의 1차 산업혁명이 물과 증기의 힘을 이용하여 기계화 단계로 접어들었다면, 2차 산업혁명은 전기에너지를 통해 대량생산이 가능한 산업화 체계를 만들었다. 그리고 3차 산업혁명은 컴퓨터와 인터넷, 디지털 기술을 이용해 정보화 세상을 만들어냈으며 그 진화는 현재 진행 중이다. 3차 산업혁명은 PC를 기반으로 한 디지털 혁명이지만, 4차 산업혁명은 스마트폰 기반의 디지털 혁명이라는 가치를 갖는다.

그러나 클라우드 슈밥은 현재의 격변을 3차 산업혁명과 달리 새로운 4차 산업혁명으로의 전환으로 보는 3가지 이유를 기하급수적 '변화의 속도', 모든 산업에 영향을 미치는 '변화의 범위', 전체 시스템의 변혁을 초래할 '시스템의 영향' 측면에서 제시하고 있다.

4차 산업혁명(The Fourth Industrial Revolution, 4IR)은 디지털 기술과 바이오산업, 물리학, 정보통신기술(ICT) 등의 기술 융합으로 창조된 혁명적 시대를 뜻한다. 즉 IT 및 전자기술 등의 등장으로 인한 디지털 혁명(3차 산업혁명)에 기초하여 물리적 영역, 디지털 영역 및 생물학적 영역의 경계가 희석되는 기술 융합의 시대를 의미한다.

〈표 12-1〉 산업혁명의 변화[1)]

산업혁명 구분	시기	내용
1차 산업혁명	1784년	증기, 기계 생산
2차 산업혁명	1879년	전기, 노동 분업, 대량생산
3차 산업혁명	1969년	전자, 정보 기술, 자동생산
4차 산업혁명	?	사이버 - 물리 시스템

출처 : Klaud Schwab(2016)

2. 4차 산업혁명의 핵심 기술과 개념

4차 산업혁명은 경제와 산업 등의 분야에 지대한 영향을 미치는 다양한 신기술로 설명될 수 있다. 4차 산업혁명을 이해하려면 4차 산업혁명의 원동력인 핵심 기술과 개념을 먼저 이해해야 한다. 4차 산업혁명을 이해하고 신제품 신규사업과 경영전략 및 마케팅 전략을 개발하는 능력을 갖추기 위해서는 이들 기술에 대한 이해가 필요하다. 핵심 기술에는 인공지능, 로봇공학, 빅데이터, 사물 인터넷과 웨어러블 디바이스, 무인 운송수단(예, 자동차, 드론 등), 3D 프린팅, 나노바이오기술 등 7대 분야를 중심으로 해서 가상현실과 증강현실, 공유 경제, 가상 화폐와 블록체인 등이 있다.

1) 김대호(2016), 『4차 산업혁명』, 서문, 커뮤니케이션북스, p.x(재인용)

1) 인공지능

인공지능(AI : artificial intelligence)은 과거 인간만이 지니고 있었던 학습의 능력과 추론 능력, 지각 능력 등을 컴퓨터 프로그램으로 실현하는 기술을 의미한다. 2016년 4월 인공지능 알파고가 이세돌 구단과의 바둑 대결에서 승리함으로써 인공지능에 대한 인식이 크게 바뀌었다. 인공지능이란 인간의 뇌가 가진 지능의 기능을 컴퓨터 소프트웨어를 이용하여 수행할 수 있게 하는 기술을 다루는 과학이라고 할 수 있다. 이제 단순한 기억을 넘어서 인간의 뇌처럼 습득한 지식을 바탕으로 추론하고 자연 언어를 이해하고 스스로 학습하고 시각적 판단을 할 수 있는 단계에까지 이르렀다.

인공지능이 활용되는 분야로는, 게임, 자연어 처리, 특수 정보를 통합하는 전문가 시스템, 시각적 입력 자료를 이해하고 해석하고 사고하는 인공지능 비전 시스템, 수기 자료 인식, 지능형 로봇, 자율주행차 등 광범위하다.

2) 로봇공학

로봇공학(robot technology)은 사회 전체의 생산성 향상을 위해 로봇이 기여할 수 있도록 하는 기술을 의미한다. 사람 모양을 한 로봇이 이미 인간의 생활에 깊숙이 활용되고 있어서 청소 등 일을 거들기도 하고 환자를 돌보기도 하고 사람과 대화하여 정서적인 상대가 되고 있다.

로봇은 활용도가 매우 높아서 많은 종류가 있다. 로봇을 용도별로 분류하면 먼저 서비스용 로봇과 제조업용 로봇, 극한 작업 로봇, 기타 산업용 로봇이 있으며, 서비스용 로봇은 개인 서비스용 로봇과 공공 서비스용 로봇으로 나누어진다.

로봇은 이미 많은 인간의 일을 대체하고 있으며 앞으로 그 범위는 더욱 확대될 것이다. 이로 인한 일자리 감소가 심각한 문제로 대두되리라 예상되며, 반면에 로봇은 4차 산업혁명 과정에서 인간을 노동으로부터 해방하는 데 핵심적인 역할을 할 것이다. 노동으로부터의 해방과 더불어 일자리 감소 문제를 어떻게 해결하느냐에 대한 해답이 필요하겠지만, 이것은 4차 산업혁명 시대의 대세라 할 수 있다.

3) 빅데이터

빅데이터(big data)는 문자 그대로 '많은 양의 데이터'를 말한다. 현재의 디지털 사회에서는 과거의 아날로그 환경에서 생성되던 것과 비교할 수 없을 정도로 많은 자료가 생성된다. 예를 들면 관광객이 인터넷 쇼핑몰에서 구매한 상품의 종류와 금액, 관광객이 관심을 보인 상품의 종류, 쇼핑 시간 등이 기록된다. 인터넷 방문자가 구매하지 않아도 방문 기록 등 정보가 축적된다. 여행 도중에 관광객이 실제로 구매한 상품의 가격, 종류, 구매상점, 선물 등에 관한 자료가 엄청나게 생성되는데, 이러한 대량의 데이터를 총칭하여 빅데이터라고 한다. 흔히 이러한 자료는 그냥 지나칠 수 있지만, 그 안에 포함된 유용한 정보를 찾아낼 수 있다.

예를 들면 관광객의 쇼핑행위에 관한 빅데이터를 분석하면, 관광객들이 선호하는 상품의 종류, 가격, 디자인 등에 관한 정보를 찾아낼 수 있다. 대기업이나 중소기업들도 이러한 빅데이터에 접근하게 된다면 그것을 분석하여 사업 경영에 유용한 정보를 확보할 수 있을 것이다.

빅데이터는 양(volume), 속도(velocity), 다양성(variety), 기계학습(machine learning), 디지털 발자국(digital footprint) 등의 특징이 있다.

즉 자료의 양이 많다. 그리고 속도는 매우 짧은 시간에 또는 실시간으로 분석하고 활용할 수 있다. 또 빅데이터 자료는 다양하다. 여기에는 문자, 이미지, 소리, 동영상 등이 포함된다. 기계학습은 인공지능이 빅데이터에 나타난 패턴, 규칙성, 또는 특성 등을 찾아낸다. 마지막으로 디지털 자료는 스마트폰 채팅 등 디지털 교호작용의 결과, 추가적인 비용 없이 생성되는 부산물이다. 이와 같은 디지털 활동의 결과로 생성되는 자료를 디지털 발자국이라고 한다.

4) 사물 인터넷과 웨어러블 디바이스

사물(thing)과 사물(thing)을 연결하는 인터넷을 사물 인터넷(internet of thing, IoT)이라고 한다. 사물 인터넷(IoT)은 그 활용범위가 엄청나게 확대될 것으로 전망된다. 사물 인터넷을 선점하는 자가 인터넷을 통한 미래에 혁신의 아이콘이 될 것이다.

사물 인터넷은 웨어러블 장치, 스마트홈 관리, 가전제품과 자동차 관리, 개인의 건강관리(원격 의료 관리), 스마트 교통관리, 제조업과 서비스산업, 그리고 스마트 도시 건설에도 적용할 수 있다. 스마트 도시는 인터넷 접속이 언제 어디서나 가능하고 도시 내 모든 시설이 지능화된 다양한 유비쿼터스 서비스를 제공하는 도시의 개념을 나타내는 말이다. 관광산업에서는 '스마트 관광도시'라는 용어가 최근에 사용되고 있다.

스마트 도시에서 구현할 수 있는 서비스로는 교통서비스, 에너지 절약 서비스, 관광서비스, 산업에서 활용되는 서비스, 건강관리, 기타 등이 있다. 사물 인터넷과 무선 근거리 통신 기술을 이용하여 관광객이 방문지에 도착하면 스마트폰에서 해당 지역의 맛집, 호텔, 관광지 등 관광 정보를 제공하는 것에서부터, 중동 아랍에미리트의 두바이처럼 도시 전체를 하나로 연결하는 스마트 기반 시설이 갖추어진 스마트관광도시를 구축하는 데 사물 인터넷을 크게 활용할 수 있다.

다음으로, 웨어러블 디바이스는 사람이 몸에 직접 착용할 수 있도록 만들어 놓은 인터넷을 의미한다. 사물 인터넷 장치에 손목시계처럼 줄을 부착하면 손목에 착용 가능한 디바이스, 즉 웨어러블 디바이스가 되는 것이다. 건강관리 팔찌(health bracelet), 스마트 워치, 구글 글라스, 스마트 워치 기반 간편 결제 시스템 등이 그 사례이다. 웨어러블 디바이스를 선점하기 위해서 기업들의 경쟁이 치열하다.

5) 무인 운송수단

인간이 자동차, 열차, 선박, 항공기 등을 활용한 운송에 직접 관여하지 않고도 안전하고 정확한 운송 행위가 가능하도록 하는 기술을 말한다. 무인 운송 기술이 발전할수록 과거 운송 업무에 투여되었던 시간을 절약할 수 있게 되고, 인간은 그 사이에 다른 일을 할 수 있게 되어 생산성 향상이 가능하다.

자동차는 기술의 급격한 발전과 더불어 직접 운전자 시대에서, 지금까지 개발된 전자, 인공지능 기술 등이 결합하여 자율주행차로 발전하고 있다. 자율주행차(자율주행 자동차, autonomous driving car, self-driving car, driverless car, smart car)는 인간 운전자가 없이 운행되는 자동차를 말한다. 세계 각국에서는 현재 주로 운행하는 탄소연료 자동차가 공해를 일으키고 또한 탄소연료 매장량이 유한하다는 한계점을 극복하기 위해 석유 자동차를 대체할 방법으로 전기자동차와 수소자동차를 개발하였다. 아직 해결해야 할 문제가 많지만 앞으로 점차 대중화될 것이라 예상된다.

드론(drone)은 '웅웅거리는 소리'라는 영어 사전 의미에서 나왔는데, 지금은 무인 항공기(Unmanned Aerial Vehicle, UAV)를 의미하는 말로 많이 사용된다. 무인 항공기에는 사람이 타지 않고 비행체는 지상에서 원격으로 조종된다. 드론은 4차 산업혁명의 수도적 기술은 아니고 응용 기술에 해당하지만, 그 활용범위가 넓어서 4차 산업혁명 과정에서 큰 역할을 할 것으로 보이며 관련 산업이 크게 발전하고 있다. 드론의 활용 분야는 군사적 목적 외에도 항공 촬영, 수송, 농업, 우주 항공, 해양, 환경 기상, 재난 안전, 교통 등 그 범위가 매우 넓다고 하겠다.

6) 3D 프린팅

3D 프린팅(3 dimensional printing, 3차원 인쇄)이란 컴퓨터의 3D 모델링 소프트웨어로 완성한 입체 모형을 여러 층으로 나누어 한 층씩 쌓아 올라가며 3차원의 모형을 완성하는 인쇄라는 뜻이다. 즉 x(가로)와 y(세로) 축에 추가해서 z(높이) 축에 따라 이동하며 인쇄하면 입체가 만들어진다는 개념을 이용한 것이다. 3D 프린팅은 과거의 생산방식보다 시간이 단축되고 비용도 절감되며 개인별 맞춤형 생산도 가능하다. 소위 개인 맞춤형 시대에 접어들면서 3D 인쇄기술을 이용하여 자신이 원하는, 자신만의 제품을 만들 수 있게 되었다. 예를 들어 나만의 음식, 나만의 집, 나에게 맞는 인체조직 등이 그것이다. 3D 프린팅 기술은 이미 식료, 의료 등의 개인적 응용을 넘어서 기계 장치나 부품 등의 생산 분야까지 확대되는 추세에 있다.

7) 나노바이오기술

다음은 바이오기술에 나노를 접목한 나노바이오기술이다. 나노바이오기술은 생명체를 구성하는 바이오 물질을 나노미터 크기의 수준에서 조작·분석하고 이를 제어할 수 있는 과학과 기술을 지칭한다. 최근 바이오 의료기술이 크게 발전하였다. 바이오 의료기술에는 유전체를 연구하는 유전체학, 뇌와 의식의 여러 가지 측면을 이해하는 데 사용되는 모든 기술을 말하는 신경기술, 그리고 임플란트 치료와 같은 체내 삽입 기술 등이 있다. 특히 체내 삽입 기술은 치아 임플란트 이외에도 신장이식, 간이식, 화상 환자를 위한 피부이식 등이 있으며 기타 인공 와우(달팽이관 임플란트), 피임용 이식, 인슐린 펌프 이식, 심장 세동 제거기 이식 등 생체 이식 기술 등이 실용화되고 있으며, 이러한 기술들은 한국 의료기술의 고도화로 인해 해외관광객 유치에도 활용될 수 있다.

8) 가상현실과 증강현실

가상현실(VR : virtual reality)이란 실제로는 현실이 아니고 가상이지만 현실처럼 느껴지는 것을 말한다. 흔히 영화에 나오는 장면들이 마치 현실에서 발생하는 것처럼 착각이 들기도 하는데, 전자 제품 판매장에 가보면 이렇게 가상현실을 체험하게 하는 매장들이 생겨서 그것들을 체험해 볼 수 있다.

가상현실은 '어떤 상황이나 환경을 컴퓨터를 통해 그것이 마치 실제처럼 느끼게 하는 인간과 컴퓨터 사이의 인터페이스'를 말한다. 요즘은 가상의 시각 체험에서부터 가상의 맛, 가상의 냄새, 가상의 소리, 가상의 촉각도 만들어내기에 이르렀다. 2016년 7월에 포켓몬고(Pokemon Go) 게임[2)]이 세계의 주목을 받았다.

가상현실의 응용 분야는 매우 다양한데, 자동차 운전 교육, 항공기 조종사 훈련, 3차원 해부도 및 시뮬레이션, 모의 수술, 가상 내시경 등 교육적 목적에 사용되며, 스포츠 분야에서는 VR 패러글라이딩, 각종 VR 스포츠 체험 등이 있다.

한편, 증강현실(AR : augmented reality)은 눈에 보이는 것들이 가상의 이미지와 현실이 섞여 있는 것이라고 할 수 있다. 증강현실은 보통 스마

2) 포켓몬고 게임은 2016년 7월 6일부터 미국, 오스트레일리아, 뉴질랜드, 독일, 영국 등에서 출시된 후 큰 돌풍을 일으켰다. 우리나라는 포켓몬고 출시 제외 지역으로 분류되었으나 강원도 속초, 울릉도 등 일부 지역에서 게임이 가능하다는 사실이 알려지면서 속초행 버스가 매진되는 등 엄청난 열풍이 일어났었다.

트폰을 이용하는데, 체험자가 자유롭게 움직이면서 체험할 수 있다. 예를 들면 포켓몬고 게임에서 게임플레이어는 스마트폰에 나타난 영상(가상)뿐만 아니라 자신이 실제로 있는 현실도 보는 상황에서 게임을 하는 것이다.

9) 공유 경제

공유 경제(sharing economy)란 소유하고 있는 제품을 여러 사람이 나누어 가며 소비하는 경제 활동을 의미한다. 공유 경제라는 개념은 2008년 미국이 금융위기를 겪으면서 취업난, 가계 소득 감소 등이 심화하자 합리적인 소비로 위기를 극복하려는 방안으로 활성화되었다고 한다. 특히 이 개념은 인터넷과 SNS의 발달로 개인 대 개인의 접속과 거래가 쉬워지면서 실용화되게 되었다.

공유 경제를 이용한 비즈니스 모델로는 에어비앤비(AirBnB)와 우버(Uber)가 세계적으로 유명하다. 에어비앤비는 2007년 미국 샌프란시스코에서 호스트 2명이 게스트 3명을 받으면서 시작된 공유 숙소 서비스회사이다. 에어비앤비는 자신들이 숙박시설을 소유하지 아니하고 여분의 숙박 공간을 가진 사람들이 대여 서비스에 참여하도록 하고 참여자에게는 소득을 보장하고 사용자에게는 저가의 숙박 서비스를 활용하게 하며 자신들(에어비앤비 본사)은 조직화와 연결 서비스에 대하여 소정의 수수료를 취하는 비즈니스 모형이다. 한국에는 2013년에 진출했고, 2021년 12월 현재 전 세계 220개가 넘는 국가와 도시에 400만 명이 넘는 호스트(집주인)를 보유하고 있다. 여행객들이 에어비앤비를 통해 공유 숙소를 이용한 횟수는 10억 회를 넘는다.

우버는 차를 가진 개인과 차가 필요한 이용자를 스마트폰 앱으로 연결해 비즈니스의 혁신을 불러일으켰다. 이제는 우버 모델이 모든 서비스로 확대되고 있다. 이것을 '경제의 우버화'라고까지 부르는데 이는 주문형(on-demand) 디지털 경제를 일컫는 말이다.

[그림 12-1] 에어비앤비

[그림 12-2] 우버

10) 가상 화폐와 블록체인

가상 화폐(virtual currency 또는 virtual money)는 가치를 디지털로 표시한 것으로 중앙은행이나 공공기관이 발행한 것은 아니지만 지불의 수단으로 사용되며, 전자적으로 송금, 저장, 교환되는 것이라고 정의할 수 있다(유럽은행의 정의). 따라서 가상 화폐는 물리적 실체가 존재하지 않고 전자적으로 존재하는 화폐이므로, 종이와 금속을 이용해 가치를 표시하던 기존의 화폐에 익숙한 사람들은 이해하기 어려운 화폐라고 할 수 있다. 가상 화폐 혹은 사이버 화폐는 인터넷 사이트, 온라인 게임 등 가상·사이버 공간에서 통용되는 화폐를 말한다. 서비스하는 회사별로 다르게 취급하기 때문에 현실의 상품권과 비슷한 개념이다.

그런데 공인 화폐가 성립되기 위한 가장 중요한 두 가지 기본요건은 국가의 공인과 위조방지라고 할 수 있다. 여기서 첫째, 국가 공인에 대해서 보면, 최근에 일본과 영국에서 디지털 화폐를 교환의 수단으로 인정하는 단계에 이르렀지만, 가상 화폐를 이용한 불법행위가 늘어나자 세계 각국 은행이 나서서 거래를 중단하고 일본과 영국을 비롯해 각 정부는 경고 메시지를 높이고 있기도 하다.

공인 화폐로 인정하는 둘째 조건으로 위변조 방지 문제가 있다. 그런

데 이것은 블록체인(blockchain)이라는 개념을 통해서 극복되었다고 할 수 있다. 블록체인은 가상 화폐로 거래된 내용을 기록하는 장부이다. 일반적으로 통용되지는 않지만, 송금이 용이하고 저비용이라는 장점 때문에 가상 화폐가 사용되고 있다. 하지만 가상 화폐에 대한 투자는 이익도 있는 반면에 손실을 초래할 수 있다. 실제로 발행된 가상 화폐로는 비트코인(Bitcoin), 이더리움(Ethereum), 리플(Ripple), 라이트코인(Litecoin) 등 수백 가지나 된다.

3. 디지털 전환

1) 디지털 전환의 개요

최근 기업들은 자사 제품에 사물 인터넷(IoT), 인공지능(AI), 빅데이터 등의 다양한 정보통신기술을 접목하여 기존 서비스를 혁신하고 경쟁력을 확보하기 위해 노력하고 있는데, 이러한 모든 행위를 통틀어 '디지털 전환'이라고 부른다. 디지털 전환(Digital Transformation, DT 또는 DX)은 기업이 새로운 비즈니스 모델과 제품, 서비스를 창출하기 위해 디지털 역량을 활용함으로써 시장 환경의 변화에 적응하는 프로세스이다. 이는 기업이 디지털과 물리적인 요소들을 통합하여 비즈니스 모델을 변화시켜 산업에 새로운 방향을 정립하는 것이라고 말할 수 있다.

디지털 전환의 대표적인 사례는 GE(General Electric)와 아디다스이다. GE는 가상의 디지털 공장 안에 현실의 공장과 똑같은 '스마트 공장(Smart Factory)'[3]을 만들어서 공장의 효율성을 크게 향상시켰고, 스마트

3) 스마트 공장은 지능형 공장이라고도 하며, 설계, 개발, 제조, 유통, 물류 등 생산과정에 디지털 자동화 솔루션이 결합한 정보통신기술(ICT)을 적용해 실제와 똑같이 제품 설계 및 개발을 실험하여 최적화하고 돌발 사고를 최소화하는 등 생산성, 품질, 고객만족도를 높인다.

공장을 뛰어넘는 브릴리언트 공장(Brilliant Factory)을 표방하는 소프트웨어 플랫폼인 '프레딕스(Predix)'를 만들었다. 이는 디지털 기술의 활용을 기반으로 '디지털 트윈(Digital Twin)'[4] 개념을 적용하여 현실 속의 공장과 똑같은 디지털 공장을 만든 것이고, 프레딕스 플랫폼에서 미리 시뮬레이션하여 최적의 프로세스가 현실 공장에서 적용되도록 하고 있다.

4차 산업혁명의 대표적 사례로 꼽히는 '스피드팩토리(Speedfactory)'는 아디다스가 사람 대신 로봇을 활용해 운동화를 생산하는 공장이다. 2015년 독일 바이에른의 안스바흐 지역에의 설립을 시작으로 2017년 하반기부터 제품 생산을 시작한 스마트 공장이다. 아디다스는 인공지능과 가상물리 시스템(Cyber Physical System)을 활용해 연간 50만 켤레의 운동화를 단 10명의 직원으로 생산해 냈다. 신발제조업은 대표적인 노동집약적 산업으로 중국이나 인도, 베트남과 같은 저임금 국가로 생산시설을 이전하였으나, 디지털 전환의 노력으로 생산기지를 다시 유럽으로 불러들이는 것이 가능해졌다.[5]

2) 디지털 전환의 원동력

디지털 전환이라는 새로운 패러다임을 가능하게 한 원동력 가운데 가

4) 디지털 트윈이란 현실 세계의 물체를 가상세계에 구현한 것(쌍둥이)을 말한다. 컴퓨터 프로그래밍 안에 현실 속 사물의 쌍둥이를 만들고, 현실에서 발생 가능한 상황을 시뮬레이션해 봄으로써 결과를 예측하는 기술이다. 실제 제품을 만들기 전 시뮬레이션을 통해 현실을 분석 · 예측해서 발생할 수 있는 문제점을 파악하는 데 사용된다. 이미 제조, 교통시설, 건설 및 토목업 등에서 활용되고 있다.

5) 스마트팩토리는 본격적으로 소개된 지 몇 년 지나지 않았고, 아직 갈 길이 멀어 보인다. 독일과 미국의 스마트팩토리는 2021년 4월 생산을 중단하고, 스마트팩토리 기술을 아시아 공장 두 곳에 적용할 계획이라고 발표했다. 따라서 아디다스의 스피드팩토리의 실패는 그 와중에 이뤄진 '스마트팩토리의 실험' 가운데 하나라고 봐야 한다. 결국 스마트팩토리는 단순한 자동화가 아니며, 여러 분야의 복잡한 기술이 맞물려 돌아가는 보이지 않는 융합기술이다.

장 대표적인 3가지를 보기로 한다.

첫째, 디지털 용량의 증가이다. 현재 우리 사회는 거의 모든 것이 디지털화되어 있다. 노트북이나 컴퓨터에 무엇인가 다운을 받으려면 용량 문제가 크게 걸림돌이 된다. 그런데 기술의 혁신적인 발전으로 반도체 메모리칩의 성능, 즉 메모리의 용량이나 CPU의 속도 등 기술이 크게 개발되었다. 디지털 저장 매체의 출현 및 저장 용량의 기하급수적인 증가로 디지털 전환이 더욱 용이하게 된 것이다.

둘째, 커뮤니케이션의 상호작용성이다. 상호작용성의 핵심은 소비자들이 커뮤니케이션 프로세스에 참여하는 것이다. TV 시청에는 채널변경이나 소리변경 등 제한적인 상호작용이 이루어지나, IPTV(Internet Protocol TV)의 경우, 주문형 비디오는 물론 정보검색이나 쇼핑, VoIP(Voice over Internet Protocol) 등 인터넷 서비스를 부가적으로 제공해 사용자와 쌍방향적 커뮤니케이션이 가능하다. 즉 소비자는 수신자 역할을 떠나 발신자 역할까지 할 수 있게 된다. 이렇듯 디지털 기술에 힘입은 상호확장성의 확장은 스마트폰이나 스마트TV와 같은 제품을 나오게 하였고 관광, 금융, 교육, 광고, 방송, 행정 등과 같은 부문에 널리 활용됨으로써 디지털 혁명을 가속하는 원동력으로 작용하였다.

셋째, 디지털 컨버전스이다. 디지털 컨버전스(digital convergence)는 디지털 기술을 바탕으로 기기와 기기, 기기와 콘텐츠, 콘텐츠와 콘텐츠가 융합되어 새로운 형태의 산업과 가치를 창출하는 현상을 말한다. 즉 매체 간의 융합과 그에 따른 콘텐츠의 융합을 가져와, 매체 환경의 변화를 불러왔으며 TV, 라디오와 신문, 컴퓨터, 전화기 등이 통합된 기기들이 하드웨어의 융합을 실현해 사용자들은 이전에는 생각하지 못했던 새로운 가치를 경험하게 되었다. 최근에는 매체와 매체 간의 융합에서 한 걸음 더 나아가, 매체와 다양한 기기 간에 서비스 결합이 이루어지고 있다.

이렇듯 오늘날의 디지털 컨버전스 현상은 혁신적으로 그리고 매우 빠르게 전개되고 있다.

4. 디지털 마케팅의 등장

1) 개요

디지털 마케팅이란 디지털 기술을 마케팅에 접목하여 고객과의 양방향 소통과 상호작용을 실현함으로써 고객과 지속적인 관계를 유지하고 발전시키는 새로운 형태의 마케팅이다. 또 고객과의 긴밀한 관계 구축 및 유지에 도움을 주는, 통합적이고, 목표에 표적화되며 측정이 용이한 커뮤니케이션을 창출하기 위한 디지털 기술을 사용하는 기법이다.

현재의 소비자는 과거와 같은 수동적인 소비자가 아니라, 게시판에 글을 올리기도 하고 웹사이트를 만들기도 하고 가상 커뮤니티에 참여하기도 하고 UCC를 제작하기도 하며, 상품 정보와 메시지를 많은 사람에게 전달할 수 있다. 이처럼 선의의 고객이 될 수 있으나, 블랙 컨슈머가 되기도 하고 UCC나 SNS 또는 웹사이트에 부정적인 글을 올릴 수도 있다. 소비자들은 또한 영화나 소프트웨어를 쉽게 제작하기도 하며 실제 상품이나 서비스를 직접 만들게 되었다. 이제는 단순한 수동적 소비자가 아니고 능동적으로 많은 것을 스스로 하는 힘을 가진 소비자로 진화한 것이다.

2) 디지털 마케팅의 특징

우리가 익히 알고 있는 전통적 마케팅에서 소비자는 제품을 구매하는 위치에 있었다. 그러나 디지털 마케팅에서는 온라인 구전(eWOM : eWord-of-Mouth)을 통해 소비자를 판매원으로까지 활용할 수 있다. 인터넷 사용이 확산되기 이전에는 제품의 사용 후 느낌을 주변의 지인들에게 말하는 정도에 그쳤지만, 최근에는 제품이나 서비스를 구매한 후 사용한 경험을 다양한 소셜 네트워크를 통해 주변 사람들에게 전할 수 있다. 매체를 통해 광고를 듣는 것보다 자신들의 지인을 통해 듣는 상품평에 대한 신뢰가 더 높기 때문에 구매에 미치는 영향은 훨씬 크다. 그래서 소비자를 자사 상품의 자발적 전파자로 만들기 위해서는 우선 개별 소비자를 만족시켜야 한다. 그리고 만족한 소비자들과 지속적으로 우호적인 관계를 맺어야 한다. 〈표 12-2〉는 전통적 마케팅과 디지털 마케팅의 차이를 나타낸다.

〈표 12-2〉 디지털 마케팅의 특징[6)]

	전통적 마케팅	디지털 마케팅
제품	소비자(consumer)	제작 참여 프로슈머(prosumer)
가격	이익 중심 가격 책정 (profit-focused pricing)	인지된 가격 중심의 창의적 가격 책정 (creating pricing based on perceived price)
유통	마케터 효율성 중심 (marketer-focused distribution)	소비자 편익 중심 (anytime & anyplace consumer-focused convenient buying channel)
프로모션	일방향성 (one-way promotion)	양방향 참여형, 애드슈머 (two-way interactive dialogue, adsumer)
포지셔닝	제품 중심 (product-focused positioning)	소비자 경험 중심 (consumer experience-focused positioning)
판매	소비자(consumer)	판매 참여 세일슈머 (salesumer through e-WoM)

3) 디지털 관광객

기술의 발달, 다양한 디지털 매체의 등장으로 관광소비자가 점차 디지

6) 조창환 · 이희준(2019), 『디지털 마케팅4.0』, 제2판, 청송미디어, p.65

털 관광객(Digital Traveller)으로 변화하고 있다. 관광지 정보를 얻는 데는 노트북이나 스마트폰 등을 이용해 유튜브, 인스타그램 등의 소셜미디어를 찾고, 호텔이나 식당, 관광지 등 현지 정보는 트립어드바이저 같은 플랫폼에서 얻고, 체류할 숙박 장소는 에어비앤비나 호텔스닷컴 등 숙박 OTA(Online Travel Agency)를 통해 해결한다. 디지털 관광객의 정보탐색에 정보통신기술(ICT)이 중요한 역할을 하고 있다. 항공, 차량 등 교통수단 검색과 예약도 ICT 활용이 필수적이다.

관광산업계는 데이터 활용보다 TV, 신문 등 매스미디어 광고와 저가경쟁에 대부분 집중해 왔는데, 개별 소비자 상황과 취향을 정확히 파악하려면 자체 데이터를 구축해야 한다. 디지털 경쟁 시대에는 기술을 잘 활용하는 기업이 마케팅 경쟁력을 갖는다. 그렇지 않으면 178년 역사를 지닌 영국 토마스쿡 여행사(2019)[7)]가 문을 닫고, 36년이나 된 우리나라 항공 전문 여행사 탑항공(2018)이 파산한 것과 같은 결과를 초래할 것이다.

관광기업의 자체 데이터 구축은 필수적이지만, 그러나 관광객의 만족도와 같은 정성적 정보는 AI나 빅데이터로 정확히 파악할 수 없다. 데이터를 통해 관광객이 찾은 숙소, 식당, 체재시간 등은 알 수 있지만, 만족도는 알 수가 없다. 그러므로 정량적인 데이터뿐만 아니라 그 지역의 상세하고 정성적인 정보도 반드시 활용해야 할 것이다.

관광 데이터 활용 방안은 〈표 12-3〉과 같다.

---

7) 토마스쿡 여행사는 2019년 9월 23일, 한화 약 2조 원에 달하는 막대한 부채를 견디지 못하고 파산했다. 온라인 호텔예약 사이트(예, 익스피디아)의 부상에도 그것을 따르지 않고 오프라인으로 예약받는 방식을 고수한 점, 배낭여행의 인기가 늘고 있으나 패키지여행 비즈니스에 집중한 점, 재무상태가 안 좋음에도 자체 항공사를 무리하게 운영한 점 등이 결국 파산의 지경까지 이르게 된 원인으로 분석되고 있다.

〈표 12-3〉 관광 데이터 활용 방안[8)]

구분	수집 데이터	활용 방안
통신	• 광역 · 기초 · 관심 지점 방문자 수 • 성별 · 연령별 방문자 수	• 도시별 방문객 점유율 분석 • 유사 · 인근 · 규모 지역별 방문자 수 비교 • 원거리 · 근거리 등 거리별 방문객 분포 분석
소비	• 성별 · 연령별 · 일자별 관광 소비액 • 광역별 관광 소비액	• 방문객의 소비 패턴, 소비 동향 파악 • 관광 소비 업종 구분 및 점유율 • 거주민과 방문객의 카드 소비액, 증감률 비교
내비게이션	• 광역 · 기초 · 관심 지점 방문자 수 • 성별 · 연령별 방문자 수	• 방문객 동선 파악 • 지역별 관광지 검색 순위 • 전년 대비 유형별 · 검색 건수별 증감률 비교

제 2 절 디지털 전환과 관광마케팅에의 적용 사례

디지털 전환과 관광마케팅과의 연관에 대한 개념을 정리하고, 관광마케팅에의 적용 사례를 살펴보기로 한다.

1. 소셜미디어 마케팅과 SNS 마케팅

1) 소셜미디어 마케팅의 이해

사람 간에 소통 매체로 출발한 SNS는 지금은 주요한 마케팅 수단이자 판매 채널이 되었다. 그래서 얼마 전까지만 해도 소셜미디어의 활용 여부는 기업의 선택사항에서 지금은 필수사항이 되었다. 소셜미디어란 사람들이 의견과 경험, 생각을 공유하기 위해 사용하는 온라인 플랫폼을 의미한다. 대표적인 소셜미디어에는 블로그, 네트워크(페이스북, 트위터,

8) 한국경제신문 특별취재팀(2022), 한경무크 트래블 이노베이션, 한국경제신문, p.97

인스타그램 등), 팟캐스트, 위키 등이 있다.

소셜미디어 마케팅(social media marketing, SNS 마케팅)은 소셜미디어 플랫폼과 웹사이트를 사용하여 제품이나 서비스를 제공하는 마케팅이다. 즉, 인스타그램, 유튜브, 페이스북, 틱톡 등 다른 사람들과 교류할 수 있는 앱 서비스, 일명 '소셜미디어'를 활용하는 마케팅 기법을 말한다. 이는 때때로 소셜 마케팅이라 부르기도 한다.

소셜미디어 마케팅은 전통적인 마케팅과 대조되는 측면이 많다. 전통적인 마케팅에서는 기업이 중심이 되어 매체와 메시지를 통제했다. 대중매체 광고에 유명인이나 전문가가 광고모델로 나와 제품을 추천했다. 그러나 소셜미디어 시대에는 대중이 네트워크로 연결되면서 대중적 집단의 연결이 강해졌고, 소비자가 메시지를 생산하고 유통한다. 과거에는 기업에서 소비자로 수직적으로 정보가 흘러갔지만, 소셜미디어 시대의 메시지는 열린 구조 내에서 수평적으로 이동하기에 상호작용이 활발하다.

인터넷을 활용해 소규모 기업의 시장 진입이 쉬워졌고 마케팅 활동에서 물리적 제약도 제거되었다. 차량 중개 서비스인 우버나 숙박 공유 사이트인 에어비앤비와 같은 기업이 거대 택시회사나 대형 호텔을 상대로 시장에서 경쟁하는 시대가 열렸다.

2) SNS 마케팅의 이해

SNS 마케팅은 TV, 신문 등과 같은 전통적인 대중매체를 통해 광고나 홍보를 하던 기존의 마케팅과는 다르게, 사용자 간 관계를 형성할 수 있는 웹 기반의 플랫폼인 소셜 네트워크 서비스를 활용하여 고객들과 소통하는 마케팅 전략이다.[9] SNS(Social Network Service)라는 약어는 우리나라에서만 사용되고 해외에서는 사용되지 않는다. 이 단어 대신 앞에서 보았듯이 '소셜미디어'라는 단어를 사용한다.[10]

〈표 12-4〉 SNS의 종류[11]

구분	예
모바일 메신저	카카오톡, 라인, 텔레그램, 페이스북 메신저, 네이트온, 스카이프, 와츠앱, 디스코드
마이크로 블로그	페이스북, 트위터, 인스타그램, 링크트인, 카카오스토리, 싸이월드, 텀블러
블로그	네이버 블로그, 다음 블로그, 블로거, 티스토리, 이글루스
미디어 플랫폼	유튜브, 카카오TV, 아프리카TV, 네이버 V앱, 트위치

3) 소셜미디어 마케팅의 관광 사례

한국민속촌이 SNS 마케팅으로 성공하여, 젊고 핫한 이미지로 변신하였다. 과거 한국민속촌이라면 따분하고 재미없는 곳이란 인식이 지배적이었다. 실제로도 해외관광객과 학생 단체관람이 한국민속촌의 주된 고객층이었을 뿐 일반 대중의 관심에서는 멀어져 있었다. 관광형 테마파크의 홍수 속에서 고전을 면치 못하던 한국민속촌이 위기 타개책으로 SNS를 활용한 마케팅이 주효했다. 한국민속촌의 변화가 가장 먼저 시작된 곳은 트위터였다. 처음 개설된 2012년까지는 다른 기업의 계정처럼 한 방향의 단순한 홍보 기능만을 하고 있었다. 그러나 그 이후 우리가 익히

9) 서구원(2015), 『소셜미디어와 SNS 마케팅』, 커뮤니케이션북스, p.7

10) 영미권 국가 사람들은 일상에서 SNS라는 말을 사용하지 않는다. 영미권 국가의 일상 생활권에서는 SNS가 아닌 Social Media(소셜미디어)라는 표현을 쓰며, 이들에게 'SNS'라고 언급하면 보통 문자 메시지의 뜻을 가진 SMS와 연관지어서 생각한다. 이렇다 보니 SNS라고 하면 못 알아듣는 경우도 많다. 통상적으로 SNS(Social Networking Service)는 소셜미디어(Social Media)의 한 종류로 분류된다.

11) 박춘엽 외(2018), 『4차 산업혁명의 핵심전략』, p.17

알고 있는 "-했사옵니다" 등의 사극 말투, "거지 꿀알바" 등과 같은 트렌디한 용어를 사용한 유머를 선보이고 사용자들의 멘션에 적극적으로 응답하면서 소비자들과 친밀한 관계를 만들어 가기 시작했다. '민속촌 소 이름짓기' 공모를 비롯해 이색적이고 재미있는 이벤트를 전개했는데, 이에 SNS 사용자들을 환호하며 기상천외한 아이디어를 보내왔다. 그 후 계속해서 SNS 채널을 통해 고객이 전하는 이야기에 귀 기울이고 그것을 오프라인에서 반영했다. 그 대표적인 예가 2014년에 진행된 '500 얼음땡' 놀이다.

전통적인 '술래잡기'를 재해석하여 "500명의 인원이 함께하는 얼음땡을 진행하면 어떨까?" 하는 트윗에, 500명의 일반 팔로워가 열광적으로 호응했고 구체적인 게임방식까지 제안하기도 하였다. 이틀에 진행된 이 이벤트는 10분 만에 모든 티켓이 매진되었고, 더불어 역발상 마케팅으로 '500 얼음땡 협찬 오디션'을 실시해 CJ E&M, 레드불 등 50여 개에 달하는 기업들의 협찬이 벌어지는 상황이 연출되기도 하였다.

이렇듯 혁신성, 개방성, 공유성이라는 SNS의 특성은 한국민속촌이 가진 다소 폐쇄적이고 고루한 이미지와 상충하며, 오히려 이용자들에게 흥미와 호기심을 일으키게 되었다. SNS를 활용해서 한국민속촌에 위기를 가져다준 고루한 이미지에서 벗어나 현대적 감각이 살아 있는 젊은 놀이터라는 새로운 이미지를 창출한 것이다.

한국민속촌에서 벌어지는 장면들은 고객들의 스마트폰 렌즈를 통해 여기저기로 퍼진다. 고객에 의해 업로드된 콘텐츠들은 기존방문객과 잠재적 고객에 의해 언급되고 공유되며 재생산된다. 관람객들이 온-오프라인을 연결하는 데 다리 역할을 하고 있는 것이다. 이렇듯 개별 고객의 경험이 다수에게 온라인을 통해 생생하게 전달되고, 사람들은 온라인에서 간접 체험한 즐거움을 기대하며, 그 테마파크나 장소를 방문하게 된다. 오프라인의 경험이 고객들의 손을 통해 온라인으로 생생하게 전달되고, 온라인의 경험들이 다시 오프라인에서 펼쳐지고 있는 것이다.

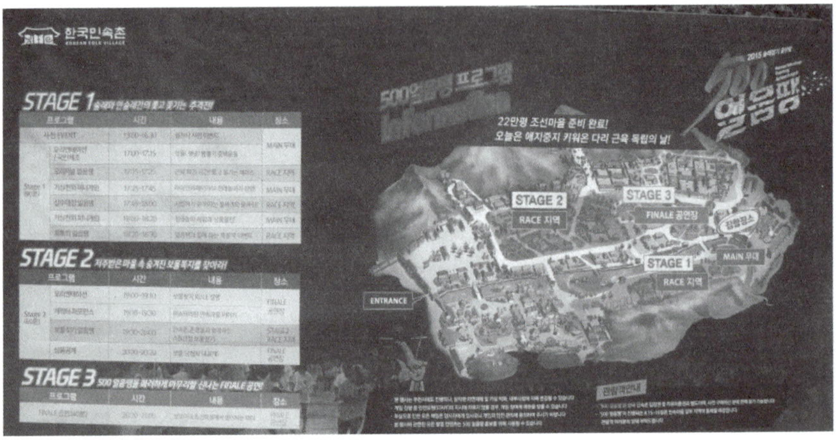

[그림 12-3] 한국민속촌 500 얼음땡

2016년 던킨도너츠(Dunkin' Donuts)는 새 모바일 주문 서비스 홍보를 위해 SNS를 활용했다. 던킨도너츠는 세계에서 가장 빨리 낙하비행을 하는 여성 엘렌 브레넌을 고용해 윙슈트(wingsuit)를 입고 2,400m 높이의 산 절벽에서 뛰어내려 비행하는 도중 공중에 매달린 던킨도너츠 팩을 잡도록 했다. 그만큼 빠른 온라인 주문을 강조한 것이다. 이 이벤트를 던킨도너츠는 TV광고로 만들고 동시에 트위터를 통해 홍보하였다. 페이스북이나 던킨도너츠 웹사이트에서 관련 영상을 360도 VR 비디오로 시청할 수 있게 하였는데, 이것을 보고 이벤트에 사람들의 관심이 집중하였고 페이스북에서만도 700만 뷰 이상을 기록하였다.

[그림 12-4] 던킨도너츠 광고 윙슈트

2. 언택트 마케팅

1) 언택트 마케팅의 개요

언택트 마케팅은 모바일 기술과 AR, VR 등 실감형 기술이 보편화되면서 주로 무인결제 시스템이나 모바일 무인매장 시스템에서 활용된다. 언택트 마케팅은 고객과 마주하지 않고 서비스와 상품 등을 판매하는 비대면 마케팅 방식으로, 첨단기술을 활용해 판매직원이 소비자와 직접 대면하지 않고 상품이나 서비스를 제공하는 것이다.

접촉(contact)을 뜻하는 콘택트에 언(un)이 붙어 '접촉하지 않는다'는 의미로, 사람과의 접촉을 최소화하는 등 비대면 형태로 정보를 제공하는 마케팅을 말한다. 즉, 키오스크 · VR(가상현실) 쇼핑 · 챗봇 등 첨단기술을 활용해 판매직원은 소비자와 직접 대면하지 않고 상품이나 서비스를 제공한다.

하지만 기존에 사람이 하던 일을 기계가 대신하면서 향후 일자리 감소와 언택트 디바이드(untact divide) 문제가 일어날 우려가 제기되고 있다. 언택트 디바이드는 언택트 기술이 늘어나면서 이에 적응하지 못하는 사람들이 불편을 느끼는 현상으로, 특히 디지털 환경에 익숙하지 않은 노년 계층에서 두드러질 것이다.

2) 언택트 마케팅의 관광 사례

언택트 마케팅은 코로나19 시대에 그 진가를 발휘하였다. 언택트가 필수적일 때 도입된 디지털 백신 여권, 정맥인식 도입, 비대면 셀프 체크인, 음성인식 및 화상 안내 서비스, 인공지능 기반 맞춤형 여행 일정 제공 서비스, 호텔 AI로봇 서비스뿐만 아니라 비대면 랜선여행 360도 VR, 아바타 여행, 토이스토리 랜선 여행, 파노라마 서울, 온라인 지역축제 등 그 도입 사례는 수없이 많다.

언택트 마케팅을 더욱 활성화한 것은 AI이다. AI는 코로나 팬데믹으로 그 수요와 이용이 더욱 다양해지고 있다. 식당이나 레스토랑의 경우 바텐더 로봇, 커피를 만드는 바리스타 로봇, 직원을 대신해 주문을 받고 음식을 나르는 서빙 로봇 등 역할과 기능도 다양하다. 대명리조트의 스마트체크인, 롯데호텔의 L7, 나인트리프리미어호텔명동Ⅱ 등 호텔숙박업계에서는 이미 무인 입실 시스템이 보편화되었다. 이는 기업 측에 운영비 절감과 관리를 더욱 용이하게 만들었다. 또 패스트푸드 업계에서도 언택트 마케팅을 적극적으로 시행하고 있는데, 다수 매장에서는 키오스크(안내 단말기)를 통해 주문 및 결제를 처리하도록 하고 있다. 항공사도 마찬가지이다. 이러한 비대면 서비스 수요는 포스트 코로나 이후에도 더욱 발전하고 계속될 것이다. 무인관리 자동화 기술은 유통을 비롯해 공항, 여행, 엔터테인먼트 산업으로 확대되어 사용될 전망이다.

언택트 마케팅은 고객의 수요를 읽고 맞춤형 서비스를 제공한다. 소비자가 어떤 제품을 주로 살펴보고 있는지, 어떤 제품을 구매하는지 등을 확인할 수 있다. 고객의 정보를 반영해 고객에게 필요한 상품을 추천하거나 안내하며 할인행사나 사은품 등 마케팅 정보를 제공할 수 있다. 프랜차이즈 커피브랜드 '달콤커피'는 로봇 바리스타 '비트'를 앞세워 언택트족을 공략한다. 로봇 바리스타를 통해 고객이 설정하는 대로 47가지 메뉴를 제공하고 5G와 AI 기술을 활용해 커피를 만드는 과정을 보는 재미를 준다.

그러나 언택트 마케팅이 성공하려면 기업은 눈앞의 인건비 절감만을 목적으로 하기보다 고객이 원하는 안락한 경험을 제공하는 것에 목적을 두어야 한다.

[그림 12-5] 달콤커피 바리스타 로봇

3. 콘텐츠 마케팅

1) 콘텐츠 마케팅의 개요

디지털 환경에서 콘텐츠의 역할이 브랜드에 대한 소비자들의 관심과 참여, 더 나아가 충성도를 높이는 마케팅 기법으로 콘텐츠 마케팅이 주목받게 되었다. 콘텐츠 마케팅은 분명하게 정의된 고객 집단에게 흥미롭고 적절하며 유용한 콘텐츠를 창조하고 관리하고 배포하는 마케팅 전략을 말한다. 콘텐츠 마케팅은 소비자와의 관계 형성을 위해 브랜디드 콘텐츠를 활용하는 기법이다. 브랜디드 콘텐츠란 기업이 특정 브랜드를 핵심적 구성요소로 삼아 새롭게 제작한 콘텐츠이다. 구체적으로 영화, 게임, 비디오, 음악, 공연, 방송, 뉴미디어, 출판, 지식 정보, 캐릭터 등의 단독 혹은 조합된 내용물이라고 할 수 있다.

인터넷이 확산되고 기업들이 자사의 홈페이지나 블로그 혹은 소셜미디어와 같은 온드 미디어(Owned Media)를 확보하게 되면서 다양한 온라인 콘텐츠를 비교적 적은 비용으로, 지속해서 제작하고 배포할 수 있게 되었다.

마케터는 때때로 자사의 브랜드 자산이나 판매 실적에 직접 도움이 되지 않더라도 고객에게 가치가 있는 콘텐츠를 창조할 필요가 있다. 그래야만 고객과의 접촉을 이어갈 수 있다. 기업이 보유한 미디어 안에서 소비자들은 여러 가지 흥미로운 콘텐츠를 소비하고, 더 나아가 해당 플랫폼을 즐기면서 자연스럽게 브랜드를 경험하게 된다. 그리고 이 과정에서 브랜드가 전하고자 하는 메시지를 꾸준히 받아들이게 된다는 것이다. 이것이 바로 콘텐츠 마케팅 전략의 핵심이다.

2) 콘텐츠 마케팅의 관광 사례

콘텐츠 마케팅 사례를 살펴보자. 스타벅스(Starbucks)는 국내는 물론 전 세계 여러 나라에서 높은 브랜드 인지도를 갖고 있다. 따라서 스타벅스의 콘텐츠 마케팅은 스타벅스 브랜드의 인지도를 높이려는 목적보다는 기존고객과의 호의적인 관계를 유지하고 발전시키기 위해 활용되고 있다. 스타벅스 콘텐츠 마케팅은 '1912Pike.com[12)]'라는 별도의 도메인으로 블로그를 운영하고 있다. 스타벅스는 그 블로그를 통해 자사의 브랜드 스토리를 고객과 공유하고자 한다. 바로 고객들이 스타벅스 커피를 더욱 맛있게, 재미있게 마실 수 있도록 스타벅스의 스토리를 담아내고자 하였다. 스타벅스는 '1912Pike.com'을 통하여 마케팅 콘텐츠처럼 보이지 않는, 그러므로 소비자가 자발적으로 소비할 만한 매력적인 콘텐츠를 생산·유통하고 있다.

하나의 좋은 예는 온라인 여행사 힙뭉크(Hipmunk)이다. 힙뭉크는 고객이 실제 어떤 조사를 하지 않고서도 여행계획을 짤 수 있도록 인공지능에 기반을 둔 여행 지원 서비스를 제공한다. 고객이 여행계획을 논의하는 이메일을 복사하여 hello@hipmunk.com에 보내면 힙뭉크가 그 여행의 의도를 알아차리고 관련 제안이 담긴 답장을 보내준다. 또한 고객이 힙뭉크에 자신의 구글 캘린더와 앞으로 여행할 장소를 보여주면 힙뭉크는 인근 추천 여행지를 담은 이메일을 보내준다. 힙뭉크는 어떻게 하면 사람들의 시간이 낭비되지 않을지를 고민한다. 힙뭉크에서는 여행 준비의 시작인 '합리적인 가격대의 항공편과 120만 개의 호텔, 그리고 에어비앤비 리스트까지 보유하고 있다. 그리고 여행지 '패키지 프로그램' 예약까지 한 번에 할 수 있다. 여행자의 일정에 맞는 시간대를 추천해 준다. 힙뭉크가 제동하는 적절한 콘텐츠는 고객의 수고를 덜어줌으로써 고객 경로 패턴에 이상적인 해결책을 제시하고 있다.

콘텐츠 마케팅의 호텔 앱 사례로는 호텔투나잇(Hoteltonight) 앱이 있다. 미국과 유럽 총 27개국, 400개 도시에서 호텔의 남은 빈방을 예약할 수 있는 앱이다. 할인가격 제공과 모바일 네 번 클릭으로 예약이 끝나는 간편성은 최고이다. 한편, 여행에 필요한 물건을 직접 설계해 주는 팩포인트 패킹 리스트 빌더(Packpoint Packing List Builder)가 있다. 이 앱은

12) '1912Pike.com'은 스타벅스의 1호점이 있는 미국 시애틀의 주소를 의미한다.

성별, 연령, 여행 스타일에 따라 필요한 기본적인 물건을 정리한다. 여기에 사용자가 필요한 물건을 더하면 된다. 이렇게 만든 리스트를 함께 여행 가는 이와 이메일로 공유할 수 있다. 또한 환전 시 은행 수수료를 줄여줘 여행 경비를 절약할 수 있는 마이뱅크(Mybank) 앱은 환전 시 은행별 · 지점별 수수료를 비교해 준다. 해외여행 내내 팁에 대한 공포증에 시달렸다면 팁퓰레이터(Tipulator)를 참고하면 된다. 이 앱은 나라를 선택한 후 내가 낸 금액, 인원 등을 선택하면 팁이 한번에 계산되어 나온다. 해외에서 파티 문화를 경험해 볼 수 있는 앱이 있다. Y플랜(YPlan)은 뉴욕, 샌프란시스코, 런던 등 대도시에서 벌어지는 특별한 이벤트를 소개한다. 여행지에 도착해 파티를 검색한 뒤 참여 버튼을 누르면 초대가 된다. 앱과 웹사이트 모두를 지원하고 있다.

전 세계 모든 도시의 지도를 제공하는 앱으로 씨티맵퍼(Citymapper)가 있다. 사용 방식은 평소 서울에서 쓰는 포털사이트 지도 앱과 같다. 출발지, 목적지를 지정하면 가장 빠르게 도달할 수 있는 방법을 소개한다. 이때 대중교통, 택시, 도보 중 선택할 수 있는데 소요시간과 요금도 함께 알려준다. 초행길에 완벽한 가이드가 되어줄 앱으로, 무료로 제공하고 있다. 그리고 플라바(Flava) 앱은 텍스트, 사진, 음성, 위치 정보 등 여행 후 남는 기록으로, 자신의 자취를 고스란히 남길 수 있는 스마트한 메모장이다.

국내외 많은 기업이 관광객의 욕구에 맞춰 맞춤형 앱을 개발하고 있고, 이러한 콘텐츠가 사람들의 여행을 더욱 편안하고 즐겁게 만들고 있다.

4. 빅데이터 마케팅

1) 개요

빅데이터는 인공지능 발전을 뒷받침하는 4차 산업혁명의 기초자원에 해당한다. 빅데이터의 특징은 자료의 크기(volume), 처리 속도(velocity), 다양성(variety)이라는 3V로 압축된다. 즉 자료의 방대한 양, 정형화된 혹은 비정형화된 다양한 형태의 자료, 실시간적 처리 속도로 인해 기존의 데이터와는 양적, 질적으로 다르다는 점에서 빅데이터라는 이름이 붙게 되었다. 여기서 정형화된 데이터란 인구 통계, 구매 기록, 소비자 리뷰 점수, 신용카드 사용기록과 같이 수치화된 데이터를 말한다. 비정형화된 데이터는 손수 제작물(UCC : user created contents), SNS에 올라온 글이나 사진 등이다. 이러한 빅데이터의 특성으로 인해 데이터의 정확성과 예측력도 과거와 비교할 수 없을 정도로 매우 높아졌다.

2) 빅데이터 마케팅의 발전

빅데이터 마케팅은 빅데이터에 의존해 고객의 구매 정보를 분석, 구매할 가능성이 높은 고객을 바로 표적으로 하는 이른바 추천 마케팅이다. '마이크로 마케팅(Micro Marketing)'이라고도 한다. 빅데이터 마케팅은 전형적인 표적마케팅이다. 빅데이터 마케팅의 선두주자는 미국 최대의 온라인 서점 아마존(amazon.com)이다. 단골의 취향을 파악해 책을 추천해 주는 동네 서점의 판매 방식을 온라인에서도 구현하겠다는 아이디어가 적용된 아마존은 가입자의 구매 이력 등을 분석해 앞으로 구매 가능성이 높은 제품을 추천하고 미리 쿠폰을 제공하는 식으로 전체 매출을 30%가량 끌어올렸다.

빅데이터 마케팅으로 빅브라더 사회가 도래했다는 비판도 있지만, 소비자는 자신만을 위한 마이크로 마케팅이란 혜택을 받을 수 있으므로 빅데이터 마케팅이 이득이라는 주장도 있다. 예컨대 네이버 뮤직 라디오의 음악 추천 시스템, 미처 생각하지는 못했지만 꼭 필요한 제품까지 추천해 주는 아마존의 서비스, 소비자가 좋아하는 브랜드의 쿠폰만 보내주는 백화점 서비스 등이 그런 경우라는 것이다. 여기에 스팸 광고에 대한 소비자들의 염증이 빅데이터 마케팅을 추동시키는 동력으로 작용하고 있다는 해석도 있다.

3) 빅데이터 마케팅 관광 사례

패스트푸드 체인점 타코벨(Taco Bell)은 신제품 출시 전에 소셜미디어를 통해 시장의 반응을 조사한다. 최초 사용자가 맛본 신제품의 기본적인 콘셉트가 매력적인가를 확인하고, 소셜미디어의 게시 글과 댓글을 분석해 제품에 대한 선호도와 대중적 평가가 어떤지를 살핀다. 과거에는 시장조사 및 최종 결정에 2달이 걸렸다면, 지금은 실시간 자료를 가지고 신속한 의사결정이 가능해졌다. 이러한 분석을 통해 신제품의 최종 매출이 얼마나 될지를 90% 이상 정확하게 예측할 수 있게 되었다.

서비스 로봇에 자체 개발한 AI 기술을 접목한 KT는 서울, 제주, 부산 등 전국 60여 개 호텔 1만여 객실에서 기가지니 AI 서비스를 제공하고 있다.

SK텔레콤은 통신데이터를 이용해 중앙정부 · 지방자치단체와 관광 빅데이터를 구축하고 있는데, AI와 머신러닝(기계학습) 분석기법을 기반으로 관광객을 38개 유형으로 분류해 기존 서비스를 개선하고 잠재고객을 찾아내 홍보 및 마케팅도 맞춤형으로 하고 있다. 인천광역시는 맞춤형 관광 추천에 필요한 방문객의 행동 예측을 위해 사용하는 데이터를 세분화하였다. 제주도는 관광객 데이터 분석을 한 달 이상 머무르는 장기관광객과 단기관광객으로 나누고, 그 두 가지 유형별로 관광행태를 분석해 각 관광객에 대한 맞춤형 관광 추천을 고도화하고 있다.

5. AR · VR 마케팅

1) AR · VR 마케팅의 개요

앞 1절에서 보았듯이 증강현실(AR : Augmented Reality)과 가상현실(VR : Virtual Reality)은 쌍둥이 기술에 해당한다. 이러한 증강현실과 가상현실을 활용한 마케팅 기법을 AR · VR 마케팅이라고 한다.

증강현실은 현실 세계를 기반으로 하지만 가상의 정보기술을 더하여, 실생활과 밀접한 교통이나 광고에의 활용가치가 크다. 가상현실은 이용자가 위치한 현실 세계와 동떨어진 온전한 가상세계를 의미하며, 관광, 오락, 콘텐츠산업에서 많이 활용된다. 한편, 증강현실을 활용하면 위치기반 광고나 특정 매장에서 AR 앱을 작동해 실사 영상 위에 다양한 프로모션을 할 수 있다. 그리고 가상현실 기술을 활용해서 게임, 360도 비디오 콘텐츠, 고소 공포 쇼, 절벽 스키 타기, 스포츠카 경주 등 짜릿한 체험도 손쉽게 즐길 수 있다.

2) AR · VR 관광마케팅 사례

VR로 체험하는 경험적 요소는 무형의 서비스상품을 판매하는 관광산업에서 그 활용성이 크다. VR 놀이공원, VR 여행, VR 체험장, VR 축제이벤트, VR 공연, VR 스포츠 등이 대표적이다.

AI는 마케팅에서 홍보, 상품, 최적의 가격 책정과 같은 업무에 도움을 주며 백오피스 분야에서도 의사결정의 중요한 도구로 이용되고 있다. 스타벅스는 고객의 로열티 카드와 앱 활용 데이터를 AI 알고리즘으로 분석해 메뉴를 추천하는 등 개인화 서비스를 제공하고 있다. 호텔과 항공사들은 객실료와 항공권 가격 결정에서 기존에 사용하던 일드 매니지먼트(yield management)를 넘어서, 고객데이터를 비롯해 날씨와 뉴스, 소셜미디어, 주식 등 AI가 수집하고 분석한 데이터를 반영하는 '초역동 가격결정(hyperdynamic pricing)' 시스템을 이용하고 있다. 버지니아주에 있는 힐튼호텔은 IBM과 컨시어지 휴머노이드 로봇 코니(Connie)를 개발해 호텔 현장에 투입했다. 대화가 직접 가능한 로봇 코니는 투숙객의 요구에 즉각 반응하며 각종 서비스를 안내하고 주변 관광지나 음식점 등 관광 정보를 제공하는 역할을 한다. 캘리포니아주 쿠퍼티노에 있는 알로프트 호텔(Aloft Hotel)에서는 집사 로봇 버틀러(Butler)가 투숙객이 원하는 비치품과 룸서비스 등을 맡고 있다. 싱가포르에 있는 스튜디오 M호텔(Studio M Hotel)에서는 로봇 요리사가 주문에 맞춰 오믈렛을 만들어 제공하기도 한다. 일본 사세보에 위치한 헨나호텔은 휴머노이드 로봇에 이어 벨로키랍토르 공룡 로봇이 프런트 데스크에 배치돼 객실 체크인 업무를 보며 고객을 직접 상대하고 있다. 서울 명동의 헨나호텔도 마찬가지로 무인호텔로 운영되며 직원들은 문제가 있을 때 도움을 주는 해결사와 같은 역할을 하고 있다.

이렇듯 로봇이 인간처럼 구체적 지침에 따라 컴퓨터 작업을 수행하고 기업은 이를 통해 대량의 반복적인 업무과정을 자동화해서 오류도 최소화할 수 있고 고객에게 더 좋은 서비스를 제공할 수 있게 되었다.

국내 관광자원을 구경할 수 있게 디지털 기술로 재탄생하는 여행 앱이 있다. 서울에서 백두산까지 VR 자동차여행을 할 수 있는 '북한 VR 자동차여행' 체험존에서는 VR 차량을 타고 서울 한남대교에서 출발해 판문점, 평양, 금강산(만물상), 백두산 천지 전망대까지 가보는 가상여행을 체험할 수 있다. AR 궁궐가이드 앱 '창덕 아리랑'은 SK텔레콤의 5G 모바일 엣지 컴퓨팅 기술과 구글코리아의 3차원(3D) AR 기술이 동원되었다. 또 서울시는 디지털 트윈, VR · AR 기술로 'VR 도보여행', '한양도성 타임머신' 서비스를 시작했다. 경남 통영시는 전국 최초로 실감형 테마파크인

'통영 VR존(Zone)'을 개설하였고, 인천시는 360도 VR 촬영기법을 활용해, '인천의 여행은 연결'이라는 주제로 관광홍보 영상을 제작하였다. 이런 곳들은 방문하여 무료체험하거나 앱을 다운받아 가상여행을 즐길 수 있도록 하였다. 최근에 많은 지자체가 이러한 경쟁에 뛰어들어 관광객 유치에 노력하고 있다.

6. 인공지능 마케팅(AI)

1) 개요

인공지능은 4차 산업혁명을 대표하는 기술이다. 1997년 딥블루(Deep Blue) 컴퓨터가 체스 챔피언을 이긴 사건은 인공지능의 첫 번째 사례로 기록되었다. 인공지능 기술은 이제 사람의 개입이나 지시가 필요 없는 수준까지 이르렀다. 기계학습(machine learning)은 인간이 1차로 기본 정보를 분류해서 컴퓨터에 제공해야 했다. 이것을 '지도 학습'이라 부른다. 반면에 딥러닝(deep learning)은 기본 정보를 인간이 미리 구분하지 않고 그대로 제공해도 알고리즘을 이용해 스스로 학습하고 결과를 도출해 낸다. 이것을 '비지도 학습'이라고 부른다. 인간의 개입 없이 인공지능이 알아서 데이터를 분류해 결과까지 도출한다. 너무 많아서 인간이 손대지 못할 데이터라도 딥러닝은 모든 것을 해결해 준다.

인공지능의 비약적인 발전은 획기적인 변화를 이루고 있다. IBM에서 개발한 '왓슨(Watson)'은 병원의 환자 진단용이고, 법률 서비스에 인공지능을 접목한 리걸테크(Legal tech) 산업도 확산되고 있다. 금융·보험업계의 콜센터 대신에 인공지능 상담사, 음반제작, 인공지능 아나운서, 고객 응대용 챗봇, 보이스 쇼핑, 아마존의 예측 배송, 실시간 맞춤형 광고 제작 등 인공지능을 중심으로 한 마케팅 혁신이 이미 시작되었다.

인공지능은 사람의 결제 행동을 예측하여 물건을 배송하기도 하고 제품이나 기계에 문제가 생기기 전에 선행적으로 서비스를 제공할 수 있으며 개인의 취향에 맞는 제품이나 서비스를 추천할 수 있다. 전문가들은 인공지능의 도입으로 개인화 마케팅 시대가 본격화될 것으로 전망하고 있다.

2) 인공지능 마케팅의 관광 사례

최근 관광산업이나 주택에 인공지능이 작동한다. 특히 호텔 · 리조트 업계가 AI 도입에 나선 이유는 코로나19로 생겨난 인력 공백을 메우고 장기적으로 인건비를 줄이는 효과를 기대했기 때문이다. 인공지능 스피커가 TV 프로그램이나 음악을 틀어주고 날씨를 확인해 주며 실내온도 조절 등 소소한 일상을 돕는 편리한 서비스를 제공하는 것을 넘어서, 로봇이 호텔운영의 중추적 역할을 담당하는 '보텔(BOTEL, 로봇+호텔)' 시대가 도래한 것이다. 우리나라의 경우 노보텔 앰배서더 서울 동대문 호텔이 2019년 최초로 AI 로봇을 투입했고, 부산 롯데호텔이 딜리버리 로봇 '엘봇(L-bot)' 등 서비스 로봇 5대를 도입했으며, 대구 메리어트호텔은 190개 객실에 음성인식 기반 AI 서비스를 도입했다. 호텔 인터불고 대구는 서빙 로봇 '서빙고(Servinggo)' 10대를 호텔 정문과 레스토랑에 배치했고, 곤지암리조트는 자율주행, 5G(5세대 이동통신), 원격제어 등의 기능을 탑재한 AI 로봇과 중앙관제 시스템을 연동한 AI 시설관리시스템을 도입했다. 인공지능 마케팅의 관광 사례는 계속 늘어날 것이다.

이미 앞의 언택트 마케팅, 콘텐츠 마케팅, 빅데이터 마케팅, AR · VR 마케팅 등에서 인공지능(AI)이 여러 차례 언급된 바 있으니 참조하면 될 것이다.

7. 옴니채널 마케팅

1) 개요

온라인과 오프라인을 유기적으로 연결하여 통합 관리하는 마케팅 기법을 옴니채널 마케팅이라고 한다. 옴니채널(O2O) 마케팅은 온라인에서 시작해 오프라인에서 구매를 종결하든, 그 반대로 오프라인에서 시작해 온라인으로 구매를 종결하든, 순서를 구분하지 않고 온/오프를 병행하는 마케팅 전략이다. 옴니채널 마케팅의 핵심은 소비자가 어떤 채널을 이용하던 구매 전, 구매 중, 구매 후 경험이 매끄럽게 이어져서 편리한 쇼핑이 되도록 하자는 데 있다.

옴니채널 마케팅의 유형으로는 '쇼루밍', '웹루밍(역쇼루밍)', '모루밍'이 거론된다. 쇼루밍은 온라인으로 구매하지만 그 과정에서 오프라인 매장을 쇼룸처럼 이용하는 것을 의미한다. 웹루밍은 쇼루밍의 반대 개념이다. 온라인으로 제품을 검색한 후 최종 구매는 오프라인 매장에서 하는 경우를 의미한다. 모루밍은 쇼루밍의 일종이다. 오프라인 매장에서 제품을 살펴보지만 실제로 구매는 모바일(스마트폰)로 하는 행동을 의미한다.

기업이 대부분 옴니채널 마케팅에 주력하는 이유는, 앞서 쇼루밍과 웹루밍, 모루밍 현상에서 보듯이 소비자의 구매 행동이 복잡해졌고 다양해져서 결국 온/오프 유통의 경계가 없어졌기 때문이다. 따라서 옴니채널 마케팅이 일반화된 셈이다.

2) 오프라인 기업의 옴니채널 마케팅

오프리인 기업이나 매장에서는 근거리 무선통신을 가능하게 하는 '비콘(beacon)' 기술로 웹루밍을 적극적으로 활용하고 있다. 월트 디즈니월드는 '마이매직플러스 앱'과 '매직밴드'라는 팔찌를 만들어 마케팅을 전개했다. 방문객이 팔찌를 착용하면 호텔 객실의 예약과 결제는 물론 호텔 방문 열쇠로 이용할 수 있다. 마이플러스 앱을 설치하면 식당이나 놀이기구를 예약할 수 있다. 매직밴드를 스캐너에 대기만 하면 놀이기구에 탑승하게 된다. 고객들은 매우 편리하게 즐거운 경험을 하게 된다. 온라인과 오프라인의 활동을 하나로 통합함으로써 놀이공원의 대기시간이 크게 줄었고, 고객의 만족도도 크게 올라가게 되었다. 크리스마스 휴가 시즌에는 하루에 3천 명의 고객을 더 받을 수 있게 되어 매출 신장에 기여하였다.

3) 온라인 기업의 옴니채널 마케팅

온라인 마케팅이 활성화되어도 전통적인 오프라인 마케팅을 완전히 대체하기는 어렵다. 인간의 선천적인 오감을 충족시키려면 오프라인 체험이 있어야 하기 때문이다. 중국 허마셴성에서는 최근 로봇레스토랑(ROBOT.HE)을 오픈했다. 처음에 마트에서 신선한 해산물을 골라 결제하고 조리방식을 택하면 해산물은 레일을 타고 마트 옆 레스토랑 주방으로 이동한다. 쇼핑을 마친 고객은 무인 안내기에서 자리를 배정받아 식당에 앉아서 기다린다. 테이블 위에 놓인 태블릿에서는 해산물 조리과정을 실시간으로 보여준다. 완성된 요리는 로봇에 실려 테이블로 옮겨진다. 이 모든 과정이 스마트폰에도 표시되고 앱으로 요리를 추가 주문할 수도 있다. 우리나라 회센터도 앞으로 이렇게 바뀌지 않을까?

8. 메타버스와 가상여행

'메타버스(Metaverse)'는 가상 · 추상을 의미하는 메타(meta)와 현실 세계를 뜻하는 유니버스(universe)의 합성어다. 아바타를 활용해 사회 · 경제 · 문화 활동이 이뤄지는 3차원의 가상세계다. 현실과 같은 상호작용을 할 수 있다는 점이 특징이다.

가상과 현실이 상호작용하는 메타버스 세계에서 즐기는 가상여행이 고유한 여행의 한 장르로 자리를 잡아가고 있다. 가상여행이 새로운 경험의 제공이라는 여행의 본질적 가치와 맞아떨어지기 때문이다.

한국관광공사는 2020년 11월에 네이버제트가 운영하는 메타버스 플랫폼 제페토(ZEPETO)에 '한강공원'맵을 개설했다. 우리나라 최초의 메타버스 가상여행이다. 한강공원은 제페토 사용자 21,994명을 대상으로 한 설문조사에서 가장 가고 싶은 한국 관광지 1위에 뽑혀 첫 가상 여행지가 되었다. 그 후 제페토에 개설된 '경주'맵은 가상여행의 뜨거운 바람을 실제 지역여행으로 이어가기 위한 시도였고, 전북 전주시, 충남 논산시, 경기도 시흥시 등 지자체들도 앞다퉈 메타버스 플랫폼에 지역 대표 관광지를 가상 여행지로 조성하기 시작하였다.

서울시는 2021년 5월 국내 최초로 메타버스 플랫폼 '제페토'에 스타트업 지원공간 '서울창업허브 월드'를 개관했다. 스타트업 64개와 창업지원시설을 한눈에 볼 수 있다. 메타버스 회의실도 시범 도입했다. 공무원들이 VR(가상현실)을 활용해 주택 · 도시계획이나 문화관광 정책을 논의할 수 있다. 서울시 대표 디자인 축제인 '서울디자인위크'도 메타버스 플랫폼 '게더타운(gather.town)'으로 무대를 옮겨 세미나를 연다. 서울시는 '서울비전 2030' 발표를 기점으로 메타버스에 힘을 싣고 있다.

부산시는 메타버스에서 코로나19 팬데믹으로 중단된 크루즈여행 재개 준비에 들어갔는데, 메타버스 플랫폼 게더타운(gather.town)에서 '다이브 인투 크루즈월드 위드 부산(Dive into Cruise World with Busan)' 가상 이벤트를 열고 가상으로 구현한 크루즈 선박에서 선사 관계자가 안내하는 선내 투어를 진행했다.

코로나19 확산으로 취소된 지역축제도 메타버스 플랫폼에서 재개되고 있다. 경남 남해군은 제페토에 구현한 가상공간에서 '독일마을 맥주축제'를 열었는데 사흘간 1만 명이 방문했고, 경북 영덕군이 로블록스에서 개최한 '영덕대게 O2O축제'에는 1주일간 6만 4천 명이 방문했다. 아직 결과물을 내지 못한 지방자치단체들도 가상여행 개발에 속도를 내서 미래의 메타버스 플랫폼을 구축하려 하고 있다.

서울 어린이대공원은 전국 테마파크 중 가장 먼저 제페토에 '서울 어린이대공원 메타파크'맵을 개설했고, 잠실 롯데월드는 매직아일랜드를 모티브로 제페토에 맵을 열고 자이로드롭, 아트란티스 등 놀이기구(어트랙션)를 게임하듯 즐길 수 있게 했다. 이 가상 맵은 선보인 지 두 달 만에 370만 명이 이용하였다.

이렇듯 메타버스 가상여행으로 방한 외래객 관광시장의 미래 고객을 확보하는 효과를 기대할 수 있을 것이다. 메타버스는 기존 인터넷 비즈니스를 대체할 정도는 아니지만 가까운 미래에 새로운 비즈니스 환경을 제시하게 될 것이다.

13

CHAPTER

관광마케팅 전략

13 관광마케팅 전략
CHAPTER

제 1 절 경영전략의 기본 개념

1. 전략의 개념

모든 기업은 항상 변화하는 마케팅 환경 속에서 성장하고 있다. 기업은 변화에 민감하고 이에 대처하기 위해서 기업환경을 꾸준히 분석하고 평가해야만 하는데, 만약 그렇지 않으면 기업이익에 해가 될 뿐 아니라 심지어는 기업의 생존에 위협이 될 수도 있기 때문이다. 따라서 마케팅 관리자는 언제나 발생 가능한 새로운 시장기회 및 위험을 예리하게 관찰해야 한다.

전략(Strategy)이라는 용어가 군대에서 사용되면 전시나 평화 시의 대규모 작전계획과 지휘방침을 지칭하는 것이고, 기업에서 사용되면 기업의 목적을 달성하기 위하여 그것의 자원을 폭넓게 할당 · 배분하고 활용하는 방안을 마련하는 것을 뜻한다. 즉 전략은 조직이 가지고 있는 모든 자원과 능력, 환경적 기회와 위험을 파악함으로써 그 목적을 달성할 방책을 형성하는 것이다. 전략은 현존환경의 인지와 장래 환경변화의 예측을 통하여 기업의 구조를 결정하는 것을 의미한다. 이러한 대응을 적응이라고 한다. 즉 전략이란 탄환이 없어져도 적이 알아차리지 못하도록 발포를 계속하는 일로서 기업의 의사결정이나 지침, 또는 기업의 사업 활동에 관한 개념이다. 한편, 경영전략 수립이란 기업이 환경변화에 적응하면서 자원을 효과적으로 배분하기 위한 일련의 활동이라고 할 수 있다.

2. 전략의 요소와 전략 요건

1) 전략의 요소

기업 수익성의 탐구라는 점에서 전략의 구성요소는 다음과 같다.

첫째, 상품과 시장 범위로써 이익탐구의 범위를 명백히 정한다. 독특한 관광상품이 필요하고 이를 받아들일 시장은 커야 한다.

둘째, 성장 벡터로써 이익탐구의 범위에서 방향을 명백히 정한다. 현재의 고객은 물론이거니와 앞으로 구매 가능성이 있는 잠재고객을 발굴하거나 새로운 시장을 개척해야 한다.

셋째, 경쟁상의 이점에서 보아서 더 좋은 기회가 있어야 한다. 즉 경쟁회사보다 유리한 마케팅믹스나 경쟁상의 우위성이 있어야 한다.

넷째, 시너지효과이다. 새로운 상품 및 새로운 시장에 진출하는 데 기업이 어느 정도 이익을 낼 수 있는 능력이 있는가를 측정해야 한다.

2) 전략 요건

전략에는 다음과 같이 3대 요건이 중시되고 있다.

① 포지셔닝의 명확화 : 이것은 경쟁 속에서의 위치, 시장 속에서의 위치, 지역에서의 자리를 확고하게 확보해야만 전략이 성립될 수 있는 것이다.

② 우선순위의 명시 : 이것은 자사가 해결해야 할 전략과제를 잘 알아서 경영자원의 힘을 집중시켜 나가야 한다.

③ 실현 가능성 : 이것은 계획으로 끝나서는 안 되고 자사의 능력에 비추어 반드시 실현할 수 있어야 한다.

제 2 절 경영기본전략

기업이 경영기본전략의 작성에 착수해야 할 첫 번째 사항은 방위 가능한 경쟁우위성의 성격을 명확히 하는 것이고, 이 방위 가능한 경쟁우위성은 그 후 계속되는 전략적 및 전술적 행동의 지침으로써 유용할 것이다.

이 방위 가능한 경쟁우위성을 확립하려는 것은 다음과 같은 경쟁상황에 대한 분석을 조사하기 위함이다.

① 문제의 상품 및 시장에서 무엇이 성공의 열쇠가 되는 요인인가?
② 이러한 열쇠가 되는 요인에 관해 그 기업의 강점과 약점은 무엇인가?
③ 그러한 열쇠가 되는 요인에 관해 가장 위험한 경쟁자의 강점과 약점은 무엇인가?

관광기업은 자사를 분석할 때 장점, 단점, 기회, 위협 등을 분석하는데 장점(강점 : Strength), 단점(약점 : Weakness), 기회(Opportunity), 위협(Threat) 등의 영문 머리글자를 따서 SWOT분석이라고 부른다. 때로는 타사를 분석할 때 사용하기도 한다.

위의 3가지 정보를 기초로 하여 첫째, 기업은 자사가 가장 좋은 위치를 차지하고 있는 우위성에 관하여 그 성격을 평가하거나 둘째, 특정한 영역에서 우위성을 결정하거나 셋째, 경쟁자가 가지고 있는 경쟁우위성을 약화하려는 시도 등이 가능하게 된다.

따라서 기업이 채용할 수 있는 기본전략은 그 전략의 기초가 되는 경쟁우위성이 생산성의 향상, 즉 코스트 측면에 있는가, 또는 차별화 요소, 즉 판매가격 측면에 존재하는가에 따라 달라진다.

마이클 포터(M. Porter)는 목적으로 하는 표적이 시장 전체인가, 아니면 특정 세분시장인가에 따라서, 또한 그 기업이 이용 가능한 경쟁우위성의 특성이 코스트 우위성인가, 아니면 제품의 독특한 품질에 기초한 것인가에 따라서 경쟁에 대응하는 주요 전략에 3가지가 있다고 한다.

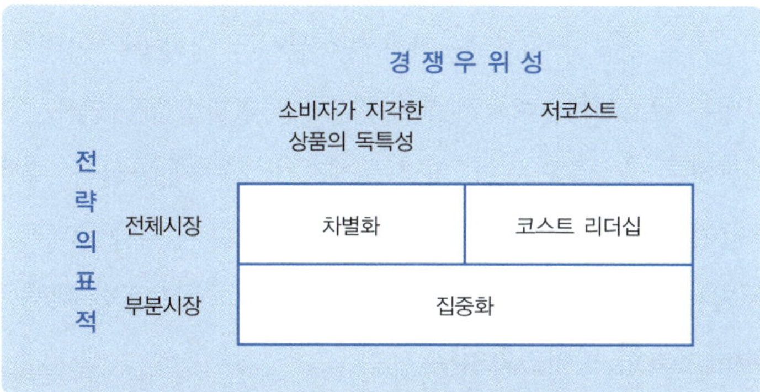

[그림 13-1] 포터에 의한 기본경쟁전략

1. 코스트 리더십 전략

코스트 리더십 전략은 생산성의 차원에 기초를 두고 일반적으로 경험효과의 유무에 관계한다. 운영비, 경험 효과의 가치를 높이는 생산성을 위한 투자, 상품에 대하여 면밀하게 검토된 구상 및 판매나 광고에 관한 경비를 엄격하게 감시하는 것이고, 근본적으로 경쟁자보다 저렴한 가격의 달성에 그 강조점이 있다. 이 전략은 때때로 '원가에 의한 지배전략'이라 부르기도 한다.

비용 우위성을 지니고 있다는 사실은 여러 경쟁요인에 대하여 유효한 방어전략이 된다. 경쟁요인에는 기존기업 간의 경쟁, 신규 잠입자의 위협, 대체품의 위협, 고객의 교섭력, 공급자의 교섭력 등이 있다. 비용 우위성은 이러한 요인에 대한 방어전략이 된다.

① 직접적 경쟁자에 대해서는 예상치 못한 가격 경쟁에 더 잘 견딜 수가 있고, 또한 경쟁자가 제시하는 최저한의 가격에도 이익 실현의 가능성이 있다.

② 강력한 고객에게도 가장 유리한 지위에 있는 직접적 경쟁자가 제시하는 가격과 같은 수준으로 가격을 내릴 수 있다.

③ 저원가는 강력한 원료공급자가 밀어붙이는 원가상승 압력으로부터 기업을 보호한다. 여기서 원료공급자란 관광상품을 만드는 원료를 제공하는 자, 예를 들면, 기념품 제작자, 식자재 공급자, 호텔 비품 공급자 등을 가리키며 관광공급자와는 다른 업자들이다.

④ 저원가는 신규경쟁자에 대하여 잠입장벽이 되고 또한 대체품에 대하여 유효한 방어전략이 된다.

2. 차별화 전략

차별화 전략의 목적은 경쟁자의 상품과 자사상품을 차별화하여 독특한 품질을 상품에 부여하는 것이다. 관광기업은 가능하면 독점적 경쟁상황을 만들려고 노력한다. 그 상황에서 기업은 차별화 요소에 기초한 시장력을 유지한다. 차별화는 브랜드이미지, 광범위한 기술적 진보, 외관 등 여러 가지 형태를 취한다.

코스트 리더십 전략에 의한 지배와 마찬가지로 차별화 전략은 기존기업 간의 경쟁, 신규 잠입자의 위협, 대체품의 위협, 고객의 교섭력, 공급자의 교섭력 등 경쟁요인으로부터 기업을 방어하나 그것과는 매우 다른 방법을 전개한다.

① 직접적 경쟁자에 대한 차별화는 상품의 대체성을 감소시키고 고객의 충성도를 증대시키며, 가격에 대한 민감도를 감소시킨다. 그 결과 수익성을 개선한다.

② 고객의 충성심(customer loyalty)을 유도함으로써 새로운 경쟁자의 진입을 한층 곤란하게 만든다.

③ 강력한 경쟁자가 강요하는 코스트 증가에 비교해, 더 높은 수익성은 기업의 대항력을 증가시킨다.

④ 상품의 독특한 품질과 고객의 충성도가 상승작용을 일으켜 대체품에 대한 방어전략이 된다. 따라서 독특한 품질을 확보하는 데는 일반적으로 조금 높은 비용이 발생하지만, 차별화가 성공하면 시장에서 받아들일 수 있는 높은 가격을 매겨서 경쟁자보다 높은 이익을 획득할 수 있다.

이러한 전략은 높은 시장점유율 목표와 항상 양립하는 것은 아니다. 구매자의 대부분은 그 상품의 우월성을 알고 있어도 반드시 높은 가격을 지급하려 하지는 않는다.

차별화 전략은 일반적으로 업무적 마케팅, 특히 광고비에 대한 막대한 투자를 초래한다. 그 목적은 기업이 주장하는 독특한 품질을 시장에 알리는 데 있다.

3. 집중화 전략

세 번째 기본전략은 집중화 전략 또는 특화전략으로, 이것은 시장 전체에 소구하는 것보다는 어떤 세분시장 또는 특정 집단의 욕구에 집중하려 하는 전략이다. 집중화 전략의 목적은 한정된 표적에 전념하여 시장 전체에 소구하는 경쟁자보다 그 세분시장의 독자적 욕구를 한층 더 충족시키는 것이다. 그러기 위해서 이 전략은 차별화를 택할 것인가, 코스트 리더십 전략을 택할 것인가, 아니면 동시에 양자를 병용할 것인가 등 어느 하나를 택하게 되는데, 그 어느 것도 하나같이 이미 결정한 표적에 적용하는 전략이다.

경영전략을 택하면 목표로 하는 세분시장에서는 높은 시장점유율을 획득할 수 있지만, 전체시장과 비교해서는 그 비율이 일반적으로 낮다.

이상으로 3가지 경영기본전략을 살펴보았다. 이러한 전략의 실시는 각각 다른 자원 및 독자적 특성을 전제로 한다. 코스트 리더십 전략은 지속적 투자, 고도의 기술적 능력, 제조·유통과정의 엄격한 감시 및 생산을 용이하게 하고 표준화된 제품을 전제로 한다. 따라서 생산기능이 지배적인 역할을 한다.

차별화 전략은 그와 반대로 기술적 선도에 부가하여 중요한 마케팅 능력이 필요하게 된다. 시장 욕구의 변화를 분석하고 예측하는 능력이 여기에서는 그 기초가 된다. 이와 마찬가지로 연구개발, 생산 및 마케팅 간의 활동 조정도 중요하다. 또한 조직 내 모든 기능의 균형원칙이 존중되지 않으면 안 된다. 한편, 집중화 전략은 전략적 세분시장에 대하여 앞의 두 전략의 여러 특질을 합한 것을 전제로 하고 있다.

4. 기본전략의 위험

앞에서 본 3가지 기본전략 중 어느 것을 선택하는가는 다른 성격의 위험과 다른 조직방법을 발생시킨다는 의미에서 중립적이지는 않다. 각각의 기본전략에 대한 고유의 위험은 다음과 같다.

1) 코스트 리더십 전략의 위험

코스트에 의한 지배전략의 위험은 다음과 같다.

① 과거의 투자 및 경험 효과에 의해 획득한 우위성을 무효화하는 기술적 변화의 위험

② 신규 진입자나 모방자 사이에서 발생하는 저코스트 기술의 보급 가능성

③ 코스트 문제에 지나치게 주의함으로써 그 제품에서 발생 가능한 변화를 기간 내에 때맞춰 발견하지 못할 위험

④ 경쟁자의 억압에 필요한 가격 차를 축소하는 코스트의 증가, 이를테면 개발비 등

2) 차별화 전략의 위험

차별화 전략의 위험은 다음과 같다.

① 차별화 요소의 유지에 필요한 가격 차가 경쟁자의 가격에 대하여 너무 높아질 위험

② 그 제품이 일반화되면 차별화 제품에 대한 구매자의 욕구가 불명확해질 위험 등

3) 집중화 전략의 위험

집중화 전략의 위험은 다음과 같다.

① 특화하지 않은 경쟁자의 제품에 대하여 가격 차가 너무 커질 위험

② 그 세분시장과 전체시장 간에 차이가 불분명해질 위험

③ 대상이 되는 세분시장이 특화된 하위 세분시장으로 더욱 재분할될 위험 등

제 3 절 관광마케팅 전략의 수립방법

1. 마케팅 전략의 정의

마케팅 목표로써 기업이 무엇을 성취하는가 하는 중대한 구상을 마케팅 전략(marketing strategy)이라 부른다. 비행계획이 항공조종사와 밀접한 관계가 있는 것처럼 마케팅 전략은 마케팅전문가와 밀접한 관계가 있다. 조종사는 비행목적지를 알고 있는데, 그것은 목적지가 미리 정해졌기 때문이다. 비행계획은 조종사가 어떻게 거기에 도착할 것인가를 명령한다. 마찬가지로 관광기업의 마케팅 관리자가 정해진 마케팅 목표에 도달하기 위해서는 마케팅 전략의 방향이 사전에 수립되어야 한다.

2. 마케팅 목표

마케팅 전략을 전개하거나 마케팅믹스를 만들기 이전에 기업은 각각의 표적시장을 위해 명확한 마케팅 목표를 수립해야 한다. 마케팅 목표는 표적시장에 관련된 목표의 표현이다. 전략은 항상 이렇게 설정된 목표에 합치하도록 개발되어야 한다.

마케팅 목표가 명확해야 한다는 것은 중요한 사항이다. 마케팅 전략의 성공은 그 전략이 실행되었을 때 마케팅 목표에 적합한지 아닌지 그 여부의 결정에 따라 측정되기 때문이다. 이러한 결정이 가능하기 위해서는 마케팅 목표에 항상 다음과 같은 정보가 포함돼야 한다.

① 바라던 결과 : 무엇이 변하고 성취되는가?

② 마케팅 활동 : 어떻게 수행되는가?

③ 표적시장 : 누구를 대상으로 활동이 수행되는가?

④ 시간축 : 언제까지 달성해야 하는가?

⑤ 성공의 측정 : 어느 정도인가?

만약 호텔 체인의 마케팅 목표가 '시장점유율 증가'로 간단히 설정된다면 그것은 너무나 일반적이다. 심지어 '20% 판매증가'라고 말해도 부적절하다. 이것은 여전히 그 목표가 시간축이나 표적시장, 접근방법 등을 일일이 설명하는 것이 아니기 때문이다. 마케팅 목표가 의미가 있으려면 '장년층(표적시장에 해당)을 목적으로 하는 DM촉진(다이렉트메일의 판매 촉진 활동)을 통해서 12개월 동안(시간축에 해당) 20%(정도에 해당)의 점유율 증가'로 표현하는 것이 더욱 명확할 것이다.

이러한 마케팅 목표의 명확화는 다음의 두 가지를 가능하게 한다.

첫째, 목표를 성취하기 위한 전략개발을 수립하는 데 확고한 출발점을 제공한다. 무엇을 행해야 하는가를 분명히 한다.

둘째, 실시된 전략의 성공 여부를 측정하는 것이 가능하다. 이것은 전략과 전술의 실수 및 그에 대해 적절히 조정할 필요성을 말한다.

따라서 이러한 요인들은 간결하고 구체적인 마케팅 목표의 중요성을 설명해 준다. 그러한 것 없이는 효과적인 마케팅 전략을 개발할 수 없다.

3. 마케팅 전략의 수립방법

마케팅 전략은 시장의 환경과 기업의 능력을 서로 접합시키는 과정이라고 할 수 있다. 그러기 위해서는 기업의 외부환경과 내부환경에 대한 분석이 선행되어야 한다. 이러한 절차를 표시한 것이 [그림 13-2]이다.

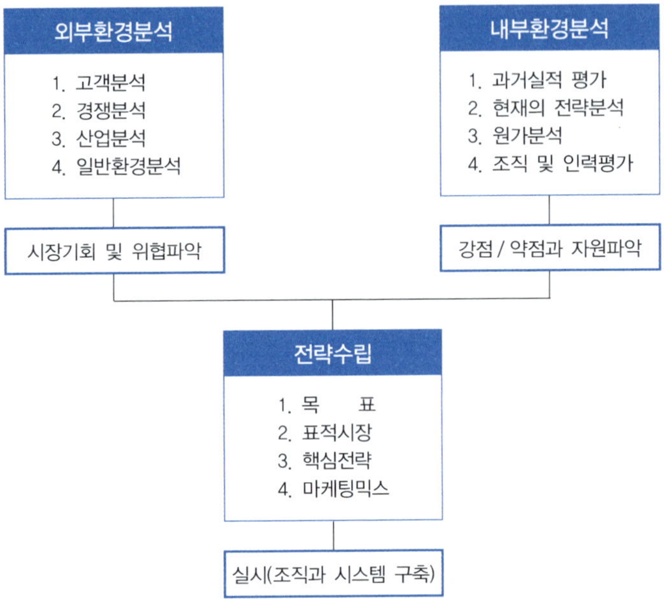

[그림 13-2] 마케팅 전략 수립절차

1) 외부환경분석

외부환경 중에서 가장 중요한 것은 고객과 경쟁기업이다. 특히 고객은 전략 수립의 출발점이 된다. 첫째로, 고객분석을 통해 알아내려는 것은 충족되지 않은 고객의 욕구이다. 이것을 찾아낸다면 비교적 적은 비용으로 상당한 구매를 자극할 수 있게 된다. 그렇지 못할 경우 경쟁기업에 상응하는 마케팅비용의 지출을 감수해야 하고, 고객의 욕구를 찾아내려면 시장세분화를 자연스럽게 전개해야 한다.

둘째로, 경쟁분석은 경쟁여건을 분석하고 주요 경쟁사를 파악해서 경쟁사의 전략과 강점 및 약점을 파악해야 한다. 경쟁분석은 특히 경쟁사의 수가 한정된 과점시장의 경우에 중요하며 이러한 상황에서는 경쟁사의 강점을 무력화하거나 약점을 이용하는 전략이 중요해진다. 경쟁분석에서는 단순히 현재의 경쟁사뿐만 아니라 잠재경쟁사, 즉 앞으로 시장진입이 가능한 기업까지도 고려해야 한다. 이제까지 관광사업에 진출하지 않던 대기업이 호텔 및 리조트시장에 진출하려는 움직임을 주의 깊게 관찰해야만 시장지각변동에 미리 대처할 수 있을 것이다.

셋째로, 산업분석은 현재 사업의 상품시장 영역보다 더욱 넓은 산업 규모와 그 속에 있는 세분시장의 규모 및 성장전망을 파악하고 원가구조와 유통구조를 분석하는 과제를 포함한다. 이것은 해당 산업에서의 주요 성공 원인이 무엇인지를 파악하고 관광산업의 구조적인 변화추세를 어느 정도 예측해야 한다.

염가호텔체인 → 호텔숙박산업 → 관광산업 → 서비스산업

넷째로, 일반환경분석은 본서의 앞부분에서 이미 보았던 바와 같이 경기 동향, 기술변화, 외국사의 국내 진출, 정부의 규제와 유인제도, 인구변동과 기타 문화적 · 사회적 변수가 포함된다. 이러한 변수 가운데 시장에 영향을 미치는 변수를 찾아내고 그것이 자사에 시장기회가 되는지 또는 위협이 되는지를 파악해야 한다.

2) 내부환경분석

관광기업은 고객이 필요한 것을 제공하고 경쟁사에 이기기 위해서 외부환경을 분석하는 것뿐만 아니라 자사 내부의 환경과 제약조건에 대하여 충분히 고려하지 않으면 안 된다.

첫째로, 과거실적 평가는 최근 몇 년간에 걸쳐 사업의 성장률, 점유율, 수익성의 실적이 과연 어떠하였는가를 분석해야 한다. 이 분석에서는 우선 기업이나 사업부의 손익계산서와 상품별 · 시장별 · 경로별 영업실적이 참고자료가 된다.

둘째 단계인 전략분석은, 현재 사업부가 택한 마케팅 전략의 내용을 검토하고 전략적인 질문을 던지는 것이다.

셋째로, 원가분석은 사업부의 가격경쟁력을 경쟁사와 대비하여 분석하는 내용이다. 자사보다 경쟁사가 더 유리한 원가구조를 갖고 있는 경우 이에 대응하기는 매우 어렵다. 특히 외국기업들이 그러하듯이 원가와 품질에서 모두 우위를 차지하면 경쟁사로서는 이를 극복하기가 무척 어려워진다.

넷째는 조직 및 인력 평가이다. 이는 진행 중인 전략이 현실성을 갖기 위해서 매우 중요하다. 여기서 조직이란 조직구조, 경영시스템, 기업문화, 의사소통의 유형 등을 포함하며 조직의 성과에 영향을 미치게 된다. 또한 인력평가와 같은 사항은 기업이 성장하는 데 궁극적인 제약요인이 될 수 있다. 그 업무에서 요구되는 자질과 경험을 갖추지 못한 사람이 중요한 지위를 차지하고 있을 때 그 기업의 성장을 기대하기 어려운 것은 물론이다.

이상의 내부환경분석을 통하여 자사의 강점과 약점을 파악하고 이용 가능한 자사의 자원을 파악함으로써 다음 단계인 전략수립에 들어갈 수 있다.

실제의 전략수립에는 상술한 외부환경분석과 내부환경분석을 바탕으로 하여 창의적이고 선택적인 사고가 요구된다. 이러한 점이 마케팅 의사결정에서 가장 어려운 일이다.

제 4 절 포트폴리오전략

1. 포트폴리오전략의 개요

전략은 목표를 추구하기 위한 주요 방향의 선택과 자원의 할당을 포함하는 것으로서 전술과 구분되어야 하는데, 전술은 관광기업이 전략적인 경로를 따라 개별적인 단계를 완료하도록 돕기 위하여 설계된 파생적인 활동들이다. 전략과 목표들은 밀접하게 교호작용을 하며 계획수립자는 현실적인 목표들과 실행 가능한 전략들을 결정하기 위하여 노력해야 한다.

관광기업에서는 여러 유형의 서비스를 제공하는 종사자가 있지만, 관련된 유형의 서비스를 제공함으로써 서로 지원하고 보완하는 종사자들로 구성되며, 고객들에게 복수의 서비스를 제공하고 있다. 이러한 서비스들은 분명히 조직목표에 대한 기여도에서 다를 것이므로 관광기업은 다양한 서비스의 '포트폴리오'를 정기적으로 평가해야 한다.

포트폴리오 분석에 있어서 첫 번째 단계는 조직의 중요한 사업, 프로그램이나 서비스들을 확인하는 것이다. 예를 들어, 관광기업은 조직의 주요한 사업이나 서비스로서 정부 계약, 전문적인 법적 증언, 조직전략 상담, 새로운 서비스의 실행 가능성을 조사할 수 있다. 다음으로 각 서비스가 받게 될 자원을 증대시킬 것인지, 현재의 수준으로 유지할 것인지, 축소할 것인지, 종료할 것인지를 결정해야 하는데, 이때 적용되는 원칙은 조직의 자원들을 모든 서비스에 동등하게 하는 것이 아니라 각 서비스의 매력 정도에 따라 할당되어야 한다는 것이다. 여러 가지 서비스들의 매력 정도를 평가하는 접근방법은 다양하지만, 여기서는 주요한 세 가지만 검토하기로 한다.

2. BCG 접근방법

가장 보편적인 포트폴리오 평가방법 중 하나인 BCG 접근방법은 경영컨설팅그룹 Boston Consulting Group(BCG)에 의해 개발된 것으로서 조직의 모든 서비스를 시장성장률과 시장점유율이라는 두 개의 차원에 따라 평가한다.

시장성장률이란 서비스가 판매되는 시장의 연간성장률이며 시장점유율은 선도적 조직의 수익에 대한 상대적 비율로서 조직의 수익을 나타낸다. 여기서 시장성장률을 고성장과 저성장으로 나누고 시장점유율을 높은 점유율과 낮은 점유율로 나누면 서비스들은 네 가지 유형으로 구분할 수 있다.

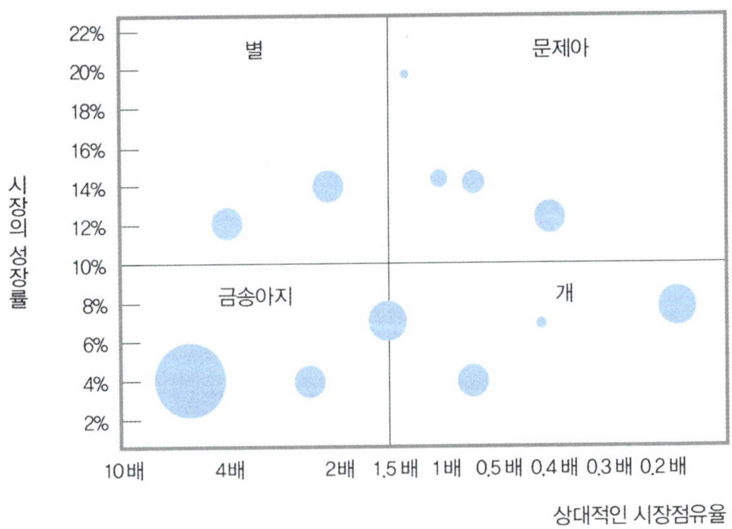

[그림 13-3] 보스턴 컨설팅그룹의 포트폴리오 접근방법

1) 별(STAR)

관광기업이 급격히 성장하는 시장에서 높은 점유율을 누리는 서비스

로서, 조직은 시장의 성장률을 따라가고 자신의 선도력을 유지하기 위하여 이들에게 자원을 더욱 많이 투여하게 된다.

2) 금송아지(COW : Cash Flow)

관광기업이 서서히 성장하는 시장에서 높은 점유율을 누리고 있는 서비스로서, 전형적으로 수익성이 없는 다른 서비스를 지원할 거대한 현금유입을 기업에 제공해 준다. 이들이 없다면 조직은 보조금이 계속 필요할 것이다.

3) 문제아(Problem)

관광기업이 급격히 성장하는 시장에서 단지 작은 점유율만을 누리는 서비스로서, 조직은 이들을 '별'로 전환하기 위하여 투자를 증대시킬 것인지 또는 자금을 다른 곳에 더 효과적으로 사용할 수 있다는 근거에서 투자를 축소하거나 종결할 것인지를 결정해야 한다.

4) 개(DOG)

관광기업이 서서히 성장하거나 감퇴하는 시장에서 작은 시장점유율을 누리는 서비스로서, 대체로 돈을 벌지 못하거나 잃고 있으므로 투자를 제공해야 할 특별한 이유가 없다면 감축되거나 철수된다.

이러한 접근방법을 적용하여 우리나라 국제항공시장에서는 중국노선이 '별'이며, 일본노선이 '금송아지', 그리고 '문제아'는 어디이고, '개'는 어디인가를 발견할 수 있다. 이와 같은 평가는 상품의 자금줄에 관심을 가지는 조직들에 유용한데, 높은 수익은 자금을 만들어내고 높은 성장은 자금을 소비한다.

3. GE 접근방법

GE(General Electric)는 포트폴리오 평가에 대한 다른 접근방법을 적용하여 상당한 주의를 끌었다. 전략적 사업계획행렬이라 부르는 이 방법은 시장의 매력과 조직의 강점이라는 두 가지의 기본적인 차원을 사용한다([그림 13-4] 참조). 여기서 최선의 서비스란 매력적인 시장들에 봉사하고 관광기업이 그에 대하여 많은 강점을 가지는 서비스들이다.

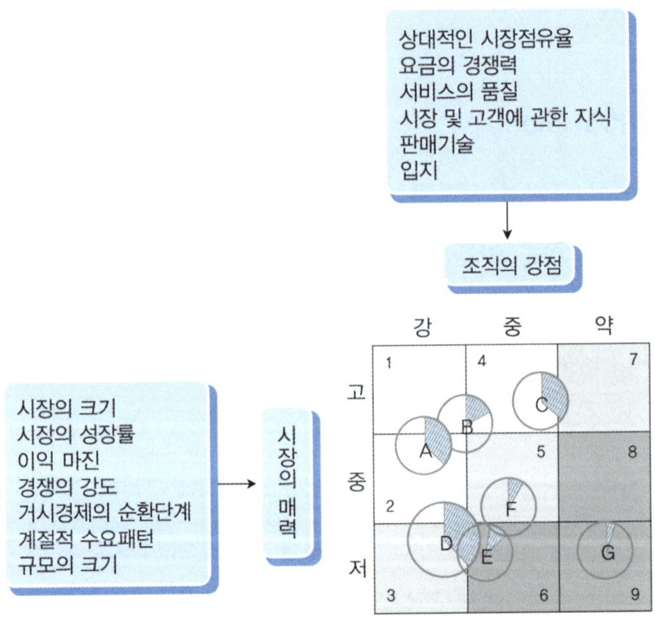

[그림 13-4] 제너럴 일렉트릭의 포트폴리오 접근방법

시장의 매력은 그림의 왼편에 기재된 요인들로 구성되는 복합적인 지수로 측정되는데, 더 매력적인 시장들은 대체로 규모가 크고, 빠른 성장률, 높은 이익 마진, 적은 경쟁, 거시경제 순환에 대하여 낮은 민감도, 최소한의 계절적 수요패턴, 충분한 규모의 경제를 가지는 경향이 있다.

관광조직의 강점은 또한 그림의 상단부에 기재된 요인들로 구성되는 복합적인 지수로 측정되는데, 관광기업은 높은 시장점유율, 낮은 원가와 요금, 고품질의 서비스, 상당한 시장 지식, 훌륭한 판매기술, 편리한 입지와 같은 강점을 이용할 수 있다.

이러한 접근방법을 적용하기 위해서는 현재의 서비스를 시장매력 정도와 조직의 강점이라는 측면에서 평가할 수 있도록 각 차원을 구성하고 있는 요인들이 척도화되고 가중되어야 하는데, 행렬은 크게 세 부분으로 나뉜다.

백색 영역은 좌상단의 세 구석(Cell 1, 2, 4)으로 구성되며 관광기업이 투자하고 성장시켜야 하는 서비스들을 나타낸다. 옅은 음영 영역은 좌하단에서 우상단으로 뻗치는 대각선상의 구석(Cell 3, 5, 7)들로 구성되는데 전반적인 투자 메리트에서 중간 정도인 서비스들을 나타낸다. 짙은 음영 영역은 우하단의 세 구석(Cell 6, 8, 9)으로 구성되며 관광기업이 투자 회수나 철회를 위하여 신중히 고려해야 하는 서비스들을 나타낸다.

예를 들어, 서비스가 대부분 그림 속의 A에 있는 관광기업은 대규모 시장(원의 크기)에서 많은 점유율(빗금 쳐진 부분)을 차지하고 있어 규모의 경제를 달성할 수 있으므로 많은 이익을 산출할 수 있을 것이다.

4. 서비스/시장 기회행렬

마케팅담당자는 환경이 주는 기회에 조직의 자원을 잘 대응시킬 수 있는 전략을 설계해야 한다. 마케팅 전략은 자사의 표적시장뿐만 아니라 동일 표적시장을 대상으로 하는 경쟁자의 전략에도 맞추어져야 한다. 따라서 마케팅담당자는 성공하려면 고객을 염두에 두고 경쟁자와 비교해 자사 서비스의 위치를 강화할 수 있는 전략을 형성해야 한다는 것이다.

현재의 서비스 포트폴리오를 검토한 결과, 관광기업은 자신이 충분한 '별'이나 '금송아지'를 갖고 있지 않으며, 새로운 서비스와 시장을 탐색하는 데 더욱 공격적이어야 한다는 사실을 깨달을 경우가 있다. 이러한 경우에 새로운 성장기회들을 확인하기 위한 체계적인 접근방법으로써 서비스/시장 기회행렬를 이용할 수 있다.

[그림 13-5]의 각 셀은 이름을 가지고 있는데, 경영자는 우선 '시장침투'라고 부르는 (셀 1)을 고려해야 한다. 이러한 셀은 관광기업이 기존의 서비스를 가지고 기존의 시장에 대하여 침투의 정도를 심화시킴으로써 조직의 수익을 유지 또는 확대할 수 있는지에 관한 질문을 제기한다.

시장 \ 서비스	기존의 서비스	수정된 서비스	새로운 서비스
기존의 시장	1. 시장침투	4. 서비스 수정	7. 서비스 혁신
새로운 지역	2. 지역확장	5. 지역적 수정	8. 지역적 혁신
새로운 시장	3. 새로운 시장 추구	6. 새로운 시장에 대한 수정	9. 전체적 혁신

[그림 13-5] 서비스/시장 기회행렬

아마도 고객들은 그들이 사용할 수 있거나 사용해야 하는 만큼 빈번히 또는 많은 양으로 그 조직의 서비스를 사용하지 않을 수도 있다. 예를 들어, 일부 시민이 아직도 호텔보다는 장급여관을 이용하려 생각할 수 있고, 그들이 필요한 일부 서비스만을 이용할 수 있다. 시장침투는 또한 고객들이 같은 문제에 당면한 다른 사람들에게 많은 구전효과를 줄 수 있을 때 사용되기도 한다.

시장침투는 일반적으로 다른 확장전략들보다 효율적이고 효과적으로 수행될 수 있는데, 그것은 기존고객들에 대한 확인통지, 전화나 e메일 또는 고객들에게 관광기업의 훌륭한 서비스에 관하여 친구들에게 알려주라는 단순한 요구가 새로운 시장을 찾거나 새로운 서비스를 제공하는 것보다 싼 비용으로 더 많은 성과를 달성할 수 있기 때문이다.

(셀 2)는 관광기업이 새로운 지역시장에 있어서 유사한 유형의 고객들에게 기존의 서비스를 제공하려고 노력해야 하는지에 관한 질문을 제기한다. 지역확장 전략은 새로운 지역에 지점을 개설하거나 단순히 여행 및 커뮤니케이션 예산을 증대시키는 일을 포함할 수 있다. 이러한 전략과 연관된 가장 큰 위험은 쉽게 통제될 수 없는 곳에서 서비스가 제공되므로 서비스관리가 위협받는다는 점이다.

새로운 시장추구 전략(셀 3)은 기존의 서비스를 새로운 유형의 고객들에게 제공하려고 노력하는 일이다. 예를 들어, 호텔이나 리조트 건설경기의 침체로 인해 일부 건축사나 설계사들은 새로운 시장과 고객들을 찾고, 일부는 폐쇄된 공공건물들을 다른 용도를 위하여 재설계하도록 시당국과 계약을 맺기도 하고, 다른 일부는 한옥 및 관광건축물의 내부적 설계나 관광 역사보존에 관심을 가지는 고객들을 찾는다. 그러나 여기서 주요한 위험은 기존의 서비스들이 새로운 표적고객들에게 소구하지 못할 가능성이 있다는 것이다.

다음으로 경영자는 기존시장의 고객들을 더 많이 끌기 위하여 현재의 서비스 중 일부를 수정할 수 있는지를 고려할 수 있다. 서비스 수정 전략(셀 4)은 기존의 시장에 제공되는 실제의 서비스를 변경하거나 그러한 서비스를 약간 수정해서 소구력 있고 묘사적인 물리적 증거를 제공할 수 있다. '서비스 수정'은 조직이 특정한 범주의 고객을 많이 유인하거나 기존의 고객들에게서 더 많은 요금을 획득하는 데 도움이 되지만, 고객들이 과거의 방식으로 이전의 서비스를 좋아한다면 이러한 전략이 실패할 수도 있다.

(셀 5)는 널리 퍼져 있는 지역시장에 대한 수정이라고 하며, (셀 6)은 새로운 시장에 대한 수정이다. 관광기업은 기존의 서비스들을 새로운 지역이나 다른 표적시장들의 기호와 욕망에 맞도록 수정할 수 있을 것이다. 이러한 전략들은 고객지향적이지만 완전히 새로운 시장들과 거래하고 상당한 위험과 어려움을 감수하도록 요구한다.

서비스 혁신(셀 7)은 기존의 고객들을 위하여 완전히 새로운 서비스를 개발하는 것이다. 엔지니어링 회사는 고객인 체인호텔이 엔지니어링과 건축설계 서비스의 수수료를 패키지로 지급하는 것이 편리하다는 사실을 알아주기 바라면서 그들에게 건축설계 서비스를 제공할 수 있다. 마찬가지로 회계법인은 법인의 감사고객들을 위하여 컴퓨터시스템 상담서비스를 제공할 수 있다. 이것은 새로운 서비스를 제공하는 사람이 그러한 특정한 분야에서 많은 경험이 있으며, 고도의 품질표준과 프로정신을 유지하는 한 건전한 전략이 될 수 있다. 그러나 새로운 서비스를 보강하려는 열의에서 기존 서비스의 품질을 떨어뜨리지 않도록 유의해야 한다.

끝으로 지역적 혁신(셀 8)과 전체적 혁신(셀 9)은 관광기업이 새로운 지역이나 다른 표적시장들에 완전히 새로운 서비스를 제공하도록 하는 것이지만, 가장 위험한 전략이다. 그들은 그러한 시장들에게 새로운 서비스를 제공하기 위하여 새로운 시장에 대한 상당한 지식과 숙련된 서비스직 종사자들 모두를 확보해야 하기 때문이다.

상기와 같이 서비스/시장 기회행렬은 관광기업이 새로운 기회들을 체계적으로 생각해 내는 것을 도와주며, 포트폴리오 분석과 더불어 보다 집중화되고 효과적인 전략적 마케팅계획들의 형성을 허용해 준다.

제 5 절 경쟁지위의 유형화와 관광마케팅 경쟁전략

모든 기업이 통용할 특정 전략이란 있을 수 없으므로 각 관광기업은 그 업계에서 위치, 자사의 목적, 기회와 자원에 비추어 어느 것이 가장 적합한가를 결정해야 한다. 같은 조직 안에서도 사업이나 서비스에 따라 다른 전략이 요구될 수 있다. 한 산업 내에서 지배적인 위치에 있는 큰 관광기업은 작은 조직이 취할 수 없는 전략을 사용할 수 있다. 그러나 물론 규모가 크다는 것만으로는 충분하지 않으며, 큰 조직을 위한 성공 전략이 있는 반면에 큰 조직에는 맞지 않는 전략이 있을 수 있다. 큰 조직이건 작은 조직이건 모든 조직의 위치를 경쟁자의 위치에 대해 효과적으로 강화할 수 있는 전략을 설계해야만 한다.

경쟁자의 지위와 행위를 명확히 고려하는 것은 마케팅 경쟁전략의 중요한 전제이다. 경쟁력을 분석하면 가장 위험한 기업과 경쟁하는 데서 그 경쟁우위성에 대한 평가와 경쟁자의 경쟁 활동 등을 확인할 수 있다. 마케팅 경쟁전략에는 〈표 13-1〉과 같이 시장선도자, 시장도전자, 시장추종자, 시장틈새자의 전략이 있다. 이러한 유형들은 또한 다음과 같은 시장구조를 가질 수 있다.

〈표 13-1〉 경쟁지위의 유형화(類型化)

경영자원		경영자원력(量)	
		대	소
경영자원의 독자성(質)	고	시장선도자	시장틈새자
	저	시장도전자	시장추종자

1. 시장선도자의 전략

1) 개요 및 사례

시장선도자(market leader)는 해당 시장 내에서 최대의 상대적 자원을 가지고 있는 기업이다. 시장선도자는 그 시장에서 최대의 시장점유율을 차지하고 있고 타 기업보다 우월한 독자적 능력도 있다. 시장선도자는 해당 시장에서 단 하나의 경쟁 지위를 가진 기업으로서 시장점유율에 대해 끊임없는 도전에 직면하고 있다.

시장에서 선도적인 위치에 있는 기업은 시장의 욕구를 숙지하고 그러한 욕구를 충족시킬 수 있는 상품을 제공함으로써 우세한 지위를 차지한다. 그러나 시장선도자는 단순히 팔짱만 끼고 자신의 우월적 지위를 누릴 수는 없다. 다른 기업들이 시장선도자와의 간격을 좁히기 위해 끊임없이 움직이고 있기 때문이다. 따라서 시장선도자들은 그들의 시장전략을 끌어올리기 위하여 계속 시장조사를 실시하지 않으면 안 된다.

시장선도자는 두 개의 도전과제에 직면한다. 첫 번째는 시장선도자로서 자신의 지위를 방어하는 것이다. 모든 사람이 왕을 언덕에서 떨어뜨리려고 하는 "언덕의 왕"이라는 어린이들의 게임에서처럼 시장선도자의 제품은 선도자가 되려고 도전하는 기업에 의해 계속해서 포위되어 공격받고 있다. 시장선도자는 자신의 이미지와 시장점유율을 유지할 수 있는 회심의 마케팅 전술을 사용하여 자신의 위치를 방어할 필요가 있다.

시장선도자가 직면하는 두 번째 마케팅 도전은 시장점유율을 확대하여 시장선도자가 누릴 수 있는 이윤을 증대시키는 것이다. 경쟁사의 제품으로부터 고객을 유치하기 위해서 시장선도자는 공격 전술을 사용해야 한다.

1972년에 한 척의 선박으로 시작한 카니발 유람선회사(Carnival Cruise Line)는 이제 북미의 크루즈시장에서 선도자이다. 이 회사의 눈부신 성공은 휴가를 떠나는 약 2억 명의 전체 미국인들보다도 전통적으로 크루즈여행을 하고 있는 약 350만 명의 시장에 기초를 둔 기본전략에서 연유하였다.

카니발사는 기본전략을 빈번히 재검토하고 있지만, 선도자의 위치에서 보면 그 기본전략은 아직 타당하다고 보고 있다. 그러나 카니발사의 성공으로 인하여 전에는 결코 없었던 마케팅 전략의 문제, 즉 모방자들이 같은 표적시장에서 도전하는 상황이 전개되었다.

카니발사는 자사의 경쟁상대 연구에 많은 에너지를 할애함으로써 그에 대응해 왔다. 이 회사의 부사장 밥 디킨슨에 의하면 그들은 전보다 더욱 신중하게 변하였다. "우리 기업의 모방자들이 우리의 사냥감에서 손을 떼도록 노력하는 것보다는 차라리 계속 냉정하고 장기적인 관점을 유지하려고 한다. 규모가 작은 유람선회사들이 우리를 모방하려는 시도를 한 뒤부터 카니발사의 대외적인 이미지가 더욱 부각되었다. "다른 회사들이 우리의 곡조를 연주하기 시작했으므로 우리는 전보다 분명하고 예리하고 크게 연주하는 방법을 발견해 내야 한다"고 말한다. 모든 마케팅 커뮤니케이션은 이와 같은 카니발사의 고객에 대한 소구의 독특한 측면들을 강화하고 돋보이게 하도록 재검토된다.

〈표 13-2〉 시장구조의 예

시 장 선도자	시 장 도전자	시 장 추종자	시 장 틈새자
40%	30%	20%	10%

2) 시장선도자의 전략

관광기업은 〈표 13-2〉에서 보는 것처럼 관련 시장에서 가장 큰 점유율을 가지고 가격 변경과 새로운 서비스 도입, 판촉의 강도에 있어서 다른 조직을 선도할 수 있다. 선도자는 다른 조직의 존경이나 찬탄을 받을 수도 있고, 받지 않을 수도 있지만, 다른 관광기업들은 그 지배력만큼은 인정한다. 선도자는 경쟁자가 염두에 두고 있는 중심점이며, 도전 또는 모방, 회피의 대상이다.

이러한 시장선도적 기업이 제1의 위치를 고수하기 위해서는 세 가지 측면의 활동이 필요하다. 첫째, 총수요를 증가할 방안을 찾아야 한다. 둘째, 좋은 공격 및 방어전략을 통하여 현재의 시장점유율을 지켜야 한다. 셋째, 시장규모가 일정하더라도 시장점유율을 더 확대해야 한다.

(1) 전체시장의 확대

한 사업 내의 모든 관광기업은 전체시장이 확대됨에 따라 모두 이익을 얻게 되지만, 특히 지배적인 조직이 가장 큰 이익을 얻는다. 일반적으로 선도자는 새로운 사용자와 새로운 용도, 그리고 더 많은 제품을 사용하도록 만들어야 한다.

(2) 시장점유율 방어

선도적인 관광기업은 전체 시장규모를 확대하는 한편으로, 경쟁권의 공격으로부터 현재의 사업을 계속 지켜나가야 하는데, 그 최선의 대응은 끊임없는 혁신이다. 즉 시장선도자는 현재 상황에 만족해서는 안 되며 새로운 서비스 아이디어, 고객서비스, 효과적인 유통, 원가절감 등을 통하여 그 산업을 계속 선도적으로 이끌어 나가야 한다.

선도적인 관광기업이 취할 수 있는 시장점유율 방어전략으로는 성공적인 군사방어전략을 모방한 여섯 가지의 방어전략이 있다.

① 위치방어 : 가장 기본적인 형태의 방어전략으로 관광기업의 주위에 요새를 쌓는 것이다. 그러나 단순히 조직의 위치나 서비스를 방어하기 위해서 조직의 모든 자원을 투하하는 것은 마케팅 근시안(marketing myopia)의 형태일 뿐이다.

② 측면방어 : 전반적인 위치를 경계할 때 시장선도자는 자신의 취약한 측면에 특히 주의를 기울여야 한다. 주도면밀한 경쟁자는 보통 조직의 약점을 공격하게 될 것이다. 그러므로 관광기업은 자신의 약점을 주의 깊게 검토하고 가장 피해받기 쉬운 부분을 지켜야만 한다.

③ 선제방어 : 더 적극적인 방어는 경쟁자가 공격하기 전에 미리 공격함으로써 경쟁자의 사기를 꺾는 것이다. 선제방어는 1원짜리 예방이 100원짜리 치료보다 더 낫다고 가정하는 것이다. 예를 들어, 관광기업은 경쟁자의 시장점유율이 위험수위에 거의 다다를 때 공격을 시작할 수 있다.

선제방어는 모든 관광기업에 균형을 잃도록 하기 위한 '게릴라 활동'(한 경쟁자를 치고, 다른 곳에서 다른 경쟁자를 공격하는 식)으로 구성될 수도 있다. 또는 주도권을 유지하고 경쟁자가 항상 방어에 급급하게 할 목적으로 지속적인 전면공격을 할 수도 있을 것이다.

④ 역공격적 방어 : 시장선도자는 측면방어 및 선제방어를 했음에도 불구하고 공격당하면 공격에 대항하는 방어를 해야 한다. 선도자는 경쟁자의 가격 인하, 기술적 판매 촉진, 서비스 개선, 판매영역 침투 등에 수동적이어서는 안 된다. 선도적 관광기업은 경쟁자의 공격에 정면으로 맞서거나, 경쟁자의 약점을 우회 공격하는 방법을 선택할 수도 있다.

⑤ 기동적 방어 : 기동적 방어란 시장선도자가 현재의 시장 위치를 적극적으로 방어하는 것 이상의 적극성을 띠는 것으로, 미래의 방어 및 공격의 기초가 될 만한 새로운 시장으로 영역을 확대하는 것이다. 선도적 관광기업은 정상적인 서비스의 확대뿐만 아니라 시장 확대와 시장 다변화와 같은 두 가지 면에서의 혁신을 통해서 새로운 시장으로 확대해 가는 것이다. 이러한 움직임은 조직에 '전략적 깊이'를 가져다주며, 이것은 관광기업이 지속적인 공격을 헤쳐 나가며 역공세를 취할 수 있게 해준다.

시장 확대는 조직이 현재의 서비스에서 더 넓은 고객의 기본적 욕구로 초점을 옮기는 것이다. 그러나 확대전략을 지나치게 추구해서는 안 된다. 지나친 확대는 조직자원을 분산시키고 그 결과 효과적인 경쟁을 위해 특정 시장에 충분한 자원을 집중하는 데 방해가 될 수도 있다. 비관련업체로의 시장다각화는 전략적 깊이를 더해 줄 수 있는 또 다른 방법이다.

⑥ 축소적 방어 : 대규모 관광기업들은 모든 영역에서 조직의 위치를 더는 방어할 수 없게 되는 경우가 있다. 자원이 너무 분산되어 있는데 경쟁자는 여러 부문에서 잠식해 들어오게 된다. 이때 가장 좋은 활동은 축소계획(또는 전략적 철수)을 수립하는 것이다. 계획적인 축소는 시장의 포기가 아니라 약한 위치를 포기하고 강한 위치에 자원을 재할당하는 것으로 시장에서의 경쟁적 강점을 공고히 하고 주력 위치에 집중하는 것이다.

(3) 시장점유율 확대

선도적 관광기업은 시장점유율을 더욱 증대시킴으로써 성장할 수 있다. 경영전략의 이윤영향(PIMS : Profit Impact of Management Strategies)

에 관한 연구에 의하면 수익성은 시장점유율에 비례하여 증가한다([그림 13-6] 참조). PIMS 연구에 따르면 매우 큰 상대적 시장점유율을 가진 조직은 20% 미만의 상대적 시장점유율을 가진 조직보다 평균적으로 투자수익률이 3배 정도 높다.

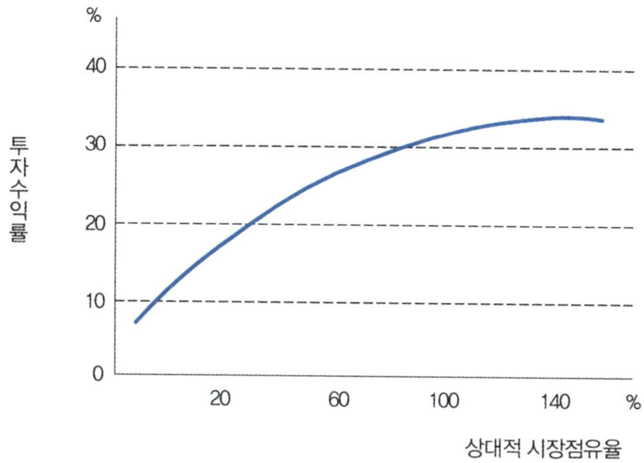

[그림 13-6] PIMS 연구에 따른 곡선관계

2. 시장도전자의 전략

1) 개요 및 사례

시장도전자(market challenger)는 시장선도자에 준(準)하는 상대적 경영자원을 갖고 있고 또한 선도자와 시장점유율을 다툴 수 있는 지위와 의욕이 있는 기업이다. 그러나 시장도전자는 시장선도자에 비해 뚜렷한 종합적 독자능력의 우위성을 갖고 있지는 못하다.

시장도전자는 시장선도자가 되려고 노력하며 적어도 현재의 선도자를 공격함으로써 자사의 시장점유율을 확내하려고 한다. 시장도전자의 전략은 공격적이고 적극적이다. 시장도전자가 주로 사용하는 전술 중의 하나는 선도자의 제품과 직접으로 경쟁하기 위해 더 낮은 가격의 제품을 판매하는 것이다. 이 전략의 배후에는 고객들이 경쟁제품을 구매하여 돈을 절약할 수 있다면 제품에 대한 충성을 일시적으로 기꺼이 바꿀 것이라는 전제가 깔려 있다. 일단 사람들이 어떤 제품이나 서비스를 구매하여 그것이 만족스럽다는 것을 발견하기만 한다면 그들은 저축 자극의 유인 없이 재구매를 할 가능성이 있다.

시장도전자는 시장선도자로부터 고객을 빼앗아 오고 심지어 더 낮은 이윤으로 사업 규모와 시장점유율을 증대시키려고 한다. 혼잡한 렌터카 시장은 할인가격이라는 도전적인 전술로 판촉하는 예가 매우 많다. 규모면에서 최대 렌터카기업인 허츠(Hertz)와 에이비스(Avis)는 렌터카시장에서 커다란 시장점유율을 차지하고 있다. 드리프티(Thrifty), 제너럴(General), 알라모(Alamo), 밸류(Value)사와 같은 보다 작은 렌터카회사들은 특히 휴가렌터카 시장에서 허츠사나 에이비스사를 대상으로 공격적인 도전을 감행하고 있다. 그들 소형업체는 할인판매가격으로 주행거리 무제한 서비스에서 한 등급 위의 차종 제공에 이르기까지 다양한 경쟁적 서비스를 제공한다.

밸류사의 한 광고캠페인은 가격을 기초로 모든 경쟁에 도전하였다. 그 광고는 밸류사가 주행거리 무제한으로 최저요금을 제공한다고 주장하였다. 광고의 내용은 밸류사의 여러 차종에 대한 요금표를 게재하고 있고 고객들이 다른 렌터카회사의 요금을 기록하도록 빈 공란을 만들어 두었다. 밸류사는 심지어 다른 회사의 수신자부담 무료 장거리 전화번호까지도 게재하였다.

시장도전자가 사용하는 또 다른 전술은 더 나은 서비스를 제공하는 것이다. 시장선도자는 경쟁적인 가격으로 더 많은 또는 더 나은 서비스를 제공하여 고객이 지급한 돈에 대해 그 이상의 것을 제공하려고 한다.

컴프리 호텔(Compri Hotel)은 유럽에선 꽤 유명하지만, 미국에서는 비교적 새로운 호텔체인이다. 고도로 경쟁적인 상용호텔시장에서 컴프리 호텔체인에는 비교적 많은 경쟁자들이 있고 결코 선도자는 아니다. 그러나 컴프리사는 자사의 제품디자인에서 하얏트, 메리어트, 쉐라톤 등 대규모의 호텔체인과 매우 다른 무엇인가를 제공하기로 결정하였다.

시장도전자로서 컴프리 호텔은 상용여행객에 대한 특별서비스를 강조하고 있다. 5천 평방피트의 클럽 룸을 보유한 컴프리 호텔에서 고객들은 작업하거나 도서실 내에서 마음대로 책을 읽을 수 있으며, 대형 스크린 TV를 관람할 수 있고 거실 같은 분위기에서 다른 손님들과 사교적인 친교를 나눌 수도 있다.

컴프리 호텔은 경쟁업체들과 유사한 표준객실요금으로, 주문 · 조리되어 클럽 룸에서 제공되는 정식 아침식사, 두 잔의 칵테일, 그리고 야식을 제공하고 있다. 규모가 더 큰 체인호텔에 도전하기 위하여 컴프리사는 가격경쟁이 아닌 서비스와 가치를 근거로 해서 경쟁에 임하고 있는 것이다.

2) 시장도전자의 시장전략

한 업계에서 2위나 3위 혹은 그보다 낮은 위치에 있는 조직은 두 가지 경쟁전략 중 하나를 선택할 수 있다. 그들은 시장점유율을 확보하기 위해서 적극적으로 선도적 관광기업이나 다른 경쟁자를 공격하거나(시장도전자), 또는 경쟁조직과 공존하며 시장 상황을 그대로 유지할 수도 있다(시장추종자). 이러한 시장도전자가 이용할 수 있는 전략을 살펴보면 다음과 같다.

(1) 정면공격

관광기업은 경쟁자의 주요 부분에 직접 대항하여 자원을 집중적으로 투하함으로써 정면공격을 감행할 수 있다. 이러한 공격은 경쟁자의 약점이 아니라 강점에 대해 이루어지며, 그 결과는 어느 조직이 더 강하고 인내력이 있는가에 달려 있다. 정면공격에서 성공하려면 도전자는 경쟁자의 서비스, 광고, 요금, 경로 노력에 대응해야 한다.

정면공격이 성공하려면 도전자는 경쟁자에 대하여 강점을 가질 필요가 있는데, 경쟁자가 강하고 확고할수록 도전자는 더 많은 강점을 가져야 한다. 만일 도전자가 경쟁자보다 더 많은 자원이 없다면 전면공격은 자살행위가 될 수도 있다.

(2) 측면공격

도전자가 경쟁자의 강한 정면을 공격하여 경쟁자의 자원을 묶어 두고, 실제로는 경계를 게을리하고 있는 측면이나 후면을 공격하는 것이다. 측면공격은 도전자의 자원이 경쟁자보다 적을 경우에 효과적이다. 이러한 측면공격은 지역별 또는 세분시장별로도 적용될 수 있다.

측면공격전략은 현재 업계의 서비스가 충족시키지 못함으로써 야기되는 시장에서의 갭을 파악하고 그 갭을 채우기 위한 활동을 적극적으로 추진하여 그 시장을 강한 세분시장으로 만드는 것이다. 즉 이러한 전략은 동일 시장을 표적으로 하려는 두 개 이상의 조직들 사이에서 출혈경쟁을 하는 것이 아니라, 시장 전체의 다양한 기본욕구를 완전히 충족시키려는 전략이다. 측면전략은 마케팅의 목적이 “기본적 욕구를 발견하여 그것을 충족시키는 것”이라고 하는 가장 좋은 전통으로써 현대 마케팅철학과 일치한다.

(3) 포위전략

포위전략은 경쟁자가 자신의 정면과 측면 및 후면을 동시에 지켜야 하도록 여러 면에서 공격을 가하는 것이다. 도전자는 경쟁자가 제공하는 모든 것 혹은 그 이상을 고객에게 제공해야 한다. 포위전략은 도전자의 자원이 더 우월하고, 경쟁자가 시장에서의 위치를 더 지킬 수 없도록 신속하고 완벽할 수 있는 경우에 적합한 전략이다.

(4) 우회전략

우회전략은 경쟁자와의 직접 경쟁을 피하는 간접적 경쟁전략이다. 도전자는 경쟁자를 우회하여 조직의 자원적 배경을 넓히기에 좀 더 쉬운 시장을 표적으로 삼는다. 우회전략에는 비관련 서비스로의 다각화, 새로운 지리적 시장으로의 다각화, 기존의 서비스를 대체하는 새로운 기술로의 도약 등 세 가지 방법이 있다.

(5) 게릴라식 공격

게릴라식 공격은 도전자가 소규모이거나 소자본인 경우에 이용가능한 전략으로, 영구적인 발판을 확보하기 바라면서 경쟁자를 당황하게 하고 사기를 떨어뜨리기 위해 주기적인 소규모의 공격을 하는 것이다.

게릴라식 공격에서 도전자는 경쟁자를 괴롭히는 수단으로써 재래식 방법과 비재래식 방법을 모두 이용할 수 있다. 이러한 방법으로는 선택적인 요금인하, 상대기업의 유능한 경영자 빼어오기, 집중적 판촉 활동 등이 있다. 그러나 지속적인 게릴라 전법은 비용이 많이 들 수도 있으며, 만일 도전자가 경쟁자를 섬멸하고자 한다면 궁극적으로 강력하게 공격해야만 한다. 따라서 자원이라는 관점에서 게릴라 선법이 반드시 비용이 적게 드는 것은 아니다.

3. 시장틈새자의 전략

1) 개요 및 사례

시장틈새자(market niche player, 시장적소자)는 상대적 경영자원 및 의욕이 이미 시장선도자를 직접 노릴 만한 위치는 아니지만, 어떤 독자성을 가지고 있는 기업이다. 그러한 의미에서 시장틈새자와 후술하는 시장추종자는 양자 모두 한정적인 경영자원밖에 없고 상위 두 그룹(시장선도자와 시장도전자)과의 시장점유율 경쟁에 가담할 만하지 못하다는 점에서 유사성이 있고, 시장틈새자 쪽이 독자성이 강한 경영자원을 갖고 있다고 하는 데 차이점이 있다.

관광시장은 너무 다양하고 광범위하므로 일부 관광기업들은 오직 그 시장의 매우 작은 부분에 대해 상품 판매를 선택하기도 한다. 이 전략이 시장틈새자의 전략이다. 일부 전문화된 세분시장에 대해 대기업들은 거의 관심을 두지 않는다. 이러한 틈새는 대기업들과의 직접적 경쟁을 피하는 방법으로 작은 회사들이 전문화할 기회를 제공한다. 예컨대 서울시 도심에서 인천항까지의 헬리콥터 서비스를 생각해 보자. 대형 항공사는 확실히 그러한 서비스를 운영할 수 있지만, 여러 이유로 그러한 서비스를 운영하지 않기로 한다. 그것은 소규모 헬리콥터회사가 시장틈새자로서 그 전문화된 국내항공 왕복시장을 지배할 수 있는 틈새를 남겨두는 것이다.

여러 여행사가 모험여행(adventure travel)의 작은 시장에서 성공해 왔다. 코네티컷州 웨스트포트의 린드블라드 트래블(Lindblad Travel)사는 남극, 이스터섬, 부탄, 중국 그리고 티베트와 같은 이국적인 장소로 떠나는 호화여행을 전문으로 한다. 린드블라드사는 대부분 대형 여행사들이 무시하는 신비한 목적지로의 여행을 제공함으로써 자력으로 전문시장을 개척해 나갔다. 대형 여행사들이 여행목적지를 선택할 때 대규모 사업에 초점을 두는 반면, 린드블라드사는 개인의 희망에 맞는 주문 여행상품의 특성을 강조한 것이다. 린드블라드사의 고객들은 여행이 흥미롭고 교육적이고 사회적 경험이 되기를 바란다. 그들은 그러한 경험을 할 수 있는 목적지로의 여행을 제공할 수 있는 기업은 바로 린드블라드사라는 것을 알리고 있다.

호텔시장에도 시장틈새자가 있다. 예컨대 뉴욕의 모건(Morgan)호텔은 보통의 방문객들은 잘 모르지만, 그 호텔은 맨해튼에 있는 호텔 중에서도 가장 점유율이 높은 호텔 중 하나이다. 모건호텔은 부티크호텔이라 불리는 전문형의 호텔이다. 부티크호텔은 인격화된 서비스를 강조하는 소규모의 고급스러운 호텔이다. 전형적으로 이러한 호텔은 객실을 200실 이하로 설계되었으며 24시간 안내원 서비스(Concierge)를 제공하고 최고의 레스토랑을 보유하고 있다. 부티크호텔은 호화 숙박시설 및 보통 대형호텔이 제공하는 것보다 더 개인적인 관심을 받고 싶어 하는 부유하고 차별적인 관광객들에게 소구하기 위해서 틈새 마케팅 전술을 사용한다.

2) 시장틈새자의 시장전략

거의 모든 산업에는 큰 조직과의 충돌을 피하는 시장 일부에 전문화된 소규모 기업들이 존재하고 있다. 이 소규모 기업들은 그들이 전문화를 통하여 효과적으로 활동할 수 있고 주요 조직들이 간과하고 있거나 무시하고 있는 시장의 특정 부문을 차지하고 있다.

관광기업들은 안전하고 수익성이 높은, 하나 이상의 틈새시장 = 적소시장을 찾으려 애쓰고 있는데, 이상적인 적소시장(niche market)은 다음과 같은 특징을 가지고 있다.

① 높은 수익성이 보장되도록 충분한 규모와 구매력을 가질 것
② 성장가능성이 있을 것
③ 주요 경쟁자들이 무시하고 있을 것
④ 효과적으로 활동할 수 있도록 필요한 기술과 자원이 있을 것
⑤ 소비자와 단골관계를 구축하여 주요 경쟁자의 공격에서 자신을 방어할 수 있을 것

그러나 적소전략은 그 적소시장이 고갈되거나 공격받을 위험성이 있으므로, 복수적소전략(multiple niching)이 단일적소전략(single niching)보다 선호되고 있다. 즉 두 개 이상의 적소시장에서 강점을 개발함으로써 관광기업은 생존가능성을 높일 수 있는 것이다. 대규모 조직조차도 전체시장을 대상으로 하기 위해 복수적소전략을 선호할 수 있다. 예를 들면, 어떤 대규모 조직은 합병과 인수, 파산, 설립취지서 개발의 세 분야에서 전국적인 명성을 쌓고 있지만, 그 밖의 다른 일은 하지 않는다.

중요한 것은 시장점유율이 작은 조직도 수익성이 좋을 수 있다는 것이며, 훌륭한 적소전략이 그 해답 중 하나라는 것이다.

4. 시장추종자의 전략

1) 개요 및 사례

시장 위치에 기초한 네 번째 유형으로는 시장추종자의 시장전략이 있다. 시장추종자(market follower)는 시장틈새자와 마찬가지로 상대적 경영자원 및 의욕에 있어서 시장점유율, 즉 리더십을 노릴 만한 위치에 있지 못하고, 게다가 어떤 뚜렷한 독자성도 갖고 있지 못한 기업이다.

시장추종자는 시장에서 자사의 복종적인 위치에 만족하고 있는지도

모른다. 때때로 시장선도자가 너무 강해서 다른 회사들이 도전하는 것이 무리인 경우도 있다. 시장추종자는 현재 시장의 상황을 파괴하지 않음으로써 수익을 확보하려고 한다. 시장을 전복시킴으로써 이득을 얻는 것보다 더 많은 것을 잃게 되는 것을 두려워하기 때문에 자사의 위치를 인식하고 그들이 속해 있는 전체시장이 사업에서 이득을 얻음으로써 자사도 이득을 보기를 기대한다.

시장선도자의 성공을 등에 업고 이득을 본 시장추종자에 관한 예는 많다. 이를테면 클럽 메드(Club Med)가 장기간 시장선도자의 역할을 담당해 온 올 인클루시브 리조트시장에서 한 예를 발견할 수 있다. 클럽 메드는 단일가격 설정으로 모든 휴가경비, 항공료, 숙박비, 식사, 오락 및 활동비를 즐길 수 있는 올 인클루시브 리조트(all inclusive resort)의 개념을 선도해 왔다. 클럽 메드의 인기도는 모방자들 또는 추종자들을 많이 만들어냈다.

오늘날 클럽 메드 이외에도 선택할 수 있는 휴양리조트들 — 커플사(Couples), 헤도이즘사(Hedoism), 샌들스사(Sandals), 슈퍼 클럽(Super Club) 등 — 이 카리브해, 버뮤다 그리고 바하마군도에 많이 있다. 이러한 리조트들은 유사하지는 않지만 그들 나름의 개별적인 매력을 지니고 있다. 그러나 그들의 마케팅 전략은 주로 추종자의 전략이다. 그들은 경쟁관계에 있는 유사한 기본 표적시장에 대해서 약간의 다른 프로그램들을 제공한다. 성공적이고 생명력 있는 관광상품이 되기 위해 이러한 추종자들은 그들이 선도자이거나 도전자일 필요가 없다는 결정을 내렸다. 그들은 모든 기업이 나눠 가질 수 있는 휴양리조트에 대한 충분한 수요가 있다고 굳게 믿고 있는 것이다.

2) 시장추종자의 시장전략

모든 차위 조직들이 시장선도적 기업에 도전하는 것은 아니다. 만일 도전자가 선제공격을 할 수 없다면 상당한 서비스혁신이나 유통경로의 혁신을 통해서 선도적 관광기업을 공격하기보다는 그에 추종하는 경우가 많다.

이것은 추종자가 전략을 갖추지 않았다는 것을 의미하는 것은 아니다. 시장추종자는 어떻게 현재의 고객을 놓치지 않을 수 있으며, 새로운 고객을 공평한 비율로 차지할 수 있는가를 알고 있어야 한다. 각 추종자는 자신의 표적시장에 대해 위치상으로나 서비스, 금융 면에서 독특한 위치를 차지할 수 있도록 노력해야 한다.

추종자는 도전자의 주요 공격목표이다. 따라서 시장추종자는 원가를 낮게, 그리고 품질이나 서비스를 높게 유지해야 하며, 새로운 시장이 개방되었을 때는 거기에 진입해야 한다. 추종한다는 것은 수동적이라는 것이나 선도자를 말 그대로 모방한다는 것과는 다르다. 추종자는 성장궤도를 노리지만, 그것이 경쟁상의 보복을 유발하지 않는 것이어야 하며, 추종자가 취할 수 있는 전략에는 다음의 세 가지가 가능하다.

(1) 완전추종

이것은 추종자가 시장세분화와 마케팅믹스 분야에서 선도자를 가능한 모방하는 것이다. 추종자는 거의 도전자처럼 보이지만, 선도자를 급진적으로 방해하지 않는다면 직접적인 갈등은 발생하지 않는다. 추종자는 시장선도자의 투자에 기생하여 노력을 거의 하지 않을 수도 있다.

(2) 차별적 추종

이것은 추종자가 어느 정도의 차별화를 가지지만 주요 시장 및 서비스

혁신, 일반적 요금수준, 유통경로에서는 선도자를 추종하는 것이다. 이러한 추종자는 선도자에게도 긍정적으로 받아들여지고 있다. 이는 추종자가 선도자의 시장계획을 방해하지 않으며 추종자가 가진 시장점유율로 인해 선도자가 독점조직이라는 인식을 받지 않을 수 있도록 해주기 때문이다. 차별적 추종자는 그 업계 내의 소규모 조직들을 인수함으로써 성장을 이룰 수 있다.

(3) 선택적 추종

이러한 추종자는 어떤 면에서는 선도자를 완전히 추종하고, 또 어떤 면에서는 조직 자체 방식대로의 운영을 하고 있다. 이런 조직은 매우 혁신적일 수도 있지만, 직접 경쟁은 피하고 있으며, 선도자의 우위가 명백한 곳에서는 많은 전략을 그대로 추종하고 있다. 이러한 조직은 장차 도전자로 성장하는 경우가 많다.

14
CHAPTER

관광마케팅계획

14 관광마케팅계획

CHAPTER

제 1 절 관광마케팅의 개요

1. 관광마케팅계획의 중요성

마케팅계획은 기업의 도로안내지도와 같다. 마케팅계획은 마케팅 목표에 도달하고자 하는 기업의 의도를 보여주도록 자세하게 작성된 안내서이다.

도로안내지도와 같이 잘 입안된 마케팅계획은 조직이 잘못된 방향을 택하거나 캄캄한 골목 또는 막다른 길을 가거나, 시간과 에너지를 낭비하고 예산을 헛되이 쓰는 것을 막아준다.

마케팅계획이 중요한 이유가 몇 가지 더 있다. 마케팅계획은 마케팅과정에서 많은 사람의 노력을 조정하고 커뮤니케이션의 기초로서 기능한다. 마케팅계획은 선택시장에 대한 기업의 목표와 더불어 일관성 있는 마케팅활동을 보장하는 데 기여한다. 결국 마케팅계획은 시장에서 기업의 성공을 측정하는 데 도움을 주며 기업의 장기간 운영에 대한 계속성을 제공한다.

마케팅계획은 기업마다 그 범위와 내용이 매우 다양하다. 소규모 리조트의 마케팅계획은 한두 페이지 분량이지만, 대형항공사의 마케팅계획은 여러 권의 분량이 될 수도 있다. 어떤 마케팅계획은 단 하나의 제품 및 서비스에 초점을 맞추며, 또 어떤 마케팅계획은 전체의 제품과 서비스를 포함하기도 한다.

어떤 기업은 전략계획이라 부르는 광범위한 다층구조의 영업계획을 가진다. 그리고 전술계획이라 부르는 1년 또는 매년의 마케팅계획을 가질 수도 있다. 마케팅계획은 또한 내용과 형식에 있어서 다양하다.

2. 관광마케팅계획의 구성요소

일반적으로 마케팅계획은 내용과 형식에 있어서 세 가지 기초적인 부분, 즉 개요, 이론적 근거, 실행을 구성요소로 한다(〈표 14-1〉 참조).

〈표 14-1〉 마케팅계획의 구성요소

1. 개요(전체 계획의 개관)

2. 이론적 근거(왜 과정이 선택되었는지 설명한다)
   - A. 상황분석
     - 제품과 서비스
     - 경쟁
     - 외부환경
     - 시장잠재력
     - 마케팅 활동
   - B. 마케팅 전략에 관한 논의
     - 표적시장
     - 상품포지션
     - 마케팅목표
     - 마케팅전술
     - 마케팅믹스

3. 실행
   - A. 활동계획의 수립과 마케팅 예산의 설정
   - B. 마케팅과정의 통제
     - 정보수집과 기록유지
     - 지출 감독
     - 종업원 수행 점검
   - C. 마케팅계획의 평가
     - 수행 수준
     - 기록 유지

1) 개요

개요는 전반적인 마케팅계획을 간단하게 조감할 수 있게 해주며, 관광객이 기대하는 것이 무엇이고, 무엇이 중요한가를 알게 하는 간단한 방법이다. 마케팅계획을 요약하는 데 개요는 일반적으로 다음에 나오는 이론적 근거 및 실행의 중요한 점을 강조한다.

2) 이론적 근거

이론적 근거는 특별한 마케팅계획이 진행되어야 할 이유를 설명한다. 이론적 근거는 모든 연구, 분석, 그리고 마케팅계획의 결정을 요약해 주는 것이고 마케팅계획을 발전시키기 위해 취해지는 행동에 대하여 역사적인 기록을 제시한다.

이론적 근거는 특히 기업 외부의 사람들 이를테면 특별한 임무를 수행하기 위해 요청되는 사람들(법률자문, 세무사, 컨설턴트, 광고대행사 직원 등)에게 활동목적을 제시해 준다. 대개 이론적 근거에는 두 가지 중요한 요소, 즉 상황분석과 마케팅 전략에 관한 논의가 있다.

(1) 상황분석

상황분석은 기업의 위치, 상품 그리고 시장 등의 현재 상황에 관한 언급이다. 이것은 현재 상황을 결정하는 개별적 구성요소를 체계적으로 기업이 검토하는 마지막 단계이다. 상황분석에 있어서 고려되는 요소는 다음과 같다.

① 제품과 서비스 : 고객에게 최대한 소구하기 위해서 유형적 · 무형적 요소들을 조정하는 데 중점을 둔다.

② 경쟁 : 경쟁사의 장점과 약점을 조사하고 신제품과 촉진수단을 분석한다.

③ 외부환경 : 정치, 경제, 사회, 기술 동향과 변화를 포함해 그 영향이 국제적 · 국가적 · 지방적 · 지역적으로 어떤 수준인가를 파악한다. 어떤 요소를 강조한다면 기업의 마케팅 노력에서 이러한 변화의 영향에 긍정적인가 부정적인가를 고려한다.

④ 시장잠재력 : 주로 현재의 고객, 그들의 습관, 취향 및 요구에 관해서 알아야 할 것이 무엇인가, 특히 변화가 관찰되고 기대되는가에 대해 분석한다.

⑤ 마케팅 활동 : 과거에 기업이 시도한 경험의 분석을 포함해 미래 활동의 암시가 아닌 그것의 효율성을 평가한다.

일단 이런 요소들이 철저히 검토되고 나면 발견된 결과는 마케팅계획의 이론적 근거 부분인 상황분석 부분에 요약된다.

여기서 요점은 각 요인에 관해서 발견한 모든 사항을 보고하는 것이 아니라 관광기업과 상품의 현재 위치에 대한 조감도를 제시하는 것이다. 특히 강조되어야 할 점은 개별적인 강점과 약점, 특정한 마케팅기회나 장애가 분석을 통해 밝혀져야 한다는 것이다. 즉 상황분석에서 강조하는 것은 기업의 현재 위치에 대한 명확한 분석이며 과거의 노력으로부터 교훈을 도출하게끔 하고 과거와 현재의 결론을 기초로 해서 미래를 위해 방향을 제시하는 것이다.

(2) 마케팅 전략에 관한 논의

마케팅계획의 이론적 근거에서 이 부분은 특정한 전략과 전술을 묘사하고 설명한다. 이것은 다음과 같은 것을 포함한다.

① 표적시장 : 개별적이든 결합한 형태이든 무엇이 세분화 변수에 사용되는가 하는 것이다.

② 상품포지션 : 경쟁상품과 자사상품을 구별하는 데 사용된 방법, 표적시장에 대한 이미지의 소구, 상품의 이미지 확립 등을 포함한다.
③ 마케팅 목표 : 특별한 기간 내에 마케팅계획의 특별한 목표를 지정한다.
④ 마케팅전술 : 각각의 표적시장에 사용될 전반적인 마케팅 접근방법을 확립한다.
⑤ 마케팅믹스 : 상품을 제시하고 촉진하는 마케팅 요소가 어떻게 결합되었는지를 상세히 설명한다.

마케팅계획과 이론적 근거에 관련해서 강조할 점은 마케팅 전략에 관해서 특정한 결정을 내린 사고의 간단한 개요를 제시하는 것이다. 즉 기업의 현재 위치나 미래 계획에 관해서 기업이 택하는 전략이 최상의 마케팅 전략이라고 믿게 하는 근거가 무엇인가 하는 것이다.

3) 실행

실행 부분에서는 마케팅계획이 어떻게 수행될 것인가를 상세히 설명한다. 만약 계획이 너무 불분명하거나 너무 자유롭게 해석할 수 있다면 다양한 활동을 관리해야 하는 사람들이 혼란을 일으키거나 예기치 않은 낭비, 최종 목표를 달성하지 못하고 잘못된 방향으로 나갈 수도 있다. 실행 부분은 대부분 다음과 같은 정보를 갖고 있다.

(1) 활동계획의 수립과 마케팅 예산의 설정

간단히 말하면, 누가 무엇을 언제 하고 또 비용이 얼마나 들까 하는 것이다. 마케팅 활동계획에 관련된 종업원의 책임수행은 상세해야 하고 시간표에 따라야 한다. 그렇게 함으로써 누구나 그들에게 맡겨진 업무를 파악할 수 있다. 위에 작성된 활동에 대한 비용은 예산 범위 내에서 결정된다. 때때로 이것들은 계획안에서 분리되어 처리된다.

(2) 마케팅과정의 통제

마케팅 관리자는 목표를 향한 진행, 종업원의 행위, 시간제한 등을 통제 · 감독한다.

(3) 마케팅계획의 평가

이러한 정보는 마케팅계획의 전반적인 성공 여부를 측정하는 시점과 방법을 설명하는 것이다.

일단 이러한 3단계가 마케팅계획에 의해 기술되면 어려운 부분이 남는데 그것은 실제의 수행이다. 즉 어떻게 마케팅 예산을 수립하고 마케팅 진행을 통제하며 마케팅계획을 평가할 것인가 하는 것이다.

제 2 절 관광마케팅 예산의 설정

마케팅 예산은 마케팅계획에서 전략을 수행하는 데 드는 비용을 산정하는 것이다. 마케팅 예산 설정은 한정된 자원을 가진 소기업에서는 특히 고통스럽고 어려운 과정이다. 자금은 상품이 실제로 수익이 발생되기 이전에 사용되거나 이미 쓰고 없기 때문이다. 기업은 어느 측면에서 보면 그들의 투자를 회수할 수 있으리라는 도박심리가 있기 때문에 때때로 다른 어음이 지급될 때까지 마케팅 예산을 보류하는 경향이 있다.

그러나 마케팅 예산은 우선적 사항이어야 한다. 마케팅에 사용된 돈은 기업의 제품 및 서비스의 성공 여부에 있어서 중요한 요인이 되기 때문이다. 그것은 사업을 진행하는 투자로 간주해야 한다. 엄격한 시장조사를 근거로 한 마케팅계획의 기능은 기업의 마케팅 예산을 적절히 배분함으로써 기업의 신뢰도를 높이는 것이다.

1. 마케팅 예산의 성격

훌륭한 마케팅 예산은 포괄적이고 조정된 것이다. 예산은 전체 마케팅 계획의 수행에 필요한 비용뿐만 아니라 예산 전체가 마케팅믹스 및 진행 평가의 각 요소에 어떻게 배분되어야 하는가를 보여주어야 한다. 만약 계획이 하나의 관광상품이나 하나 이상의 표적시장을 대상으로 한다면 예산은 각 부분에서 어떻게 나누어지는가를 보여주어야 한다. 물론 비용은 적당하게 배분되어야 하는데, 이것은 계획에서 주요 부분의 예산이 충분치 않으므로, 계획의 중요하지 않은 부분에 너무 많은 돈이 할당되지 않도록 하기 위해서이다.

훌륭한 마케팅 예산은 또한 기업에 대해 구체적이고 실제적이어야 한다. 바꿔 말하면 예산은 기업의 재원과 특정 산업 분야에서 기업의 위치 등에 논리적으로 연관성이 있어야 한다. 훌륭한 예산의 목표는 마케팅 과정에서 사용된 투자분에 대해 초과하는 수익을 발생시켜야 한다.

건전한 예산은 우연성까지 고려해야 한다. 전체 예산의 10~15% 정도는 경쟁자의 예상치 않은 활동이나 광고비의 급등과 같은 예상치 못한 마케팅 비용증가를 위해 보유해야 한다.

2. 예산 설정방법

마케팅 전문가는 일반적으로 예산 설정에 〈표 14-2〉와 같은 네 가지 방법을 사용한다. 그 방법 중 세 가지, 즉 임의산출방법, 판매율방법, 경쟁평형방법은 상대적으로 마케팅 목표를 고려하지 않는 단순하고 간단한 것들이다. 이런 방법은 지출에서 상한선을 설정하지만, 일반적으로 마케팅믹스의 여러 요소 가운데 자금의 배분방법에 대한 지침을 제공하지는 않는다.

네 번째 방법, 즉 목표업무방법은 조금 복잡하고 시간이 걸리지만, 이전에 언급한 포괄성과 조정성의 조건들을 충족시켜 준다. 이것은 또한 목표달성을 위하여 여러 마케팅믹스를 고려하고 있고 그에 따라 필요한 믹스 요소에 자원이 적절히 배분될 가능성이 크다.

〈표 14-2〉 예산 설정방법

	장 점	단 점
임의산출방법	단순하다. 간단하다.	마케팅 목표를 고려하지 않는다. 균형유지 : 전체 잠재시장에 도달할 수 없다.
판매율방법	단순하다. 간단하다.	마케팅 목표를 고려하지 않는다. 판매가 감소하면 예산이 줄어든다.
경쟁평형방법	단순하다. 간단하다.	마케팅 목표를 고려하지 않는다. 예측적이라기보다는 대응적이다. 예산은 경쟁자에 따라 어느 정도 결정된다.
목표업무방법	포괄적이다. 종합적이다. 마케팅 목표 고려 목표설정과 이해	복잡하다. 시간 소비형이다.

* 마케팅 활동에서 금전의 지출은 상품의 성공과 실패에 주요한 요인이 되기 때문에 가장 효과적인 예산방법의 선택이 필요하다.

1) 임의산출방법

임의산출방법이란 예산을 산정하기 위해 기업의 유례를 이해하거나 개인의 판단을 이용하는 것이다. 예산 설정자는 개인의 생각으로 기업의 예비지급 능력을 결정한다. 종종 전년도 예산과 동일 예산을 짜거나 매년 임의적인 비율로 예산을 증액한다. 이 예산방법은 소규모 기업에서 가장 일반적으로 사용하고 있다. 이 방법의 주요한 약점은 현재 상태를 유지하고자 하는 경향과 기업이 도달 가능한 충분한 잠재능력을 인식하지 못한다는 점에 있다.

2) 판매율방법

판매율방법이란 전년도 총판매율과 이번 해에 기대되는 판매율의 평가를 기본으로 하는 것이다. 따라서 이 방법을 경험법칙이라고도 한다. 판매율의 비율은 기업이 마케팅 프로그램에서 지출되어야 할 어떤 공표된 지침이나 경험을 기초로 한 것이다. 예를 들면, 일부 연구에서는 호텔, 모텔, 또는 리조트는 총판매의 2.5%에서 5%까지 마케팅 예산으로 지출해야 한다고 권고하고 있다.

이런 형태의 예산 수립에서 가장 심각한 문제는 판매가 감소할 때 발생한다. 판매율 예산 설정에서 마케팅 예산은 판매량 감소에 비례해 줄어들게 되고 그렇게 되면 문제를 더욱 악화시킬 수도 있다. 사실상 마케팅 예산의 일시적인 증가는 판매 부진에 대한 적절한 대응책이 될 수 있는 것이다.

3) 경쟁평형방법

경쟁평형방법이란 경쟁자가 어디에 얼마를 지출했는지를 알고자 하며 거기에 대응하여 예산을 수립하는 것이다. 마케팅 관리자는 경쟁자에 관한 기사나 연간보고서를 읽음으로써 정보를 수집한다. 경쟁평형방법의 약점은 예측적이 아니라 대응적이고 자사보다는 경쟁자들을 기준으로 우리 기업의 마케팅 예산 수준이 결정된다는 점이다.

4) 목표업무방법

마케팅 관리자는 하향식이 아닌 상향식의 예산을 수립한다. 우선 목표를 세우고 그 목표를 달성하는 데 필요한 마케팅 업무를 뽑아낸다. 거기에서 각 업무를 완수하는 데 필요한 비용을 산출한다. 이것을 목표업무방법이라고 한다.

목표업무방법을 이해하기 위해서 호텔 30개로 총 6천 객실의 수용능력을 가진 호텔체인 본부의 상황을 생각해 보자. 이 호텔본부의 마케팅부서는 다음과 같은 마케팅 목표를 세운다.

"10월과 4월에 걸쳐 전체 호텔 수용능력의 1/3(약 2천 객실)을 20개의 특정 주말에 주말 패키지로써 가족고객에게 팔기 위해 DM광고(다이렉트 메일)를 사용한다."

다음으로 마케팅부서는 이 목표달성에 산출되는 수익의 양을 계획한다. 각각의 패키지는 2일 2인용이며 하룻밤에 1인당 4만 5천 원(또는 주말 가족용 18만 원)으로 가정하면 수입계획은 다음과 같다.

2,000 × 20(주) × 18만 원 = 720,000만 원 …… ①

호텔에서 식사, 음료, 선물 등의 부수적 지출 : 하루 1인당 1만 원

2,000 × 20(주말) × 2(인) × 2(일) × 1(만원) = 160,000만 원 …… ②

① + ② = 880,000만 원 …… ③

다음으로 마케팅부서는 목표한 판매수입을 올리기 위해 얼마나 많은 돈이 필요한가, 즉 마케팅 예산을 결정해야 한다.

마케팅 관리자는 단순히 계획판매량의 비율을 정하기보다는 사실과 경험, 개인의 판난을 항목화하는 데 사용하고 목표를 달성하는 데 필요한 마케팅 업무에 필요한 비용을 산출한다.

소책자(250,000부)	6,000
DM엽서(50,000매)	2,500
소비자 매체 광고	22,000
관광산업 신문광고	1,000
판매시점 자료(여행사 호텔 대상)	2,500
대중 관계 캠페인	1,000
여행사 수수료	18,000
기타	5,000
예비비	6,000
	64,000(만 원)

마케팅 예산인 6억 4천만 원은 예상수익의 7.3%이기 때문에 이 호텔 본부는 수긍할 만하다. 만약 마케팅부서가 관습적인 비율(5% 정도)에 집착한다면 이러한 전술을 구사하여 목표를 달성하는 데는 예산이 너무 적게 책정되었을 것이다.

제 3 절 관광마케팅 과정의 통제

기업이 일단 업무를 개시하게 되면 다음 단계는 마케팅 과정의 통제이다. 어떠한 일이 발생해도 그에 따른 조치를 결정할 수 없는 마케팅 전략을 구상하는 데 자금과 노력과 시간을 들이는 것은 어처구니가 없는 일이다. 그러므로 마케팅 계획과정은 통제되어야 한다. 통제에는 마케팅 전략과 그들이 추진하는 활동에 대해 기업이 감독하는 모든 절차가 포함된다. 이런 절차는 마케팅 계획안에 상세히 설명되어야 한다.

통제 기간에 마케팅전문가는 고객 반응의 수집, 비용과 판매량의 관찰, 그리고 종업원의 업무수행 체크 등을 수행한다. 필요하고 가능한 범위 내에서 그 편차는 전략의 수정을 통해 바로잡게 된다.

1. 정보수집과 기록 유지

마케팅 관리자는 기업의 고객에 대한 정보를 계속해서 수집한다. 정보는 마케팅 사이클 전체를 통틀어 매우 중요하며 마케팅계획의 관찰 · 통제 · 실행에서 중요한 열쇠의 하나이다. 마케팅전문가는 여러 마케팅믹스 요소의 효율성을 측정하기 위해 계속해서 정보를 수집 · 분석한다.

수집된 정보는 마케팅 노력의 수행과 감독 그리고 제품 및 서비스의 조정과 전개에 유용할 수 있다. 정보수집방법과 적용 시기를 불문하고 중요한 것은 마케팅의 성공에 정보가 중요한 역할을 한다는 점을 이해하는 것이다.

1) 등록카드

관광산업 내에서 숙박업은 그들의 사업이 다양한 지리적 시장으로부터 발생하는 숙박객의 비율이 얼마인지를 알 필요가 있다. 특히 호텔이나 리조트에서 사용되는 등록카드는 이런 중요한 지리적인 정보를 제공한다. 이런 정보는 등록카드를 기준으로 추출할 수 있으며 道나 대도시 지역별로 분류되어야 한다. 정확한 지리적 분석은 광고와 촉진에 쏟는 마케팅 노력에 방향을 제시하고 수정하는 데 도움이 된다.

2) 자율관리된 질문서

질문서는 고객의 만족과 마케팅 전술에 대한 피드백을 얻는 대중적이고 비용이 저렴한 정보수집방법이다. 호텔이나 리조트의 객실에 비치하고 체크아웃 시 회수하는 것 혹은 체재 후 고객주소로 우송되는 질문서가 가장 일반적인 형태이다.

자율관리된 질문서의 약점은 고객들이 항상 그 질문서를 완성해 줄 것이라고 확신할 수 없다는 점이다. 따라서 참가를 조장하기 위해 어떤 경우에는 조사를 완성하는 데 동기부여로 선물을 제공한다. 질문서의 응답비율을 높이기 위해 어떤 호텔은 고객이 체크아웃 시 질문을 받도록 하고 있다. 보통 질문에 대답하는 데는 30초 정도 걸리며 그 대답 결과는 컴퓨터에 즉각적으로 기록되고 도표화된다.

3) 비공식 면접

고객과의 비공식 면접은 특히 소규모 사업에 유용한 정보를 제공한다. 예를 들면 관리자는 판매직원들에게 어떻게 자사를 선택하였는지를 고객에게 묻도록 한다. 그 내용은 다음과 같다.

고객이 얼마나 만족하였는가? 자사를 택한 것은 특별한 프로모션에 의해 자극받은 것인가? 우리 호텔의 선택은 여행사의 위치, 주차시설, 또는 영업시간이 주된 요인이었는가?

4) 고객 파일

관광기업들은 개인 고객과 거래를 할 때 대부분 파일을 작성한다. 예를 들면, 항공업자는 고객이 예약할 때마다 그 정보를 고객 파일에 추가시키고 있다. 고객 파일에는 고객의 연령, 주소, 직업과 같은 인구통계적인 것과 구매한 여행의 형태 · 목적, 여행하는 이유 등의 정보가 포함된다. 고객 파일을 정규적으로 검토함으로써 마케팅 관리자는 어떤 제품 및 서비스가 인기 있는지, 항공사가 팔아야 할 인구통계학적 부류는 어떤 층인지, 그리고 항공사의 노력이 가장 효과적으로 작용하는 사람들은 누구인지에 대한 지식을 얻을 수 있을 것이다.

5) 응답 메커니즘

응답 메커니즘은 광고의 효율성을 평가하는 데 사용된다. 응답 메커니즘에는 우편 쿠폰이나 카드를 첨부한 잡지광고와 같은 도구가 포함된다. 만약 사람들이 광고된 여행제품에 대해서 더 많이 알고 싶다면 그들은 그 잡지의 우편 쿠폰을 떼어서 보내올 것이다.

특정 지역에서 여행에 관한 TV광고에 특별 무료 장거리 전화번호를 잠깐 게재한다면 더 많은 정보를 얻으려는 시청자는 전화를 할 것이다. 응답을 추적함으로써 마케팅 관리자는 얼마나 많은 사람들에게 광고가 도달했는지를 알 수 있을 것이다.

응답 메커니즘은 또한 응답자에 대해 더 많은 특별한 정보를 끌어낼 수 있도록 고안될 수 있다. 예를 들면, 동일 광고에서도 지역마다 다른 무료전화번호를 게재할 수 있다. 기업은 전화번호마다 얼마나 많은 전화가 걸려왔는지에 주목함으로써 광고가 가장 잘 도달된 효과적인 지리적인 시장을 찾아낼 수 있다. 이와 유사한 방법으로 마케팅 관리자는 예를 들면, 두 개의 다른 잡지에 동일 광고를 실은 뒤 연락처로써 다른 부서의 전화번호를 열거함으로써 광고의 배치를 효과적으로 테스트할 수도 있다.

6) 문의

응답 메커니즘에 의해 발생한 문의를 추적함과 더불어 관광기업은 문의방식이 전화, e메일, 방문 중 어느 것인가를 기록한다. 만약 기업이 야간유람선(크루즈 나이트) 또는 강연 등의 특별행사를 후원하고 있나면 문의는 참석한 사람들에게서만 나올 것이다.

잠재고객은 관광상품에 대한 정보를 구하고, 마케팅 관리자는 고객에 대한 정보를 구한다. 물론 마케팅부서는 결과가 없고 끝없는 문의에 대한 대답에 만족해서는 안 된다. 이 거래의 마지막은 전환, 즉 문의를 판매로 전환하는 것이다. 사실상 마케팅 관리자가 자주 사용하는 평가방법 중 하나는 문의를 판매로 전환하는 비율을 알아내는 것이다. 이에 대해서는 효율성 비율에서 후술하기로 한다.

만약 기업이 많은 문의를 받았으나 판매가 저조하다면 마케팅계획에서 그 일부분을 변화시킬 필요가 있다. 예를 들면, 이러한 현상은 광고가 흥미를 유발했음에도 불구하고, 고객이 기대했던 것만큼 제품에 호소력이 없다는 것을 의미하기 때문이다.

7) 관찰

마케팅 관리자는 단지 마케팅계획이 수행되는 것을 관찰함으로써 마케팅계획이 제대로 진행되고 있는지에 대해서 많은 것을 알아낼 수 있다. 예를 들면, 호텔 로비를 걸어가면서 고객이 어떻게 대우받고 있고, 시설물이나 직원들에 대해 고객이 어떤 반응을 보이는지를 체크할 수 있다. 등록 데스크의 직원은 우호적이며 예의가 바른지, 체크아웃 시 직원이 앞으로 또 예약할 것인가를 물어보고 있는지를 점검한다.

한편, 관리자는 시설물의 외관도 관찰해야 한다. 호텔의 출입구는 깨끗하고 매력적인가, 환영 표지판은 세워져 있는가 등을 관찰해야 한다.

2. 재무통제

관광기업이 마케팅 진행을 통제하는 다른 방법은 재무통제이다. 여기에는 두 가지 측면이 있다. 첫째, 계획에 따라 마케팅 예산이 사용되었는가를 파악하기 위한 것으로 마케팅부서의 정기적인 검사가 있다. 둘째, 기업이 마케팅 목표를 성취했는가를 보기 위한 것으로 정기적으로 판매량 · 비용 · 이익을 평가하는 방법이 있다. 그러므로 고객의 의견과 행동에 관련된 정보의 수집과 더불어 마케팅부서에서는 또한 판매와 지출에 대하여 기록해야 한다.

3. 종업원 감독

이미 학습한 바와 같이 거의 모든 관광상품은 무형적이며 소멸되기 쉽다. 그래서 관광상품의 질은 대부분 고객에게 전달하는 사람들에게 달려있다. 관광기업 측에서 종업원 노력을 통제하기는 어렵지만 몇 가지 유용한 단계를 취할 수는 있다. 우선 그 일에 적합한 사람들을 모집하고 고용할 수 있다. 적절한 훈련과 지도는 통제를 용이하게 한다. 특히 마케팅계획의 초기실행 동안에 종업원에 대한 지속적인 지도와 감독이 필요하다. 그리고 관리자는 종업원 역할의 중요성을 강조하는 커뮤니케이션, 즉 종업원과의 마케팅계획에 관해 대화할 필요가 있다.

1) 생산성

종업원의 업무를 감독하는 한 가지 방법은 생산할당량을 정하는 것이다. 마케팅 디렉터나 세일즈매니저는 판매보고서와 판매할당량을 정해줌으로써 판매원의 업무를 감독한다. 디렉터나 매니저의 책임 영역은 판매원이 그들의 목표를 달성하였는지를 보는 것이고 판매원이 곤경에 처했을 때 도와주는 것이다.

매니저는 판매원의 업무를 재구성하거나 그들을 재교육시켜야 한다. 현금 보너스, 보상, 무료여행이나 포상휴가는 생산성 증대 및 판매원의 동기를 부여하기 위해 계획된다.

2) 팀 정신

마케팅 관리자의 주요한 책임 가운데 하나는 마케팅 목표를 달성할 수 있도록 종업원을 자극할 수 있는 팀 정신(team spirit)을 구축하는 것이다.

하나의 예로써 미국의 라마다호텔 체인을 보자. 1980년대 중반에 라마다 체인호텔은 커다란 금전적 손해를 본 뒤에 그들의 특성과 이미지를 개혁하기 시작했다. 회심의 전략은 "당신은 누구든지 특별하다"라는 광고 테마를 창조한 것이다. 호텔경영자는 이 캠페인을 일반인에게 소개하기 전에 호텔종업원에게 광고 메시지를 사용하였다.

기업의 성공을 위해서는 열정적이고 행복한 직원들의 중요성을 인식하고 라마다 간부들은 호텔 종업원들의 지지를 얻기 위해 모든 노력을 다하였다. 심지어 그 회사의 사장까지도 가능한 많은 종업원을 개별적으로 만나려 했고 종업원 개개인을 라마다의 치어리더로 만들려고 노력했다.

이러한 전략은 효과적이었다. 1980년대 후반에 이르러 라마다는 높은 수준의 서비스와 야심적인 건설계획을 추진하는 정열적인 기업으로서 이미지를 재구축하게 되었다.

3) 최전선 접점종업원에 대한 훈련

관광객은 가끔 기업의 전문직원, 예를 들면, 마케팅 디렉터, 세일즈매니저, PR부서장 등을 만나기도 하지만 실제로 만나는 대상은 거의 기업의 최전선에 있는 종업원이다.

최전선의 직원에는 캐셔, 호텔직원, 항공권 발권자, 스튜어디스, 웨이터, 웨이트리스, 벨맨, 여행사직원, 관광안내원, 택시기사 및 기타 많은 사람이 있다. 이러한 접점종업원의 행동과 태도는 관광객이 제품과 서비스를 어떻게 받아들이는지에 커다란 영향을 미친다. 이러한 접점종업원은 적절한 훈련을 받아야 하며 직무수행 중의 외모나 행동은 반드시 점검되어야 한다.

특별한 업무를 위해서 종업원 훈련이 필요하고 호텔, 항공사, 크루즈, 여행사들은 종업원에게 일반적인 환대훈련을 교육한다. 환대훈련은 종업원이 지역사회의 열성적이며 잘 훈련된 외교관으로서 봉사할 수 있도록 고무한다. 종업원은 지역사회의 역사, 관광지, 특별행사, 쇼핑, 레크리에이션 등에 대해 배운다. 그러한 훈련의 결과로 접점종업원은 어떠한 놀이가 있으며 볼 것이 무엇인가에 대한 고객의 질문에 대답할 수 있어야 하고, 심지어는 그렇게 하기 위한 정확한 방법까지도 지도해 주어야 한다. 미국의 경우 네브래스카주의 링컨, 미시간주의 디트로이트 등지의 컨벤션사무국은 이러한 최전선 직원들에 대한 환대훈련을 정규적으로 후원해 주는 대표적인 조직이다.

제 4 절 관광마케팅계획의 평가

마케팅계획의 마지막 단계는 평가이다. 기업은 마케팅 전술 전개의 결과를 공식적으로 평가하고 성취하기를 바라던 목표와 그 결과를 비교하게 된다. 평가는 기업이 미래의 계획을 세우는 데 매우 중요한 것이다. 마케팅계획은 공식적인 평가가 이루어질 때 그리고 어떤 측정기술이 사용되는지에 따라 상세히 설명된다. 최종결과는 목표와 잘 맞아떨어지지 않기 때문에 마케팅계획은 또한 실행표준으로 정의되기도 한다. 실행표준은 기업의 성공 여부를 결정하는, 목표로부터 받아들일 수 있거나 혹은 도저히 받아들이지 못하는 편차에 대해 설명하는 것이다.

1. 측정방법

기업에서 평가 기준의 기본은 대부분 경영상에 충분한 이윤이 발생하는가 하는 것이다. 그러므로 평가의 주된 초점은 재무수익분석이다. 몇 가지 방법이 재무상의 성공을 위한 기업의 완전한 그림을 그려내는 데 이용되고 있다.

1) 총판매고

일부 기업은 단순하게 평가의 기초로써 총판매고를 이용한다. 그들은 일정 기간 동안의 총판매고와 다른 동일 기간의 총판매고를 비교한다. 예를 들면, 금년도의 판매고는 전년도의 판매고와 비교될 수 있다. 총판매고는 광범위하고 평이한 측정방법이지만 실체를 분명히 밝혀내지는 못한다. 이것은 판매의 증감을 나타내 주기는 하지만 기업이 목표를 달성했는지, 기업이 경쟁자와의 관계에서 어떻게 행동했는지, 얼마나 많은 이윤이 남았는지를 나타내지는 못한다. 그리고 경영상의 어느 부분이 수익성이 있었고 마케팅계획의 어느 부분이 효과적이었는지도 밝혀내지는 못한다.

2) 판매량의 변화

마케팅 목표는 대개 객실점유율 또는 좌석판매 등 측정할 수 있는 단위나 금액으로 표현된다. 판매상의 변화를 분석하는 것은 실제 판매량과 목표를 비교하는 것이고 그 격차를 설명하려는 것이다.

목표가 분명할수록 측정이 더욱 쉬워진다. 예를 들면, 항공사에서 매주 각 노선의 각 클래스에 대하여 목표를 설정할 수 있다. 항공사는 컴퓨터를 사용해 비행시간 도중에 판매결과를 얻을 수 있고 변화량을 파악하기 위해 이전의 판매량과 비교할 수 있다.

3) 시장점유율의 변화

시장점유율은 전체 관광산업의 판매고와 그 기업의 판매고의 관계를 백분율로 나타낸 것이다. 시장점유율의 변화를 분석하는 데 있어서 유람선회사는 일정 기간에 걸쳐서 크루즈산업의 총판매고와 자사의 총판매고를 비교할 수 있다. 예를 들어, 카니발 크루즈의 시장점유율이 2012년 9%에서 2022년 20%로 증가했다고 하자. 그럴 경우, 시장점유율 비율은 기업의 매출액을 산업 전체의 매출액으로 나누고 100을 곱해서 결정되는 것이다.

시장점유율 변화분석은 전(全) 산업의 업적과 관련지어 기업이 얼마나 업무를 잘 수행했는가를 결정하는 데 도움을 준다. 즉 기업이 경쟁자보다 얼마나 잘하고 있는지를 파악할 수 있다. 때때로 시장점유율 변화를 분석한 결과는 기업의 업무수행에 대해 전혀 다른 그림을 그리게 한다. 예를 들어, 테마공원의 매출이 어느 해에는 감소했지만, 같은 기간에 시장점유율이 오히려 증가할 수도 있을 것이다. 이것은 그 산업분야가 매출에서 하향세임에도 불구하고 이 기업이 경쟁기업의 시장점유율을 잠식하였거나 능가했음을 시사하는 것이다.

4) 마케팅비용과 수익성

한 기업의 재정적인 성공 모습은 발생한 총수익과 총생산비 간의 마진이 파악되어야 비로소 끝나는 것이다. 기업은 판매고를 신장시킬 수 있지만, 이익이 실제로 감소하는 지점에서 마케팅비용이 증가할 수도 있다.

비생산적 요소가 변경 또는 재조직되거나 자금 재할당을 포기하도록 하기 위해서 비용-수익성 분석은 몇 가지 요소로 분해되어야 한다.

마케팅 관리자는 몇 가지 방법, 예를 들어, 특정 표적시장, 판매영역, 유통채널 등에 대하여 시장세분화 분석을 실시한다. 이러한 형태의 분석 계산 숫자는 소득계산서에서 주의 깊게 뽑아야 한다. 이 과정에는 시간이 필요하지만 노력할 만한 가치는 충분히 있다.

5) 효율성 비율

촉진계획의 수행을 측정하는 유용한 방법은 효율성 비율을 산정하는 것이다. 이것은 촉진과 유통전략의 상대적 효율성을 결정하기 위한 통계학적 측정방법이다. 예를 들면, 유용한 효율성 비율의 하나는 문의비용비율(CPI : the cost per inquiry)이다. 이것은 한 개의 문의에서 발생하는 평균비용이다. 일개 광고의 CPI는 총비용을 문의횟수로 나눔으로써 산출된다. 2.36CPI라는 것은 그 광고로 인해 발생한 문의 1개당 필요한 비용이 2.36달러라는 의미이다.

광고의 효율성은 예약비용비율(CPR : the cost per reservation)을 계산함으로써 더욱 자세히 평가할 수 있다. 여기서 마케팅 투자수익률(ROI : the return on marketing investment)은 마케팅에 사용된 달러당 발생 수익의 총액이다.

효율성 비율에 대한 다른 예는 다음과 같다.

① 판매원 1인당 1일 평균 판매수요

② 라디오나 텔레비전 방송국 등의 언론이용 횟수

③ 여행사를 통한 판매비율

2. 추적평가

마케팅계획에서 재정적 문제를 측정한 이후에 기업은 반드시 성공 혹은 실패의 원인을 규명하는 추적평가를 해야 한다. 여기에는 고객기록, 조사, 관찰, 그 밖의 주관적인 정보수집 도구가 많은 도움이 된다.

추적(follow-up)은 비록 기업이 이익을 산출했지만, 기업의 성공이 마케팅 전략보다는 다른 요인에 기인한다는 것을 지적하기도 한다. 예를 들어, 델타항공의 대서양노선을 보면 1989년도의 시장점유율이 이스턴항공사가 파업한 이래로 계속 증가하였다.

한편, 기업은 자사가 실수하지 않았음에도 불구하고 실패할 수 있다. 날씨, 조세 구조의 변화, 경쟁자와의 가격전쟁, 다른 나라의 전쟁으로 인한 원자재 부족 등과 같은 외부요인이 시장 내부에 있는 기업에 영향을 미칠 수 있다. 그러므로 기업은 미래의 계획에 대한 기초작업으로써 예측 불가능한 상황에서 발생했던 결과를 사용하지 않는 것이 중요하다.

이러한 추적단계에서 몇 가지 유용한 정보는 다음과 같다.

① 어떻게 마케팅계획이 수행되었는가?

② 얼마나 효과적으로 마케팅 목표가 달성되었는가?

③ 보고된 결과의 정확성과 신뢰성은?

④ 계획의 실행에 사용된 자금의 계산 여부는?

⑤ 마케팅 프로그램과 개선방법은?

관광기업은 다음 사항의 피드백을 통해서 고객에 대한 마케팅계획의 효과를 평가할 수 있다.

① 관광상품에 대한 고객의 만족도는?

② 실제 여행경험과 기대를 비교하면 어떠한가?

③ 관광제품의 재구매 여부는?

평가가 완결되면 관광기업은 다음에 무엇을 할 것인지를 결정해야 하는 것처럼 마케팅 사이클은 다시 시작되는 것이다. 마케팅계획에 의해 윤곽이 잡힌 방법이 평탄하고 성공적이었다면 그 기업은 같은 길을 다시 가려고 할 것이다. 여기에는 또한 몇 가지 다른 선택이 가능하다.

① 약간 변경된 동일 계획의 지속
② 동일 계획을 지속하면서 동시에 새로운 시장, 새로운 제품 및 서비스를 개발하는 것
③ 그 계획을 포기하고 수집된 정보를 기초로 다시 시작

만약 기업이 마케팅 추적평가와 통제를 잘 수행한다면 기업의 미래진로는 더욱 밝아지고 좋은 결과를 예상할 수 있을 것이다.

참 / 고 / 문 / 헌

〈국내문헌〉

강미선, 김운한(2020), 『4차산업혁명과 마케팅』, 커뮤니케이션북스.

구철호, 정남호(2021), 『스마트 관광』, 백산출판사.

김대호(2016), 『4차 산업혁명』, 커뮤니케이션북스.

김성혁(2014), 『관광산업의 이해』, 백산출판사.

김성혁(2016), 『호텔관광경영론』, 백산출판사.

김성혁(2019), 『최신 관광경영론』(제2판), 백산출판사.

김성혁, 오재경(2020), 『MICE산업론』(개정판), 백산출판사.

김성혁, 오재경(2013), 『최신 관광사업개론』(개정판), 백산출판사.

김성혁, 임윤정(2013), 『관광서비스』(제5판), 백산출판사.

김성혁, 황수영(2017), 『호텔마케팅』, 백산출판사.

김성혁, 황수영, 김연선(2016), 『외식마케팅론』, 백산출판사.

김성혁, 최승만, 권상미(2009), 호텔 레스토랑의 물리적 환경지각이 감정반응, 고객만족, 재구매의도 및 추천의도에 미치는 영향, 「관광연구」, 23(4) : 81-99.

김종락(2019), 『마켓4.0시대의 온라인 커머스 전략』, 무역경영사.

김재휘, 성보경, 부수현(2010), 온라인 맞춤형 광고의 유용성, 편의성, 프라이버시 침해 위험성이 광고 수용의도에 미치는 영향, 「광고연구」, 87 : 263-302.

박춘엽, 박병연, 오점술(2018), 『4차 산업혁명의 핵심전략』, 책연.

서구원(2015), 『소셜 미디어와 SNS 마케팅』, 커뮤니케이션북스.

아시아경제(2010), "E-Tourism 관광산업의 미래 = 인터넷의 급격한 확산이 관광산업에도 새로운 바람을 몰고 오고 있다".

양경렬(2019), 『디지털 트랜스포메이션 마케팅』, 비전코리아.

이문규, 안광호(2011), 『서비스마케팅 & 매니지먼트』, 집현재.

이유재(2018), 『서비스마케팅』(5판), 학현사.

정남호 외(2022), 『스마트관광도시』, 경희대 출판문화원.

정명보, 김성혁, 김용일(2010), 호텔 뷔페레스토랑의 물리적 환경이 서비스품질과 고객만족 및 고객충성도에 미치는 영향, 「관광연구」, 25(3) : 101-120.

조창환, 이희준(2019), 『디지털 마케팅4.0』(제2판), 청송미디어.

한국경제신문 특별취재팀(2022), 『대한민국 관광DX 트래블 이노베이션』, 한국경제신문.

한국인터넷소통협회(2015), 소셜 매치 : 한국민속촌, 민속촌, 어디까지 체험해봤니? KICOA(한국인터넷소통협회), 2015.03.17.

황지영(2019), 『리테일의 미래』, 인플루엔셜.

Albrecht, K.(1990). *Service Within*, Homewood, IL : Business one-Irwin.

Albrecht, K., & Zemke. R.(1991), *Service America*. 장정빈 역(2003), 『서비스 아메리카』, 물푸레.

Belleghem, S. V.(2015), *When Digital Becomes Human*. 이경식 역(2017), 『디지털과 인간』, 세종연구원.

Cao, K., & Yang, Z.(2016), A Study of e-commerce adoption by tourism websities in China, *Journal of Destination Marketing & Management*, 5(3): 283-289.

Feinberg, R. A., Kadam, R., Hokama, L., & Kim, L. H.(2002), The state of electronic customer relationship management in retailing, *International Journal of Retail & Distribution Management*, 3(10): 470-481.

Fitzsimmons, J. A., & Fitzsimmons, M. J.(2004), *Service Management*(4/E). 서비스경영연구회 편역, 『서비스경영』, 한경사.

Kotler, P., Bowen, J., & Makens, J.(2003), *Marketing for Hospitality and Tourism*, Upper Saddle River, NJ : Prentice-Hall, Inc.

Kotler, P., & Stigliano, G.(2020), *Retail 4.0*, Modadori Libri S. P. A. 이소영 역(2020), 『필립 코틀러의 리테일 4.0』, 도서출판 길벗.

Kotler, P., Kartajaya, H., & Setiawan, I.(2017), *Marketing 4.0: Moving from Traditional to Digital*, John Wiley & Sons, Inc. 이진원 역(2017), 『필립 코틀러의 마켓 4.0』, 도서출판 길벗.

Kos, A. J., Sockel, H. M., & Falk, L. K.(2001), Customer relationship management opportunities January-March. *The Ohio CPA Journal*, 55-57.

Lovelock, C. H.(2010), *Managing Service : Marketing, Operations, and Human Resources*, Englewood Cliffs, N.J. : Prentice-Hall, Inc.

McIntosh, R. W., and Goeldner, C. R.(2014), *Tourism : Principles, Practices, Philosophies*, NY : Wiley.

Metters, R., King-Metters, K., & Pullman, M.(2005), *Successful Service Operations Management*, Thomson Learning Asia. 김수욱, 김승철, 김희탁, 성백서 편역(2006), 『서비스 운영관리』, 한경사.

Mill. R. C., & Morrison, A. M.(2010), *The Tourism Marketing System : An Introductory Text*, Prentice-Hall, Inc.

Normann, R.(2010), *Service management* : *Strategy and Leadership in Service Business*, Chichester : John Wiley & Sons.

Pan, S. L., & Lee, J. N.(2003), Using e-CRM for a unified view of the customer, *Communications of the ACM*, 46(4): 95-99.

Parasuraman, A., Zeithaml, V. A., & Berry, L. L.(1986), "SERVQUAL ; A Multiple-item Scale for Measuring Customer Perceptions of Service Quality", *Journal of Retailing*, Spring, 12-40.

Parasuraman, A., Zeithaml, V. A., & Berry, L. L.(1991), "Refinement and Reassessment of the SERVQUAL Scale", *Journal of Retailing*, Winter, 420-450.

Pender, L.(2003), *Marketing Management for Travel and Tourism*, London : Stanley Thornes.

Schwab, K.(2016), *The Fourth Industrial Revolution*. 송경진 역(2017), 『클라우드 슈밥의 제4차산업혁명』, 메가스터디.

Seaton, A. V., and Bennett, M. M.(2002), *Marketing Tourism Products* : Concepts, Issues and Cases, London: Int'l Thomson Business Press.

Sivaraks, P., Krairit, D., & Tang, J. C.(2011), Effects of e-CRM on customer-bank relationship quality and outcomes: the case of Thailand, *The Journal of High Technology Management Research*, 22(2): 141-157.

Sturman, M. C., Corgel, J. B., & Verma, R.(2011), *The Cornell School of Hotel Administration on Hospitality*. 이정덕, 이한인 공역(2015), 『코넬대 休美樂 서비스업 완벽강의』, 눌민.

Westerman, G., Bonnet, D., & McAfee, A.(2014), *Leading Digital: Turning Technology into Business Transformation*. 최경은(2017), 『디지털 트랜스포메이션』, e비즈니스.

Wilson, H., Elizabeth, D., & Malcolm, M.(2002), Factors for success in Customer Relationship Management(CRM) systems, *Journal of Marketing Management*, 18(1-2): 193-219.

Wirtz, J., Chew, P., & Lovelock, C.(2014), *Essentials of Services Marketing*, 2nd Edition, Pearson Education South Aisa Pte Ltd. 김재욱 등 옮김(2014), 『서비스마케팅』, 시그마프레스.

Wirtz, J. & Lovelock, C.(2021), *Services Marketing : People, Technology, Strategy*, [9E], World Scientific.

Zeithaml, V., M. J. Bitner, & Gremler. D. D.(2013), *Service Marketing*, 6E, McGraw-Hill Education. 전인수, 배일현 역, 『서비스마케팅』, 청람.

Zemke, R. & Schaaf, D.(1989), *The Service Edge,* New York : New American Library(NAL Books).

〈사전 및 잡지〉

동아일보사 편집부, DBR 동아 비즈니스 리뷰(격주간), 2015-2022

에이지커뮤니케이션즈 편집부, 내셔널 지오그래픽 트래블러(월간지), 2015-2022

하나티앤미디어 편집부, 더 트래블러(월간지), 2015-2022

한국민족문화대백과사전

〈웹사이트〉

http://blog.naver.com/kicsi/220302786308

citymapper.com

www.hipmunk.com

www.hoteltonight.com

www.localeur.com

www.mibank.me

www.packpnt.com

www.sophiestication.com/tipulator

yplanapp.com

저자 약력

황수영

세종대학교 호텔관광경영학박사
호주 Griffith University, International Tourism and Hospitality Mgt 석사
경주대학교(구, 한국관광대학교) 관광행정학과 졸업
현, 안양대학교 관광경영학과 교수

[저서 및 논문]
호텔마케팅(백산출판사)
외식마케팅(백산출판사)
「델파이기법을 이용한 관광산업의 eCRM활동척도개발」 외 다수

김성혁

일본 게이오대학교(慶應義塾) 상학박사
한국관광학회 부회장, 대한관광학회 부회장 역임
세종대학교 호텔관광대학 학장 역임
세종대학교 관광대학원 원장 역임
세종대학교 호텔관광경영학과 교수 역임

[저 서]
관광산업의 이해(백산출판사)
호텔마케팅(백산출판사)
관광마케팅(백산출판사)
MICE산업론(백산출판사)
관광서비스(백산출판사)
최신서비스산업론(형설출판사)
서비스경영론(대왕사)
관광경영론(백산출판사)
외식마케팅(백산출판사)
호텔관광경영론(백산출판사)
관광사업개론(백산출판사)
관광학원론(형설출판사)
관광서비스관리론(형설출판사)
기타 저역서 및 논문 다수

최신 관광마케팅론

2022년 8월 25일 초판 1쇄 발행
2024년 1월 20일 초판 2쇄 발행

지은이 황수영·김성혁
펴낸이 진욱상
펴낸곳 (주)백산출판사
교 정 성인숙
본문디자인 구효숙
표지디자인 오정은

등 록 2017년 5월 29일 제406-2017-000058호
주 소 경기도 파주시 회동길 370(백산빌딩 3층)
전 화 02-914-1621(代)
팩 스 031-955-9911
이메일 edit@ibaeksan.kr
홈페이지 www.ibaeksan.kr

ISBN 979-11-6567-548-6 93320
값 28,000원